铁路土工建筑物手册

［德］Prof. Dr.-Ing. habil. Claus Göbel
［德］Prof. Dr.-Ing. Klaus Lieberenz

中铁二院工程集团有限责任公司　译

中国铁道出版社
2009·北京

北京市版权局著作合同登记号　图字:01—2008—0947 号

图书在版编目(CIP)数据

铁路土工建筑物手册/(德)戈贝尔(Göbel,C.),(德)利伯兰茨(Lieberenz)著;中铁二院工程集团有限责任公司译.—北京:中国铁道出版社,2009.3
ISBN 978-7-113-09587-1

Ⅰ.铁…　Ⅱ.①戈…②利…③中…　Ⅲ.铁路工程-手册　Ⅳ.U2-62

中国版本图书馆 CIP 数据核字(2009)第 022751 号

Handbuch Erdbauwerke DER BAHNEN
Auflage 2004,ISBN 3-7771-0317-9

内容简介

本书从理论和实践两个方面详尽地阐述了德国时速达 300 km 的铁路路基设计、施工、运营维护和环境保护的方法和手段,并采用大量的计算公式、图表和实例加以佐证;介绍了德国铁路路基工程设计、施工和科研的最新成果;介绍了德国高速铁路在采用无砟轨道(含有砟轨道)的新建工程和既有线改扩建工程中积累的经验和方法。本书技术数据翔实,图文并茂。书后附有大量的参考文献和有关德汉对照词汇。

本书可供铁路工程设计、施工及管理技术人员参考,也可供相关院校师生参考。

书　　名:铁路土工建筑物手册
作　　者:中铁二院工程集团有限责任公司　译

责任编辑:李丽娟　　**电话**:(010)51873135
编辑助理:尹　倩
封面设计:马　利
责任校对:孙　玫
责任印制:金洪泽　陆　宁

出版发行:中国铁道出版社(100054,北京市宣武区右安门西街 8 号)
网　　址:http:www.tdpress.com
印　　刷:化学工业出版社印刷厂
版　　次:2009 年 4 月第 1 版　　2009 年 4 月第 1 次印刷
开　　本:787 mm×1 092 mm　1/16　印张:18　字数:437 千
印　　数:1～2 000 册
书　　号:ISBN 978-7-113-09587-1/TU·996
定　　价:68.00 元

德国 PEC+S 集团公司序言

对于速度为 300 km/h 或以上的高速铁路，必需将无砟轨道结构建成具有持续的良好舒适性的系统。高平顺性、高可靠性、长寿命和高稳定性是无砟轨道必备的性能。在无砟轨道结构中，采用稳定性好的材料如混凝土和沥青来代替传统的分布荷载的部件——道砟。相比道砟而言这些替代材料弹性较小，因而必要的弹性就必须通过在钢轨和轨枕下设置弹性元件来获得。无砟轨道具有很好的稳定性和耐久性，实现了减少轨道维护的目的。

与有砟轨道相比，无砟轨道要求地基基本无变形、无沉降。无砟轨道下部结构的稳定是通过混凝土底板下深度至少为 2.5 m 的土方结构来实现的。因此，无砟轨道的关键是有稳固的土方结构。与有砟轨道相比，无砟轨道土方结构的施工和材料费用较高，在设计和施工中充分考虑土方结构长期沉降的特性可延长无砟轨道的使用寿命，减少养护维修工作量。

《铁路土工建筑物手册》一书是由德国教授 Claus Göbel 博士和教授 Klaus Lieberenz 博士共同撰写的铁路路基工程专业书，书中不但对规范体系规定和土工技术方面加以解释和说明，而且对最新发展趋势、新知识和新的施工方法也作了介绍。中铁二院工程集团有限责任公司将此书译成中文并出版发行，将对中国高速铁路的建设具有较高的参考价值。

德国 PEC+S 集团公司总裁、高级工程师
Matthias Scholz
2008 年 12 月，德国慕尼黑

译 者 的 话

由德国教授 Claus Göbel 博士和教授 Klaus Lieberenz 博士共同撰写的《铁路土工建筑物手册》，是一本学术性较高、适用性很强的铁路路基工程专业书。本书结合德国规范，从理论和实践两个方面详尽地阐述了时速达 300 km 的铁路路基设计、施工、运营维护和环境保护的方法和手段，并采用了大量的计算公式、图表和实例加以佐证；介绍了德国铁路路基工程设计、施工和科研的最新成果，以及德国高速铁路采用无砟轨道（含有砟轨道）的新建工程和既有线改扩建工程中积累的最新经验和技术。本书技术数据翔实，图文并茂，书后附有大量的参考文献和铁路土工建筑物德汉对照词汇。本书自 2004 年出版以来，在德国铁路工程界引起较大的反响。

铁路土工建筑物是铁路工程最为关键的组成部分之一，其状况好坏直接影响到铁路建成后的运营。为了借鉴发达国家的先进经验，尽快缩短我国与发达国家在该领域的差距，加速技术创新，实现我国铁路又好又快的发展，中铁二院工程集团有限责任公司组织有关人员翻译了本书，旨在帮助我国铁路部门的广大技术人员能够较好地吸收和参考德国在路基工程方面的成熟经验，并结合我国的实际情况加以科学的运用，加速我国高速铁路建设步伐，为铁路现代化建设做出贡献。

中铁二院工程集团有限责任公司孙德秀译审负责本书翻译的组织协调和统稿工作，并翻译本书 1～6 章、全书图表和附录；中铁西南科学研究院有限公司王彬副译审翻译本书 7～9 章。全书由孙德秀主审。

中铁二院工程集团有限责任公司董事长漆宝瑞和总经理朱颖始终关心本书的翻译工作，并给予大力支持。公司副总工程师教授级高工秦小林，教授级高工胡新明和魏永幸对本书翻译工作提出了具体修改意见，公司副总工程师教授级高工李海光通读了全书并提出修改意见，教授级高工蒋楚生对全书作了技术审核，高级工程师林尧璋对全书进行了出版前的审核，德国 PEC＋S 集团公司姜卫利博士、中铁一局李昌宁博士阅读了部分章节，使得翻译工作得以顺利进行。感谢西南交通大学博士生导师马建林教授在本书的翻译和审校过程中给予的悉心指导和热情帮助，感谢中国铁道科学研究院叶阳升和罗梅云研究员以及西南交通大学博士生导师罗强教授对本书进行了细心校阅。

中铁二院工程集团有限责任公司
2008 年 10 月，成都

原版前言

柏林交通出版社(transpress)于1988年出版了一本有关铁路路基工程和土工建筑物的专业书《铁路路基工程》(Göbel/Richter, Eisenbahnunterbau, transpress, VEB Verlag für Verkehrwesen, Berlin 1988, ISBN 3-344-00251-1),该书是在当时东德国有铁路现行规范的基础上编著而成的。由于政治上变革的原因,东、西德铁路合并,所有规范进行统一,使得《铁路路基工程》(Göbel/Lieberenz/Richter)有了修订再版的机会,所以于1996年以德国铁路股份公司铁路培训中心的专业参考丛书8/20分册形式由海德堡－美茵茨铁路专业出版社出版。但是上述两本书中都未涉及无砟轨道的问题。

在随后的时间内,规范发生了根本性的变化。首先是对德国铁路股份公司原来制定的实施细则836《土工建筑物规范》(DS 836)从根本上进行了修订,采用了模块形式以《土工建筑物设计、施工和维护》规范836(Ril 836)重新发行;与此同时,恰好遇上DIN 1054《地基、土工和基础工程的安全验证》重新修订颁发,上述规范于2003年在全新的安全理念的基础上采用部分安全系数的概念开始实施。这两个规范对于土工建筑物的设计和施工具有根本性的意义。其原因在于除了在采用无砟轨道的高速铁路新建工程中和既有线路改扩建工程中积累的新经验和新认识以及采用了新的施工方法外,产生了编写铁路土工建筑物手册的想法。

作者尝试在土工建筑物手册里根据现行规范体系,尤其是根据Ril 836和DIN 1054,反映出当今科技发展水平。土工建筑物规范836在实践过程中被证明是正确的,它同德国铁路股份公司的其他规程和规范一起,组成了与土工建筑物的设计和施工密不可分、全面的规范体系。在这个规范体系的使用和实践过程中,作者不断体会到,有些认识、尤其是对土工技术的相互关系和背景常常感到不足。本书的目的尝试弥补这方面的缺憾。

作者对本书内容的构思有两个方面的考虑。一方面考虑是对规范体系的规定加以解释、说明并且揭示其土工技术的相互关系,力求起到对Ril 836"注释"的作用;另一方面考虑是对尚未纳入现行规范体系的一些最新发展趋势、新知识和新施工方法加以介绍。因此,作者选定了"面向未来"的第二方面的可能性,不但对规范体系规定的解释和土工技术方面的理由加以解释和说明,而且也对新知识和新方法加以介绍,同时对规范的进一步完善提出了建议。然而从法律上讲,还是现行的规范有效。

本书为实际工作的指导书,面向铁路工作者,采用了大量的算例和实例;同时本书也适用于铁路土工建筑物设计和施工专业;也希望本书对在校学生以及志在本领域里进一步深造的人员有所裨益。

尽管我们尽了最大的努力，书中错漏之处在所难免，当由作者和出版社负责。欢迎读者提出批评、指正意见。

衷心感谢在本书编写过程中提供帮助的专业同行，特别感谢 Dr.-Ing. Frank Richter 和 Cottbus 先生通读了全书，对本书内容乃至编排形式都提出批评意见和建议。还要感谢出版社的通力合作以及等待本书脱稿的耐心。

Claus Göbel
Klaus Lieberenz
2004 年 7 月，德累斯顿

目　　录

1 引 言

铁路的绝大部分工程是土工建筑物，因而土工建筑物是铁路最基本的组成部分。为了保证铁路安全、畅通无阻，要求土工建筑物不但具有稳定性，而且具有不变形的性能（适用性）。土工建筑物在长时间里具有足够的稳定性和适用性的前提是，在设计和施工时应充分考虑对土工建筑物产生影响的各种因素。对土工建筑物起最主要作用的有交通荷载、路基自重、水流作用力以及气候的影响。此外，还要考虑与其他交通道路以及与河流和输送管道等交叉时的影响。

由于上述因素的影响，土工建筑物承受了很大的荷载。因为铁路除了货物运输外，主要是运送旅客，所以安全性特别重要。土工建筑物的基本任务就是保证铁路线路，在规定的交通荷载和要求的使用期限内，在确保必要的旅行舒适度的前提下正常运营。

对此必须考虑土工建筑物和上部建筑构件之间的强烈相互作用和相互影响。此时，土工建筑物原则上是作为工程建筑物来对待和设计的。

本书书名包含有“土工建筑物”和“铁路”这两个概念，所以首先需要对其进行定义并解释。

土工建筑物概念和土工建筑物的划分引自德国铁路股份公司规范 Ril 836《土工建筑物的设计、施工与维护》[1]（1999 年 12 月 20 日）。此处，土工建筑物是路基、支挡建筑物和涵管通道以及用于保证土工建筑物发挥正常功能所必需的设施的统称，这些设施是排水设施、保护层、路肩人行道、生物防护措施等。在一些国际上推荐的参考文献中，尤其是在国际铁路联盟的 UIC-Kodex 719E《铁路线路土工建筑物和承载层》[2]中，部分地采用了其他的概念和定义，但在本书里统一采用参考文献[1]中的概念。

铁路线路结构中土工建筑物的布置请参见图 1.1。土工建筑物各组成部分的分类参见图 1.2。有砟轨道和无砟轨道承载体系的组成部分及其相关概念在第 2 章中将详细叙述。

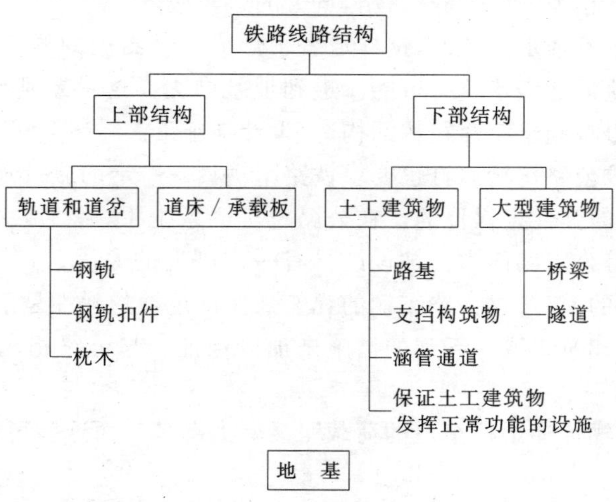

图 1.1 铁路线路结构中土工建筑物的布置

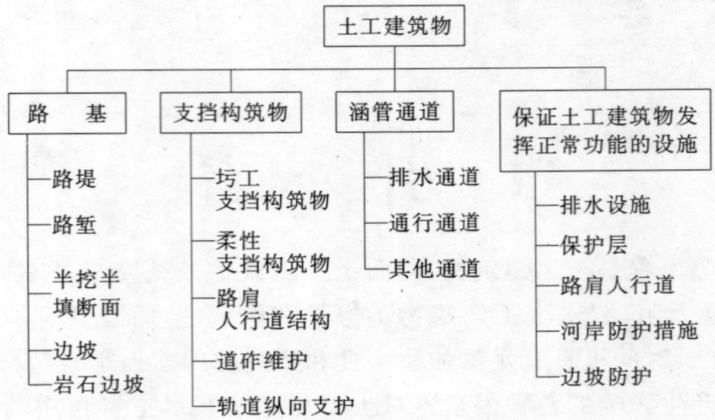

图 1.2　土工建筑物的分类

铁路这一概念是指普通钢轨铁路，通过克服轮轨摩擦力并传递列车在其上运行所必需的力，用于人员和货物的运输。同时也可以采用有轨交通这一概念。根据图 1.3，铁路又分为公共交通和非公共交通铁路、城市有轨电车和市区铁路等。

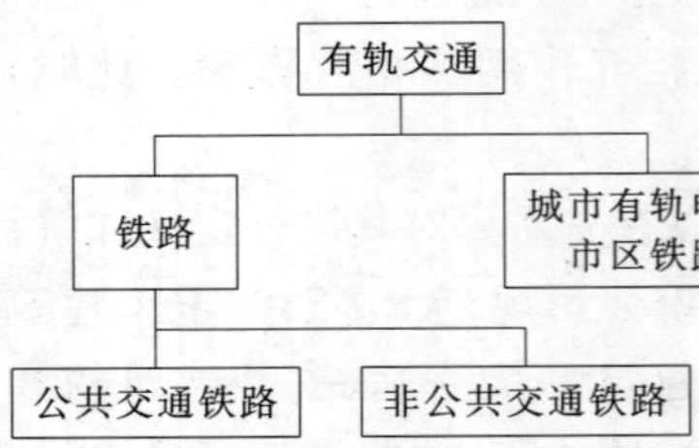

图 1.3　轨道分类

铁路土工建筑物设计和施工的原则是，在静力状态下发挥作用并对安全性能要求高的构件，其稳定性和耐久性要满足 120 年使用期，并很少需要维修。这就要求遵守庞大的规范体系里规定的一系列与质量有关的要求，其中最为重要的规范是 Ril 836[1]，ZTVE*[3] 和 DIN 1054[8]。它们不但对土工建筑物新建工程的技术要求作出了规定，并对德国铁路股份公司最高速度为 300 km/h 的既有线的加固和养护技术要求作出了规定。

过去常提出这样的一些问题，在铁路内部是否需要制订一套自己的土工建筑物规范，是否可以将公路系统庞大的规范体系移植到铁路上来，答案是否定的。诚然，公路和铁路有许多共通的地方，但也有相当大的差异。较为重大的差异如下：

(1)公路系统采用不透水的路面，这样地表水形成一个封闭的系统，而铁路有砟轨道为开放系统，通过有砟轨道地表水就有可能渗透到地基中去。这一差别导致承载体系就有可能完全被浸透，从而影响到土工建筑物的构造、设计与施工。

(2)旅客不但要求公路车辆而且也要求铁路车辆具有一定的旅行舒适度，舒适度是通过车辆—道路系统足够的弹性来保证的。在公路—车辆系统中，弹性主要取决于汽车相对柔软的橡胶轮胎，这就是公路路面为何被设计具有一定刚度的原因；与其相反，铁路列车是采用钢轮在钢轨上运行的，仅通过铁路车辆的弹簧来保证足够的弹性是不现实的，还要通过对铁路上部建筑和下部建筑采取一系列的措施来加以保证。与公路相比，铁路的下部建筑应具有适度的弹性。

(3)在铁路上，车辆传递给行车道的荷载明显要大得多。而这些荷载的消散不仅需要通

* 联邦交通部道路工程部制定的《道路工程中土工工程附加技术合同条件和指南》(译者注)。

过荷载的传递，还需要通过轨道的缓冲作用以及荷载的重新分布。钢轨所需的弹性同样由具有适度弹性的下部建筑来提供。

(4)铁路受到的动力影响比公路大，而且危险得多。铁路土工建筑物主要承受的是动荷载，这就是为何在高速和不利的地基条件下必须对动力稳定性进行特别验算的原因所在。

在德国铁路股份公司规范 836[1] 中，对新建土工建筑物和加固/维护的土工建筑物的要求进行了区分。这种区分是重要的，也是必要的，原因在于能够满足这些要求的条件有着本质上的差别。土工建筑物的新建工程往往是在设计速度达 300 km/h 的高速线路上。对于这样的新建高速铁路线路，通常都进行了全面的地基勘探，以实现铁路无障碍运营。另外，土工建筑物可以在最新的科技成果和最先进的施工方法指导下进行设计和施工。

所不同的是，在对既有铁路线路的加固/维护中存在一些问题。加固是指通过工程技术措施使既有土工建筑物的稳定性和耐久性符合较大的线路荷载的设计要求(线路类型)。而维护则是通过各种措施来保护和恢复既有线路的设计状态。在今天看来，大多数建于 19 世纪下半叶的既有路线路受诸多技术条件的限制，所以在对其进行加固/维护时需要克服许多问题。当时的铁路工程建设主要靠人力完成的，所使用的工程机械只能适用于一些较为简陋的土工工程，土工建筑物未经压实就简单回填。这些具有相对较长的历史的铁路在完工后就立即投入运营，但是到目前仍然完好无损，其原因是承受的初期荷载较小。但是随着时间的推移，承受的荷载不断提高(线路类型、荷载、行车速度和轴重的改变)，就不再适应运营要求了。而对既有土工建物病害的整治往往需在不中断行车的情况下进行，这无论从技术、工艺还是运营方面而言，花费都是惊人的，所以常常是放弃加固或者仅仅进行一些必要的维护。这样一来，这些土工建筑物就不再适应目前对稳定性和耐久性的要求，必须新建或者进行彻底的维修才行。

对这些具有相当长历史的铁路线路进行加固/维护是和许多原先就存在的土工技术问题以及几何尺寸、运营、经济开支不断增大等问题的解决联系在一起的。已不断开发出许多新型、合理的施工方法来解决上述问题，它们已经通过验证并获得成功应用。

2 铁路技术原理

2.1 轨道—轮轨系统

轨道是指以固定轨距运行的铁路的总称。因此,轨道的典型特征是以车辆和道路作为主要部件通过轮轨摩擦在轨道上运动。为了控制车辆并使其有目的地运动,支承构件、导向构件和运动(向前推进/缓行)构件等必须得到控制,这就要取决于钢制的而且有一定造型的轮轨之间的接触。只有当车辆的传动力克服了自身阻力和轨道阻力后才能运动。在上述运动过程中纵向力大于横向力,因此从行驶动力方面来说力学基本方程式适用于直线运动。

对于轨道而言,车辆运动产生的作用力同时也作用在其上。这样可导出:

(1)车辆支承产生竖向力,如曲线行驶、惯性力、不连续性、启动和制动引起的轮对力和附加力。

(2)车辆导向产生横向水平力,如波行的钢轨导向力,曲线上运行的离心力,风力以及由于不稳定性而产生的附加力。

(3)车辆运动产生纵向水平力,如前进、缓行、滚动和滑行时的摩擦力等。

行车路线是指车辆按照一定路线在轨道上运行,只能通过道岔来换向。轨道—车辆(轨道)的平面位置和高程不仅取决于车辆的运行动力学技术参数,还需要通过工程设施保证车辆能适应地形运行。铁路的行车路线,也就是通过轨道和道岔组成的运送旅客和货物的铁路运输网络,必须通过其他交通运输设施来保证其正常运行。在轨道上运行的车辆有动力车(机车和动车)、客车、货车以及其他车辆(如工程车辆)等。

铁路设施是指所有保证铁路运营和交通需要的露天线路和车站的所有设施以及其他设施。需要特别强调的是,除了作为行车道路的路基外,铁路需要的系统还有控制和安全技术、通信技术、供电技术等设施以及其他必要的交通设施(如站台设施、站台通道)和各种用房等。此外,还有保证铁路运营的基础设施,它们是通过相应的设备来保证运营和交通的。在新建工程和既有线路的加固/维护工程中不仅包括上部建筑、土方建筑、桥梁工程和地下电缆等工程建筑物的行车道,同时还包括带有控制和安全技术、架空线路供电以及通信技术等工程建筑物的线路装备等。

土工建筑物除了满足路基和铁路设施本身的要求之外,还要给上述设备的结构基础预留出空间。

2.2 概　　念

铁路线路结构是铁路线路的基础建筑部分,由上部结构、下部结构、土工建筑物和地基组成,见图 1.1。

上部结构由轨道、道岔、辙叉、道床以及承载板构成,是真正意义上的铁路轨道。它包括承担交通荷载的各种构件和轨顶面与路基面之间的不同结构层。对于典型的有砟轨道上部结构而言，轨道铺设在由道床、下部结构和地基组成的具有一定弹性和变形能力的结构层上。对于无砟轨道而言，轨道由承载板和其下的胶结性承载层支承，这种结构刚性较大、沉降和变形较小。

根据轨道位置和功能的差别，轨道上方的护盖也属于上部结构，它可保证轨道行车和人员通行以及具有隔音的功能。它由道路建筑材料如铺路的块石、沥青层、预制板或者植物层等组成，分为不带护盖的开敞式上部建筑和带护盖的完全封闭式以及部分封闭式的上部建筑三种类型。这种分类对于城市有轨电车和城市铁路具有特殊意义，它们各按照其所在位置不同分为：

(1)和道路相连的线路建筑，这些线路建筑采用轨道形式设置在城市有轨电车区域内或人行道区域内并加有护盖；

(2)专用线路建筑，这些线路建筑为公共交通设施，但是要采用路缘石、护栏和绿化带等与其他的交通(道路)分隔开，有时可能要加护盖；

(3)独立的线路建筑，这些线路建筑因所处位置和建筑方式等原因与通常的交通是分开的，一般未加护盖。

以上概念分述如下：

(1)路基是指在下部建筑或地基上经过技术处理的表层，作为道床或承载板的支承层(图 2.1)。

(2)下部结构是指通过上部结构来平衡线路与地基间高度差的结构层，可以是土工建筑物、大型建筑物或保护层等(图 1.1 和图 2.1)。

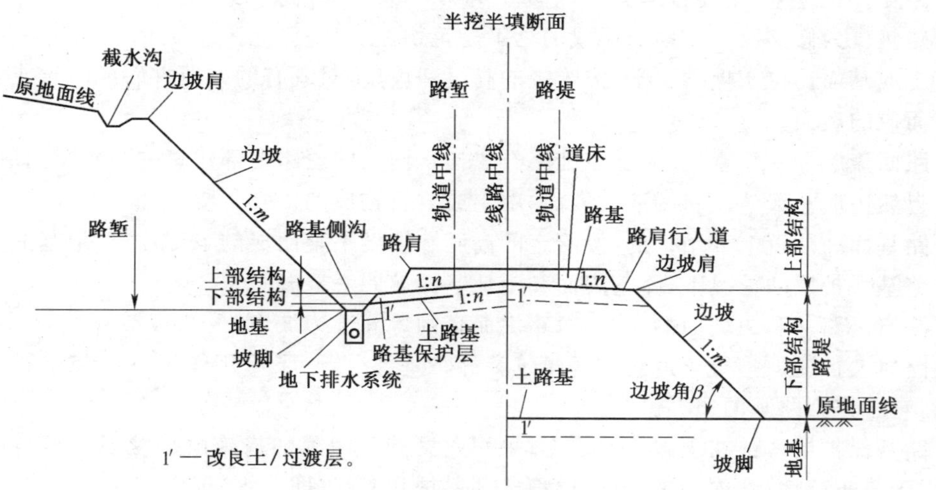

图 2.1　路基重要概念说明

(3)地基是指处于上部建筑或下部建筑之下的土层或岩层。上层经过土工技术措施改良后可以作为过渡层。

交通荷载可通过上部建筑和下部建筑的胶结层或非胶结层传递到地基中。这些胶结层及非胶结层统称为承载层，在设计线路建筑时也采用层体系这个概念。

(4)土工建筑物是指用以保证发挥土工建筑物功能的土方建筑、支挡建筑、涵管通道以及建筑设施等，如保护层、排水设施、边坡防护等。通过土方建筑采用路堤、路堑或半挖半填等形式以使路基适应地形变化(图 1.2 和图 2.1)。

(5)支挡建筑物是指由于地形起伏变化而采用的支挡结构或稳定土方建筑的结构物。

(6)涵管通道是指支承宽度或净空宽度<2 m 的框形、拱形或管形通道，从行车道下方横穿过。

在表 2.1 和表 2.2 中，对线路建筑的一些基本概念、分层及材料做了详细说明。

根据参考文献[1]对其他一些基本概念做以下定义：

截水沟。位于路堑或半挖半填路段边坡上缘以上的沟渠，它将沿山体流下的地表水截住、汇集并导向排水处。

半挖半填。指靠山体侧由挖方而成，靠山谷侧由填方而成的土工建筑物。

线路侧沟。沿线路方向设置在路堑或路堤坡脚处的明沟，用于汇集和疏导地表水。

道床。指在路基上采用碎石道砟填筑起来的道砟层，用以分布荷载、减振、排水、通风和固定轨道位置等。

边坡。通过挖方或填方等工程技术措施建成的、在地表面具有一定坡度的土方建筑。

边坡脚。对于路堤，是指路堤边坡面与地面的交线；对于路堑，是指路堑边坡面与沟底的交线。

边坡肩。对于路堤，是指边坡面和路基面的交线；对于路堑，是指边坡面和地面的交线。

边坡坡度。边坡面与水平面形成的夹角，通常用该角的正切值表示。

路堤。在地基(主要在地面上)上通过堆积构筑而成的土工建筑物。

路堑。为修路而开挖地面形成的土工建筑物。

土地基面。位于保护层下，按给定的高度和坡度，对既有的或填方而成的土或岩石进行平整而成的表面。

路面盖层。由沥青、混凝土或铺路石块构筑而成的道路上部建筑的顶部封闭层。

自然边坡。天然倾斜的地表表面，由土或岩石构成的。

路基面。贴近上部结构的，按给定的高度和坡度平整而成的下部建筑/地基的表面。在没有路基保护层的情况下，路基表面和土地基面属同一概念。

路肩。路基和边坡面的交线，对路堤而言则等同于边坡肩。

路肩人行道。指行车道或上部建筑旁的路基部分，除了可用作设备安装位置和人行道路外，它可作为路基的边界。

路基保护层。铺在土地基面之上，采用或没有采用附加措施由颗粒混合料组成的保护层，用于分布荷载、防冻保护、过滤层稳定性保护和密封(即防水)等。

地下排水系统。指靠近线路建筑物或在线路建筑物内部设置的渗水槽，由在槽底铺设的用于汇集和引导渗流水、层间水和地下水的渗水管和回填透水层组成。

承载板。指分布荷载的水硬性胶结层，通常将轨道嵌入或铺设在水硬性胶结层上面。

承载层。道路的上部建筑或铁路无砟轨道中用于分布荷载的水硬性胶结层或非水硬性胶结层。

过渡层。由土或岩石构成的上层结构(地基),可通过换填、加固、改良、夯实、排水等建筑技术措施改良而成。

原地基面。贴近路堤、依照给定的高度和坡度平整而成的既有土或岩石的表面。

表 2.1 碎石道砟的概念

总体概念	结构面	结构面以下的层	材料
上部建筑	轨顶面(SO)	轨道 (轨道和道岔结构)	钢轨、轨枕、钢轨扣件
	钢轨底面(SwUK)	道床	道砟
下部建筑	路基(PL)	保护层	颗粒混合料 土工合成材料
	土路基(EPL)	过渡层(ÜDS) 路基(路堤)	填方土、改良土、颗粒混合料、矿渣混合料
地基	地基面(UPL)	地基	既有土或岩石

表 2.2 无砟轨道的概念

总体概念	结构面	结构面以下的层	材料
上部建筑	轨顶面(SO)	轨道 无砟轨道结构 承载板	钢轨、轨枕、钢轨扣件、混凝土、沥青
		承载层	水硬性胶结颗粒混合料、矿渣混合料
下部建筑	路基(PL)	保护层 (防冻保护层)	颗粒混合料 矿渣混合料
	土路基(EPL)	过渡层(ÜDS) 路基(路堤)	填方土、改良土、颗粒混合料、矿渣混合料
地基	地基面(UPL)	地基	既有土或岩石

2.3 断面形状

土工建筑物的几何尺寸和形状必须符合行车道的空间布置,以确保运营安全和线路设施的安置,因此对铁路的横断面形状提出了一系列建筑、运营和安全技术的要求,参见参考文献[4]。断面形状由下列一些因素决定:

(1)标准的建筑限界图(标准建筑限界、车辆轮廓线 GC);

(2)轨道的数量和布置(轨道中心距);

(3)危险区;

(4)危险区外的安全区;

(5)行车道路的断面。

建筑限界图考虑了车辆运行时所需要的自由空间,包括所有的动力学、轨道位置和安全性等因素需要考虑的附加值,同时也要考虑建筑设施(如站台肩)和施工对空间的要求。

新建和改扩建线路的行车道横断面尺寸根据表 2.3 来确定。

表 2.3 新建线路和改扩建线路的行车道路尺寸

	设计速度 $v_e \leqslant 200$ km/h	设计速度 $v_e > 200$ km/h
行车道路高度[1]		
—有砟轨道	0.70 m[2]	0.76 m[3]
—无砟轨道	0.50～0.70 m[4]	0.50～0.71 m[4]
—低荷载轨道	0.60 m	
轨枕长度	2.60 m	2.80 m[5]
在轨枕端部之前的道砟宽度		
$v \leqslant 160$ km/h	0.40 m	
$v > 160$ km/h	0.50 m	0.45 m
道砟边坡坡度	1∶1.5	1∶1.5

注：1)行车道路的高度在非超高钢轨设计规定的顶面下测得。

2)行车道路的高度为 0.70 m 时，由 UIC60 钢轨高度(0.17 m)、B70 轨枕高度(0.23 m，包括轨枕的垫层)、道床厚度(0.3 m，对于低荷载轨道可以为 0.20 m)构成。

3)行车道路的高度为 0.76 m 时，由 UIC60 钢轨高度(0.17 m)、B75 轨枕高度(0.24 m，包括轨枕的垫层)、道床厚度(0.35 m)构成，在桥梁上和隧道里道床厚度为 0.39 m，这样就得出行车道路的高度为 0.80 m。

4)无砟轨道安装时由于结构形式的不同有不同的尺寸。

5)即使在开始时仅打算铺设 2.60 m 长的轨枕，也还是要考虑 2.80 m 轨枕的平整性，轨枕端部的道砟宽度应为 0.45 m。

在碎石道砟的线路中，轨道或道岔和辙叉依靠道砟来支撑，其断面参见表 2.3 和图 2.2。

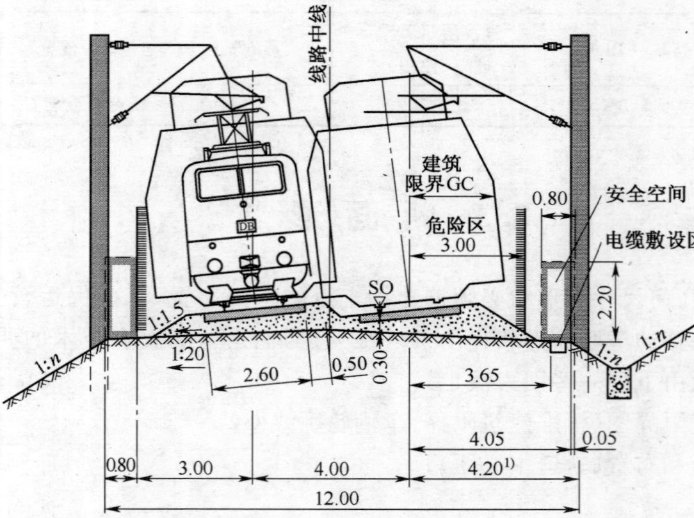

1)有砟轨道的尺寸加宽根据超高要求来确定。

提示：

对于改建线路而言，上述断面只适用于速度 $v_e \leqslant 230$ km/h，轨道间距 a=4.00 m 的情况。若要提高速度，只有采用更为优良的空气动力特性的列车(如ICE列车)。

图 2.2 速度 $160 < v_e \leqslant 200$ km/h，碎石道砟上部结构超高 $u = 160$ mm 的土工建筑物上的复线铁路横断面

采用粒径为 22.4/63 mm 的高强度坚固岩石作为轨道道砟。通过所要求的材料和粒径等特性来保证道砟在荷载分布、弹性、渗透系数、通风效果以及轨道位置稳定性等方面的特殊要求[27]。而无砟轨道的轨枕是支撑在或埋入到混凝土或沥青支承层上的，因此轨道是被固定起来的。行车道路的尺寸取决于结构形式(图 2.3)。

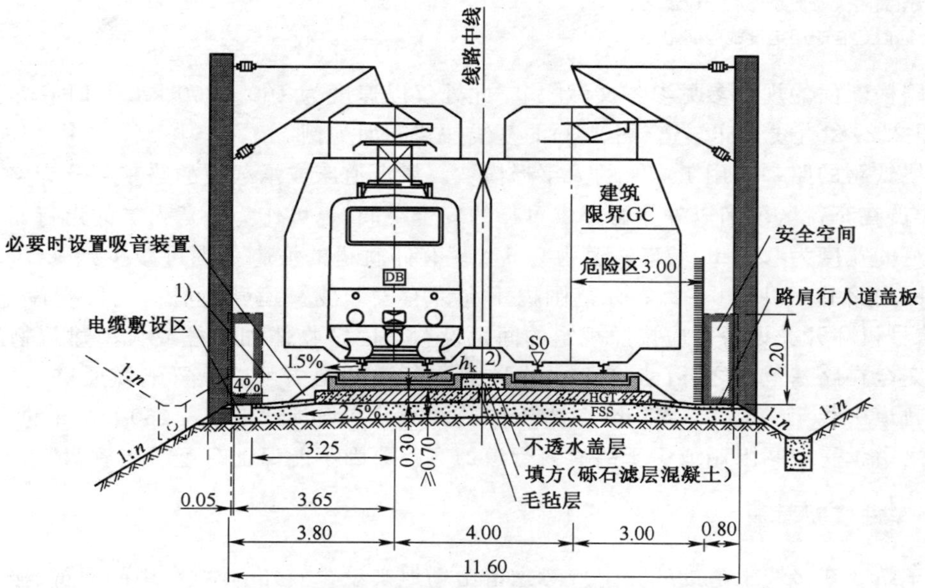

HGT: 水硬性胶结颗粒混合料承载层；FSS: 防冻保护层。

1) 在采用地下排水的路堑地段，可适当地将路肩人行道提高到与行车道上缘齐平；

2) 根据不同的结构形式，无砟轨道结构高度 h_k 从0.50 m到0.70 m变化。

图 2.3　速度为 $160<v_e\leqslant 200$ km/h，无砟轨道超高 $u=0$ mm 的土工建筑物上的复线铁路横断面

2.3.1　线路横断面

线路的横断面以及路基面的宽度是由线间距、危险区和安全空间所决定的。线间距、危险区和路基面宽度等尺寸和表 2.4 所列的行车速度有关。危险区旁的安全空间宽度为 0.80 m，净空高度为 2.20 m(图 2.2 和图 2.3)。

在直线轨道区段(超高 $u=0$ mm)，路基面的宽度足够设置行车道路的横断面。但在曲线区段，由于曲线外轨超高 u 的关系和有砟轨道要加宽的原因，路基面的宽度要加宽 0.1 m、0.2 m 或 0.3 m 不等。路基面加宽应从缓和曲线或超高开始处开始。

表 2.4　复线铁路横断面的基本尺寸

线路类型	设计速度 v_e	线间距	危险区	轨道中线/路肩间距[1),2)]	路基面[1)] $u=0$ 时($u=160$ mm 时)	轨道中线/立柱/信号机间距
—	km/h	m	m	m	m	m
改扩建线路	$v_e\leqslant 160$	4.00	2.50	3.30	10.60(10.90)	3.30
改扩建线路	$160<v_e\leqslant 200$	4.00	3.00	3.80	10.60(10.90)	3.65

续上表

线路类型	设计速度 v_e	线间距	危险区	轨道中线/路肩间距1),2)	路基面1) $u=0$ 时($u=160$ mm 时)	轨道中线/立柱/信号机间距
新建线路	$v_e \leqslant 300$	4.50	3.00	3.80	12.10(12.40)	3.65
城市轨道	$v_e \leqslant 120$	3.80	2.30	3.20	10.20(10.50)	3.30

注:1)超高增大时曲线外缘相应增大。

2)同时适合于固定设施的间距。

线路横断面的规定参见参考文献[4]。此处仅以速度为 160~200 km/h 时有砟轨道的超高(图 2.2)和直线无砟轨道(图 2.3)的复线铁路断面为例。

复线铁路的路基采用 1∶20 的人字形横坡。靠近道床或承载板的路基部分为路肩人行道,为人员在车行区范围以外停留提供可靠的安全空间,也可作为运营人员的走行通道。路肩人行道的宽度为 0.8 m,城市轨道为 0.6 m。有砟轨道的坡脚范围可减少到 0.55 m。人行道范围内路基面以上 0~2.2 m 范围内不允许有安装物。运营所必需的固定设施,如电话亭、信号机和开关设备等应按照规定的间距设置。固定物体如支柱或大型建筑物的墩台等必须完全在路基范围之外(表 2.4)。在路肩人行道范围内可以设置电缆通道,但是电缆槽距离轨道中线至少应为 3.25 m(图 2.2 和图 2.3)。在设计速度 $v_e \leqslant 160$ km/h 的线路上,上述距离由于受空间限制或由于路肩人行道加宽等原因不能保证时可适当放宽。

2.3.2 车站横断面

在车站或在多线轨道的线路上应考虑留出场地来设置额外的站台、中间通道、接触网支

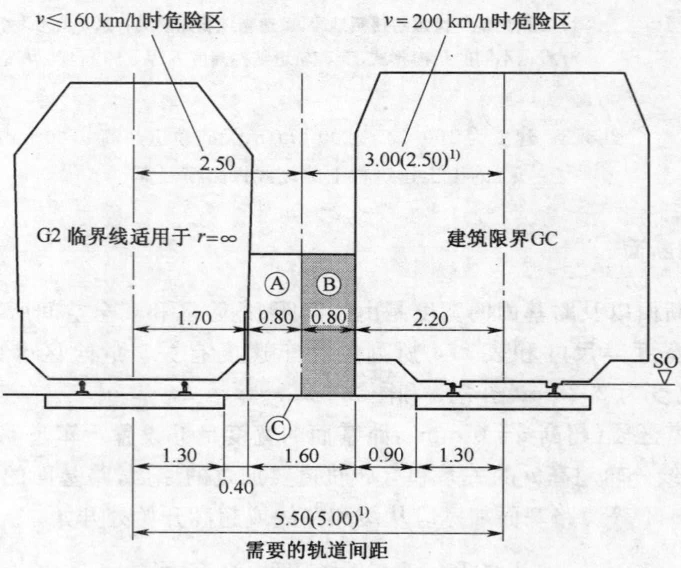

Ⓐ 在快速线路上列车通过时人员的安全空间;

Ⓑ 在越行线上列车驶进时人员的安全空间;

Ⓒ 中间通道。

1) 括号里的尺寸适用于 $v \leqslant 160$ km/h。

图 2.4　直通干线和越行线之间的线间距

柱和地下排水设施。除车辆限界以外，应根据相邻轨道的危险区和安全区，同时考虑停车的安全空间来设定车站的线间距(图 2.4)。中间通道通常设在两条轨道间的有砟轨道上缘等高处，为检修人员的停留提供安全空间。

对于 3 线轨道而言，路基面的横坡在第 3 股轨道侧向外设置单面坡，而对于多线轨道和车站每两股轨道间设人字形坡。设置横坡时，在沿着第 2 股道处须设置用于路基面排水且起到中间排水沟作用的地下排水沟，其布置方式见第 7 章。由于需布置地下排水沟及其竖井以及布置接触网支柱和基础，往往需要增加线间距，如线间距 6.40 m 或 6.80 m，见图 2.5。这样，可以将竖井移到接触网支柱处，应注意距轨道中线至少应为 2.20 m，以保证道床清洗机械的作业空间。在中间通道上设电缆槽时也必须遵守这个尺寸要求。

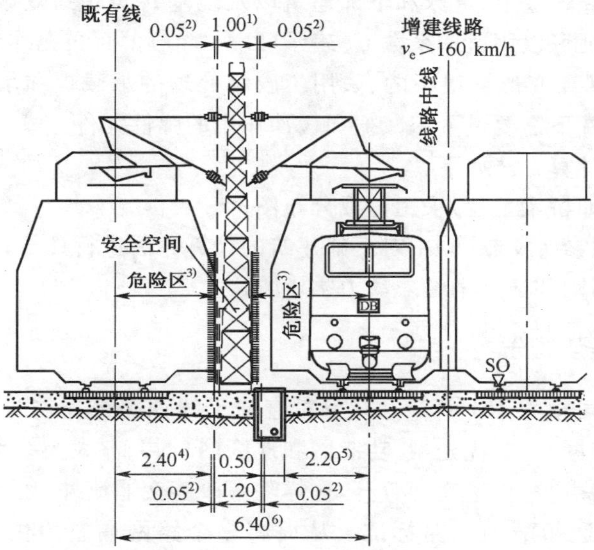

1) 调紧装置的宽度；
2) 支柱安装误差；
3) $v_e \leq 160$ km/h 为 2.50 m，$v_e > 160$ km/h 为 3.00 m；
4) 在全超高且向立柱倾斜时为 2.50 m（地下排水系统的 0.5 m 包括在内）；
5) 道床清洗机械的工作范围；
6) 如果在未超高钢轨(曲线内侧)和立柱基础之间设有地下排水设施，则 6.40 m的线间距也适用于超高路段。在 $v_e > 160$ km/h 的既有线路上，轨道间距必须为6.80 m，因为除了3.00 m危险区之外，还要加上0.80 m的安全空间。

图 2.5　既有线路旁的干线铁路轨道(采用钢支柱进行接触网改造)(尺寸：m)

2.4　下部建筑和土工建筑物的应力

铁路是线形建筑物，既要承受列车运行时静荷载和动荷载的应力，还要承受由于雨、雪、冻害(冻结)和太阳辐射等气候影响的应力。

列车的运行荷载通过钢轨(作为走行面和导轨)传递到行车道上。轮轨之间承载、导向和运动以及温度影响而产生的垂直力、横向力和竖向力必须被上部建筑、下部建筑和地基全部吸收和传递，以保证铁路安全运行和乘车舒适。轨排和道床或承载板构成的上部建筑，通过其相应的框架刚度以及纵向和横向抗剪力承受横向力和纵向力，垂直力产生的压力和应力则由道床/承载板—下部结构—地基这一承载体系来传递(2.4.4 节)。承载体系设计时应保证运行荷载产生的弹塑性变形不得超过规定的极限值(第 5 章)。对于轨道交通应注意下列问题:

(1)受外界影响大,如运行的列车、上部建筑状况、车速和气候等;

(2)虽然用于轨道的建筑材料强度相对稳定,但道床、下部建筑和基础的强度会因地基的不均匀性、水文条件的多样化以及颗粒混合料的力学特性变化等因素,随时间和地点不同而发生变化。

在竖向车轮荷载或等代车轮荷载 Q 作用下,钢轨产生弹性变形(缓冲作用)。作为弹性支承梁的钢轨,通过弹性变形,将车轮荷载分布至多根轨枕上(荷载分布),同时降低了支承点作用力和碎石道砟的压应力。

在典型的碎石道砟轨道上,道床和下部建筑以及地基共同起到减振和缓冲的作用。轨枕以下层面的变形特征可以用道床系数 C_b 表示(2.4.3 节)。而在无砟轨道上,轨道则是修建在完全刚性的、沉降和变形量很小的、采用了胶结处理的承载板和承载层等下部建筑之上,因此,在钢轨或轨枕下需要设置起减振和缓冲作用的弹性元件。

铁路运输荷载的计算方法如下:

(1)土工建筑物(如桥梁工程)采用荷载分布图;

(2)下部建筑按照参考文献[5]中对上部建筑的计算方法进行计算;

(3)考虑代表性间距和速度来考虑动力学影响。

2.4.1 轨道—线路类型划分

德国铁路股份公司根据 Ril 413.0202[6] 对直通干线铁路的路网进行了重新划分和分类,将线路分为 3 种路网形式(优先网、功能网和地区网),共 10 大类线路(表 2.5)。这种分类目的是将中期快速交通和慢速交通分开,这样除了改善交通流外,还可以调整各个具有不同基础设施参数的交通领域的线路标准。从而将整个路网调整为由客运(P)、混合运输(M)、地区运输(R)和货物运输(G)等线路构成的格局。

表 2.5 线路分类(轨道分类)

线路分类		P 300	M 230	P 230	M 160	P 160 Ⅰ	P 160 Ⅱ	G 120	R 120	R 80	G 50	1)
主导速度 (km/h)		≤300 v>230	≤230 v>160	≤230 v>160	≤160 v>120	≤160 v>120	≤160 v>120	≤120 v>100	≤120 v>80	≤100 v>50	v≤50	2)
运营计划(列/日和轨道)	SPFV	120	50	70	50	70	30	—	—	—	—	—
	SPNV	—	40	50	40	50	30	30	40	40	—	—
	SGV	—	60	—	60	—	—	70	10	10	20	—
轨道的最大载荷(千吨/日)		115	105	76	113	59	41	81	18	18	16	—
轮对荷载(kN)		RSL4)	225	RSL4)	225	RSL4)	RSL4)	225	225	225	RSL4)	3)
重载运输		—	SSW5)	—	SSW5)	—	—	SSW5)	—	—	—	—

注:1) 所有的其他线路(其他干线和支线);

2)适应运营要求;

3)适应直通干线分类;

4)运行的机车、客车和货车的轮对荷载/力;

5)根据 Ril 804/11/重载运输 SSW 荷载图。

优先网是指高速和运行时间较短的各类交通方式的优先，例如快速长途铁路旅客运输(SPFV)。功能网是指采用合适的运行速度，如长途铁路旅客运输、短途铁路旅客运输(SPNV)以及货物运输(SGV)的混合运输(M)线路。地区网主要起到地区运输和连接短途铁路旅客运输以及货物运输的功能。

根据表 2.5 可按不同的指标来划分线路类型。

(1)主导速度，km/h；

(2)根据运营计划每天每股道开行各类交通方式(SPFV，SPNV 和 SGV)的列车对数；

(3)轨道的最大荷载，t/d；

(4)轮对荷载，kN；

(5)专用重载运输。

用上述指标进行的线路分类满足了对行车道路设施、线路设备、下部结构以及土工建筑物与设施的不同尺寸要求。对下部结构和土工建筑物而言，则可以从表中以及从线路的具体运营计划中推导出涉及运输方式、列车类型、速度、列车数量和轮对荷载的运输荷载数据。这样，M-运输方式、G-运输方式和 R-运输方式的线路通常采用的轮对荷载为 225 kN。当运输线路类型为 P、G 和 R 时，则以具体的运营列车轮对荷载为主(如 P300 采用 ICE 3，轮对荷载为 140 kN)。当运输线路类型为 M 和 G 时还要注意：

(1)符合荷载图[11]以及其他具体荷载图，如 Faalns(图 2.6)特殊的重载运输；

(2)根据表 2.6，采用如 D4 的荷载图(图 2.7)对货运交通线路等级进行 A 到 D4 的划分。

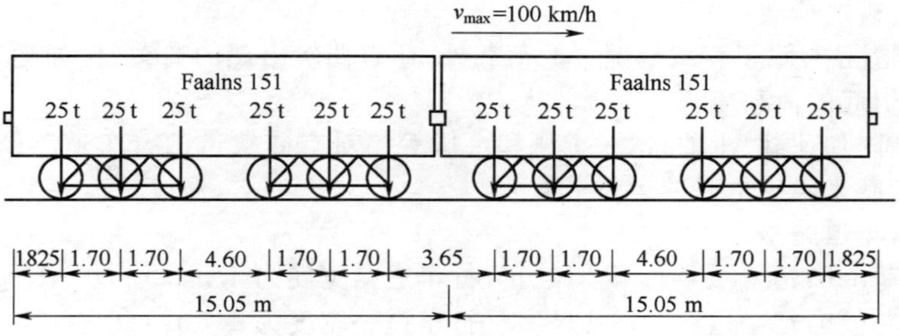

图 2.6 重载列车 Faalns151 的荷载图

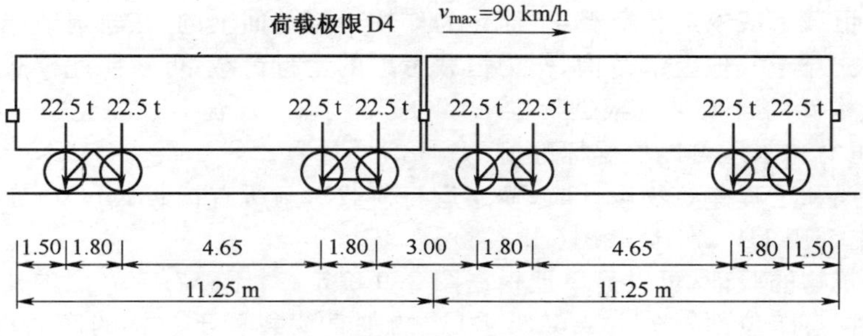

图 2.7 线路等级为 D4 的荷载图

表 2.6 采用最大容许的轮对荷载和单位长度质量划分线路等级

根据每个长度单位上的车辆质量进行的等级划分		根据轮对荷载进行的等级划分			
		A	B	C	D
		16 t	18 t	20 t	22.5 t
1	5.0 t/m	A	B1		
2	6.4 t/m		B2	C2	D2
3	7.2 t/m			C3	D3
4	8.0 t/m			C4	D4

采用泛欧高速交通《部分系统互通性的技术规范—基础设施》[7]也有可能用到其他的荷载和荷载图。

2.4.2 土工建筑物的荷载

可以根据参考文献[1]中的荷载和荷载情况对土工建筑物、支挡建筑物和涵管通道的稳定性和变形进行验证。在参考文献[1]中给出了 3 种荷载情况,但还没有考虑到 DIN 1054 标准[8]的规定,而在该标准里同样也规定了 3 种荷载情况,但是定义不尽相同。由于 Ril 836 尚未和新颁布的 DIN 1054 标准[8]同步,所以下面给出的仍然是 Ril 836[1]规定的 3 种荷载情况:

(1)荷载情况 1:恒载和有规律的运行荷载(以及风引起的荷载);

(2)荷载情况 2:除荷载情况 1 的荷载外,还有无规律出现的较大运行荷载以及只有在施工期间才出现的荷载;

(3)荷载情况 3:除了荷载情况 2 的荷载外,还有偶然出现的荷载(例如运营和安全设备的中断、事故引起的荷载等)。

恒载是指附加荷载、土的自重、土压和水压等。对有砟轨道的行车道路而言,可根据下面单位面积荷载来确定恒载的运行荷载。

①单线行车道路

$v_e \leqslant 200$ km/h:$p_{行车道路} = 12.5$ kN/m^2(行车道路宽度为 4.5 m)

$v_e > 200$ km/h:$p_{行车道路} = 14.5$ kN/m^2(行车道路宽度为 4.5 m)

② 复线行车道路

$v_e \leqslant 200$ km/h:$p_{行车道路} = 12.5$ kN/m^2(行车道路宽度为 8.5 m)

$v_e > 200$ km/h:$p_{行车道路} = 14.5$ kN/m^2(行车道路宽度为 9.9 m)

上述作为恒载考虑的运行荷载,可简化为作用于路基面上的,在轨道或线路轴线纵向分布的垂直荷载。对于其他上部结构,作为恒载考虑的运行荷载,可参照此模式进行选择。建筑材料和建筑构件的自重可以根据标准 DIN 1055[9]确定。恒载以及运行荷载而产生的土压力、压实土压力和水压可以根据标准 DIN 4085[10]计算。

在进行桥梁和工程建筑物设计时,铁路运行荷载对于所有按照 Ril 804[11]的标准轨距线路而言,原则上采用 UIC 71 荷载图(图 2.8)。

对土工建筑物的验证,可以简单地根据图 2.9 确定;对于碎石道砟层的建筑,在 2.60 m 宽、无限长度时,有单位面积 $p_{Bahn} = 60$ kN/m^2 的垂直荷载置于轨枕的底面;而对于无砟轨道,该荷载则置于上承载层的上缘,见图 2.9。

土工建筑物不同部位的振动因素、侧向碰撞、离心力以及启动和制动力等有不同的规

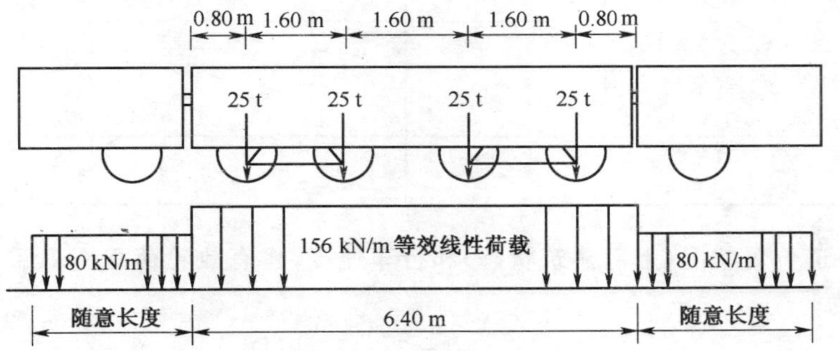

图 2.8 UIC 71 荷载图

定[1]。采用路肩人行道时单位面积荷载取 2.5 kN/m²。

荷载在下部建筑和地基内的传播，可取轨枕底面高度或上部支撑层上缘高度与水平方向呈 45°的角度扩散(图 2.9)。如果采用公路运输荷载标准，则在铁路线路的土工建筑物上产生的荷载要按照标准 DIN 1072 来确定[1]。

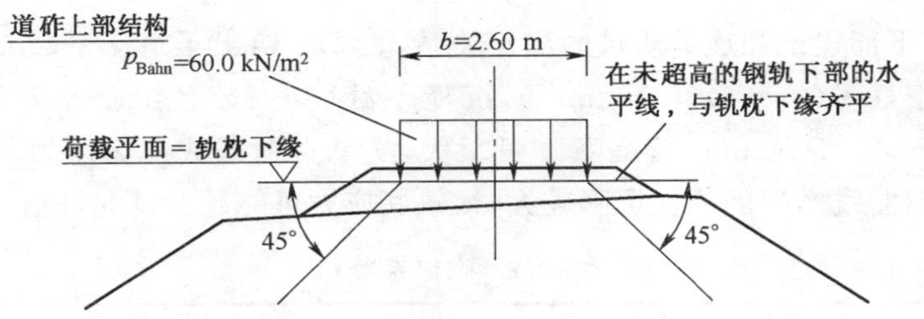

图 2.9 UIC 71 荷载图和荷载分布的简单确定

2.4.3 下部结构/承载体系的荷载

向下部建筑和地基中传递力的承载体系由道床或承载板及保护层构成。作用于其上缘的轨枕下压力 p，是根据上部建筑的设计[5]在最大为 225 kN 的静力轮对荷载下测定的。考虑到车辆要在曲线上运行，且由于车辆在最大轮对荷载下运行时会产生附加动荷载，这个静力轮对荷载可提高。在设计轨枕下压力 p 时候，轮荷载 Q 的取值是轮对荷载的一半。

有效的轮荷载 Q(kN)是通过一个在曲线上运行时轮荷载分布的附加值从静轮荷载中得出的，这个附加值按照速度、半径、超高和车辆的重心等各异，取 Q_{stat} 的 10%～20%。对于新建铁路和改扩建线路，有效轮荷载可以取 $Q=1.2Q_{stat}$。

上部建筑的状态(折旧、应力、轨道位置)和行车速度的影响可以通过系数 $s^*=n\cdot\varphi$ 求得。系数 n 按上部建筑和轨道质量的差异在以下数值之间波动：$n=0.10$(很好)，$n=0.20$(好)，$n=0.30$(中等)。

系数 n 及动力附加荷载会因轨道位置的恶化而增大。在快速和维护良好的线路上，上部建筑状况要明显优于低速线路。速度系数 φ 取决于列车的速度和列车的类型，参见表 2.7。

表 2.7　速度系数 φ

速度 v	速度系数 φ
$v\leqslant 60$ km/h	1.00
客车 $60<v\leqslant 300$ km/h	$1+0.5(v-60)/190$
货车 $60<v\leqslant 140$ km/h	$1+0.5(v-60)/80$

考虑到轨道位置状况(上部建筑状态)和行车速度，将有效轮荷载 Q 提高到最大轮荷载 Q_{max}，准静力为

$$Q_{max}=Q(1+3s^{*})\quad (\mathrm{kN})$$

考虑到车辆的运行，准静力荷载可提高到 200%以上。

如序言所述，在轮荷载作用下上部建筑要承受弹性沉降的作用，在弹性沉降和钢轨的抗弯刚度以及承载体系的弹性共同作用下，将轮荷载分配到一段较长范围内的(挠度曲线)多根轨枕上。承载体系的变形特性可以采用道床系数 C_b 表示，轨枕下的压力 $p(\mathrm{N/mm^2})$ 和轨枕的弹性沉降 $y(\mathrm{mm})$ 之间的关系如下：

$$C_b=\frac{p}{y}\quad (\mathrm{N/mm^3})$$

根据道床、下部建筑和地基质量的相互关系，表 2.8 给出了道床系数 C_b 的参数。当下部建筑和地基很好时($C_b\approx 0.35\ \mathrm{N/mm^3}$)，沉降 y 量很小，支承点荷载或道床压力较高；当地基较差时($C_b\approx 0.05\ \mathrm{N/mm^3}$)，沉降 y 量很大，支承点荷载或道床压力较小。然而，当由相应的弯曲变形曲线产生的弹性沉降较大时，轨底应力可能超过其允许值。

表 2.8　道床系数 C_b

道床、下部建筑和地基的质量	道床系数 C_b	
	$\mathrm{N/cm^3}$	$\mathrm{N/mm^3}$
很差 (塑性黏土、有机土、颗粒均匀的砂)	<50	>0.05
差 (黏性的硬塑黏土、粉土、松散的砂)	≥50	≥0.05
好 (含黏土和砂的砾石)	≥100	≥0.10
很好 (砂砾石、保护层)	≥150	≥0.15
混凝土基础 (桥梁、隧道、无砟轨道)	≥300	≥0.30

轨枕下的压力 p 可以按照纵梁法算得。该法采用完全弹性支承钢轨，通过道床系数 C_b 表示弹性并将横轨枕线路换算为在同一支承面积上的纵梁(长轨枕线路)。从横轨枕线路得出理想的纵梁 b_L 宽度为：

$$b_L=\frac{F_w}{2a}\quad (\mathrm{cm})$$

式中　$\frac{F_w}{2}$——有效轨枕面积的一半($\mathrm{cm^2}$)；

a——轨枕间距(cm)。

这样纵梁的弹性长度 L_i 可按下式计算得出:

$$L_i=\sqrt[4]{\frac{4EI}{b_L C_b}}\quad (cm)$$

式中 E——钢材的弹性模量(N/cm^2);

I——惯性矩(cm^4);

C_b——道床系数(N/cm^3);

b_L——纵梁的宽度(cm)。

相邻轴的影响可参照参考文献[5]采用影响系数 η 求得。影响系数 η 取决于坐标轴和相邻轴的间距以及弹性长度。

以此得出,弹性沉降 y 为:

$$y=\frac{Q\eta}{2b_L C_b L_i}\quad (cm)$$

轨枕下的压力 p 为:

$$p=\frac{Q\eta}{2b_L L_i}\quad (N/cm^2)$$

支点力为:

$$S=b_L\cdot C_b\cdot a\cdot y\quad (N)$$

对于高速线路的上部建筑而言,不同的道床系数、下部建筑和地基的质量对道砟压力的影响可通过一个计算实例来加以说明。

算例

上部建筑:UIC 60 钢轨,$E=2.1\times10^7\ N/cm^2$,$I=3\ 055\ cm^4$;B70w 轨枕,$F_w=5\ 700\ cm^2$,轨枕间距 $a=60$ cm;垫层 Z_w 687a。

荷载: 静力轮荷载 $Q_{stat}=\frac{225}{2}=112.5$ kN

有效轮荷载 $Q=1.2Q_{stat}=1.2\times112.5=135$ kN

$n=0.15$;$v=160$ km,客车

$s^*=n\cdot\varphi=0.15\times(1+0.5\frac{160-60}{190})=0.189$

$Q_{max}=Q(1+3s^*)=135(1+3\times0.189)=211.5$ kN(或 211 500 N)

$$b_L=\frac{F_w}{2a}=\frac{5\ 700}{2\times60}=47.5\ cm$$

根据图 2.3,在计算单个荷载 Q_{max} 直接作用在轨枕下的压力 p 时,$\eta=1.00$。

计算结果:

$C_b=250\ N/cm^3$	$C_b=150\ N/cm^3$	$C_b=100\ N/cm^3$
$L_i=68.2$ cm	$L_i=77.5$ cm	$L_i=85.7$ cm
$y=0.13$ cm	$y=0.19$ cm	$y=0.26$ cm
$S_{max}=92.6$ kN	$S_{max}=81.2$ kN	$S_{max}=74.1$ kN
$p_{max}=32.64\ N/cm^2$	$p_{max}=28.73\ N/cm^2$	$p_{max}=25.98\ N/cm^2$

弹性长度 L_i 和沉降 y 会随道床系数的降低而增大,这样钢轨承受的应力会增大,支点

力 S 和压力 p 则减小。在道床系数较高的情况下($C_b \geqslant 250\ \mathrm{N/cm^3}$),轨枕下的压力 p 会继续增加,从而导致有砟轨道应力增大和颗粒破坏。地基的弹性很小。

上部建筑中的弹性元件,如垫层、道砟基底和底层道砟垫通常会遇到较高的道砟应力,弹性长度 L_i 和沉降 y 会根据弹性系数相应增大。弹性系数 c 表示钢轨的弹性变形特性,可以从一根钢轨扣件支点力 S(kN)的沉降 y(mm)中算得:

$$c=\frac{S}{y}\quad (\mathrm{kN/mm})$$

当有两个弹性元件时,其弹性系数为:

$$c_{\mathrm{res}}=\frac{c_1 \cdot c_2}{c_1+c_2}\quad (\mathrm{kN/mm})$$

道床系数 C_b 和弹性系数 c 之间的关系为:

$$C_b=\frac{p}{y}=\frac{2 \cdot S}{F_w \cdot y}=\frac{2c}{F_w}\quad (\mathrm{N/mm^3})$$

或

$$c=C_b \cdot F_w/2\quad (\mathrm{kN/mm})$$

在非常坚固而且无弹性的下部建筑上(如桥梁、隧道、无砟轨道和稳定的承载层),其所要求的弹性轨道的缓冲作用,可以通过在上部建筑中设置弹性元件得以满足[13]。此时,整个承载体系乃至承载体系的弹性可以得到优化,这样在轨道的纵向上获得最大可能的均匀轨道刚性 C_G 为:

$$C_G=\frac{Q}{y}=2 \cdot b_L \cdot C_b \cdot L_i\quad (\mathrm{kN/mm})$$

对于上述选用的算例而言,轨道刚性 C_G 的值如下:

C_b　250　150　100　(N/mm³)

C_G　163　111　81　(kN/mm)

轨道刚性为 80～120 kN/mm 时,轨道可以认为是最佳的;当轨道刚性很低时应采取在第 8 章里介绍的修复措施;当轨道刚性很高时,须在上部建筑中加设弹性元件。

2.4.4　下部结构中垂直应力的计算

对下部建筑内垂直应力 σ_z 起决定性的作用是:运行荷载在轨枕下产生的压力 p 和上部结构及承载体系中各层的自重。垂直应力 σ_z 为:

$$\sigma_z=\sigma_{zp}+\sigma_{z\gamma}$$

轨枕下的压力 p 产生的垂直应力 σ_{zp},随着深度的增加而迅速衰减(图 2.10)。这种应力可以按照修正的弹性各向同性半无限体理论计算。计算时,可将由多层土体组成的承载体系转换成具有相同变形特征的半无限体。

由自重而产生的垂直应力 $\sigma_{z\gamma}$ 随着深度的增加而增加(图 2.10)。通常,垂直应力 $\sigma_{z\gamma}$ 对于弹性变形计算没有意义。下部建筑中产生的变形绝大多数是由于垂直应力 σ_{zp} 引起的。

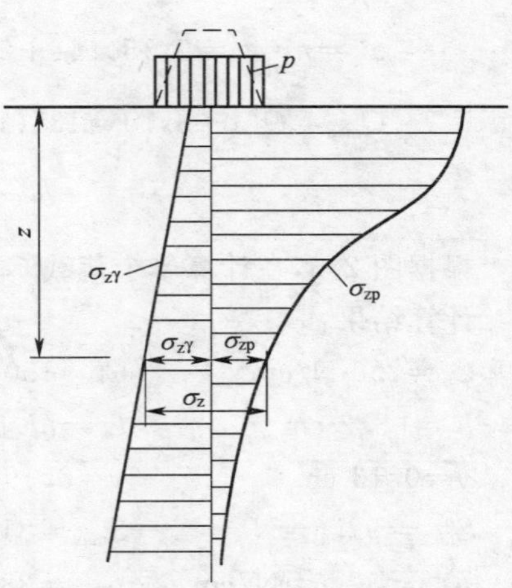

图 2.10　承载体系里的总应力

计算轨枕下压力 p 引起的垂应力 σ_{zp}时，可将承载体系分为两层或多层。这些层可以按照不同的方法或者按照计算程序 BISAR[14] 进行计算。在一层相对“坚硬层”(道砟和路基保护层)之下有一层“软层”(地基)时，可按照图 2.11 用一修正系数进行考虑，该系数按照下列公式计算[57]：

$$\kappa_s = 1-(1-\bar{\kappa}_s)\left(\frac{z}{h}\right)^2$$

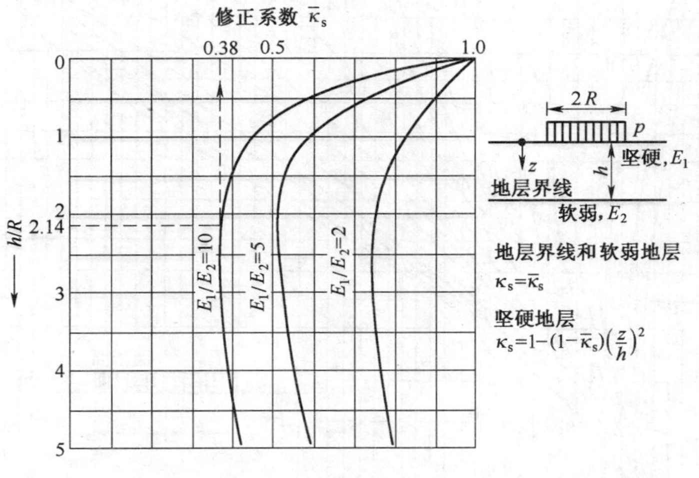

图 2.11 修正系数 κ_s

该公式中的系数 $\bar{\kappa}_s$，适用于“坚硬层”和“软层”的分层面及软层的不同深度，$\bar{\kappa}_s$ 的取值参见图 2.11，也就是说如果道砟和路基保护层的自身变形模量 E_1 大致相同，这两层可以划归为坚硬层范畴。经过研究证明，在道砟层矩形轨枕支撑面下的应力大小和分布，与在一个面积相同的圆形荷载下的应力分布基本上是一致的。因此，可以将矩形面积转换成半径为 R 的圆形面积：

$$R=\sqrt{\frac{F_w}{2\pi}}$$

轨枕下压力 p 在深度 z 上的垂直应力是：

$$\sigma_{zp}=p\cdot i\cdot \kappa_s$$

式中的 i 为应力影响系数，可以根据不同荷载面形式从相关的计算图中获得。图 2.12 为半径为 R 的均匀圆形荷载的应力影响系数 i。

2.4.3 节中举例的垂直应力 σ_{zp} 可以按照下列方式计算：

(1)根据图 2.13 的几何尺寸和荷载。

(2)$C_b=150\ \text{kN/cm}^2$ 时，压力 $p_{max}=28.3\ \text{N/cm}^3$。

(3)圆形面积的半径 $R=\sqrt{\frac{5\,700}{2\pi}}=30.13$ cm。

(4)修正系数 $\bar{\kappa}_s$(图 2.11)：

$$\frac{E_1}{E_2}=\frac{15\,000}{1\,500}=10,\quad \frac{h_1+h_2}{R}=\frac{30+30}{30.13}=1.99$$

$$\bar{\kappa}_s=38$$

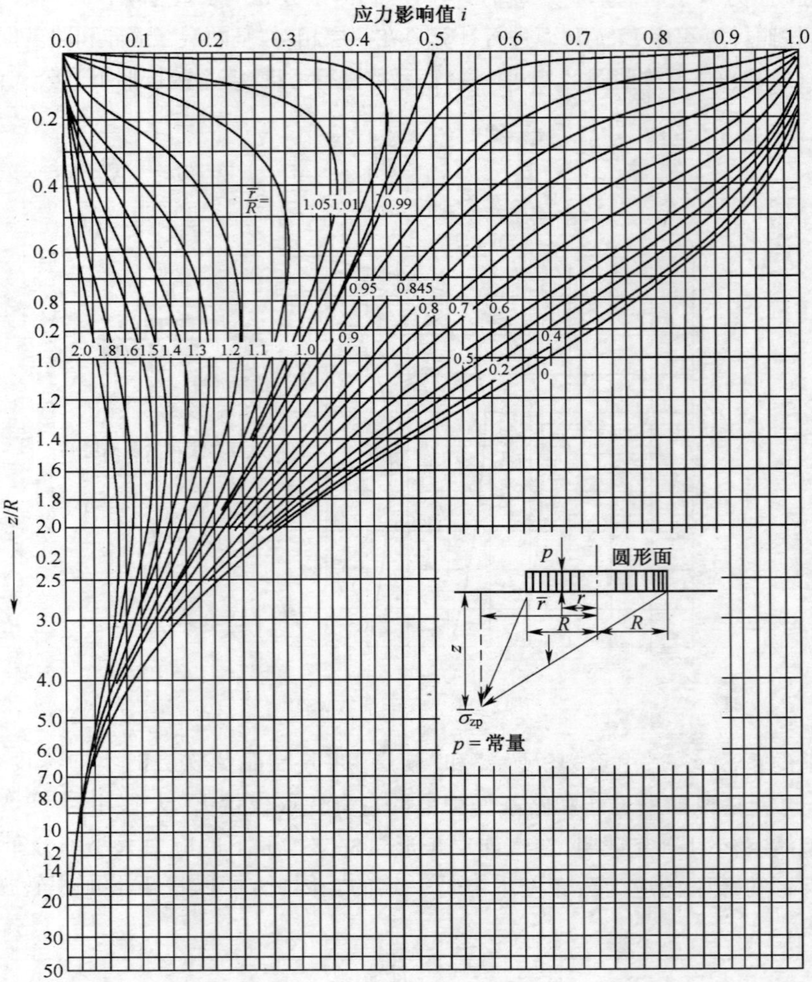

图 2.12　均匀圆形荷载的应力影响值 i

(5)不同深度 z 的修正系数 κ_s：

$$z=30\ \text{cm},\ \kappa_s=1-(1-0.38)\left(\frac{30}{60}\right)^2=0.845$$

$$z=60\ \text{cm},\ \kappa_s=0.38(\text{分层面})$$

$$z=100\ \text{cm},\ \kappa_s=0.38$$

按照表 2.9 计算单根轨枕下的垂直应力 σ_{zp}。应力计算结果见图 2.14，图中同时也给出了垂直应力 σ_{zp} 在垂直和水平方向的分布情况。从图中可以看出，垂直应力 σ_{zp} 随着深度的增加而迅速减小。

实际情况中并不存在单根轨枕的问题，而是由钢轨相互连接的相邻轨枕群，它们之间存在着相互影响。图 2.15 表示 3 根轨枕的垂直应力分配和叠加。考虑到轨道具有缓冲作用且能分担荷载，从而使叠加后的轨枕垂直应力 σ_{zp} 的水平曲线趋于平衡。应力差随着深度的增加不断得到平衡。在土路基中的垂直应力 σ_{zp} 几乎趋于一致。这样证实了钢轨、有砟轨道、路基保护层均起到了“荷载分布”的作用。

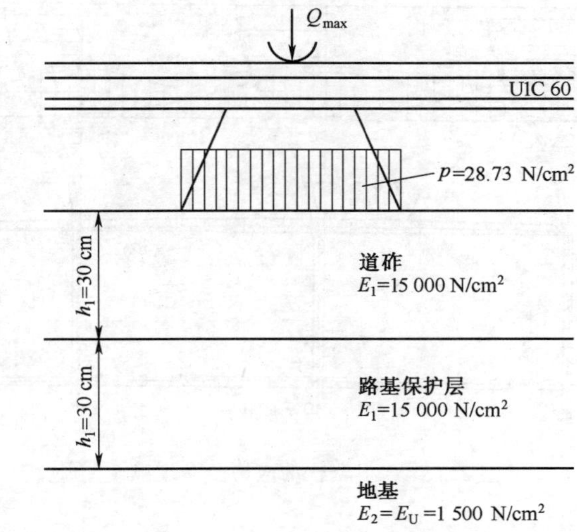

图 2.13　几何尺寸和荷载

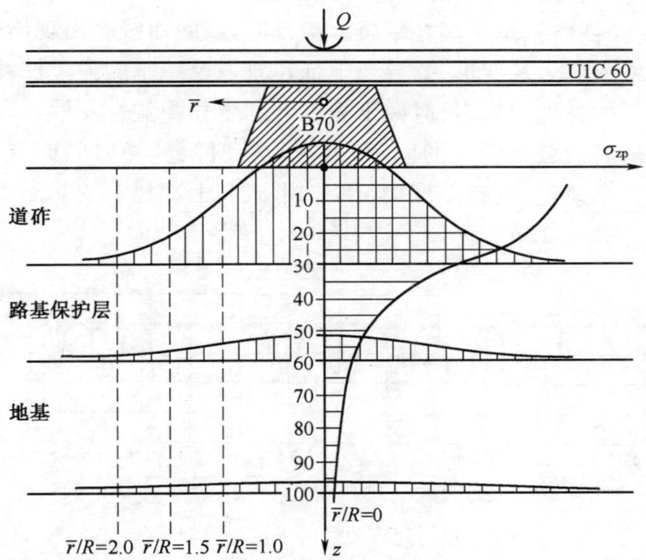

图 2.14　单根轨枕下由于压力 p 产生的垂直应力 σ_{zp} 的分布情况

表 2.9　垂直应力 σ_{zp} 的计算

z	荷载作用轴线		在荷载作用轴线以外						κ_s	σ_{zp}			
			$r/R=1.0$		$r/R=1.5$		$r/R=2.0$			$r/R=2$	$r/R=0$	$r/R=1$	$r/R=1.5$
	z/R	i_z	z/R	i_z	z/R	i_z	z/R	i_z	—	—	—	—	—
cm	—	—	—	—	—	—	—	—	—	N/cm²	N/cm²	N/cm²	N/cm²
30	0.99	0.64	0.99	0.33	0.99	0.13	0.99	0.045	0.845	15.54	8.01	3.16	1.09
60	1.99	0.29	1.99	0.20	1.99	0.13	1.99	0.075	0.380	3.17	2.18	1.42	0.82
100	3.32	0.12	3.32	0.10	3.32	0.08	3.32	0.063	0.380	1.31	1.09	0.87	0.69

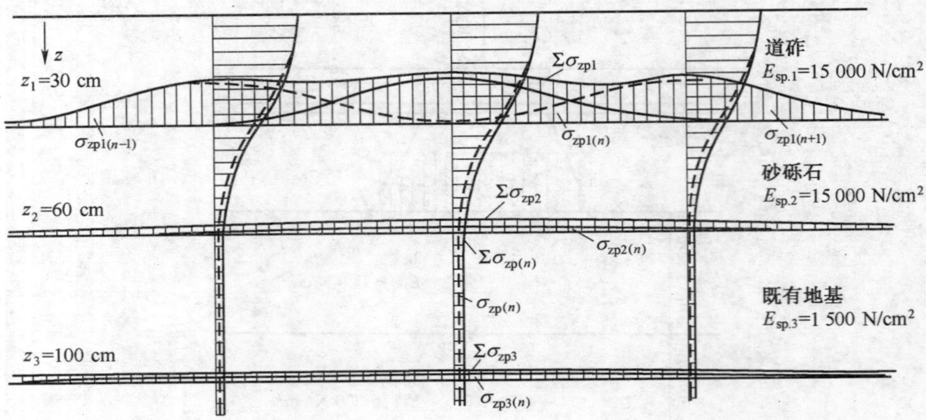

图 2.15　3 根轨枕的应力分布影响

2.4.5　动力影响

当车辆运行在行车轨路上时，在随时间而变化的荷载作用下不仅产生动力地基承压应力，同时也产生振动。铁路机车车辆在钢轨上运行时，瞬间曲线会出现周期性动力荷载。这种动力荷载影响土中的应力和变形，并导致下部建筑以及地基的弹塑性特性变化。这样，在短时间内产生了较大的弹性变形，长时间下去就会产生累积塑性变形。在其时间曲线上，地基动压应力取决于轮对荷载和轮对的间距，列车行驶时沉降和时间曲线关系见图 2.16，动压应力的大小则受行车速度、铁路上部建筑结构形式和上部建筑的状态所影响，可由准静态方法计算获得。参见 2.4.3 节。

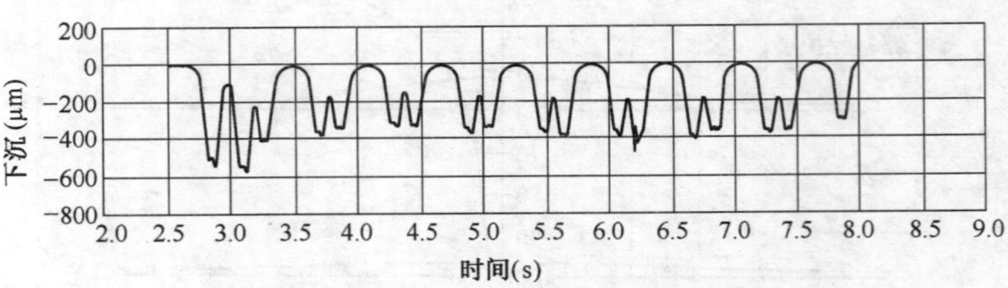

图 2.16　列车驶过时下沉的时间曲线

振动以波的形式在上部建筑、下部建筑和地基中传播。列车行驶的激发源与间距和行车速度存在一定的关系，分为不同的频率范围。此时，作用周期则由车辆的几何尺寸如车轴轮廓、车轮的圆度以及行车道路的几何尺寸如轨枕间距、钢轨波纹、行车速度等确定。车辆主要尺寸和频率范围见表 2.10，行车道路的相关数据可参考表 2.11。

表 2.10　车辆的主要尺寸(长度)及频率范围

激发(源)	车辆的主要尺寸(长度)及频率范围
车厢长度	客车：26.40 m
转向架轴距	7.40 m
轴　距	客车：2.50 m IEC 动车：3.0 m

续上表

激发(源)	车辆的主要尺寸(长度)及频率范围
车轮的圆度(第一个和较高的),如车轮踏面擦伤处	车轮直径:0.8～1.20 m
车辆运动(浮沉振动、滚动、点头)	<10 Hz,用最小的幅度
承受荷载轮对的垂直横向振动	45～90 Hz
在弹性轨道上承受荷载轮对的垂直向的上下振动	45～90 Hz 取决于频率的未加弹簧的轮对质量和轨道的刚度

表 2.11　行车道路的主要尺寸(长度)及频率范围

激发(源)	车辆的主要尺寸(长度)及频率范围
轨枕的悬空位置、焊接位置、钢轨接头和鱼尾板	脉冲式激发(周间距脉冲)
轨面波磨	<8 cm
轨枕间距	50～60 cm

从影响周期中可以计算出频率为:

$$f=\frac{v}{3.6s}\quad(\mathrm{Hz})$$

车辆的速度 v(km/h)和间距 s(m)参见表 2.10 和表 2.11。

根据参考文献[15]可以将激发频率分为高、中、低三档(图 2.17)。低频激发(0～40 Hz)是由车厢长度、转向架轴距、轴距、车辆速度、轨枕的悬空位置、焊接位置、钢轨接头和鱼

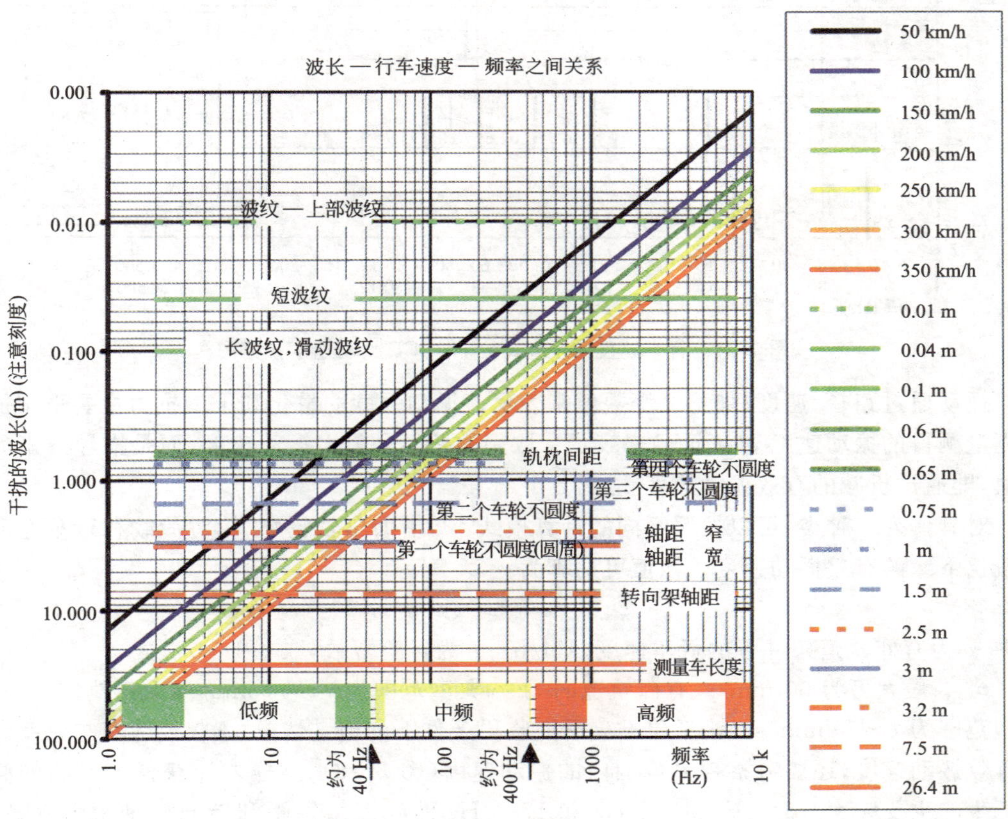

图 2.17　典型的频率范围[15]

尾板等产生的。中频激发(40～400 Hz)是由车轮的圆度如车轮踏面擦伤、轮对的垂直横向振动、在弹性轨道上承受荷载的轮对垂直上下振动、钢轨波磨和轨枕间距等产生的。而对于下部建筑和地基而言,频率范围在 120 Hz 左右。

低速重载货运列车完全处于低频范围,激发的频率大约为 10 Hz 左右。高速轻型旅客列车激发频率约为 40 Hz,但是从较宽的频谱范围可能产生其他的、有可能起决定作用的频率。图 2.18 是列车运行时激发的频率范围。通常情况下铁路机车车辆驶过后振动,尚未达到下部建筑/地基系统引起振动回应的程度。但是,在松软的地基土层中,由于自振频率的关系可能会产生共振。

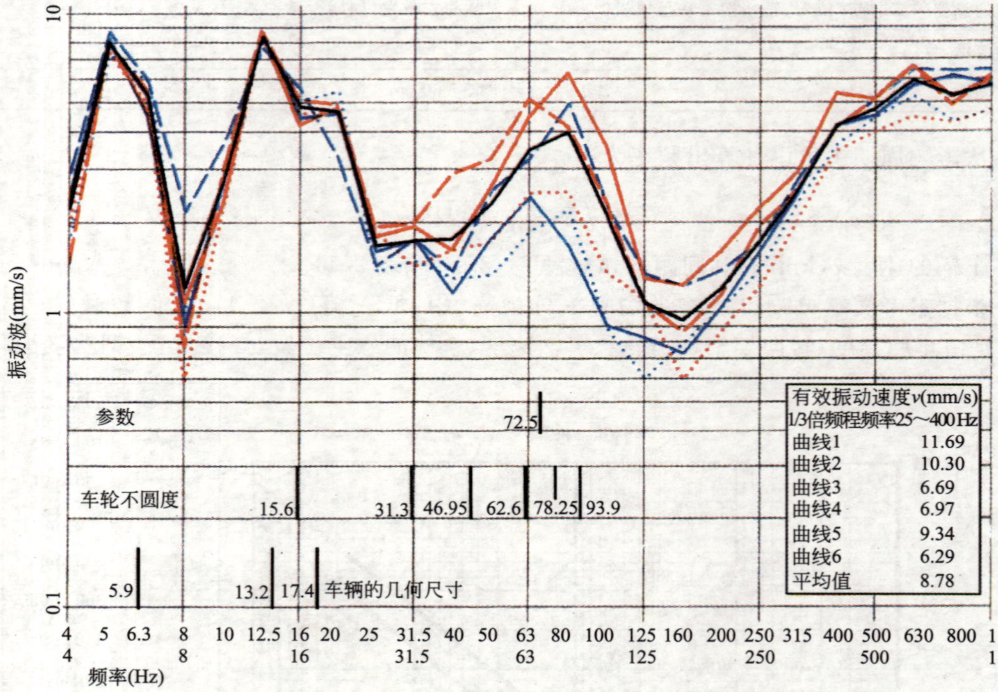

图 2.18 行车速度为 160 km/h 时 ICE 振动速度频谱图

振动通过路径、速度、加速度等数值来表示。振动强度的量化和土的抗力主要采用加速度测量测得的振动速度 v(mm/s)来表示。取用的并不是最大振动速度,而是推导出来的有效值,即通过折减的有效振动速度 $v_{res,eff}$。

对具体列车种类,可以按照不同的计算模式[16],借助车轴轮廓、轮对荷载和行车速度计算轨枕下缘的有效振动速度。该值可估算为:

$$v_{res,eff}=x\cdot v \quad (mm/s)$$

式中,v 为有砟轨道条件下的行车速度(km/h);x 为经验常数,取 0.1～0.2。

$v_{res,eff}$ 最大可为 60 mm/s,有砟轨道的 $v_{res,eff}$ 典型范围为 7～40 mm/s,无砟轨道的 $v_{res,eff}$ 典型范围为 2～20 mm/s。为了更准确研究临界条件下的地基情况,不仅要考察与频率无关的有效振动速度,还要考察频率范围内的振动速度(图 2.18),这样才能获得由不同的激发源产生的主要频率。5.9 Hz、13.2 Hz 和 17.4 Hz 的峰值由轴距和转向架轴距激发,72.5 Hz 的峰值是由轨枕间距和行车时的车轮不圆度叠加作用形成的。

和地基承受的压力一样，振动速度会随着深度的增加（也就是随着波的转播）而降低，通过几何衰减和材料衰减使能量减小。波的传播和衰减与土的类型和土层中的剪切模量和泊松比密切相关。在不同类型的土和变形模量的下部建筑和地基中，某些特性如地层分界面的反射会影响到能量的衰减。能量随着深度的增加而降低，这可用下式测定：

$$v_{\mathrm{eff},z}=z_{\mathrm{res,eff}}\cdot \mathrm{e}^{-\varepsilon z}$$

式中 z(m)是轨枕底部深度，ε 为吸收系数，有砟轨道中 ε 值在 2 上下波动，无砟轨道中在 5 上下波动。

在上部建筑中安装弹性或高弹性元件作为垫层、轨枕垫或道砟垫可以立即起到减振效果。这样就减小了这些部位的能量，同时也就减小了传递到下部建筑和地基中的振动速度 $v_{\mathrm{res,eff}}$。采用车辆—行车道模拟程序“iSi”[17]就可依据上部建筑计算的原则[5]进行综合轨道动态模型计算。按以下要求进行计算：

(1)采用特定的车辆和一定的行车速度；

(2)上部建筑结构含弹性元件和下部建筑质量较高的行车道。

计算不仅采用准静力方法而且还采用动力计算方法进行。从计算结果中可以获得：

(1)静力特征参数：钢轨下沉、弹性长度和轨道的刚度；

(2)动力特征参数：压力、路基内振动速度、时间曲线和 1/3 倍程频率波谱等。

在参考文献[16]中介绍了车辆—行车道的模拟程序“iSi”[17]，采用 FE-程序“PLAXIX”可以进行下部建筑和地基的动力模型的计算。这样，可以测定作为实际作用下应力的地基承压应力和振动速度，并为 5.3 节的动力稳定性验算提供根据。

2.4.6 气候因素产生的应力

铁路线路是线状建筑物，整条线路上的气候条件变化相当大。气候因素直接影响到上部建筑、下部建筑和土工建筑物，并可能在相对较短的时间内对线路的稳定性和使用等产生一些不利的影响。

2.4.6.1 *冻害影响*

冻结产生时，在地表面以上 2 m 处测得的气温通常在零度以下。冻结期较长的话，冻结会贯入下部建筑和地基中，使土中的温度下降到冻结点以下（岩土冻结）。

一旦冻结贯入到岩土里，孔隙里的水就产生冻结。随着从液态向固态的转换，水的体积要增加 9%左右。非黏性松散碎石之间的空隙较大，可以平衡水因冻结而出现的体积膨胀的影响。因此，冻结不会对非黏性松散土、碎土产生有害影响，该类土被认为是冻结安全的。

然而，当冻结在湿透的黏性土里缓慢贯入时，情况则完全相反。在这种地基里如果冻结界限保持在一定的深度（冻结贯入深度），在热势能的作用下，没有冻结的水以与重力相反的方向从深部较热的区域向接近地表较冷的区域运动。在热势能差的作用下产生的补给水，不仅包含液态水同时也包含了气态水，再加上毛细水的运动，使较深处的地下水源源不断地向冰点等温线补给。水在此处被冻结成冰，变为具有地下冰凌特性的冰体。地下冰凌的厚度可以从几毫米到几厘米不等。随着补给水的增加地下冰凌不断变大（图 2.19）。这个过程导致土在完全冻结范围内的体积增加很多，其后果是引起铁路线路的冻胀病害。在弱—中黏性土中这种冻害的影响尤为严重，因为其冻害的变化和相对较大的渗透系数联系在一起。这样一来就有大量的水被输送到冻结区，形成了明显的地下冰棱。在强黏性土中由于渗透系数较差，地下冰棱的形成有一定的限度，因而受到冻害的影响较小。

解冻时冻结的土在吸收热量后，从地表开始向地下解冻。因为更深处的地基仍处于冻结状态，因而地下冰棱融化后不断增多的水不能流向地下，此时土中的含水量会不断增加(图 2.19)。随后，黏性土呈现出不利的液态变化，并且伴随着软化出现承载力明显降低的情况。因此在解冻过程中，既有的黏性土承载力降低到最小值，人们将该值称为春季最小承载力(图 5.14)。所以这种受冻结变化影响的土的承载力是不确定的，和气候、水文及地基条件有着一定的关系，四季发生波动(见 5.2.1 节)。

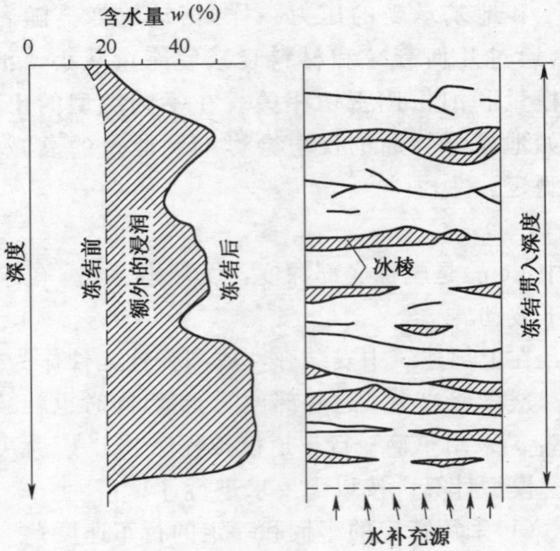

图 2.19　地下冰凌和额外浸湿之间的关系

在冻结过程中和在此之后的岩土性能的定性估计及其可能对铁路路基产生的影响见表 2.12。

表 2.12　可能产生的冻结影响的定性估计

岩石类型		冻结发生过程中的特点	解冻后的特点	对铁路路基的影响
岩石（碎石）	不易风化的岩石（如花岗岩、玄武岩、片麻岩）	水在孔隙、裂缝、裂隙和接缝里结冰	颗粒连接变松，裂缝、裂隙和接缝的开口宽度增大	产生对路基和边坡无大危害的缝隙松动
	易风化的岩石（如泥质岩、泥质页岩）	水在孔隙、裂隙、层理和泥质页岩缝里结冰；产生水的不断汲取，在毛细分界面上形成地下冰凌	颗粒黏结损失；岩层隆起，分裂破碎成黏性的松散土	冬季冻胀隆起病害，在春季承载力下降；边坡稳定性降低
土（松散碎石土）	非黏性土（如砾石，砂）	水在孔隙里结冰	迅速调整为其初始状态	无
	黏性土（如黏土、黏质粉土）	水在孔隙里结冰，产生水的不断汲取，形成与地面平行的地下冰凌	由于水的补给超过起始状态时的含水量（额外的水湿润）；状态发生变化	冬季冻胀隆起病害，在春季承载力下降；边坡发生滑动和蠕变现象

2.4.6.2　水的影响

浸入铁路路基的水的形式主要有：

(1)地表降水；

(2)地面的层间水或渗漏水；

(3)既有土中的地下水、积水或毛细水等。

因为下部建筑和地基不允许受到上述类型水的浸湿，这就需要设置排水设施(第 7 章)，通过排水设施就可以将水安全汇集并排导出去。如果没有排水设施或排水设施不能完全发挥功能，就有可能出现水的富集现象，造成土中含水量增加。如果土是不透水的，还会出现密度改变和承载力损失的情况。出现富集水的原因如下：

(1)气候原因，降水加上径流和渗漏水；

(2)地貌原因，地表位置、水的流入和流出；

(3)排水设施和地基的原因。

产生有害富集水的原因如下：

(1)土路基的横坡遭到破坏(变形、过高的路肩人行道等)；

(2)路基的侧沟被堵塞和失效；

(3)管道和竖井被堵塞；

(4)泄水设施缺乏、被堵塞或失效；

(5)铁路路基内的构筑物存有积水。

一股较为强大的水流有时也会导致铁路路基出现问题。由于水的拖曳力会产生沟—槽状的冲蚀，其后果是在坡脚(如在侧沟里)出现锥体状的漂移沉积。究其原因，可能是地表水未经控制流过坡脚和未经保护的边坡面、构筑物的前方或后方出现积水、水源未被截断或者由于外来水浸入等原因所致。

2.4.6.3 炎热和太阳辐射的影响

炎热可减少土中的含水量，也就是高温和强烈的太阳辐射会蒸发土中的水分。尤其是对水敏感的黏性土，炎热会使土中含水量降低到接近或低于收缩极限的程度，使土产生收缩，并可能产生裂缝。这种液性指数的变化首先表现为承载力和强度的提高，但也有可能出现沉降，从而引起轨道下沉。如果随后遇到强降雨，雨水会通过裂缝流入土中使土体完全浸润，土的黏度发生变化，可能会引起承载力和稳定性下降。

3 土工技术原理

3.1 土工调查

与土工技术专业领域相关的工程地质、岩土力学、基础工程、土方工程、岩石工程和隧道工程等重要学科都具有大量的文献资料可供使用，所以我们可以毫不费力地详细研究土工技术问题及其相互关系。因此下文仅就铁路专门领域和对铁路土工建筑物设计、施工、加固和维护等特别重要的土工技术原理进行解释。

应按照参考文献[1]进行土工建筑物的土工调查，包括所有设计、测量和施工时所必需的工程地质、土力学和水文地质参数。此外，它还包括施工措施对地基、地下水以及对相邻建筑物产生影响的报告。因而进行土工调查时，应确保：

(1)能够充分获取作为地基和/或者建筑材料使用的土的类型和状态的相关资料；

(2)调查地下水情况，尤其是地下水的位置和特征；

(3)要特别查清典型的工程地质和水文地质情况(地质异常、化石分界面、岩溶和岩溶漏斗区、不稳定的岩石、潜在水源、承压地下水等)；

(4)有利于设计经济的、稳定的、维修较少而且环保的建筑物；

(5)避免对相邻建筑物和设施产生不利的影响。

通常，土工调查应委托专门的有资质的土工技术专家按照 DIN 4020[18] 来进行，调查时应尽最大可能将设计的施工措施贯穿在从制订调查方案到施工结束的整个过程中。土工技术专家须提交土工技术报告，在报告里要清楚地说明调查结果，并作出相应的评价，还应提出必要的施工措施。参考文献[1]和[18]中列举了有关土工技术专家的必备资质和土工报告的范围及内容。

3.1.1 土工分类

土工调查的范围、内容和必要的监控措施，应根据建筑物和地基的复杂程度及风险程度来确定。根据参考文献[18]和[8]，土工类别(GK)分为 3 类。在上述文献中增加了对地基风险和 GK1～GK3 土工调查的最低要求。土工类别的定义如下：

(1)土工类别 1(GK1)：包括小型、简单的建筑物，其稳定性和使用可靠性要求不是太高，地基情况简单、明了。其稳定性通常可以通过经验来判定。有关稳定性和使用可靠性的问题简单，只有在有疑问的情况下才请教土工技术专家。

(2)土工类别 2(GK2)：包括中等难度的建筑物和地基情况，其稳定性和使用可靠性要求较高，要求具有处理工程方面的土工知识和经验的专家来鉴定。为此，由土工技术专家提供的土工技术报告须根据现场和实验室地质调查资料来完成。

(3)土工类别 3(GK3)：包括在 GK1 和 GK2 中没有涵盖的，有相当难度的施工措施。完成该类施工需要具备较为丰富的知识和经验，为此一定要求有土工技术专家的参与。

土工类别 3 同时还为特别复杂的地基条件提供依据，如由有机土组成的软弱地层、渗漏区、岩溶和岩溶漏斗区、地质异常、带有化石分界面的土以及靠近水源的土等。在上述地基条件下往往要采取一定的施工措施(第 8 章)，以保证土工建筑物所必需的稳定性和使用的可靠性。无砟轨道和设计速度 $v_e>200$ km/h 的铁路线路上的土工建筑物也应按照土工类别 3 进行分类。对按照参考文献[8]进行的建筑物和施工措施的观测，通常也列入土工类别 3。

有关土工调查的类型和范围，原则上要将新建铁路线路和既有线加固/维护区分开。

3.1.2　新建铁路线路

在新建铁路线路上，土工调查可以不受以往的限制根据最新的科技成果和最新的科技水平来进行。对于地基勘探优先采用点状勘探，即大家所熟知的直接勘探法和间接勘探法。地球物理岩土勘探方法常常和直接勘探一起使用。和点状勘探相比，其优点是在更大面积范围内获取更多的信息。对于土工调查而言，一定要充分利用既有的地质，特别是工程地质图。

直接勘探是指钻孔、试坑、槽式和动力钻取岩芯勘探。当然，也可以采用既有的或者人工获得的土的露头来作为直接勘探。采用直接勘探时，不仅可以获得受扰动的土样，也可以获得未受扰动的土样，土样可在实验室内进行土力学试验。根据参考文献[1]，直接勘探的次数要以掌握所有土的类型为准。然而，每种施工措施至少要做 3 次勘探。有关直接勘探的范围、深度和其他资料见 DIN 4020[18]。传统的直接勘探法一直在被使用，但使用时应注意排除地基采用工程技术因素和其他因素的影响。

间接勘探基本上可以理解为动力触探和静力触探，具体实施方式参见 DIN 4094[19] 的规定。

在新建工程或者**路堤**需扩宽而进行土工调查时，根据参考文献[1]进行勘探，至少要深达路堤承载面以下 5 m。关于勘探的布孔密度，根据地基的均匀性每 250～1 000 m^2 的路堤承载面面积上需作一次勘探。但通常情况下在每 500 m^2 的路堤承载面面积上作一次勘探。

在新建工程或者**路堑**需扩宽而进行土工调查时，根据参考文献[1]，直接勘探至少要深达设计的承载面以下 5 m(边坡或土路基)。对此，根据地基的均匀性在每 500～2 000 m^2 的路堑面上要求作一次勘探，或在通常情况下每 1 000 m^2 的路堑面上作一次勘探。

对于新建工程或者**排水设施**扩宽的情况，地基需采用直接勘探的方法进行调查，直接勘探至少要深达排水水平面以下 1 m。为此，就地下排水系统而言，每 100 m 的长度上进行一次直接勘探，对于开敞式沟槽每 200 m 长度作一次直接勘探。如果在路堤和路堑的新建工程直接勘探时，已获得了排水设施设计和测量的足够信息，就可以不再进行直接勘探。

3.1.3　既有铁路线路的加固和维护

在对大多 100 多年前修建的既有铁路线路进行加固和维护时，情况和新建工程大不一样。其优势是可以利用该线的历史工程资料信息，从这些资料当中可以获得有关轨道位置、保护层、排水设施和道砟道床以及路肩人行道和边坡状态的重要数据。但也存在以下一些不足：

(1)通常勘探工作会影响到铁路的正常运营；

(2)常规的直接勘探只能布置在轨枕的端头，目的是不损坏既有的运营轨道；

(3)既有的土工建筑物常常会显现出很大的不均匀性，这说明土的特性可能在几米范围内发生变化；

(4)直接勘探的间距往往很大，不能完全掌握这种不均匀性。而且在直接勘探之间的干扰带和困难地段的情况不能全面掌握。

上述问题促进了特殊的直接和间接勘探方法的发展，以更好的适应既有铁路线路土工调查的特殊条件（见 3.1.4 节）。

对既有线路有砟轨道的加固和维护以及设计速度 $v_e \leqslant 200$ km/h 的线路，对地基和下部建筑采用直接勘探，勘探深度至少应达到轨顶面以下 1.3 m。如果遇到复杂的和不均匀的地基时勘探深度要作相应的调整。根据地基的均匀情况，每股轨道直接勘探的间隔为 50～100 m 不等，通常为 100 m。

对无砟轨道既有线路的加固和维护以及设计速度 $v_e > 200$ km/h 的线路，勘探深度至少应达到设计轨顶面以下 5 m。每股轨道直接勘探的间隔根据地基的情况一般为 25～100 m 不等，通常为 50 m。

3.1.4 既有铁路线路的现代化勘探方法

3.1.4.1 地基钻孔探测车

地基钻孔探测车（UUM）是一种在轨行区直接进行钻孔的专用机具。使用该机具可以通过干式旋转钻孔从轨顶面以下 1.35m 的道床里获取岩芯。它可以在很短的时间内在一个点进行 3 个钻孔的作业，获取岩芯并进行判定、照相和数据记录，为进一步研究获取相关资料。图 3.1（左）是从保护层上面的未受污染有砟轨道内获取的钻孔岩芯，图 3.1（右）是从保护层和地基上面受污染的有砟轨道里获取的钻孔岩芯。

3 个钻孔的布置为：一个孔在轨道中心，另外两孔分别在轨道中心左右侧 3.25 m 处，这 3 个钻孔形成一个横断面图。这种勘探方法的优点是，可以对轨道下的有砟轨道进行直接勘探。由于不开挖轨道下的路基并可迅速回填钻孔，因而对地基的影响很小；不足之处是作业时需要在线路上开天窗[20]。

3.1.4.2 土工雷达方法

土工雷达方法是一种地球物理方法，其作用原理和使用方法见参考文献[21]。当装有土工雷达天线的车辆在轨道上匀速通过时，便可从反射电磁波的往返时间里获得铁路路基的信息，这些信息被存储在雷达图谱里，处理后就可定量描述土层的均匀性、土层分界、局部地基不良路段和病害情况（图 3.2）。但仅靠土工雷达还不足以获得地基的相关信息，还须使用与直接勘探相结合的二次勘探手段。这样，可以在一定程度上修正土工雷达获得的结果。

在第一次勘探过程中，土工雷达以无损的方式毫无遗漏地、连续地进行间接的粗略勘探（初诊），从其结果可以判断出不均匀的路段和不良路段及病害。第二勘探阶段（也可称为确诊阶段），则对第一次勘探发现的病害点和路段进行进一步的调查，在这个阶段可采用传统的直接勘探方法[21]。

分两个阶段进行勘探的优点在于，不仅仅是以规定的勘探间距进行粗略勘探，因为按规定间距勘探往往不能探出两个勘探点之间存在的不良路段和病害。如果有目的地对雷达图谱发现的地基内部的不均匀性以及不良路段和病害进行直接勘探，勘探过程可以采用不同的方式进行，可提高土工技术的安全度，特别是提高年代久远的既有铁路线勘探的安全度。

由于其物理作用原理，土工雷达方法的应用受到一定的限制。土工雷达的贯入深度和雷达图谱的可信度会受到土层含水量的影响。当含水量达到 20％时，其效果就明显下降。有关土工雷达使用的结论如下：

图 3.1　采用地基钻孔探测车(UUM)获取的钻孔岩芯

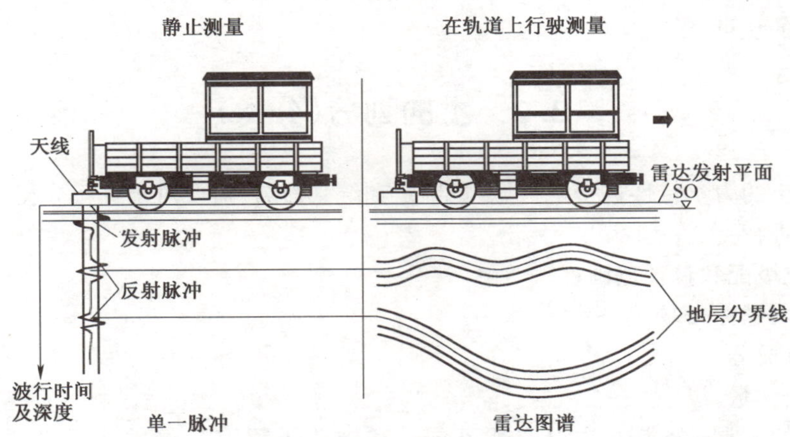

图 3.2　土工雷达勘探方法

(1)土工雷达方法不是“万用良方”。特别是在碎石道砟相当潮湿和污染严重的情况下，贯入深度会受到影响。然而可以对污染严重的路段作出相对准确的分界，以此获得一些对设计来说非常重要的信息。

(2)土工雷达仅仅是一种地球物理方法，运用时还须辅以直接勘探方法。即使采用土工雷达方法可以完成勘探工作量的40%，也不能取消直接勘探[22]。

(3)土工雷达的测量、评判，尤其是雷达图谱的判读需要专门的知识，需要地球物理学和土工学人员合作才能完成。此外，评判需要有熟悉当地情况和该条线路历史的铁路工作人员的参与。

在过去的一段时间内，由于测量技术和雷达图谱的判读方法不断改进，使得土工雷达方法逐步得以发展，其发展趋势还会长时间地延续下去。如果能够准确地把握住其使用范围，对既有线路连续的、不间断的地基勘探具有相当重要的意义。但如果对其期望值过高，而没有注意到它的局限性，则势必会发生错误。

3.1.5 地下水的勘探

地下水对土工建筑物的稳定性影响很大。根据DIN 4020[18]，地下水勘探是土工调查的必要组成部分。现有的资料和原来勘探的信息都可以使用。地下水勘探的目的在于获取以下方面的信息：

(1)地下水位的位置、自然波动和极端水位；

(2)地下水的流向和流速；

(3)地下含水层的数量和厚度；

(4)路基的透水能力和吸水能力；

(5)地下水的特征和化学成分。

在透水和不透水地基层交替变化时，地下水处于"受压"状态，可以称为承压水或自流地下水。由于承压地下水会带来诸多的工程技术方面的问题，因此一定要在勘探过程中查明。

有关地下水情况的基本信息可以采用直接地基勘探方式获得，对于某一特定时间测得的水位，往往和土工建筑物要求的极端水位不符。在对具有不同渗透系数的地层进行地基勘探时，只能通过地下水测点钻孔或额外的测量水位标来加以确定，采用上述措施时要取得土工学专家的认可。

3.2 土的划分(分类)

为了对土的力学特性进行定性、定量判定和统一命名，需要对土进行分类。土的分类依据下列指标进行：

(1)颗粒级配和粒径范围；

(2)塑性(黏性)和塑性特性；

(3)有机成分；

(4)石灰含量。

由于目的不同，分类方法也有所不同。和铁路工程有直接关系的分类方法有DIN 1054[8]和DIN 18196[23]，下面分别进行介绍。

3.2.1 根据DIN 1054进行分类

根据DIN 1054[8]，所有的坚固岩石总称为"岩石"，所有的松散岩石总称为"土"。如果土经历过地球历史变化过程，则称之为天然土；如果经历过堆积或冲积过程，则称之为堆积土。

土（如砂、砾石、块石以及它们的混合物）中粒径小于 0.06 mm 的颗粒质量小于总质量的 5%时，则称为非黏性土。根据 3.2.2 节土的分类方法，粒组编号为 GE，GW，GI，SE，EW 以及 SI 的土均为非黏性土；通常情况下，粒径小于 0.06 mm 的颗粒质量为 5%～15%的混合土也归为非黏性土，例如粒组编号为 GU、GT、SU 和 ST 的土。此外，满足参考文献[8]列举条件的土，也可以称为非黏性土。

黏土、黏土质粉土、粉土以及含非黏性土的混合物，如其中粒径小于 0.06 mm 的颗粒质量大于总质量的 40%，则称为黏性土。粒组编号为 UL，UM，UA 以及 TL，TM 和 TA 的土都属于黏性土。通常，也可以把粒径小于 0.06 mm 的颗粒含量在 15%～40%的混合土也归为黏性土，例如粒组编号为 GU*，GT*，SU* 和 ST* 的土。有关其他混合粒径土的分类参见参考文献[8]。

有机土是指粒组编号为 HN、HZ 和 F 的泥炭土和淤泥。有机土可以是非黏性或黏性土。在非黏性土里，动植物残存的有机混杂物的质量大于 3%，在黏性土里动植物残存的有机混杂物的质量大于 5%，如粒组编号为 OU、OT、OH 和 OK 的土。

3.2.2 根据 DIN 18196 进行分类

根据 DIN 18196[23] 进行土分类的基本设想是采用相近的工程技术特点和同类分组特点进行分类。颗粒级配、塑性和有机成分对土的工程技术特点影响很大，在对土进行分类时应特别加以考虑。

在实际地基勘探中一般分两个步骤对土进行分类。第一步是对土进行直观判断或者按照 DIN 4022[24] 手工测试法对土进行简单试验和描述，确定土的类型。

第二步是在试验室里对地基勘探的试样进行分类试验，给出颗粒分布、塑性和有机物成分含量的定量判定，然后根据规范 DIN 18196[23] 进行土的分类，每组土分类结果使用一个缩写符号（分组符号）表示。缩写符号由两个字母组成，第一个字母表示主要成分，第二个字母表示次要成分或特性描述。

3.2.2.1 颗粒级配

在试验室里根据 DIN 18123[25] 进行颗粒级配的测定。对颗粒粒径 $d \geqslant 0.063$ mm 的粗粒土和颗粒粒径 $d \geqslant 0.125$ mm 的混合颗粒和黏性土可通过筛分测定；对上述粒径以下的细粒则采用水分分析（沉淀）法测定，结果用颗粒曲线表示，也常用颗粒分布曲线表示。颗粒曲线表示不同筛径时土样颗粒过筛率的不同，过筛率指小于某粒径 d（筛径）的颗粒的累积质量占总土量的百分比。组配曲线的绘制采用以下定义：

（1）粒径 d，即矿物和岩石的颗粒直径，取颗粒的平均长度，以 mm 计的；

（2）颗粒级别（粒径组），即根据粒径大小划分的组级，如砾石、砂、粉土、黏土粒组；

（3）级配曲线，即土中所含的各种颗粒级别的累积曲线。

以级配曲线为基础，按照 DIN 18196[25] 依照下列标准对土进行分类：

（1）粒径 $d \leqslant 0.063$ mm 的细粒土含量；

（2）粒径 $d > 2.0$ mm 的粗粒土含量；

（3）级配曲线的倾斜度和走向（不均匀系数和曲率系数）。

按粒径 $d \leqslant 0.063$ mm 的细粒土含量进行分类和命名：

(1)细粒土含量≤5%的粗粒土。这类土具有粗粒土的性质,因此它们的划分只能根据其颗粒组成确定。

(2)细粒含量介于5%～40%的混合土。这类土具有混合土的性质,它们的划分需要根据粗颗粒(砂或砾石)和细粒(粉土或黏土)确定。

(3)细粒含量>40%的细粒土。细粒土的分类基本上受细粒土的黏性或塑性影响,细粒土的性质首先取决于它对于水的反应和土中的含水量。

按粒径 $d \geqslant 2.0$ mm 的粗颗粒含量进行分类和命名:

(1)粗颗粒含量>40%的土称为砾石(缩写为G);

(2)粗颗粒含量≤40%的土称为砂(缩写为S)。

不均匀系数 U

不均匀系数 U 即级配曲线上相应于60%和10%过筛率的颗粒直径的比值。

$$U = d_{60}/d_{10}$$

该比值反映了颗粒分布曲线在中间范围的倾斜度。如果颗粒分布曲线陡峭,则 U 值很小,表示该土样基本上由同一粒径的土颗粒组成,即为**均匀粒径**的或**级配不好**的土,用字母E表示(图3.3的土样2);相反,如果 U 值较大,则颗粒分布曲线平坦,表示该土样由不同粒径的土颗粒组成,即为**非均匀粒径**的或**级配良好**的土,用字母W表示(图3.3的土样3)。级配不好(E)的和级配良好(W)的颗粒分布曲线的界限在 $U=6$。

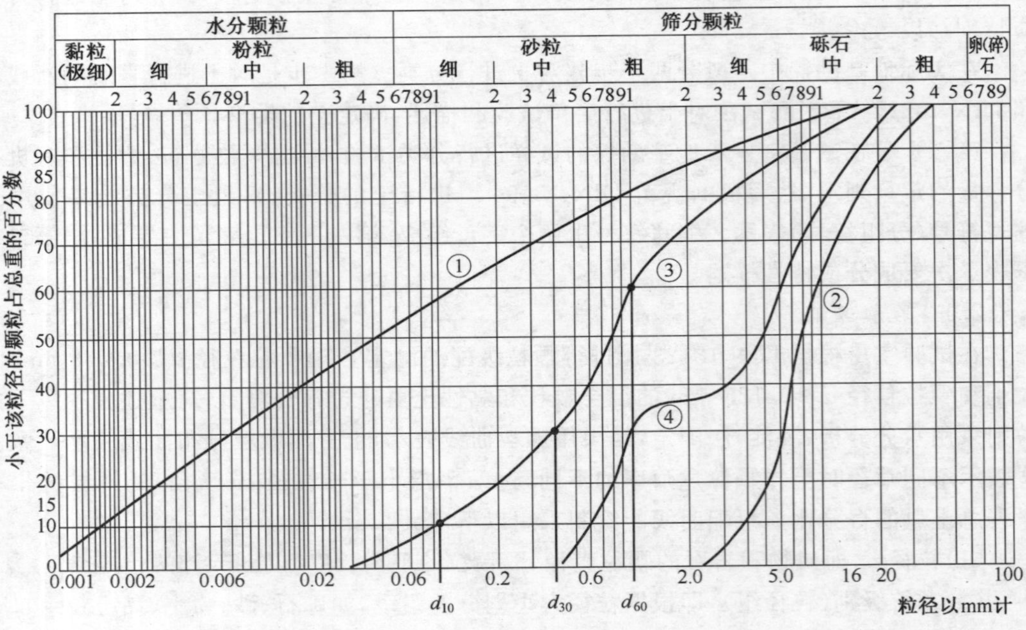

图3.3　颗粒曲线

曲率系数 C_c

曲率系数 C_c 通过下式求得:

$$C_c = d_{30}^2/(d_{60} \times d_{10})$$

上式表示颗粒分布曲线的斜倾度,也可表示在颗粒混合料里缺少某种颗粒(缺少某种粒径）。当颗粒分布曲线走向为陡峭、级配良好的曲线时，曲率系数 C_c 为 1～3（该类土用 W 表示）。在曲率系数 $C_c<1$ 和 $C_c>3$ 时，颗粒曲线由于某粒径的缺少而中断了其连续性，变得平缓（图 3.3 的土样 4），这种带有颗粒分布中断的土采用附加符号 I 表示。

下面根据图 3.3 的颗粒分布曲线举例说明分类。

(1)土样 2：$d_{10}=4.0$ mm；$d_{60}=9.5$ mm；粗颗粒含量 100%；$U=9.5/4.0=2.4$，为级配不好的砾石（GE）。

(2)土样 3：$d_{10}=0.1$ mm；$d_{60}=1.0$ mm；$d_{30}=0.4$ mm；粗颗粒含量 27%；$U=1.0/0.1=10>6$ 和$c_c=0.4^2/(1.0\times0.1)=1.6$，为级配良好的砂（SW）。

(3)土样 4：$d_{10}=0.6$ mm；$d_{60}=6.0$ mm；$d_{30}=1.0$ mm；粗颗粒含量 64%；$U=6.0/0.6=10>6$ 但是 $c_c=1.0^2/(6.0\times0.6)=0.28$，为粒径缺失的砾石（GI）。

3.2.2.2 塑　　性

就黏性土的性质而言，起主导作用的不仅仅是颗粒级配，更重要的是其塑性（黏性），也就是说土对水的敏感性起到重要的作用。细粒含量越高，特别是黏土的含量越高，土塑性就越大。黏性土的定量分析可在试验室内通过界限含水量来确定。液性指数与土的天然含水量和界限含水量之间的关系见稠度条状图（图 3.4）。其中含水量 w 定义为土样中水的质量 m_w 与土样质量 m_d 之比（$w=m_w/m_d$）。

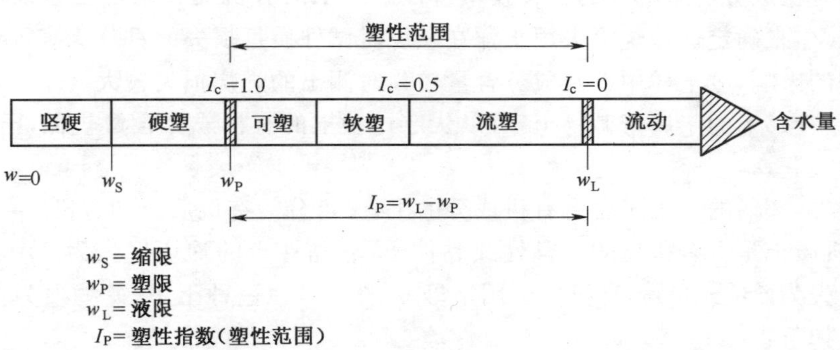

图 3.4　黏性土稠度条状图和稠度范围

从硬塑状态过渡到可塑状态的界限含水量称为塑限 w_P，从塑性状态过渡到流动状态的含水量称为液限 w_L，这两个含水量的差值称为塑性指数 I_P（$I_P=w_L-w_P$）。

如果某种土的塑性指数 I_P 较高，说明该土过渡到流动状态时能吸收很多水分，该土具有很强的塑性；换言之，如果塑性指数 I_P 较低，该土只能和少量的水结合，并可很快地变为流动状态。通过液限 w_L 可确定黏性土的塑性（图 3.5）：

(1)$w_L<0.35$，弱塑性，用字母 L 表示；

(2)$0.35\leqslant w_L\leqslant0.50$，中等塑性，用字母 M 表示；

(3)$w_L>0.50$，强塑性，用字母 A 表示。

依照参考文献[23]，根据反映塑性指数 I_P 和液限 w_L 关系的塑性图可以看出它们的塑性特征（图 3.5）。塑性图被 A 线分割成两个区域，从中可以看出，有相同液限 w_L 的细粒土表现出完全不同的塑性特征。如果塑性指数 I_P 较小或位于 A 线以下，土只能在狭小的含水量范围内表现塑性性质，也就是说它们只能容纳少量的水，典型的例子是粉土（用字母 U

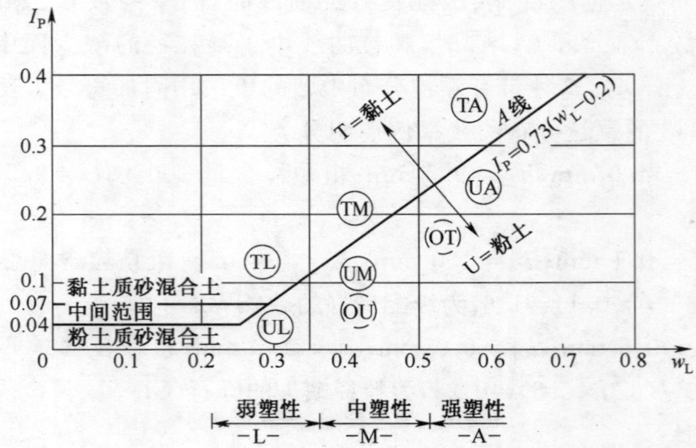

图 3.5 塑性图

表示)。位于塑性图上部的土正好相反,它们有较大的塑性指数 I_P,因而能容纳的水量较大,典型的例子是黏土(用字母 T 表示)。

3.2.2.3 有机成分

土中的有机成分可影响土的工程技术特性。土中的有机成分来自动物或植物,所以可用灼烧损失 V_{gl} 来确定。灼烧损失用土样在燃烧时试件质量损失的百分比表示,由于石灰也会受到灼烧的影响,故土样中石灰成分含量较高时测出的灼烧损失较大。

灼烧损失<5%的土属于矿物土,可以认定这种土的有机成分含量较低,土不会受到有机成分的影响。

灼烧损失≥5%的土属于含有有机成分的土,又可分为有机质土和有机土:

(1)有机质土是含有机质的非黏性或黏性土,非黏性土的灼烧损失为 3%～30%,黏性土的灼烧损失为 5%～30%,有机质土用字母 O 表示。在这种土中,矿物质为主要成分,有机质土分类如下:

OU—有机质的粉土;

OT—有机质的黏土;

OH—腐殖质粗粒土;

OK—石灰质粗粒土。

(2)有机土的灼烧损失>30%,用字母 H 和 F 表示。按照其形成和被分解的程度分为:

HN—尚未完全腐化的泥炭土,即它们的纤维结构还存在;

HZ—已经腐化的泥炭土,即它们的纤维结构已不存在;

F—淤泥或烂泥,在水下沉积的有机物。

3.2.2.4 根据 DID 18196 土的分类计算流程

根据必要的参数和图 3.6 中的计算流程,就可以对无机土进行分类,并赋予其相应的符号。

从土的分类中可以得出土的主要施工特性。下面就与工程技术有关的特点作简要的描述。

(1)粗粒土

① 渗透系数较好;

② 其特性在相当大的程度上与含水量无关;

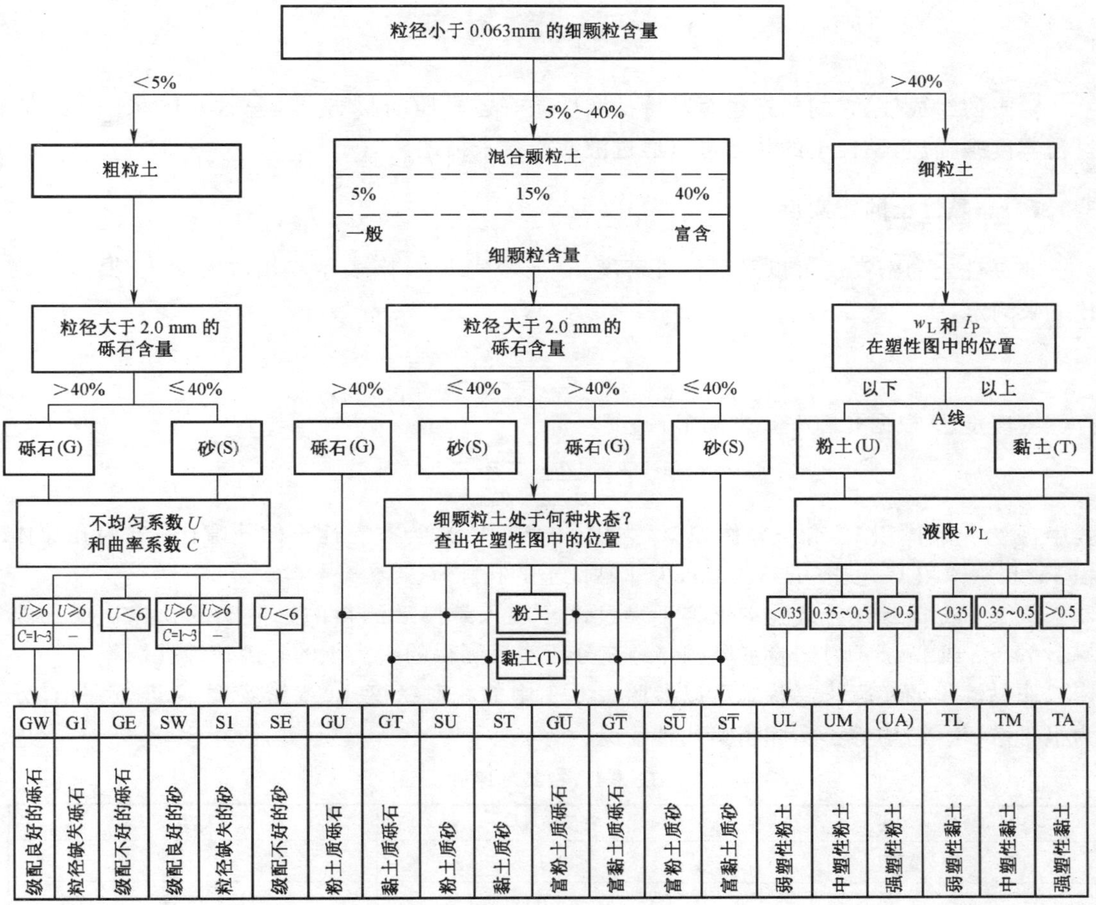

图 3.6　无机土分类流程

③ 在颗粒级配好时，压实性较好，具有一定的承载力；

④ 具有抗冻性；

⑤ 变形量小；

⑥ 具有抗剪切。

(2)细粒土

① 渗透系数差；

② 其特性与含水量关系很大；

③ 含水量较高时承载力较低；

④ 压实性较差；

⑤ 不具有抗冻性；

⑥ 抗剪切能力差；

⑦ 具有黏聚力。

混合土根据其特征以及其细粒的含量可能是粗粒土或细粒土，也可根据参考文献[8]划分为非黏性土和黏性土。

3.3 状态描述

除土的组成外,它的状态也对其特征和性质有着本质的影响。非黏性土的状态可以通过密实度来描述,黏性土的状态可以通过液性指数来描述。

3.3.1 非黏性土的密实度

非黏性土的密实度可以采用相对密度 I_D 或密实度 D 来表示。相对密度 I_D 根据孔隙比 e 来测定:

$$I_D=\frac{e_{max}-e}{e_{max}-e_{min}}$$

密实度 D 根据孔隙率 n 来测定:

$$D=\frac{n_{max}-n}{n_{max}-n_{min}}$$

式中:e 为孔隙体积 V_p 和土粒体积 V_k 之比($e=V_p/V_k$),为非黏性土的孔隙比。n 为孔隙体积 V_p 和总体积 V 之比($n=V_p/V$),为非黏性土的孔隙率。

max e 或 max n 为试验室里将干燥过试样装入量筒后测得的松散土的孔隙比或孔隙率。max e 或 max n 为试验室里试样经充分压实后测得的密实土的孔隙比或孔隙率。

非黏性土的实际土层状态可以参照表 3.1 中的相对密度 I_D 或密实度 D 进行评估,分为很松散、松散、中等密实和密实几种情况。

表 3.1 密实度评估

描 述	密实度 D	相对密实度 I_D
很松散	<0.15	—
松 散	0.15~0.30	<0.33
中等密实	0.30~0.50	0.33~0.67
密 实	>0.50	>0.67

3.3.2 黏性土的液性指数

如果不断地往黏性土里加水,土首先就会从原先的坚硬状态变为硬塑状态,接着变为塑性状态,最终变为流动状态。采用液性指数 I_c 评价黏性土的状态,液性指数与天然含水量 w 和极限含水量 w_L 或 w_P 的关系为:

$$I_c=\frac{w_L-w}{w_L-w_P}$$

根据液性指数 I_c 的大小黏性土可分为以下不同的状态(图 3.4):

坚硬　　($w<w_S$)

硬塑　　($I_c\geqslant1.0$ 或 $w_S\leqslant w\leqslant w_P$)

塑性　　($0\leqslant I_c\leqslant1.0$)

塑性又有以下区别:可塑($0.75\leqslant I_c\leqslant1.0$)、软塑($0.5\leqslant I_c\leqslant0.75$)、流塑($0\leqslant I_c\leqslant0.5$)、流动($I_c<0$)。

3.3.3 干(燥)密度

干密度 ρ_d 是土样固体颗粒部分的质量 m_d 与该土样体积 V 的比值。

$$\rho_d=\frac{m_d}{V}$$

干密度是土方工程密度检验最重要的特征值。在相同的压实条件下，土的密度在很大程度上取决于它的含水量，而对干密度 ρ_d 而言，可以排除含水量的影响。因此它是土方工程上一个重要的对比参数(见 3.9 节)。

3.4 抗剪强度

土的抗剪强度是指在滑动面(剪切破坏面)上克服土的抗力所需要的剪切力。其大小可用于研究土的破坏情况(滑坡破坏、边坡破坏、地面破坏、主动和被动土压力)。

根据 DIN 18137[26]，抗剪强度在试验室确定。试验室里通常采用剪力试验仪对试样施加恒定的剪应力，直至试样被破坏，将破坏时的应力记录下来，从中测定抗剪强度的大小。最为常用的剪力试验仪是直剪仪，也可称为直接剪力试验仪或三轴剪切仪。就剪切问题的理解而言，应简要说明直剪仪的直接剪切试验。

在面积为 A 的土样上，通过施加垂直力 V 而产生正应力 $\sigma_N(\sigma_N=V/A)$。同时通过施加水平力 H 在剪切面上产生剪应力 $\tau(\tau=H/A)$。在暂时平衡的垂直应力 σ_N 下，通过不断增加剪应力 τ 使其最终克服抗剪强度，在剪切面上产生剪切破坏。随后，对同一类土的另一试样施加更高的垂直应力 σ_{Ni}。将多次试验中得到的应力组合 σ 和 τ 填入坐标系中，就可以获得称为库伦(COULOMB)破坏线的剪切图(图 3.7)。库伦破坏线可用抗剪强度方程表示：

$$\tau_f=c'+\sigma\cdot\tan\varphi'$$

式中 c' 和 φ' 为土中超孔隙水压完全消除后的有效剪切参数。

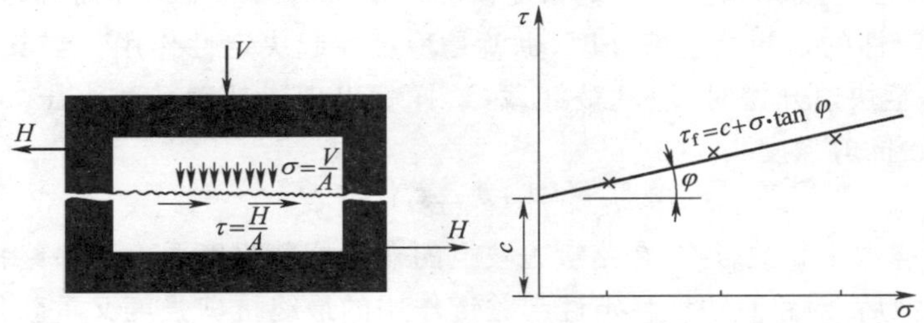

图 3.7 直剪试验和剪切图

根据上述方程，抗剪强度 τ_f 包含两个部分，第一个部分为剪切图上纵坐标的截距，用黏聚力 c' 表示。黏聚力是通过黏土的黏附力和孔隙水的表面张力产生的，所以通常也称为黏聚强度。黏聚力与正应力无关。要注意黏聚力在稳定性计算时并不是一个常数，因为在相当潮湿条件下或受到冻害影响时黏聚力可能完全丧失。

抗剪强度的第二部分是剪切面上的摩擦力，它与正应力 σ_N 及土的密度有关，即与土的有效摩擦力 $\tan\varphi'$ 有关，在此处 φ' 被称为**内摩擦角**。内摩擦角 φ' 也简称为摩擦角，在剪切图中决定了剪切线上扬。摩擦角的大小主要与不均匀性、颗粒粒径、形状、粗糙度和密度有关。由此可知，密实度较高、粒径不均匀的土体，其抗剪强度和土工建筑物的稳定性都会很高。

内摩擦角 φ'和黏聚力 c'也称为**有效剪切参数**。黏性土有真正的黏聚力，但内摩擦角很小；而非黏性土不具有真正的黏聚力，但内摩擦角较大。

当饱和或部分饱和的黏性土受外界应力 σ_N 作用时，在开始阶段中外界应力不是由颗粒骨架承受，而是由一部分孔隙水所承受。因此，孔隙水处于受压状态，称为**孔隙超静水压 u**。随后施加的应力 σ_N 也称为**总应力**，该力使孔隙超静水压 u 减小，作用在颗粒骨架上的垂直应力被称为有效应力 $\sigma'(\sigma'=\sigma_N-u)$。由于孔隙超静水压的影响，抗剪强度减少为：

$$\tau_f=c'+(\sigma_N-u)\tan\varphi'$$

因为处于压力作用下的孔隙水会慢慢地流失，所以孔隙超静水压 u 引起的抗剪强度随时间减少。直接施加荷载后，抗剪强度最大，摩擦力最小。这时的抗剪强度值被称为初始抗剪强度。随着时间的推移孔隙水不断流失，孔隙超静水压慢慢减低，如果孔隙水压最终降至0，完全抗剪强度(或者称为最终抗剪强度)就得到恢复：

$$\tau_f=c'+\sigma_N\cdot\tan\varphi'$$

由此得出，对有孔隙水出现的土工建筑物而言不仅要验证初始抗剪强度，还要验证最终抗剪强度，而且要将路堤和路堑区分开。

对含水量很高的黏性土快速加载时，孔隙超静水压 u 会提高垂直应力 σ_N。库伦破坏方程的摩擦力此时降至0，这就是为何在稳定性计算时要确定不排水抗剪强度 τ_{fu}的原因。

$$\tau_{fu}=c_u+\sigma_N\cdot\tan\varphi_u\quad(\varphi_u\ll\varphi)$$

对于饱和黏性土而言，在0摩擦角($\varphi=0$)时，$\varphi_u=0$，因而

$$\tau_{fu}=c_u\quad(c_u>c)$$

在 $\tau_{fu}=c_u$ 时，将 c_u 视为不排水抗剪强度。在未完全饱和土的稳定性计算中，如果确定出 c_u 的值，那么其结果是安全的。

在饱和黏性土的地基上路堤填土过快时，由于孔隙超静水压 u 的原因而导致抗剪强度降低，会迅速出现地基破坏和土工建筑物受损的现象。因而对于路堤而言，在不排水的抗剪强度 τ_{fu}下，起决定性的是初始抗剪强度，也就是稳定性起决定性作用。与其相反，对于同一类型地基上的路堑快速开挖时，地基被卸载，这样就出现了超静孔隙水压 u，此时反而提高了抗剪强度(初始抗剪强度)，

$$\tau_f=c'+(\sigma_N+u)\tan\varphi'$$

由于孔隙超静水压 u 的影响，在路堑边坡上的初始抗剪强度要大于最终抗剪强度。在孔隙超静水压 u 消散后，对路堑边坡稳定性起关键作用的最终抗剪强度又重新得以恢复。这就是路堑边坡不立即产生破坏或坍塌，而要经过一段时间即等到孔隙超静水压 u 消退以后才发生的原因。在孔隙超静水压消散过程中，始终有水被吸入，这样就可能会引起地基隆起。

在试验中把孔隙水排出(开放系统)，土样就会完全固结，这就是排水剪切试验(D试验)。此时施加的全部应力 σ_N 被称为作用应力，它只能由颗粒骨架承受。试验中获得的参数为有效地剪切参数，分别用 c'和 φ'表示。此时初始抗剪强度为：

$$\tau_f=c'+\sigma_N\cdot\tan\varphi'$$

因为不会出现孔隙超静水压，所以D试验中的初始抗剪强度与最终抗剪强度是一致的。

如果对试样快速加载或者孔隙水不排出(封闭系统)，则称其为不排水剪切试验(CU或

UU 试验)。在 CU 试验中考虑到孔隙超静水压 u 所获得的剪切参数为 c' 和 φ',而 UU 试验正好相反,所获得的是不排水剪切参数 c_u 和 φ_u,初始抗剪强度可以通过下式算得[63]:

$$\tau_f = c' + (\sigma_N - u)\tan\varphi' \quad \text{(CU 状态)}$$

$$\tau_{fu} = c_u + \sigma \cdot \tan\varphi_u \quad \text{(UU 状态)}$$

3.5 变形特性

土工建筑物的变形特征通常用承载力这个概念来表示。如果土工建筑物在承受荷载后不出现有害的变形、破坏或坍塌等情况,该建筑物就被视为具有承载能力。DIN 1054[8]采用了稳定性这一概念,这一概念涵盖了均匀承载力和使用可靠性的概念,并排除了临界状态(第 5 章)。根据参考文献[8],承载力的概念是用来描述建筑物或地基的破坏情况的,可靠性则指变形的极限。因为在交通工程中至今使用的承载力这一概念通常都涵盖了变形极限,因而此处的承载力实质上包含了使用的可靠性和变形特性两层意思。鉴于此,本书继续沿用这层意思。

土工建筑物的变形特性可用变形模量 E 进行量化,以下的几个模量对铁路土工建筑物具有重要的意义:

(1)刚度模量 E_s;

(2)变形模量 E_{zo};

(3)变形模量 E_v。

这些变形模量都表示荷载与变形之间的关系。由于计算的边缘条件不同,这些变形模量有着本质的区别。

CBR 试验具有特别重要的作用,通过 CBR 试验可以测定出 CBR 承载力。这种源于公路工程的试验方法对于铁路工程也有一定的意义,因为这种试验在铁路路基上相对简单易行。

3.5.1 刚度模量 E_s

在进行沉降计算时利用刚度模量 E_s,就可以考虑由于持续静荷载作用而出现在地基和土工建筑物中的变形特性。根据第 5 章,在进行土工建筑使用可靠性验证时,应尽可能准确地测定刚度模量 E_s,这对于计算沉降结果接近实际情况是至关重要的。

刚度模量 E_s 可在试验室里采用压缩仪对未受扰动的土样进行分级加载试验获得。在试验中,土样的任何侧向变形都会受到刚性金属环的阻挡(单轴变形状态)。测量不同荷载等级下产生的沉降 Δh 与土样初始高度 h_A 有关(相对沉降 $\varepsilon = \Delta h / h_A$)。相对沉降用相应的应力 σ 表示,作出压力—沉降曲线。然后取考察的应力范围内的应力—沉降曲线的平均值,就可得到所要求的刚度模量 E_s(图 3.8)。

3.5.2 变形模量 E_{zo}

根据 DIN 18136[28],变形模量 E_{zo} 可以通过单轴压力试验(无侧向压力试验)测定。在试验时,土样层被逐级加载,可以无阻碍地向侧向膨胀(单轴应力状态)。测得的变形量 Δh 和土样初始高度 h_A 有关(相对沉降 $\varepsilon = \Delta h / h_A$),相对沉降和应力 σ 对应,生成应力—沉降曲线(图 3.9)。根据应力范围内的应力-沉降曲线可求得变形模量 E_{zo}。单轴抗压试验主要在用水硬性黏结材料对土体进行改良或加固时采用。

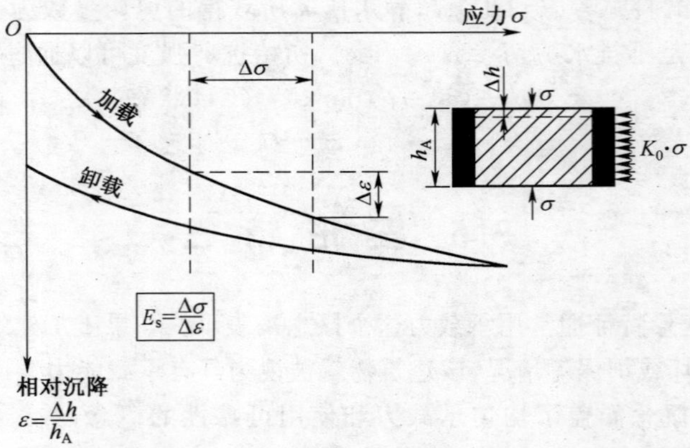

图 3.8　用来测定压缩模量 E_s 的压力—沉降曲线(该曲线由压缩试验得到)

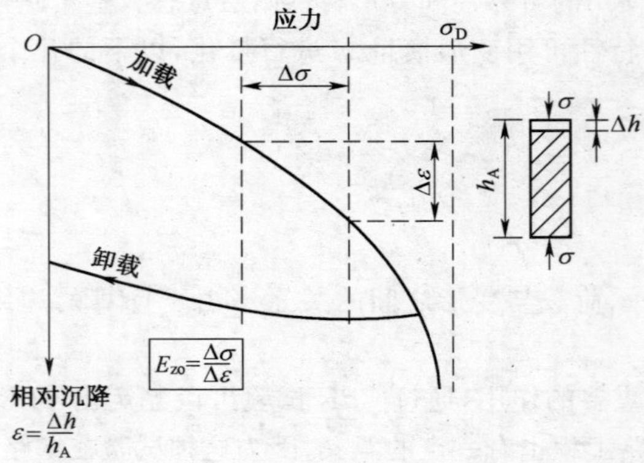

图 3.9　由无侧限抗压试验测得的,用以测定变形模量 E_{zo} 的应力—沉降曲线

3.5.3　变形模量 E_v

土的实际变形特性既不能通过刚度模量 E_s,也不能通过变形模量 E_{zo} 准确地描述出来。因为地基或土工建筑物中的土可以或多或少地发生侧向变形,真正的变形模量介于 E_s 和 E_{zo} 模量之间。因此,需要确定出定量估计和评价承载力时所需的变形模量,该模量考虑了空间效应的应力—变形特征,以此进一步确定实际变形特性,被确定为变形模量 E_v,它是土工工程中相当重要的一个质量安全系数。

变形模量 E_v 通过荷载板试验确定。试验时,在测试路基面上加上一块刚性板并施加荷载,测量其沉降量,根据荷载—沉降曲线测定变形模量 E_v。根据施加荷载的形式不同分为静力荷载板试验和动力荷载板试验两种。

3.5.3.1　静力荷载板试验

静力荷载板试验应根据 DIN 18134[29] 实施和评价。一般采用一块直径为 300 mm 的荷载板,对测试路基面至少施加 5 级静力荷载至最大应力 $\sigma_{max}=0.5\ \text{MN/m}^2$,并同时测量其相应的沉降。若所测沉降达到 5 mm 时,则这时测得的垂直应力就作为最大应力值;在进行下一级加载之前,沉降必须稳定,以避免出现孔隙水超压力带来的影响。有关荷载板试验仪器以及静力荷载板试验的实施和评价请参见图 3.10。

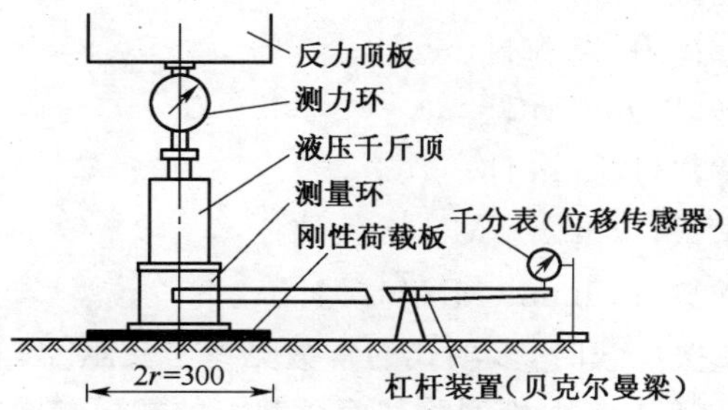

(a) 平板荷载试验仪

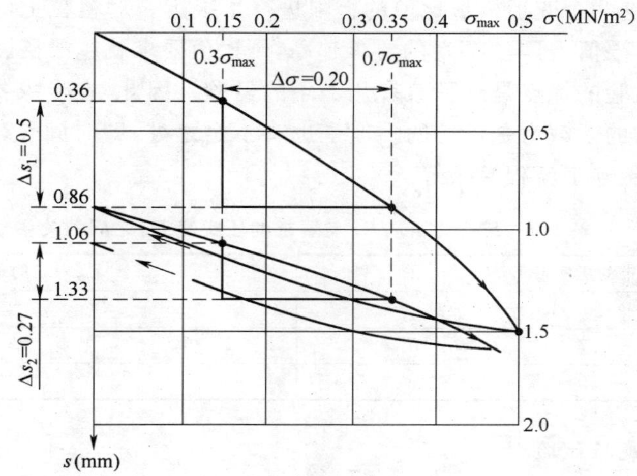

(b) 试验结果

图 3.10　按 DIN 18134 进行的静力荷载板试验

加载周期包括第一次加载、第一次卸载、第二次加载和最后卸载。从第一次加载过程中得出的荷载—沉降曲线称为第一次加载曲线。对于变形模量 E_{v1} 的大小起决定性作用的是第一次加载曲线的走向。在进行第一次加载后卸载，路面保持塑性形变。接着进行第二次分级加载，但是加载力应仅为最大应力的 90%左右，以保证重新加载的安全性。从测得的应力和沉降中获得再次加载曲线或二次加载曲线。这样，就可以和第一次加载一样测定相同应力范围内的变形模量 E_{v2}(图 3.10)。

根据荷载板试验的理论以及变形模量 E_{v1} 和变形模量 E_{v2}，可按弹性—各向同性的半无限体上刚性圆形板沉降的 BOUSSINESQ 方程，提出下列方程式，其中泊松比 $\nu=0.21$：

$$E_v=(1.5\cdot r\cdot\Delta\sigma)/\Delta s$$

在按照 DIN 18134[29] 进行荷载板试验评价时，荷载板的沉降 s 可用一个二阶多项式表示，根据最小误差平方的方法，沉降 s 为：

$$s=a_0+a_1\cdot\sigma_0+a_2\cdot\sigma_0^2$$

计算变形模量的方程为：

$$E_v=1.5\cdot r/(a_1+a_2\cdot\sigma_{0\max})$$

式中　E_v——变形模量 E_{v1} 或 E_{v2}，以 MN/m^2 计；

r——荷载板的半径，以 mm 计；

σ_{0max}——平均最大垂直应力，以 MN/m^2 计；

s——荷载板的沉降，以 mm 计；

a_0——二阶多项式常数，以 mm 计；

a_1——二阶多项式常数，以 mm/(MN/m^2)计；

a_2——二阶多项式常数，以 mm/(MN/m^2)计。

计算第一次加载和第二次加载时，多项式的常数见参考文献[29]的相关公式。

变形模量 E_{v1} 或 E_{v2} 是土工工程中检测路基面承载力的重要参数。变形模量 E_{v2} 要大于变形模量 E_{v1}，因为第一次加载过程土已被压实。若再压实时沉降过大，则说明原来的压实存在问题，因此将这两个变形模量比值的上限进行了限定。对粗粒土，规程 ZTVE-StB[3] 规定了必须遵守的界限值，压实度 D_{pr} 的要求越高，则比值要求就越严格(表 3.2)。

静力荷载板试验的优点是已积累有几十年的经验。因此，在专家指导下进行的试验对于评估土工建筑物的承载力是可信的。但是也有不足之处，即时间长，耗工多，需要很重的配重作为反力顶板，施工流程繁杂等。

表 3.2　压实比 E_{v2}/E_{v1} 与要求的压实度 D_{pr} 之间的关系

要求的压实度 D_{pr}	E_{v2}/E_{v1} 的最大值
100%	2.3
97%	2.5
95%	2.6

3.5.3.2　动力荷载板试验

动力荷载板试验是通过一块刚性荷载板对测试路基面施加瞬时冲击荷载。荷载板的半径为 150 mm，冲击时施加在路基上的应力 $\sigma = 0.1$ MN/m^2。冲击而产生的最大沉降 s 通过电子仪器来测量。试验中采用的仪器为轻型落锤仪。有关该仪器的基本构造以及测量的评价见图 3.11。按照参考文献[30]和[31]来进行试验和评价。

加载试验结果中的动变形模量 E_{vd} 可以通过荷载板压力公式计算：

$$E_{vd} = (1.5 \cdot r \cdot \sigma)/\bar{s}$$

在 3 次预加载冲击后进行 3 次加载，测量由此而产生的沉降 s，然后通过平均沉降值 $\bar{s}$ 计算 E_{vd} 值。在新型仪器中这些过程都是自动完成的，E_{vd} 值可直接打印出来或以数字形式显示出来。

动力荷载板试验有其优点和不足之处，主要优点是：

(1)与静力荷载板试验相比较，荷载施加的“动力”类型更符合交通荷载的要求；

(2)一次测量仅占用数分钟的时间，有时一个人就可以完成试验；

(3)可以立即得到测量结果，便于施工过程中进行及时、有效的处理(如再度压实)；

(4)可采用较窄的试验槽，对试验结果可采用静力评价；

(5)不需要配重。

动力荷载板试验的不足之处是在含水量较大的黏性土中进行试验时，由于冲击荷载的持续时间很短，测得的变形模量很小(第 6 章)。

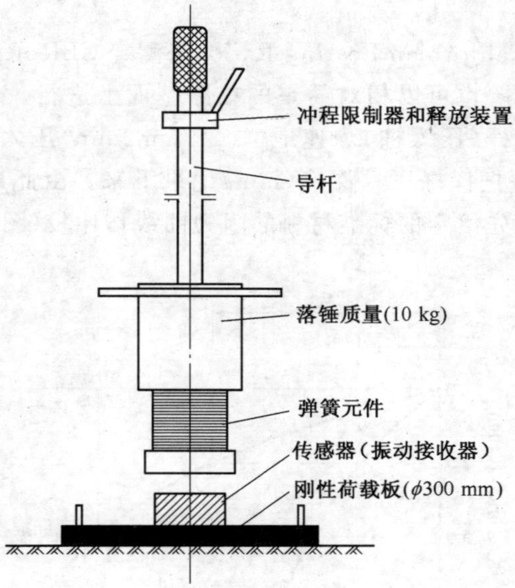

(a) 轻型落锤仪

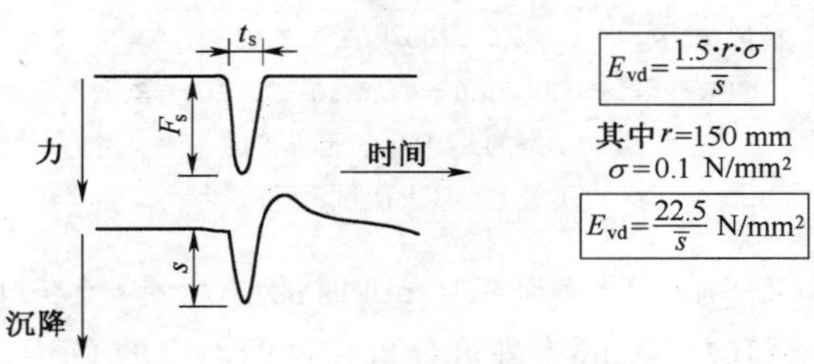

(b) 冲击力和振动的时间过程(试验结果)

图 3.11　动力荷载板试验

3.5.3.3　E_{vd}和E_{v2}值之间的关系

人们试图通过不同的试验找出E_{vd}和E_{v2}值之间的简单关系,从而将测量的E_{vd}值换算成E_{v2}值。但由于这些试验要受到土的类型、含水量以及压实度等因素的影响,所以不可能获得适用于所有类型土的参数。E_{vd}/E_{v2}之比不可能是一个常数,其数值在1.5到3.5之间。

通过现场和实验室内静力和动力荷载板的对比,可以得知,对于采用了严格定义的颗粒混合料1或2[32]并具有足够压实度保护层的路基面,E_{vd}/E_{v2}之比始终约等于2[33]。因此,根据第6章,如果满足以下4个条件而且承载力测量准确,则对于保护层路基面推荐采用如下公式:

$$E_{v2}=2\cdot E_{vd}$$

(1)路基保护层的厚度为30～50 mm;

(2)根据参考文献[32],采用颗粒混合料1或者2作为保护层材料;

(3)根据Ril 836[1]对保护层进行压实;

(4)E_{vd}值的测量最早在压实施工完成后6 h进行。

3.5.4 CBR 承载力

采用 CBR 试验(Californian Bearing Ratio)来测定 CBR 承载力在铁路路基工程中有着重要意义,因为这种试验也可以相对简单的在路基面上进行。试验时,将一个面积为 1936 mm^2 的圆形截面的探杆(压入柱)均速地(1.25 mm/min)压入土中,同时测出所需的应力(压力)p (N/mm^2),并把探杆压入深度(mm)记录下来。由此产生了一条试验材料的阻力曲线,将这条曲线与事先给定的标准材料的阻力曲线作比较(图 3.12)。

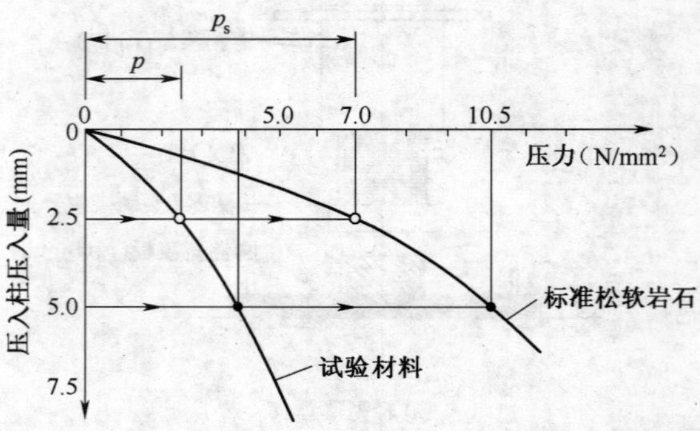

举例:$CBR_{2.5}=(p/p_s)\times100=(2.5/7.0)\times100=35.7\%$

$CBR_{5.0}=(p/p_s)\times100=(3.8/10.5)\times100=36.2\%$

36.2%的 $CBR_{5.0}$ 值是标准的。

图 3.12 CBR 试验曲线

对标准阻力曲线中探杆压入深度为 2.5 mm 时的应力 $p_s=7.0N/mm^2$ 与探杆压入深度为 5.0 mm 时的应力 $p_s=10.5N/mm^2$ 进行分析。这两点上的 CBR 承载力通过被测试土的贯入阻力 p 与标准土的贯入阻力 p_s 的比较而获得:

$$CBR=(p/p_s)\times100 \quad (\%)$$

取两个值中的较大值用来评估土的承载力(图 3.12)。

图 3.13 给出了参考文献[34]里的 CBR 值和 E_v 值的相互关系,根据这一这个关系可从轨道上测得的 CBR 值中近似地测定所要求的变形模量 E_{v2}。

虽然目前 CBR 试验用以测定既有铁路路基承载力受到一定的限制,但是这种试验方法又被重新用来在试验室里研究土加固/土改良时的抗冻稳定性,尤其是用于定量分析冻结土解冻后承载力的损失情况。

3.6 渗透系数和毛细作用

3.6.1 渗透系数

土的渗透系数采用 k 表示,该系数根据 DARCY 定律(达西定律)来确定。

$$v_f=k\cdot i \quad 或 \quad k=v_f/i \quad (m/s)$$

式中,v_f 为渗透速度,i 为水力梯度;渗透速度 v_f 可用下式确定:

$$v_f = Q/A$$

式中，Q 是单位时间内的水流量，A 是过水面积。

水力梯度 i 可根据水压力差 h 和水流流径 l 求得：

$$i = h/l$$

水的渗透系数 k 可以通过试验室和现场试验直接测定。由于直接测定 k 值的费用相对昂贵，于是经过多种试验，把砂和砾石的 k 值通过其颗粒级配关系导出。其中具有代表性的是 BEYER 方法[35]，在实际应用中具有一定的代表性。根据 BEYER 方法，砂和砾石的 k 值可通过 d_{10}[mm]及 U 之间的关系来计算：

$$k = 0.0116 \cdot U^{-0.201} \cdot d_{10}^2 \quad (\text{m/s})$$

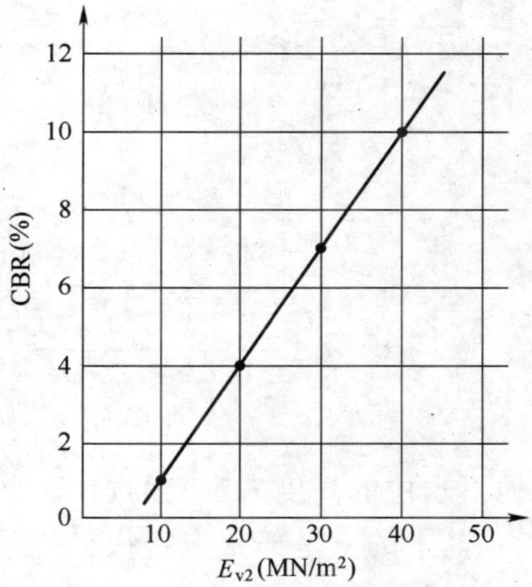

图 3.13　变形模量 E_{v2} 和 CBR 值之间的关系

对于中等密度地层的 k 值见图 3.14，该图中没采用不均匀系数 U，而是采用了颗粒直径 d_{60} 和 d_{10}。根据图 3.14，在密实的地层里测得的渗透系数可减小 20%左右，而在松散的地层里可提高 20%左右。

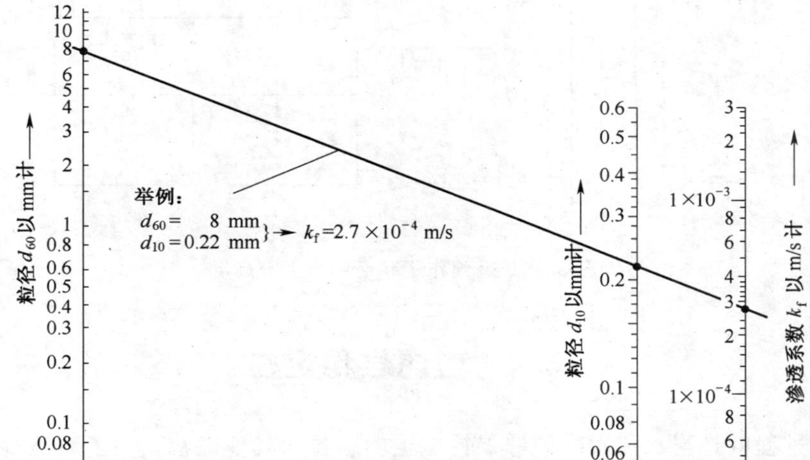

图 3.14　根据 Beyer 方法[35]测定砂和砾石的渗透系数 k_f 的计算图[35]

3.6.2　毛细作用

毛细作用是水克服重力后上升至地下水自由表面以上某一位置的能力。经过这一过程后，在地下水位的上方产生了一个饱和区，即由于毛细作用而浸透的区域，这个现象会影响到土的力学特性，对黏性土尤甚。如果土路基离地下水的距离较近，则土路基会持续受到浸湿，从而失去承载力。即使在路堤里，如果存在毛细水的上升影响，也会产生浸湿的病害(图 3.15)[63]。

土的颗粒越细，毛细水位越高。有人曾将水的表面张力现象同水在狭窄管道（毛细管）中的上升进行过比较，并确定了毛细作用的毛细水上升高度 h_k。毛细水上升高度是作为高

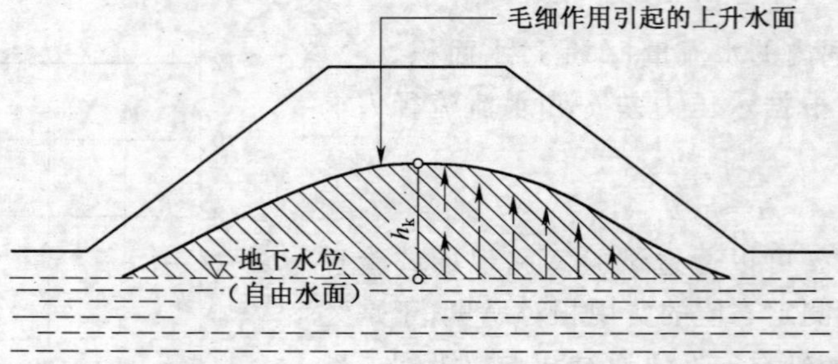

图 3.15　路堤中毛细作用引起的上升水面图

出地下水位的高度来定义的，在这个高度内土中的水呈饱和状态，形成了一个封闭的毛细空间，在其上的土呈部分饱和状态和开放的毛细空间。

根据图 3.16，毛细水上升高度可以按照下式计算：

$$h_k=(2\sigma_{12}\cdot\cos\delta)/(r\cdot\gamma_w)$$

其中，石英、水和空气等介质的临界线应力 $\sigma_{12}\cdot\cos\delta$ 大概为 7×10^{-2} N/m。图 3.16 是细粒土的孔隙半径 r 和毛细上升高度 h_k 的示意图。

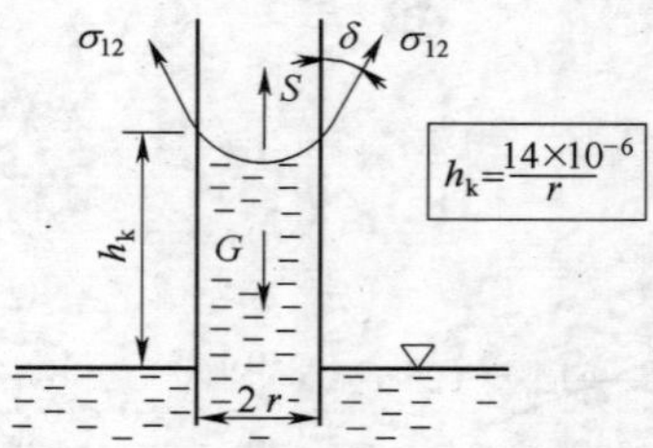

	孔隙半径 r (mm)	毛细水上升高度 h_k (m)
细砂	10^{-2}	1.40
粉土	10^{-3}	14.0
黏土	10^{-4}	140.0

图 3.16　毛细作用和毛细水上升高度

3.7　过滤层稳定性

过滤的过程就是当水流过时能够保持住土的颗粒和其他微粒。为了验证过滤层的稳定性，应保证有足够的渗透系数，阻止颗粒出现移动。不同颗粒组成的两种类型土的接触区或一种土与不同的过滤元件(排水、渗水、土工合成材料和穿孔管等)的接触区会出现水流过滤层的问题。在这些地方，土中的水流速度会迅速提高，通过水流压力和摩擦力的作用颗粒会产生移动或剥离。此时起作用的流体压力取决于土的过滤速度和水力梯度。在铁路路基(第 7 章)的排水设施中水力荷载一般都相对较小，水力梯度较低，压力梯度波动较慢，边界条件处于准静力状态。与此相反，在铁路下部建筑中的接触区由于荷载较大和动力荷载分布的原因，不仅水流压力较高，而且还出现相互渗漏的力学过程。

土对水力和力学的荷载反应是不同的，在 $d_{10}>0.002$ mm 的非黏性和弱黏性土中，首先是单个颗粒移动或剥离(单个颗粒流动性)，随着土的黏性增大，黏聚特性起到主要作用，此时不是单个颗粒，而主要是颗粒的粒团产生移动(颗粒整体聚集)，粒团的大小由土的内部凝聚强度所决定，所以黏性土不存在土颗粒相互过滤验证问题，而只存在过滤稳定和过滤不稳定的状态问题。在强黏性土里，由于水流力量小、土的内部强度大，不会出现过滤问题。

每种土都是由不同粒径的颗粒组成的。尤其是非黏性土，其颗粒骨架由较大土颗粒支承，孔隙中填充细小的颗粒。颗粒骨架中的细粒在水的作用下产生移动，这个过程大致为3个阶段。水在流动时，细小的填充颗粒产生移动并被水冲走，这一概念称作潜蚀。土的结构在潜蚀发生后并未发生变化，因为颗粒骨架没有改变，反而因为孔隙率和渗透系数的提高，排水效果得到改善，潜蚀有利于排水，这点正是人们所希望的。

流动过程中，潜蚀颗粒在通过过滤层或排水管通路时不允许被阻挡。因为潜蚀颗粒如果停留在过滤层里，孔隙被堵塞后，原来透水的过滤层产生了淤积而变得不通畅了，这种现象称为淤塞。淤塞是人们不想看到的，应予以避免。因此，人们将这一过程区分为在过滤层表面的沉积和在过滤层中的附着。

如果水流不仅搬运潜蚀颗粒，而且也搬运支承颗粒时，这时就发生了冲蚀现象。冲蚀有可能破坏土的支承骨架，从而形成空洞和沉陷，过滤层或排水管有可能发生泥砂堵塞，起不到排水作用。

潜蚀、淤塞和冲蚀的过程见示意图 3.17[36]。衡量过滤层是否稳定的标准是，在保证潜

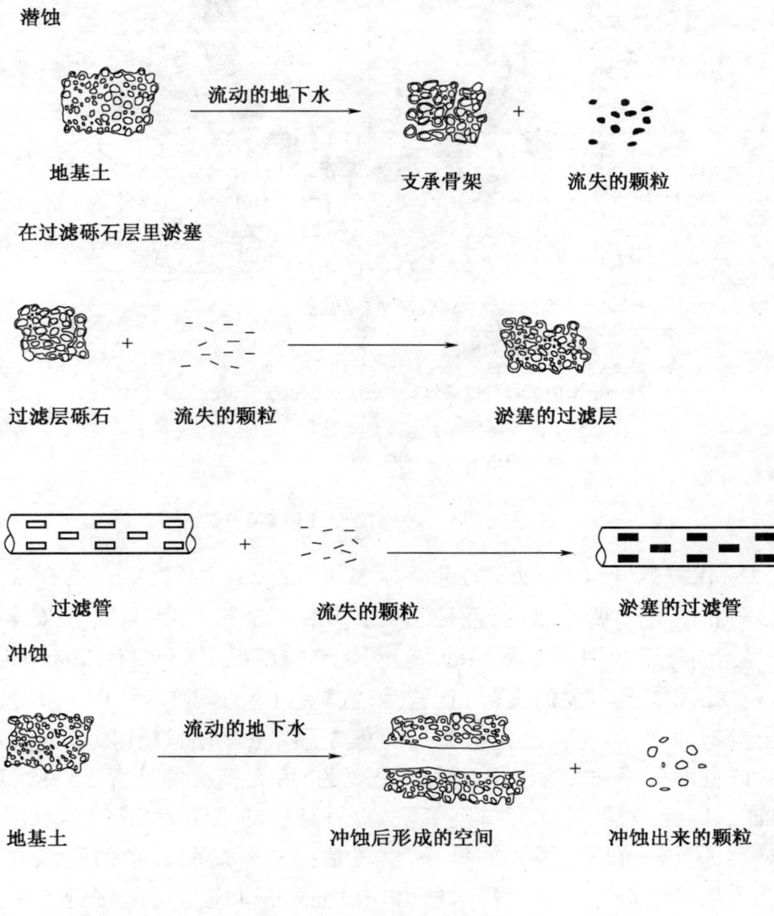

图 3.17　由地下水流动所产生的过滤层变化过程[36]

蚀的前提下，防止淤塞和冲蚀现象发生。而要达到上述目标，则需按照过滤规律在要排水的土层中精心设立过滤层结构。

过滤规律是建立在孔隙几何定律的基础上的，也就是说它表现的是颗粒和孔隙参数之间的几何关系。在考虑到滑动系数的情况下一个颗粒或粒团或者能通过或无法通过粗粒土中的孔隙、土工织物或管道的开口宽度。图 3.18 为砾石作为过滤层和渗水管开孔之间的接触区域实例。在该图中过滤层是带有支承颗粒和填充颗粒的透水土，w 为过滤层的孔隙或管道开口。

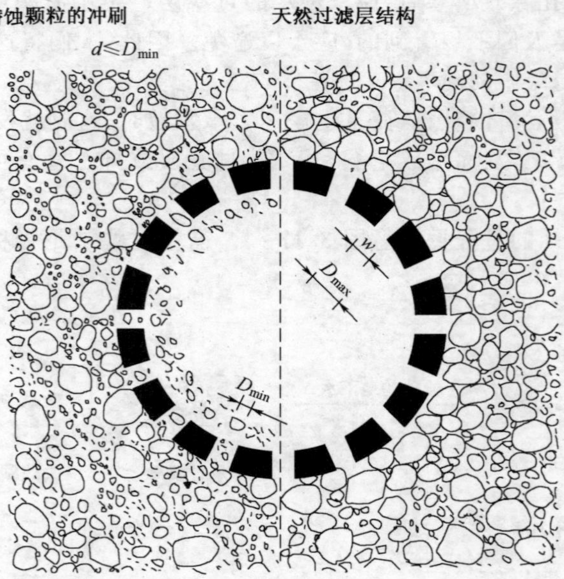

孔隙/开孔度的设计 w：$D_{min} < w \leqslant D_{max}$

—冲蚀安全性 $w \leqslant D_{max}$

保留未冲蚀出来的颗粒

—淤塞安全性 $w > D_{min}$

冲蚀出来的颗粒可以通过，防止颗粒沉积或滞留

—透水性

保证最低的透水性 $w > D_{min}$

力争达到最大的透水性 $w \approx D_{max}$

图 3.18　过滤层设计原理

按照图 3.18，孔隙或开口宽度 w 的选择标准如下：

(1)应能够防止既有土被冲蚀，也就是说支承颗粒不能被冲走(防冲蚀安全性)。只有在开口宽度 w 不大于(对于冲蚀至关重要的)支承颗粒的情况下($w \leqslant D_{max}$)，防冲蚀安全性才有保证。因此，对孔隙或开口度的上限，也就是过滤点Ⅱ做出了规定(图 7.18)。

(2)要防止淤塞的产生，也就是说被搬运的填充颗粒必须通过孔隙或开口(防淤塞安全性)。只有在开口宽度 w 大于(对于潜蚀至关重要的)填充颗粒的情况下($w > D_{min}$)，防淤塞安全性才有保证。因此，对孔隙或开口度下限，也就是过滤点Ⅰ做出了规定(图 7.18)。

(3)允许对水进行自由压力损失的排导，也就是说有合适的最小的孔隙或开口(孔隙或开口的下限)。为尽可能保持较好的排水能力，孔隙或开口应尽可能接近上限，即尽可能设置较粗的过滤层。

对于颗粒过滤层安全性而言，一般情况下渗透系数增大可以保证孔隙的大小允许出现潜蚀现象，但同时又能防止淤塞。对于开口宽度很小的穿孔管和土工合成材料，可以通过特别的防淤塞标准来保证渗透系数，有关各接触区的特殊过滤规定见第 6 章和第 7 章中的讨论。

3.8 冻害标准

3.8.1 既有土的冻害标准

冻害对土产生的影响已在 2.4.6.1 节中讨论过。对此，要区分抗冻土和冻害敏感的土。抗冻土不会因为冻害而产生不良的影响，而冻害敏感的土会受冻害或水冻结引起的隆胀和解冻的影响。

ZTVE-StB[3] 的冻害标准适用于地基内既有土的冻害敏感性评定。根据上述标准将土分为 3 个冻害敏感等级：

(1)冻害敏感等级 1(F1)：冻害安全(对冻害不敏感)；

(2)冻害敏感等级 2(F2)：对冻害敏感程度较小或中等；

(3)冻害敏感等级 3(F3)：对冻害很敏感。

地基内既有土的冻害敏感等级的划分是根据 DIN 18196[23] 中表 3.3 的土的分组之间的关系进行的。混合土的冻害敏感等级的划分是根据图 3.19 按颗粒成分 $d \leqslant 0.063$ 和不均匀系数 U 进行的。

使用参考文献[1]的标准时需要指出的是，此处有不准确的地方，不均匀系数 U 的界限不是 5，而应该是 6。根据参考文献[3]的规定，在 $U=6$ 时，级配不好的和级配良好的粗粒土的界限是一致的。图 3.19 中的描述符合这些规定。

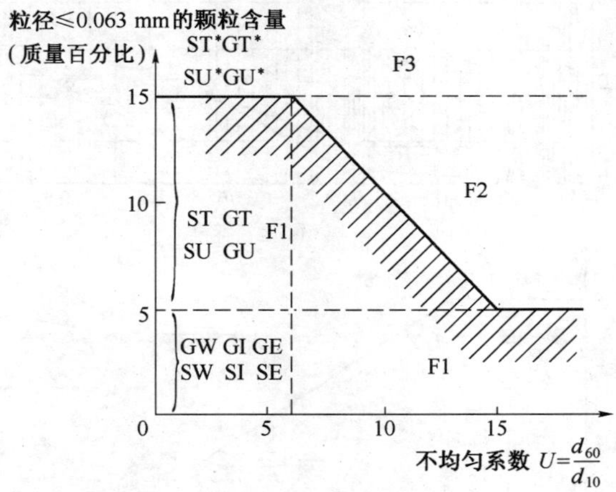

图 3.19 地基中既有土冻害敏感性评价

3.8.2 保护层材料的冻害标准

根据参考文献[32]应采用颗粒混合料 1 和 2 作为保护层材料。颗粒混合料本身应具备抗冻害的能力。

表 3.3　根据土的类型进行冻害敏感性分类

冻害敏感等级	冻害敏感性	根据 DIN 18196 的土分类
F1	不敏感	GW,GI,GE,SW,SI,SE
F2	较小和中等	TA,OT,OH,OK,TM,ST[1],GT[1],SU[1],GU[1]
F3	很敏感	TL,TM,UL,UM,UA,OU,ST*,GT*,SU*,GU*

1):在 $U\geqslant15.0$ 且粒径小于 0.063 mm 的颗粒含量为 51%;在 $U\leqslant6.0$ 且粒径小于 0.063 mm 的颗粒含量为 15.0% 时,冻害敏感等级为 F1。在 $6.0<U<15.0$ 的范围内,可以用线性内插法确定出属于 F1 的粒径小于 0.063mm 的颗粒含量(图 3.19)。

采用 CASAGRANDE 抗冻标准来验证颗粒混合料 1 的抗冻安全性,即按照 $d<0.02$ mm 细粒含量和不均匀系数 U 来评价冻害安全性。U 值越小,细粒含量越高。CASAGRANDE 抗冻标准参见图 3.20。该标准是相对严格的,它经过了在实验室内组合筛分和水分分析。因为根据第 6 章要求,颗粒混合料 1 的不均匀系数 $U\geqslant15$,颗粒含量($d\leqslant0.02$ mm)的最大值为 3%。

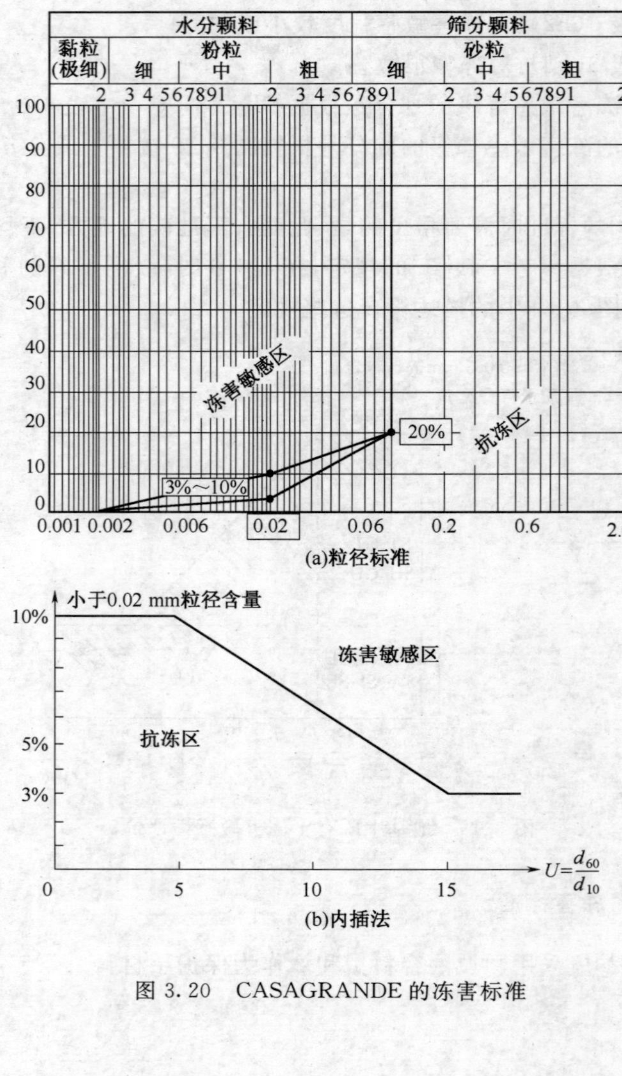

图 3.20　CASAGRANDE 的冻害标准

颗粒混合料 2 的抗冻安全性是采用颗粒粒径 $d=0.063$ mm 来验证的。当 $d\leqslant0.063$ mm 的颗粒含量为 5%($d_{0.063\,mm}\leqslant5.0\%$)时,颗粒混合料 2 被视为是抗冻的。换言之,颗粒混合料 2 是唯一能够通过湿法过筛验证的。

3.9 压 实

土工建筑物的承载力和使用的可靠性直接受土的密度影响,土的密度越高,其承载力也就越高,变形就越小。为了限制变形,在规范里明确规定了必须满足的密度要求。有关密度的要求是通过压实度 D_{pr} 来体现的。

从广义上理解,压实就是通过力学影响提高干密度 ρ_d 和减少孔隙成分。土能否达到要求的密度取决于土的力学特性,其中首要的就是它的颗粒组成和含水量。因此有必要在试验室里进行压实试验,以确定某种土达到最大干密度 ρ_d 时的含水量 w。这种试验在一定的条件下进行,被称为**葡氏试验**。葡氏试验结果中包括了最佳含水量 w_{opt}(葡氏含水量)和最大干密度 ρ_d(葡氏密度)。上述两个参数为现场压实的控制标准。通常,压实和压实检查分为 3 个步骤:

(1)确定要求的压实度(压实要求);

(2)在试验室里进行葡氏试验,确定要研究的土的最佳含水量和葡氏密度;

(3)现场压实检查,测量现场的干密度,验证要求的压实度。

如果遇到很难压实的土或者是不确定压实度是否满足要求,推荐在现场采用土样压实方法。土样压实的目的是优化压实工艺(压实机具、填土层的厚度以及过渡的次数),满足压实土的压实要求。

3.9.1 压 实 度

根据土工建筑物所受的应力确定不同的压实要求,用 D_{pr} 表示压实度。它是施工现场压实后要达到的干密度 ρ_d 和试验室里测定的葡氏密度 ρ_{pr} 的比值,压实度可以采用十进位数或百分数表示:

$$D_{pr}=\frac{\rho_d}{\rho_{pr}}$$

土工建筑物通常采用的压实度为 $D_{pr}=0.95$、0.97 和 100。铁路土工建筑物要求的压实度将在第 4 章进行讨论。

3.9.2 葡氏试验

根据 DIN 18127[37] 的规定葡氏试验是一种标准试验室试验。在相同压实条件下,土的击实干密度主要取决于含水量,所以在葡氏试验过程中要求在不同的含水量下进行击实试验。

葡氏试验包括不少于 5 次的不同含水量的击实试验。在试验过程中,将土样装入尺寸标准的钢制试筒内,采用标准落锤进行击实(图 3.21),落锤距土样表面的高度是一固定值,记录下试验过程[37]。从试验结果中可以得出含水量 w 和干密度 ρ_d 的关系。将实测值 w 和 ρ_d 绘制成**葡氏曲线**(图 3.21),左侧曲线的上扬部分为**干燥段**,表示随着含水量的增加可以达到更高的干密度。在某一含水量点上可以达到最大干密度时，则这一最大干密度称为**葡氏密度** ρ_{pr}。葡氏密度是所有密实度检测的最重要参考值。在葡氏试验过程中达到葡氏密度的含水量被称为**最佳含水量**或**葡氏含水量** w_{opt}。当超过了最佳含水量后仍继续提高含水量，压实效果降低，干密度变小（葡氏曲线的**潮湿段**），此时有一部分的压实能量被孔隙水压力抵消，不能产生使颗粒位移的有效作用，此时要达到压实要求只有通过减少含水量才有可能。

如果一些材料的天然含水量 w 低于葡氏含水量 w_{opt}（$w<w_{opt}$），可通过加水或提高压实能量达到压实要求，但当含水量高于最佳含水量时，加大压实量反而不能提高干密度，这种情况具有很大的现实意义，因为需要进行压实土层的含水量往往都不会是最佳的。

根据葡氏曲线（图 3.21），当压实度低于 1.00（$D_{pr}<1.00$）时，仅依靠葡氏含水量这一指标是不够的，还需要一个含水量的范围。如图 3.21 所示，在试验室里试验土的最大干密度 $\rho_{pr}=1.90\ g/cm^3$，最佳含水量 $w_{pr}=0.12$。如果现在要求的压实度仅为 $D_{pr}=0.97$（97%），

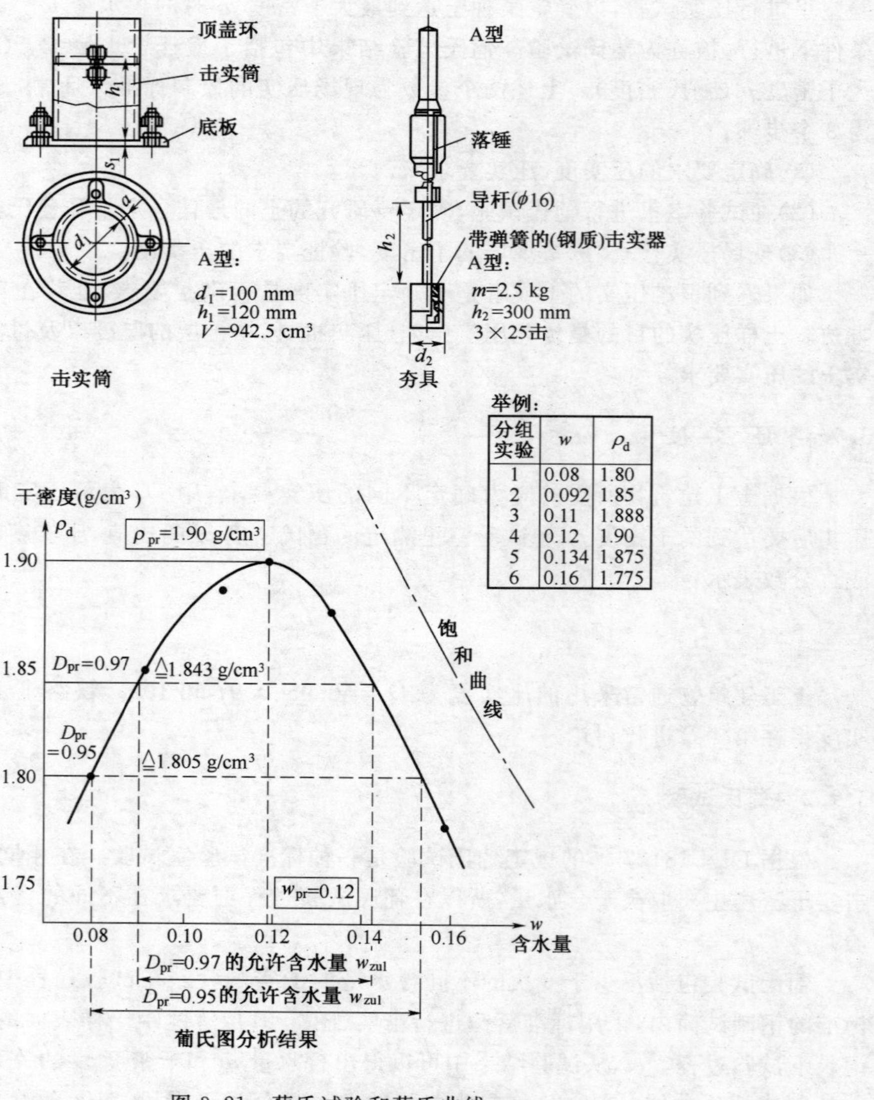

举例：

分组实验	w	ρ_d
1	0.08	1.80
2	0.092	1.85
3	0.11	1.888
4	0.12	1.90
5	0.134	1.875
6	0.16	1.775

图 3.21　葡氏试验和葡氏曲线

在现场可以通过压实试验验证出最小干密度为 0.97×1.90＝1.84 g/cm³。0.97 压实度的土的含水量范围在 0.09～0.15 之间。

特别重要的是土在压实后的孔隙率(第 4 章)。孔隙率越小越好，它可由**饱和曲线**和**饱和度 S_r** 确定(图 3.21)。当孔隙率为 0($n_a=0$)时，**饱和度 S_r**＝1.0，饱和曲线的走向大致平行于葡氏曲线的潮湿段。

3.9.3 压实检查

通过压实检查可测定压实后施工现场的干密度 $\rho_{d既有}$，如果满足 $\rho_{d既有} \geqslant D_{pr} \cdot \rho_{pr}$ 的条件，压实度就满足要求。

确定干密度 $\rho_{d既有}$ 有直接法和间接法两种。采用直接法时，可在铺设后的土路基中直接取出土样，确定其质量 m_f、含水量 w 和体积，则干密度 $\rho_{d既有}$ 可用下式求得：

$$\rho_{d既有}=\frac{m_f}{V(1+w)}$$

可以根据体积测定方法的不同，将直接测定密度的方法分成以下几种(图 3.22)：

(1)圆柱体取样法——将圆柱形金属筒压入土中，从金属筒的几何尺寸中得到体积；

(2)替代法——在被检测的土路基中挖出一个凹槽，通过替代介质(水、黏土、砂或石膏)

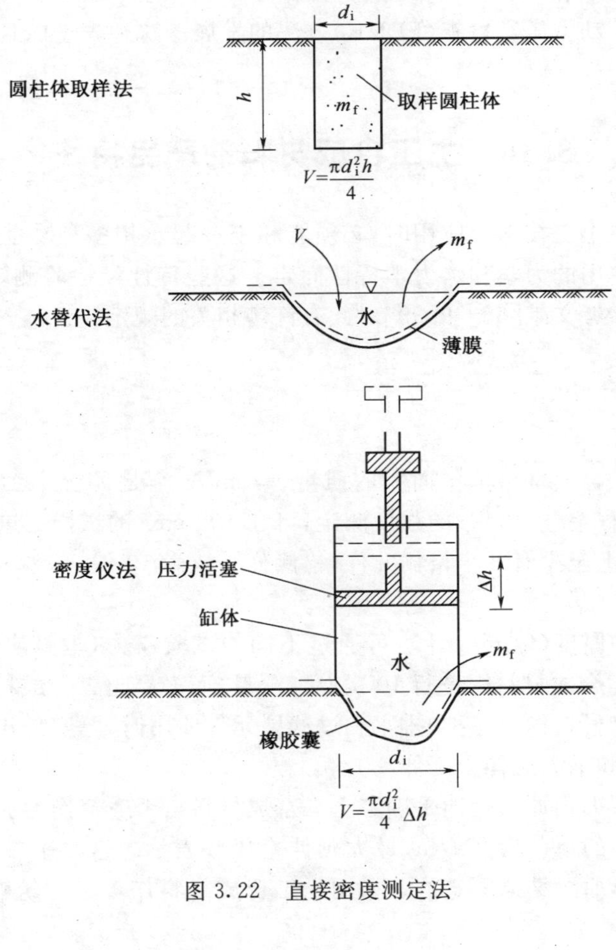

图 3.22　直接密度测定法

测量出凹槽的体积；

(3)密度仪法——在被检测的土路基中挖出一个凹坑，用水作为替代介质测量出槽的体积。事先采用有活塞的橡胶囊压在这个凹坑上，防止水流出。密度仪法是水替代体积法，它在实际密度测量中更为合理并被广泛使用。

间接密度测定法可分为触探法和放射线法。

采用**触探**时是把一个杆形探头压入土中，求得阻力与其压入深度的关系，其具体实施和结果评价见DIN 4094[19]。

放射线法是利用土的深度和射线之间的相互作用。从射线源发出一个射线，由于土的深度不等要产生吸收、离散和反射。通过一个计数管测量接收到的脉冲数，经过事前的标定得出脉冲数与深度和含水量之间的关系(图 3.23)。除了深度外同时也可以测得土的含水量。

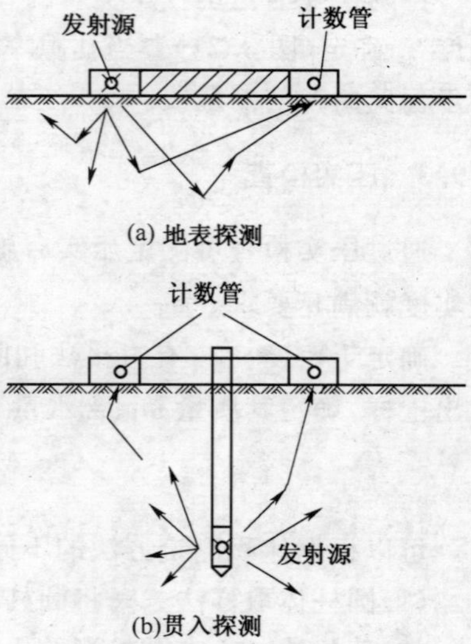

图 3.23　放射线法

上述检测方法都有不足之处，即只能进行抽样检测，压实结果只能在压实后经计算知道。正是由于上述的不足推进了面上动力压实检查(FDVK)方法的发展。这种先进而且经济的方法将在第4章里进行讨论。

3.10　土工合成材料的产品特性

土工合成材料在土工技术上应用时，必须能和土一起承担多种功能(第 6 章)。对产品特性的选择应视其使用的力学和水力学特性而定。这些特性经检验测定后，可作为相应的计算参数来使用。参考文献[38]和[39]对此有许多相关的规定。

3.10.1　力学特性

(1)面积质量

面积质量即土工合成材料单位面积的质量(g/cm^2)，它是评价土工合成材料强度的重要参数。工合成材料(毛毡、织物)的强度测定，可在 100 cm^2 的试样上进行。在进行土工格栅检测时，每个方向上至少有 2 个格栅元件，检测样品数为 10 件。

(2)厚度

土工合成材料的厚度(以 mm 计)，可通过不同的试验压力(垂直应力)确定，试验面积为 25 cm^2。单层土工合成材料需进行 10 次厚度测量，而多层土工合成材料则需进行 5 次厚度测定。用土工合成材料作为保护、排水和过滤层元件使用时，厚度是相当重要的。

(3)最大拉伸力和最大拉伸力延伸

最大拉伸力和最大拉伸力延伸是确定土工合成材料是否适合作为加筋材料的最重要力学参数。最大拉伸力的单位为 kN/m，最大延伸率用%表示。这两个参数都是通过拉伸试验时获得的力和变形曲线结果测定的。采用土工合成材料作土工建筑物的加筋材料时，应在延伸率为2%、5%和10%时测定其应力。标准试验中(宽条块宽度为200 mm),自由约束长度为100 mm,试验次数横向和纵向各5次。对于土工格栅还要考虑自由约束长度内至少保证有两个横肋,并在这两个横肋之间测定延伸率。

(4)CBR顶破强度

CBR顶破强度是指土工合成材料抵抗贯穿压力的特性,须通过特定的试验来测定。测定时除了测定贯穿力(kN)外,还要测定在达到CBR顶破强度时的顶压行程。CBR顶破强度是确定土工合成材料强度的重要参数。

(5)抗剪特性

当土工合成材料在土中承受拉应力时,土工合成材料和周围土体之间的抗剪特性就非常重要(见6.4.1.3节的加筋作用)。此时应了解土工合成材料和周围土体之间的摩擦角。通常,摩擦特性通过直剪试验获得,试验应在至少为300 mm×300 mm的剪切面积上进行,并在规定的应力方向测定。土工合成材料与土之间的摩擦角采用土的摩擦角百分数表示。采用直接剪切试验也可以测定两种土工合成材料之间的摩擦特性。

(6)强度

土工合成材料的强度是指抵抗机械应力的能力,这种强度在填料铺设、压实以及土工建筑物的施工和使用过程中体现。土工合成材料在实际使用中必须具有足够的强度。当土工合成材料用作隔离、过滤和保护的功能时(见6.4.1.1节),其强度以土工合成材料强度等级(GRK)表示。根据《道路工程的土工工程土工合成材料的技术供货规定》[39]土工合成材料强度等级有多种表示方法,如单位面积质量、CBR顶破强度或最高拉应力等。在作为加筋材料使用时,需考虑试验室或现场测定强度的折减系数。

3.10.2 水力特性

(1)有效孔径

在评价力学过滤作用或土工合成材料在水流冲蚀过程中对土的留存能力时,有效孔径$O_{90,w}$(mm)是一个重要指标。它是通过对级配良好的土进行专门湿筛试验测定的,是验证过滤稳定性的重要参数。

(2)渗透系数

土工合成材料的渗透系数或者水力过滤作用通常通过土工合成材料的表面透水试验测定。使用的符号为k_v,单位为m/s或mm/s。

(3)透水能力

透水能力或透水量q(用L/s·m或m^3/s表示)用以说明土工合成材料在一个平面上的排水能力。它可在试验室里采用分级加载这种特殊的渗透试验测定,或者在铺设好的土工合成材料上加载压薄后再进行试验测定。

4　路基的设计和施工

一般的路基设计和施工已有大量的资料，本书仅就铁路路基工程设计和施工的要求进行讨论。

铁路路基要求线路的纵坡适应地面地形的变化。根据线路与地面的相对位置，铁路路基可划分为(图 4.1)：

(1)与地面齐平段(与地面等高位置)；

(2)路堤(在地基上填筑松散和坚固的岩石)；

(3)路堑(挖去地基上松散和坚固的岩石)；

(4)半挖半填段(挖、填松散和坚固的岩石)。

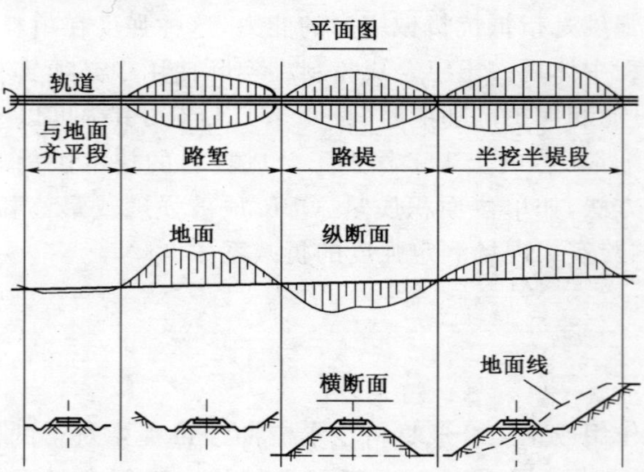

图 4.1　铁路路基与铁路线路坡度和地面地形之间的关系

铁路路堤的基本尺寸见 2.3 节的线路横断面。

在既有的铁路网中有近 97%的上部建筑是建在路基上的。在平坦的地面上首选的土工构筑物是低路堤，因为在很多情况下它可以省去排水设施。而在新建铁路线路上，特别是在特殊的地形、地貌地段要尽量减少土方工程。因为较高的行车速度使线路参数发生了变化，选线对地形的要求更为严格，从而增加了桥隧的工程量。

无论是新建铁路线路还是改建既有线路都必须进行铁路路基的设计计算。铁路路基设计的方法将在第 5 章“路基的设计计算”加以讨论。

4.1　路基(面)的横向坡度

路基面是受路基约束的平面，必须具有保障排水通畅的横向坡度。铁路路基的土路基面(EPL)和其他路基面(PL)的横坡，在复线时为在路基中心线最高、并向两边倾斜的人字坡形；在单线铁路时为向一侧倾斜的斜坡形；在曲线上，路基面应向曲线内侧倾斜；在三线铁路时第三股轨道的路基面应向外侧倾斜。

土路基面和路基面的横坡统一规定为 5%(1∶20)。如果上部建筑是碎石道砟，轨道与线路中线之间的横坡可以减缓为 3%(1∶33)。如果是无砟轨道而且排水也很通畅时，横坡可以减小到 2.5%(1∶40)。在土路基和路基的横坡变化时，过渡段长度应在 5 m 左右。

在原地基面(UPL)上进行路堤填方时，其上下均应设置横坡。因此，在采用黏性路堤填方时推荐采用 4%向外侧的坡度。

4.2 原地基面的准备

为确保地基土或岩石在荷载传递时不发生变形以及土工建筑物有稳固的基础，在开挖后要对原地基面的土层进行成型处理和夯实，以满足密度和承载力的要求。

如果地基有足够的密度和抗剪强度，承载力也很高，土工建筑物或上部建筑就可以不用采取其他措施直接按照设计坡度在原地基面上修筑。一旦原地基面不具有足够的抗剪强度和承载力，或深层为软弱层以及存在其他问题时，可以采取以下措施对原地基面进行改良和地基加固：

(1)加强原地基面的排水；

(2)在地基上设置毛细水隔断层；

(3)对原地基面进行土质改良(第 6 和 8 章)；

(4)地基加固(第 8 章)。

4.2.1 排　　水

通过对原地基的持续排水，可以保证在土工建筑物施工期间，地表水迅速、毫无阻碍的从基础范围内排出。为了保证土工建筑物建在原地基上达到足够的压实度，采取的措施是将原地基中的水通过渗水管汇集，并将汇集的水引排到排水设施中。在边坡流水量相当大的地方应特别注意，尤其是对于水敏性的土应在底层设置永久排水设施。有关问题将在第 7 章“铁路路基的排水”中讨论。

4.2.2 毛细水隔断层

对于非常潮湿的地基需要在地基与路基之间设置毛细水隔断层。这一层也可视为底层，其厚度应该在 0.5～1.0 m 之间，使用 GW,GI,GE,SW,SI 或 SE 类型的土，按照线路等级其压实度 $D_{pr} \geqslant 0.95 \sim 0.98$。由于同时作为过滤层使用，需要验证其过滤稳定性。由于毛细水隔断层的作用阻断了地基内的毛细水上升到路基内，防止了路基潮湿现象产生。如果路堤填料(第 3 章)的毛细作用上升高度大于 2 m 或大于路堤扣除 2 m 后的高度，就需要设置毛细水隔断层。

4.2.3 地基加固

通过勘测，对地质和水文上存在问题的地基地段进行加固是十分必要的。通过适当的方法(第 8 章)进行地基加固，可使路基具有稳定性(承载力和使用的可靠性)。对地基内地质特别复杂的地段，通常需要对地基进行加固处理，这些地段如下(第8章)。

(1)软弱地层

软弱地层是指软土层或有机层，由于它们的抗剪强度和承载力很低，在荷载的作用下会产生较大的沉降或破坏(地基破坏或边坡破坏)，不能直接在其上方修建构筑物，通常需对路基的基础进行换填或加固处理。

(2)山体和地面沉陷地区

由于过去采矿和渗漏等因素的影响，在地基内产生的空洞会随着时间的推移影响到路基的稳定性，为了保证铁路在上述情况下不中断运营，有必要采取大规模的耗资巨大的加固措施，通常的作法是在地基内存在空洞的地方架设跨越结构物。

(3)褐煤采矿工程弃渣场

当铁路线路不能避开褐煤采矿工程(露天采矿渣场)松散堆弃的弃渣场时，为了减少沉降，须对上部渣场进行有效的、尽可能深的夯实，否则，除了沉降问题外，还由于恒载和交通荷载的作用，尤其是原来下降的地下水位的上升，会产生危险的垂直变形，这一现象被称之为沉陷。

(4)岩溶现象

地基在一定深度内由于岩溶现象会产生较大的空洞，这是一个比较麻烦的地质问题，因为空洞位于地下深层，采用混凝土、砂浆或水泥浆来充填或压实这些空洞，无论从技术上还是从经济上考虑都存在问题。因此，通常不去改变岩溶地层，而是采用抗挠曲的结构物跨越通过。

(5)膨胀土

膨胀土是指含有黏土矿物(胶体矿物)的高塑性黏性土、粉土、石膏成分较高的黏土等。这类土一旦卸去荷载，就会产生孔隙水压，迅速吸收大量水分后开始膨胀；如果膨胀过程受阻，就会产生较大的膨胀压力。路堤地基的膨胀土由于开挖深度较浅反应不明显，但是在路堑或隧道工程中就会遇到麻烦。因此，在地基勘探时就必须探明膨胀土的情况，设计时应留出足够的时间来消除膨胀的影响。

(6)化石分界面

由于地质构造运动的影响，尤其会在粉土和黏土内产生化石分界面。这种相对光滑、夹杂有一层薄薄润滑层的化石分界面大大削弱了抗剪强度，首先在路堑的边坡上产生滑动面。在地基勘探时也必须探明化石分界面的情况，以便在路堑设计时能够予以考虑。

(7)变质岩

变质岩含有易风化成分，受到空气、水和冻害的影响后，在短时间内颗粒的黏力完全丧失，被风化为黏性松散岩石。因此，在地基勘探时必须探明变质岩的情况。变质岩的主要代表为粉土质岩石、黏土质岩石以及各种类型的砂岩。

4.2.4 原地基的边坡台阶

如果原地基面的横向和/或纵向的坡度大于10%，土方开挖就需要设置台阶，每一台阶的高度至少应为0.5 m，也可以根据填土层的厚度确定。

在透水土中台阶可以做成水平状，但在不透水和对水敏感的土内台阶要有5%的坡度，坡度的走向应朝谷底方向。

4.3 铁路路堤

4.3.1 标准断面和压实要求

因为交通荷载的作用，铁路路堤在上部范围内承受的应力最高（2.4 节），所以对此处的填料质量和压实度要求较高。随着上部范围厚度的增加，交通荷载施加给路堤的应力相应减小，此时，对路堤的要求就相对降低。可以用参考文献[1]中对路堤填料和压实度 D_{pr} 提出的要求来验算。其中，对新建路段和既有线路都要根据线路等级、上部建筑类型（有砟轨道或无砟轨道）、路堤的高程范围等来确定压实要求。除了密度外，还要采用用于表示土路基或路基面上承载力指标的变形模量 E_{v2} 或 E_{vd} 进行验证。

例如对高速铁路交通运输直通干线（线路等级 P300）新建工程的有砟轨道的密度和承载力标准见图 4.2，无砟轨道的密度和承载力要求见图 4.3。线路等级为 P230/M230 的既有线路的加固标准见图 4.4（有砟轨道）和图 4.5（无砟轨道），未分路堤和路堑。

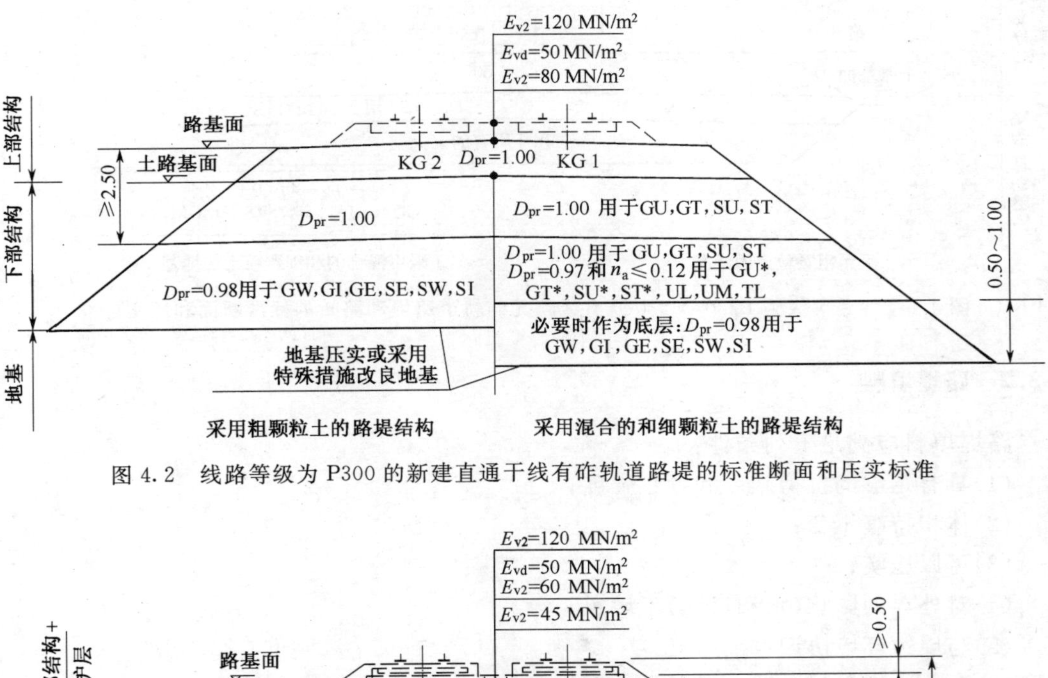

图 4.2 线路等级为 P300 的新建直通干线有砟轨道路堤的标准断面和压实标准

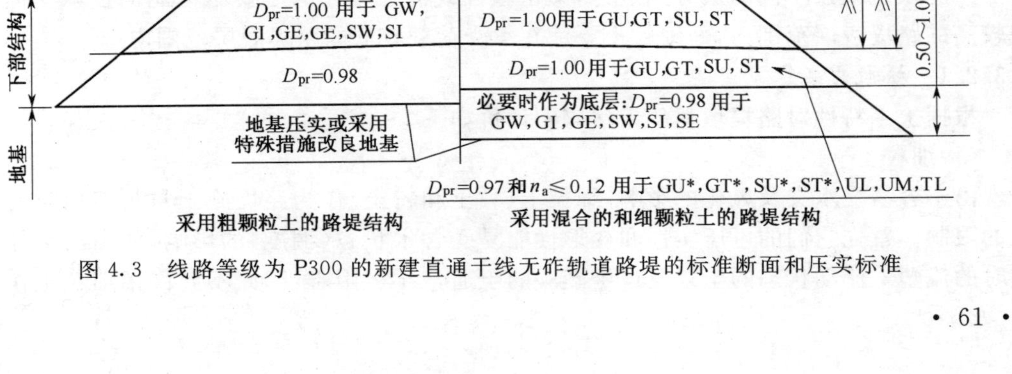

图 4.3 线路等级为 P300 的新建直通干线无砟轨道路堤的标准断面和压实标准

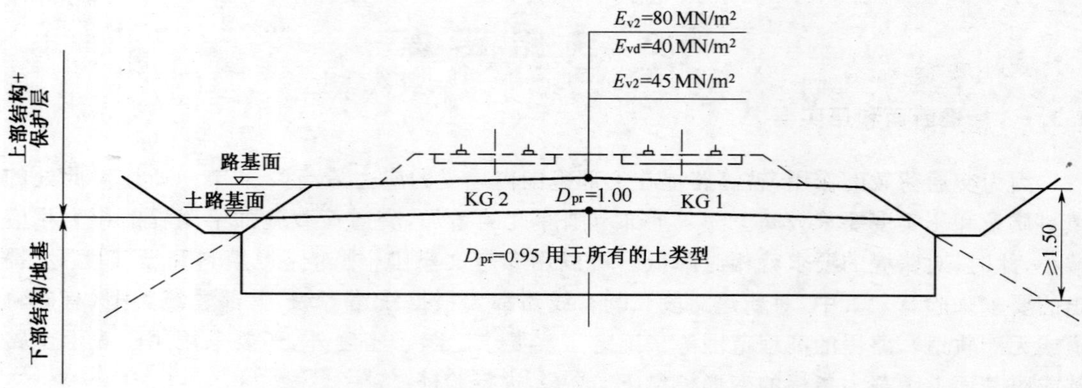

图 4.4　线路等级为 P230/M230 既有线路有砟轨道路堤和路堑的标准断面和压实标准

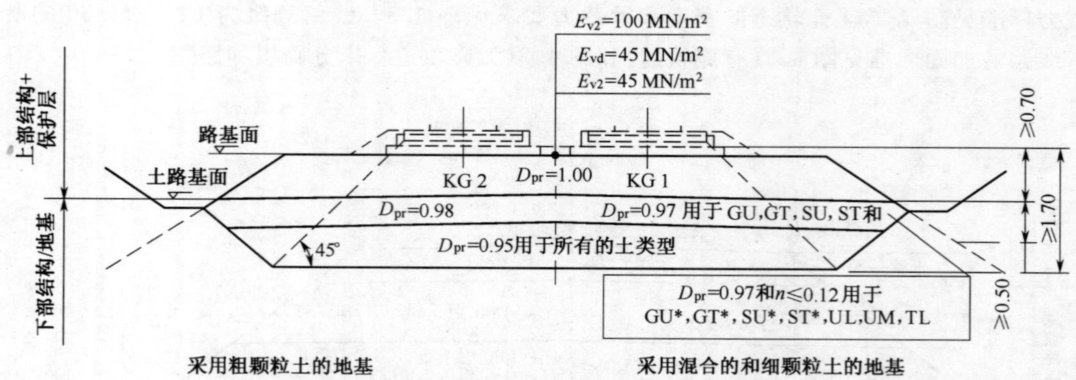

图 4.5　线路等级为 P230/M230 既有线路无砟轨道路堤和路堑的标准断面和压实标准

4.3.2　路堤填料

路堤填料应满足下列条件：

(1)具有足够的抗剪强度和颗粒强度；

(2)体积持续不变；

(3)可以压实；

(4)对外界的影响(水和风化)不敏感；

(5)与周边环境协调；

(6)各填土层之间和填土层与地基之间具有过滤稳定性。

路堤填筑应按不同的层分别进行，即粗颗粒或混合颗粒的土要尽可能铺在承受运输荷载较高的路堤表层范围内，而细粒土要铺在承受荷载较低的路堤底层范围内。

4.3.2.1　*松散岩石*

根据土工特性对路堤填料的天然碎石评价如下。

(1)细粒土

由于容易受水文及风化的影响，细粒土(黏土和粉土)作为路堤施工材料使用时受到一定的限制。首先它们的可压实性和变形性能易受含水状态(稠度)的影响，如高出最佳含水量时的流塑—流动状态的土以及过于潮湿的土通常压实困难，因此不允许用细粒土作路堤的填料。如果要将细粒土用作路堤的填料，必须在填筑前使其含水量降低到最佳含水量以下，如采用水硬性胶结材料对其进行改良。对于含水量低于最佳含水量的黏性土虽可用作路堤的填料，但只能铺筑在路堤应力较低的部位。

(2)混合土

当用作路堤填料的混合土中的细粒含量在5%～40%时，它们的力学性能就主要受细粒含量的影响。如果细粒含量较少，混合土就具有粗粒土的性能，接近最佳含水量时压实效果较好。由于细粒含量与风化有一定的关系，在铺筑时需要加以注意。如果细粒含量很高，那么混合土的性能就和上述的细粒土相近，作为路堤施工填料时，受其土力学性能的限制，铺筑位置应与细粒土一样。

(3)粗粒土

粗粒土(砂和砾石)适合用于路堤的填料。作为路堤施工材料，从土力学角度来说，首先考虑的是粗粒土的颗粒级配，它用不均匀系数U表示。越是不均匀的粗粒土，其不均匀系数U就越高，在相同压实条件下孔隙越少，密度相应越大。这表明当土的不均匀系数U较高时，其干密度要比U较低的土要高。较高的密实度不仅对路基变形、而且对动力稳定性都十分有利，因此作为路堤填料要尽可能选用不均匀的粗粒土。粗粒土的土力学性能几乎不受含水量的影响，但要达到最佳压实效果只有在填筑土的含水量接近于最佳含水量时才可以实现。

4.3.2.2 坚固岩石

坚固岩石作为路堤填料时，必须将不易风化和易风化的坚固岩石加以区别。

不易风化的坚固岩石就其特性而言在经受风化影响的过程中不会发生变化，满足下列条件的块石是级配良好的填料：

(1)粒径小于150 mm的坚固岩石；

(2)坚固岩石混合料的级配良好而且是不均匀的；

(3)细粒含量应低于15%。

易风化的或变质的坚固岩石由于生成条件的原因在强度和形状上都具有较大的差异，建议在使用时要特别注意，并需听取具有丰富经验的土力学专家的建议。

4.3.2.3 工业副产品

工业副产品是指在工业生产过程中附带生产出来的具有新的利用价值的剩余物质。如果有相应的规定和规范或者经过有关部门批准，工业副产品可作为施工材料在铁路的土工建筑物中使用。公路部门已经制定出一系列专门的规范和供货规定。

具体的工业副产品可以是烟煤中的废石、冶炼厂的粒化物、再生的建筑材料、煤渣、垃圾焚烧灰、钢铁厂的炉渣等，也可以将工业副产品和天然土或粉碎后的石料混合后作为填料使用。

4.3.2.4 路堤填料改良

如果没有合适的土源可用或由于土方调配的原因没有合适的土可用来填筑的话，可以采用以下的措施对土进行改良：

(1)在土里添加水硬性胶合剂(石灰、水泥以及其他承载层结合剂等)对土进行改良；

(2)对土进行物理改良(通过掺和缺失颗粒改善颗粒组成)；

(3)通过混合工业副产产品(灰、炉渣和再生的建筑材料等)对土进行改良。

在高速铁路的无砟轨道新建工程中，可在土中使用混合石灰、水泥或水泥-石灰混合料改良土的性能[40]。改良后的路堤填料性能均匀，可满足承载力和变形要求，同时提高了系统动应力的稳定性。几乎所有的原状土都可以采用这种方法进行改良，通常黏结材料的掺入量在2%～3%之间。该法具有施工管理方便，不受气候影响以及改良后的路基便于行车等优点。

4.3.3 路堤边坡

路堤边坡的稳定性取决于路堤填料、边坡高度以及边坡的坡率等，满足表4.1中土的类型、路堤填方高度、坡率和下列条件时，边坡即为稳定的。

(1)地质和水文情况不复杂；

(2)路堤高度不超过12 m；

(3)地基有足够的承载力，变形量极小；

(4)路堤的承载力和密度满足参考文献[1]中的要求。

如果不能够满足这些条件或边坡坡率，则需对路堤边坡进行稳定性验算(见第5章)。

表4.1中的边坡率是根据经验以及DGGT(德国土力学协会，Deutsche Gesellschaft für Geotechnik)[41]关于边坡施工和安全的建议确定的，根据土的类型和路堤高度，边坡率可以在1∶1.5～1∶2.0之间。

表4.1 路堤边坡的边坡率

<table>
<tr><th colspan="2">土 的 类 型</th><th>根据DIN 18196土的分类</th><th>边坡高度</th><th>边坡率</th></tr>
<tr><td rowspan="3">粗粒土</td><td>级配良好的和粒径缺失的砾石</td><td>GW,GI</td><td>0～12 m</td><td>1∶1.5</td></tr>
<tr><td>级配不好的、粒径缺失的和级配良好的砾石</td><td>GE,SW,SI</td><td>0～12 m</td><td>1∶1.7</td></tr>
<tr><td>级配不好的砂</td><td>SE</td><td>0～12 m</td><td>1∶2.0</td></tr>
<tr><td rowspan="4">混合土</td><td>粉土质和强粉土质的砾石</td><td>GU,GU*</td><td rowspan="4">0～6 m
6～9 m
9～12 m</td><td rowspan="4">1∶1.6
1∶1.8
1∶2.0</td></tr>
<tr><td>黏土质和强黏土质的砾石</td><td>GT,GT*</td></tr>
<tr><td>粉土质和强粉土质的砂</td><td>SU,SU*</td></tr>
<tr><td>黏土质和强黏土质的砂</td><td>ST,ST*</td></tr>
</table>

如果路堤高度超过12 m，边坡率规定为1∶1.8时，则要按照边坡高度设置护道。通过护道可以提高边坡的稳定性，同时方便边坡的维护，护道的宽度至少应为2.5 m。为了迅速、安全的排除地表水，在护道朝边坡坡脚的方向应设置坡度至少为5%(1∶20)的横坡。

为了使土工建筑物更好的和周围的环境相协调，要处理好边坡面和相邻地面的过渡段。

4.3.4 铺设和压实

4.3.4.1 铺 设

为了减少路堤的变形并保证路堤的稳定性，应对路堤分层填筑、充分压实。每一层应尽可能采用同一类型的填料填筑。尽量避免交替填筑黏性土和非黏性土(夹层式的施工方法)。

填筑层铺设后要立即夯实，其厚度视土的可压实性、现有的压实技术和压实要求而定。在填筑施工中断时，要对最后一层填筑层的表面采用光轮压路机压实。在铺设黏性土时应将填筑层设置至少4%的横坡，以便施工期间地表水能够迅速、无阻碍的排走。

填筑层的铺设和压实施工应尽可能在冬季来临前结束，但也不排除由于工期的原因在冬季进行土方施工的可能性。有关冬季施工的建议如下：

(1)由于冻结的土夯实很困难，在温度低于－3 ℃时，原则上只允许采用未冻结土。

(2)在冬季施工条件下推荐采用颗粒级配好的、抗冻的非黏性土。

(3)要尽量避免采用冻害敏感的黏性土。如无法避免，须采取特殊措施降低含水量，如添加水硬性黏结剂或化学制剂降低土中的冻结点。

(4)所有的施工作业应不分昼夜迅速地、不中断地进行。

(5)温度低于－10℃时，必须停止所有的作业。

4.3.4.2 **压　　实**

对填筑的土应充分压实，以达到所要求的密度和承载力。有关压实的土力学原理见3.9节。在正常情况下压实是为了减小空隙，增大干密度。这样可提高抗剪强度，减小压缩性和渗透系数。在大型施工规划或对采用最为有利的压实工艺没把握时，推荐采用试样压实方法，以确定最佳的压实工艺(填筑高度、过渡段数量、压实设备等)。有关试样压实的实施和评价以及路堤填料压实标准的确定和压实设备见参考文献[44]。

路堤填料的压实要尽可能在最佳含水量时进行，土的天然含水量或在铺设时的含水量可能比最佳含水量高或低。如果在铺筑时含水量低、路堤填料干燥，可在运输途中或在工地上采用洒水车进行加湿。在加湿过程中要加以控制，使得路堤填料能够均匀加湿。如果路堤填料过于潮湿，铺筑时含水量高出最佳含水量，则必须将含水量降低到最佳含水量以下，可采用松土、通风、利用空气或者添加吸水材料(如生石灰)进行干燥。

关于路堤填料边坡面的压实问题比较特殊。尤其是容易被侵蚀的填料须对堤肩和边坡面进行仔细压实。有多种方法可供选用，最为重要的如下：

(1)路堤按设计的几何尺寸铺设，堤肩和边坡面直接采用路碾压实，路碾用起重设备安全吊运到路堤顶部。

(2)对路堤两侧按设计断面尺寸临时加宽1 m左右，对填筑层连同加宽的宽度全面进行压实，然后挖除多余的宽度，将路堤恢复到设计尺寸。

4.4 铁路路堑

4.4.1 标准断面和压实要求

铁路路堑的标准断面及压实和承载力的要求取决于线路等级和上部建筑的类型(有砟轨道或无砟轨道)。线路等级为P300的路堑新建工程的标准断面和压实要求见图4.6(有砟轨道)和图4.7(无砟轨道)。既有线路加固的标准断面要求见图4.4和图4.5。

路堑的压实要求与直接在地面上修筑路基时的压实要求相同。

4.4.2 路堑边坡

4.4.2.1 ***松散岩石*边坡***

因为路堑是在天然形成的松散岩石地基上挖方而成的，因此边坡坡度的选择和边坡的形状受地形条件的影响很大。最为重要的几点如下：

---

*：根据DIN 1054规定，所有的坚固岩石统称为“岩石”，所有的松散岩石统称为“土”。如果土经历过地球历史变化过程，称之为天然土；经历堆积或冲积过程，称之为堆积土。

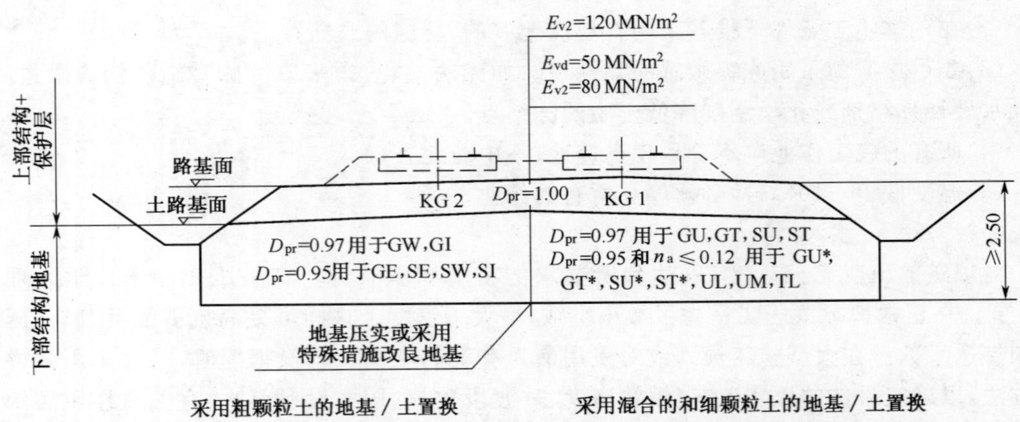

图 4.6　有砟轨道线路等级为 P300 新建直通干线铁路路堑的标准断面和压实要求

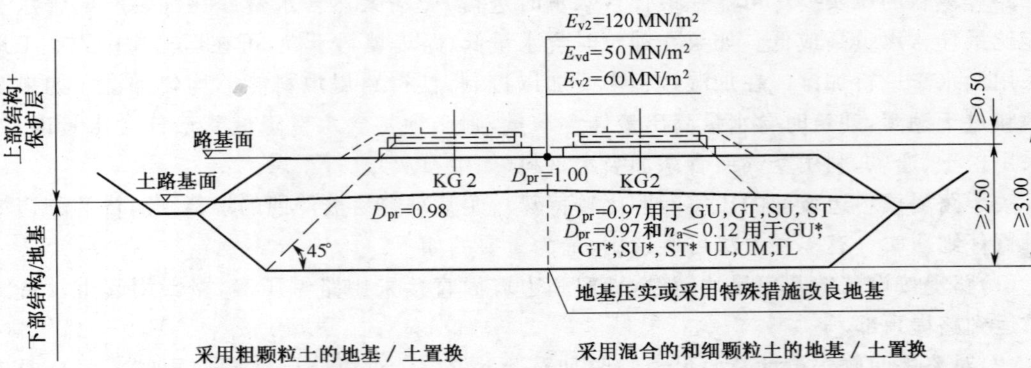

图 4.7　无砟轨道线路等级为 P300 新建直通干线铁路路堑的标准断面和压实要求

(1)边坡高度；

(2)开挖的松散岩石的土力学特性；

(3)地基的层理(地层的坡度和厚度、黏性和非黏性松散岩石的交互层)；

(4)水文情况(地下水位、含水层、泉水层位置等)；

(5)边坡上方的地面荷载。

由于上述多重影响因素，路堑边坡的设计和施工是一个相当复杂的土方工程，施工的当年和施工完成后的头几年时间是其特别危险期，其主要原因如下：

(1)有可能出现孔隙水下降的现象(见 3.4 节)；

(2)在采用生物防护措施的开始阶段，地面保护和防侵蚀保护不够；

(3)边坡的表层出现软化现象，尤其在冰冻过后和冰雪融化期间；

(4)在冬季冰冻期间边坡上会出现积水现象；

(5)开挖遇到地下水和层间水时有渗流压力；

(6)重新建立平衡状态。

为确保松散岩石地段路堑边坡的稳定，路堑边坡需满足表 4.2 中以土的分组和边坡高度之间的关系得出的边坡率，同时还需满足以下条件：

(1)边坡高度不得超过 12 m；

(2)地基具有足够的承载力和极小的变形；

(3)地质和水文条件简单。

表 4.2 路堑边坡的边坡率

土 的 类 型		根据 DIN 18196 土的分类	边坡高	边坡率
粗粒土	级配良好的和粒径缺失的砾石	GW,GI	0～12 m	1∶1.5
	级配不好的砾石、粒径缺失的和级配良好的砂	GE,SW,SI	0～12 m	1∶1.7
	级配不好的砂	SE	0～12 m	1∶2.0
混合土	粉土质和强粉土质的砾石	GU,GU*	0～6 m 6～9 m 9～12 m	1∶1.6 1∶1.8 1∶2.0
	黏土质和强黏土质的砾石	GT,GT*		
	粉土质和强粉土质的砂	SU,SU*		
	黏土质和强黏土质的砂	ST,ST*		
细粒土	弱塑性粉土	UL		
	弱塑性黏土	TL		

如果无法满足边坡率的要求，或边坡需要设置得更陡，一般需对路堑边坡的稳定性进行验算(见第 5 章)。关于护道的设置和路堑边坡与环境的协调请参见 4.3 节。

4.4.2.2 坚固岩石边坡(*岩石边坡*)

岩石中的分界面(层理、片理和节理)将坚固岩石层分割成大小不等的独立岩块。分界面的总数采用面结构表示，面结构通过裂隙的空间位置、裂隙密度、裂隙体形状和裂隙面的构造来表征(图 4.8)，因此，判断坚固岩石边坡的稳定性并不是依据岩石的强度，而是依据坚固岩石层的力学性质、岩系的强度[45]，所以坚固岩石边坡的坡度和形状直接取决于面结构和岩系的强度。目前尚没有坚固岩石边坡的边坡比。有关坚固岩石和岩石边坡的稳定性验证通常由资深土工技术专家在考虑所有影响稳定性的因素后确定。

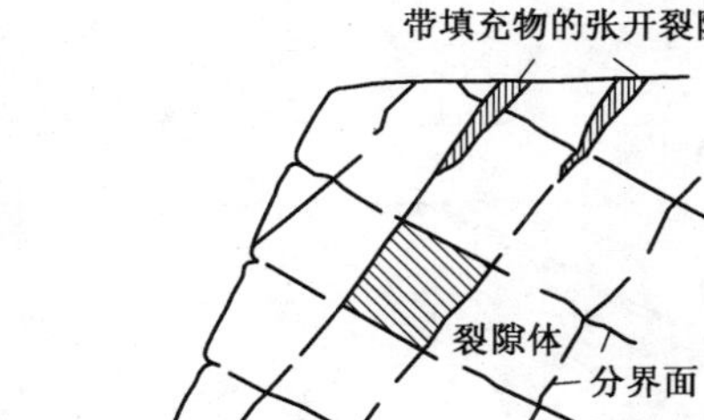

图 4.8 岩石边坡的要素[45]

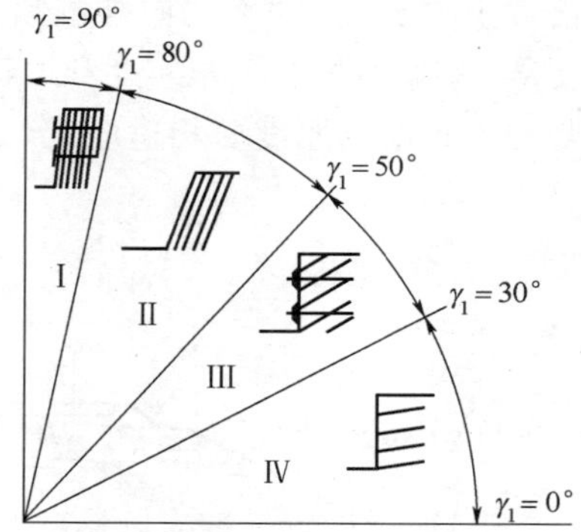

范围Ⅰ：必要时采用岩石支护措施；
范围Ⅱ：边坡的几何形状符合分界面结构；
范围Ⅲ：边坡的几何形状符合分界面结构或者采取经济的支护措施；
范围Ⅳ：边坡的几何形状随意。

图 4.9 边坡的几何形状、分界面的入射角以及必要的防护措施之间的关系[45]

将边坡角 β 与分界面的入射角 γ、力的作用面的摩擦角 φ 以及计算得出的与裂隙体形状有关的偏转角进行比较，就可以对坚固岩石的稳定性作出定性评价(图 4.8)。对于大多数岩石而言，裂隙摩擦角 φ 在 25°～45°之间。岩石若满足下列条件，则有足够的稳定性：

(1)边坡角 β 等于或小于顺边坡倾斜的一个裂隙组分界面的入射角 $\gamma_1(\beta \leqslant \gamma_1)$；

(2)顺边坡倾斜的入射角 γ_1 小于力的作用分界面的裂隙摩擦角 $\varphi(\gamma_< \varphi)$；

(3)边坡上的裂隙体不可能发生倾倒破坏。

岩石的稳定性不足时，可采用顺结构面的边坡形状或采用支护和监控措施来实现所要求的稳定性。边坡形状和结构面之间的关系见图 4.9[45]，图中对 4 种给定的坡度范围提出了岩石支护措施的建议。边坡形状和边坡面应尽量符合分界面结构。

如果在岩石边坡上设置护道，护道的横坡要向下坡的方向，并设置永久排水设施。遇到下列情况时需设置护道：

(1)必须对边坡进行养护和维护；

(2)边坡上有落石危险；

(3)边坡面要适应岩性的变化，通过护道设置使得分界面结构更为有利；

(4)地下水或流出的水必须通过护道汇集和排导。

由于坚固岩石边坡的设计和其防护措施要根据有关的经验和措施来进行，这就是要参考其他有关文献的原因[45]。在参考文献[1]里也包含有不同防护措施的大量资料。

4.5 铁路半挖半填断面

如果铁路线路要通过半挖半填地段，需要将线路上部的松散岩石挖去，下部需要填筑。在挖除时，有关边坡的几何尺寸和稳定性与路堑条件相同，填筑时的分层要求和制作与路堤要求相同(图 4.10)，同时还需要注意：

(1)如果半挖半填地段的坡度大于 20%(1：5)，需要按照图 4.10 在填方处设置台阶；

(2)在黏性的松散土中要设置 4%的向外侧倾斜的坡度；

(3)在填筑作业时，填筑层的厚度、压实度和填筑层的坡度，应遵守填筑路堤的同样要求；

(4)台阶的高度和填筑层的厚度要相适应。

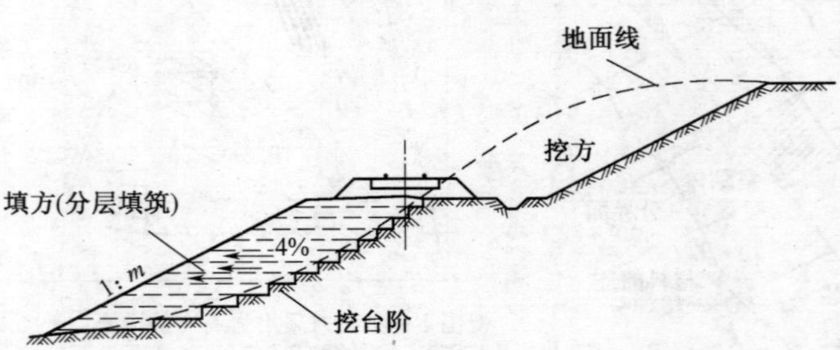

图 4.10　半挖半填地段的铁路线路

和路堑施工相同，在线路和线路上方的边坡之间设置一条排水沟，以汇集和引排边坡上的地面水(见第 7 章)。

4.6 边坡的安全措施

由于雨水的冲击和水流的拖曳力，边坡上的土，特别是受冻害影响的边坡表土可能被冲刷和搬运走，人们将这一现象称之为水流冲蚀。最危险的土是粉土(黄土和粉土砂)、含量高的土和含有细砂的土。受水冲蚀的后果是在边坡表面生成冲蚀沟。与土粒径和冲蚀流速相关的冲蚀破坏评估可参考图 4.11[42]。冲蚀也可能由风引起，在这种情况下，大气的涡流运动将边坡上的土移走。如果有风蚀危险，在边坡面做好以后要立即进行防蚀保护处理。

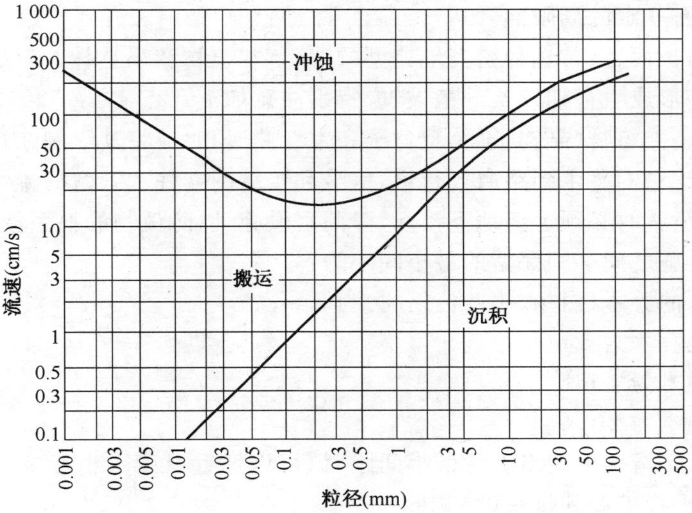

图 4.11　取决于流速和粒径的水流冲蚀的临界范围

边坡的防护措施除了有防风化的作用外还有下列作用：

(1)通过植被稳定边坡面；

(2)减小冻害向边坡的深层侵入；

(3)保护边坡面免受极端气候的影响(雨、雪的过分浸入以及由于日照和风的影响造成的坡面过于干燥等)；

(4)使人工土工建筑适应自然条件；

(5)改善动物的生存环境和植物的生长环境。

边坡的防护措施可分为工程技术防护和生物防护两类。

4.6.1　工程技术防护措施

最主要的工程技术防护措施为：

(1)在边坡上方、边坡面和坡脚进行排水(第 7 章)。

—在路堑的上坡角设置截水沟，防止相邻地段的地表水进入路堑；

—设置排水沟、表面过滤层等用以汇集和引排层间水和泉水；

—设置铁路侧沟和地下排水系统等用以汇集和引排地表水、地下水和层间水。

(2)边坡面压实。

(3)采用防冲蚀保护层覆盖边坡面。

(4)对于较陡边坡采用混凝土预制构件、格栅板等覆盖边坡面，进行防护。

4.6.2 生物防护措施

边坡的生物防护措施常常被称为"植被防护"，这类措施完全是必要的。为此，需主动对边坡进行绿化，而不应将其做成封闭的连续面，任其自然绿化，而应在这些坡面上采用撒播绿化。生物防护措施可以结合表土覆盖层或者无表土绿化来进行。原先认为"表土覆盖层绿化要优于无表土绿化"的观点，随着认识的加深和经验的积累，尤其是无表土绿化的使用实践，现在看来有一定的局限性。

对于生物防护而言，首选种植当地典型的草、草本植物和小丛林。应尽可能使其在较短的时间内长成并形成生存期较长的植被，应特别注意如下几点：

(1)采用爬蔓类植物(悬钩子属、覆盆子和常春藤属)时应将其限制在行车道和排水设施地段的侧边，不让它们蔓生到路肩人行道、信号和接触网立柱和开敞的排水设施上。

(2)采用小丛林时必须远离地下排水、渗漏水设施，以防植物的根系侵入到这些设施中，小丛林和排水设施之间必须保持的最小间距为：

—对于亲水的乔木(白杨、小叶白蜡树)为 8 m；

—对于其他乔木为 6 m；

—对于大灌木为 4 m；

—对于小灌木为 2 m。

如果遇到特殊情况要超出上述最小间距时，可以埋置厚度不小于 2 mm 的人工合成材料防水板，阻断根系扩展到排水设施中。

(3)在地下电缆沟和管沟的两侧与小丛林之间要留出宽度至少为 2 m 的条状地带。

(4)不允许小丛林侵入铁路的净空限界和信号机的视野范围；必须留出接触网、馈电线路和供电线路的最小间隔。

(5)遇到独立的高架线路时应保证架空线路和小丛林之间有足够的空间。

(6)支挡建筑物和通道不允许受到植被的侵害。

在不影响铁路设施和运营以及不增加额外维修费用的情况下，可以对坡面进行风景绿化处理。在铁路设施范围内进行绿化的同时，也可对线路起到许多重要的保护作用，如保证行车视野范围开阔、防雨、防雪、防风等，并形成立体化的景观[46]、[47]。路基边坡的植物防护断面见图 4.12。

4.6.2.1 表土覆盖层绿化

表土覆盖层绿化，指在坡面上覆盖至少 10 cm 厚、最好 20 cm 厚的含有腐殖质的地表土，并在上面播种草籽进行绿化。铁路路堤的地表覆盖层要铺到土路基处，铁路路堑的地表覆盖层要铺到侧沟底的外缘。在进行上述工作时必须确认覆盖在边坡上的表层土不会产生滑动，否则可采取以下措施：

(1)在坡面上设置凹槽或台阶加以固化；

(2)设置结构元件，如挂网、编织篱笆、边坡柴捆或土工爪垫等；

(3)减缓边坡的坡度。

表土覆盖层绿化的防护类型有种植景观草、铺草种垫和现植草皮等。在采用种植景观草防护类型时，在坡面铺上表土后最好采用"常用的播种混合草地"直接播种的方法[48]。播种的方法有干播和湿播两种。草籽干播是表土覆盖层绿化的常用方法，而湿播是无表土绿

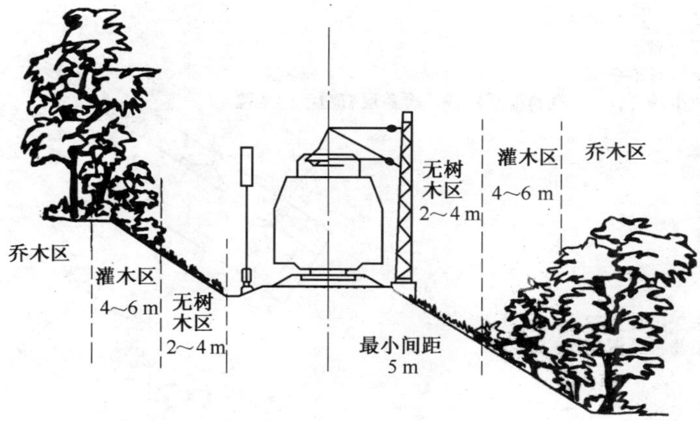

图 4.12　边坡的植物防护断面

化优先采用的方法。

铺草种垫方法特别适用于具有风化危险的边坡。采用这种方法并不一定需要表土，这就是草种垫能够在无表土和有表土两种情况下都可以使用的原因。草种垫可以铺设在边坡的表面，并用销钉或短桩加以防风固定。因为在草种垫的制作过程中已经将草籽和肥料加到不同土工合成材料制成的垫子内，所以草种垫很好地将防冲蚀保护(防冲蚀保护垫)和生物保护(绿化垫)功能结合起来。制做草种垫最好采用天然的易腐烂的材料，如椰壳纤维、麻纤维、麻类等，也可将人工材料和易腐材料结合使用，另外，可再添加一些干草或谷草等。

由于现植草皮(筒状草皮、普通草皮)的费用高，所以只能在风化严重的或难以进行绿化的边坡上采用。

4.6.2.2　无表土绿化

传统的表土绿化也有其不足之处，如成本相对较高，深层的根系往往不能深入到原土中，这样表土就有滑动的危险(图 4.13)[49]。因此常常采用无土绿化，即液压喷播草种或使用织物草种垫的方式代替原土绿化。

在使用液压喷播方式时，通过专用车上的高压机器将由多种成分组成的液体混合料喷射到边坡上。根据现场情况，草籽配方中的成分可达 10 种之多，具体成分如下：

(1)最重要的成分是适合于当地生长的草籽；

(2)草籽初期生长需要的肥料和后期的有机肥，即草地长期生长所需的肥源；

(3)土的改良材料，用以保持土的肥效和土的保水能力；

(4)用以保护植草免受不利气候影响的纤维混合物；

(5)用以形成透水、不易风化土层的土层增强剂(黏合剂)和固定坡面上的各种成分。

如果这些成分是根据当地土的情况配制的，即使是条件不好的原土也可成功地实现持久的绿化。无土绿化的另外一个好处是，无土绿化可以使植被的根系变深，这样植被就不会因为干旱而枯萎，从而提高了边坡抗冲蚀和滑动的能力(图 4.13)。目前，无土绿化生物防护措施在多条新建线路上成功地得到应用[49]。

织物草种垫可以作为防冲蚀保护垫和绿化垫直接铺设在原边坡的表土上，有如下作用：

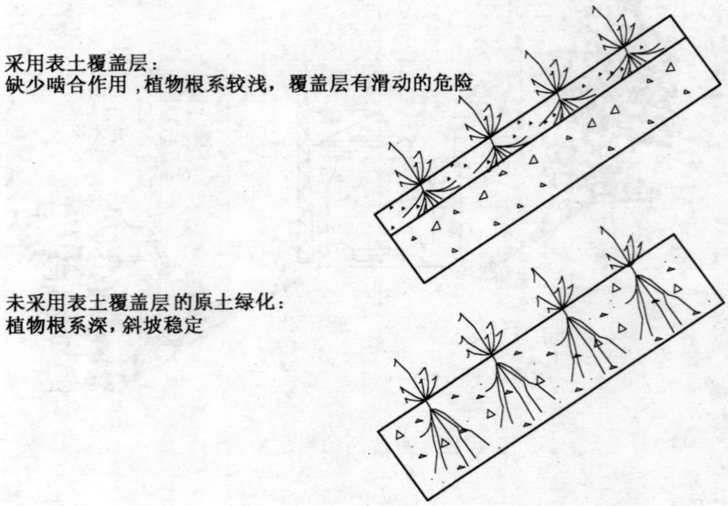

图 4.13　表土覆盖层和原土绿化植物根系深度的比较[49]

1. 防冲蚀

(1)吸收降水以及风、雪和冰产生的冲击能量；

(2)阻断地表水的拖曳力；

(3)减缓边坡的温度变化；

(4)防止原土迅速变干或变湿。

2. 绿化

(1)固定草籽(草种)和营养成分；

(2)保护草籽免受飞鸟的侵害；

(3)作为幼苗生长的苗床；

(4)蓄纳植物生长所需的水分；

(5)延缓土迅速变干和蓄热；

(6)阻止有害植物生长；

(7)在绿化之前，从视觉上改善了边坡。

4.6.2.3　特殊生物防护措施

特殊生物防护措施是指在坡面上栽植或放置木本植物、灌木丛、枝条、植物篱笆，或采用它们的组合形式。这些防护措施既可以作为绿化初期的坡面保护措施，又可作为长期的植被护坡。最为重要的生物防护措施是编织篱笆和灌木枝条。

1. 编织篱笆

编织篱笆由灌木、矮树丛和小丛林组成，在边坡上篱笆由下往上编织。编织篱笆可以使用枯萎的或者能够重新生长的枝条，在边坡上编织成简单的或对角交叉、间距为 1.5～3 m 的网状篱笆。无表土时，应在编织篱笆之间的空地上插上木桩(赤杨、白杨或桦树木桩)(见图 4.14)[51]，也可以采用和编织篱笆作用相同的土工合成材料的产品(如蜂窝状的垫子、粗大的链型编织物等)[50]。

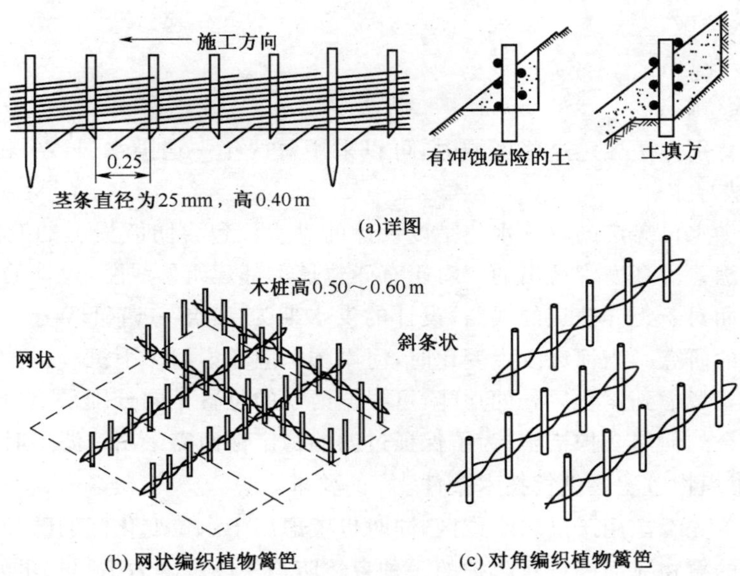

图 4.14　编织篱笆工程[51]

2. 灌木枝条

灌木枝条主要在铁路路堤上使用。在路堤填方的过程中将长度最大为 8 m 的灌木枝条(柳树、白杨或赤杨枝条)水平放置在填层之间。这种在山区自然边坡防护工程中采用的边坡加固方法也可在铁路线路土工建筑物边坡防护中使用,灌木枝条本身以及在随后长出的根系可起到加固边坡的作用,提高了边坡的稳定性。因此,采用灌木枝条进行边坡防护也被称为生物加筋防护法[52]。

4.6.3　河岸防护

在有水流动的水域范围,边坡要额外承受水流、波浪、潮汐或流冰的应力,这些应力可能是持续的,也可能是间隙性。为了防止冲蚀和冲刷,需要对河岸防护采取特殊的保护措施,目的在于减小水流对边坡和土工建筑物的作用力,避免产生有害的冲刷现象。

河岸防护是按照水利工程的基本原理,采用生物或工程技术措施对路堤边坡进行保护。河岸防护措施的类型首先取决于边坡和水域水位高程。需要根据图 4.15 将以下区域区分

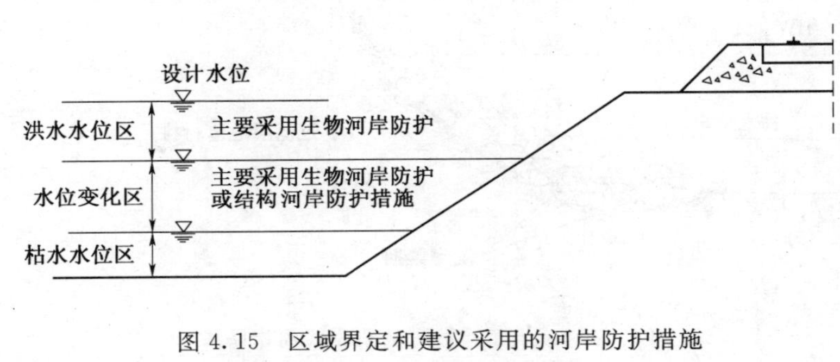

图 4.15　区域界定和建议采用的河岸防护措施

开：

(1)枯水水位区；

(2)水位变化区；

(3)洪水水位区。

如果没有特别方法界定这些区域时，可以采用每两年一遇洪水(HW)和每两年一遇枯水(NW)的方法界定。

根据上述洪水位界定的设计水位是以设计的洪水位包含防波堤上的波浪上滚、由于风引起的回水或潮差等高度中得出的。对于有砟轨道上部建筑的线路，设计的洪水期为25年一遇(HW_{25})；而对于无砟轨道的线路，设计的洪水期为50年一遇(HW_{50})。另外需要对水位进行更准确的研究。当河床发生变化时，河岸防护应考虑河床下沉。

河岸防护要考虑到美化风景的功能，可根据河岸的位置不同分别采用生物技术、工程技术或两者相结合的河岸防护措施；为了保证过滤的稳定性而需采用过滤层时，土工织物过滤层须满足"土工织物过滤层供货技术条件"[43]的要求。

生物防护首先考虑用于洪水水位区，同时也考虑用于水位变化区的防护，生物防护主要是使用可再生的植物对河岸进行防护的一种自然防护手段。因为工程技术河岸防护使用的是"无生命的"建筑材料，而生物防护是自然生成的，所以通常偏重于采用生物河岸防护技术。当单独采用生物河岸防护措施不能满足防护要求时，也可采用工程技术加以辅助(组合式河岸防护)。对于水位变化区可以采用铺设碎石层方法，用打桩、柴捆或者填石固定河岸。

如果采用生物防护和组合式河岸防护不能保证坡面的足够稳定性时，就必须采用**工程技术河岸防护**。在场地狭窄或边坡承受较高的应力时必须采用工程技术措施，通常的做法是在边坡上设置一层透水的碎石防护层。如果工程技术河岸防护主要是为了解决河岸防护层的渗透性，则应验算边坡的稳定性；如果边坡的稳定性存在被哺乳动物破坏的危险，也可以在边坡上设置铁丝网，再加盖碎石保护层。

如果要考虑河床加深的因素，可以将边坡坡脚做成柔性的。参照图4.16，采用沉埋柴捆和填充石块或者填充双层织物垫或混凝土加石块的结构形式就可达到这一目的。

水位的急剧下降会引起边坡的应力变化，对边坡的稳定性产生危害，所以必须采取特殊

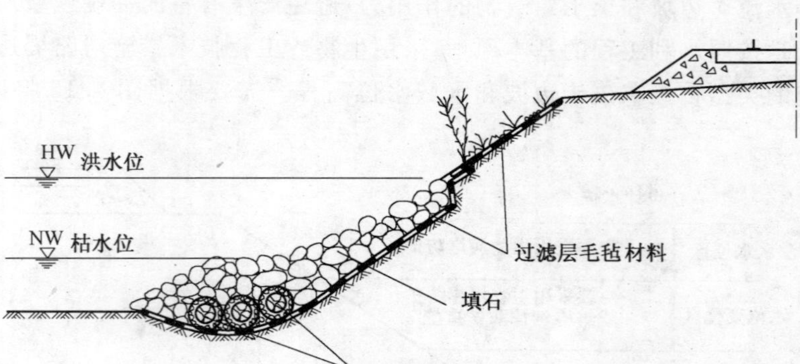

图4.16　采用柔性坡脚的组合式河岸防护

的措施进行防护。为了稳定边坡，通常可按图 4.17 在水位变化区和枯水位区设置一层边坡保护层作为荷载过滤层，一般采用 10～15 cm 厚的砂和砾石，再填充石块，坡度为 1∶2 和 1∶1.5。

土工合成材料可使用在河岸的生物和工程防护中。在采用工程技术防护时，可在填充石块、遮盖结构或混凝土石块下方设置土工织物过滤层。采用生物技术防护时，可用易腐绿化垫保护刚播种的边坡，用刺垫对已绿化边坡表土进行长久保护，用格式结构垫稳定较厚的表土层[77]。

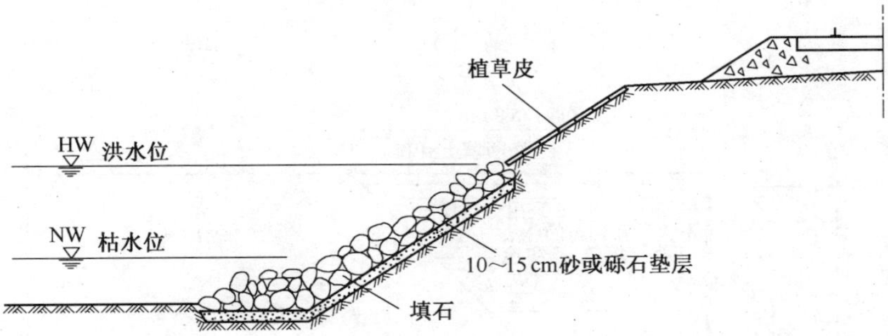

图 4.17　水位发生突然涨落变化时承载过滤层的设置

4.7　土工建筑物与大型建筑物之间的过渡段

4.7.1　问　　题

路基和大型建筑物之间的过渡段在刚度和变形上的差异一直是一个难以解决的问题。相对于有一定刚度的大型建筑物（桥梁、桥台、隧道和通道）而言，线路路基通常更容易变形。这样，就会产生局部变形差异（沉降差），从而导致线路的位置不稳定，在土工建筑物和大型建筑的连接处或多或少地产生明显的沉降突变。同时由于大型建筑物基础刚度较高，相应地提高了线路的刚度，沉降相对较小。此外，桥梁端部由于荷载、温度影响而发生长度变化以及桥梁结构本身的振动和徐变而产生的变形，从而成为连接区范围内的破坏点。所有这些现象对于铁路运营而言，行车的速度越高，影响就会越严重。

为了平衡土工建筑物和大型建筑物之间的不同刚度并减小沉降和沉降差，必须设置特殊的过渡段，以确保乘车舒适。在下列情况下，尤其需要设置过渡段：

(1)新建铁路线路或提速铁路线路；

(2)新建铁路上跨式立交桥；

(3)经常在土工建筑物和大型建筑物之间出现不稳定和沉降差，以至影响到运营和提高维护成本的地方。

过渡段的设置应遵守第 5 章的规定，使其控制在允许的沉降和沉降差范围之内。除了采用土工技术的过渡段外（见 4.7.2 节），还可以对上部建筑采取一些措施，如设置保护钢轨或设置高度和侧向可调的钢轨扣件，以满足这些条件。

4.7.2 过渡段的组成

仅仅采用以往经常使用的钢筋混凝土滑动板或地表面加固土工建筑物的方法来作为过渡段现在已几乎不再适用了，因为这些元件太硬，使用它们往往会出现更多的问题。目前正试图通过在一定的长度范围内尽可能连续地将土工建筑物相对较小的变形模量提高到人工建筑物的变形模量。根据参考文献[1]可以通过以下方法连续提高过渡段的变形模量：

(1)在大型建筑物和土工建筑物之间呈楔形状填充非黏性土，压实度为 $D_{pr}\geqslant 1.0$(见图 4.18)；

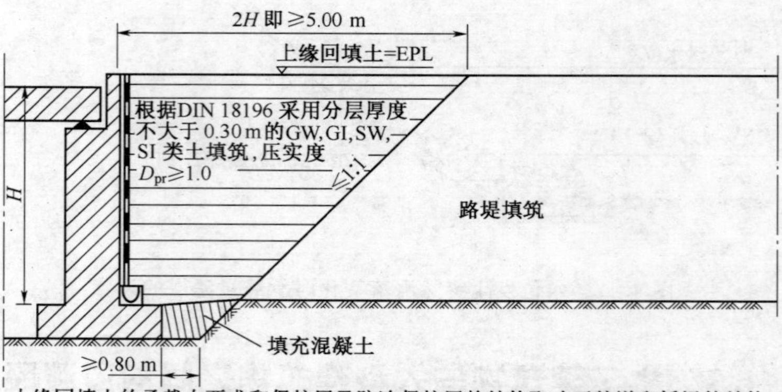

上缘回填土的承载力要求和保护层及防冻保护层的结构取决于轨道和桥梁的结构。

图 4.18 既有线路采用非黏性土的过渡段结构

(2)设置混凝土加固楔块连接相邻的非黏性土(见图 4.19)。

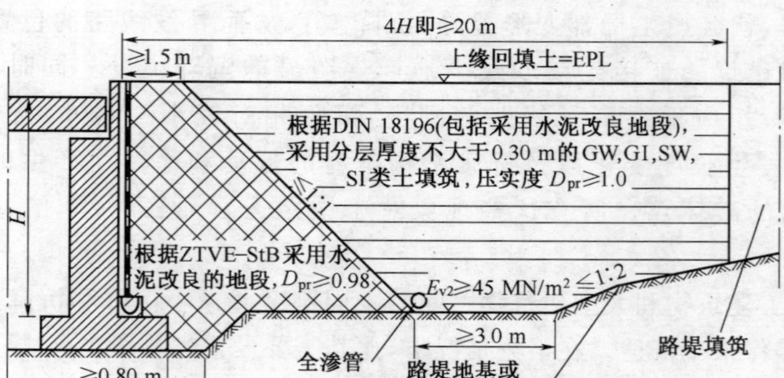

上缘回填土的承载力要求和保护层及防冻保护层的结构取决于轨道和桥梁的结构。

图 4.19 线路等级为 P230 和 M230 的新建工程中采用混凝土加固楔块连接相邻非黏性土的过渡段

图 4.18 和图 4.19 的做法适用于线路等级为 P230、M230 和 P300 的干线铁路的新建工程以及既有线路。为了尽可能连续提高相对于桥台方向的刚度，推荐连续加大胶结材料的

含量。这样，可使刚度发生均匀的变化，并可以得到半径较大的相对平缓的沉降槽。胶结材料的含量通常为 2%～4%。

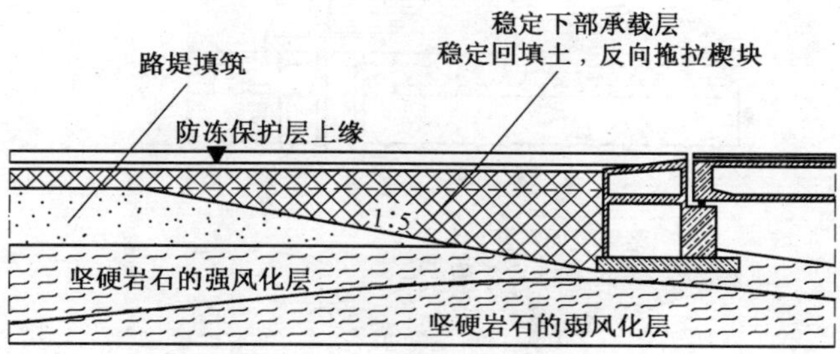

图 4.20　无砟轨道新建铁路工程中采用拖拉楔块式施工方式的过渡段[54]

对于无砟轨道铁路线路的新建工程，参考文献[54]推荐了一种滑动—楔块式施工方式。在这类过渡段中，形成了水硬性黏结剂加固的呈反向滑动楔块状的回填土区，楔块以 1∶5 的坡度呈楔状从桥台背墙开始在 5 倍于桥台高度的长度上渐变（图 4.20）。

在既有铁路线路的改扩建中程中，原则上可以用水泥加固的反向土体楔块的方法。因为担心用水泥加固的土体楔块范围内道砟应力较高，为了平衡桥梁上和桥台填方加固土体楔块的不同刚度，建议铺设道砟垫[53]。上述过渡段的结构形式在汉堡—柏林铁路改扩建工程中使用过，见图 4.21[55]。这种方式在路基段就解决了存在的问题，不用涉及桥台范围。

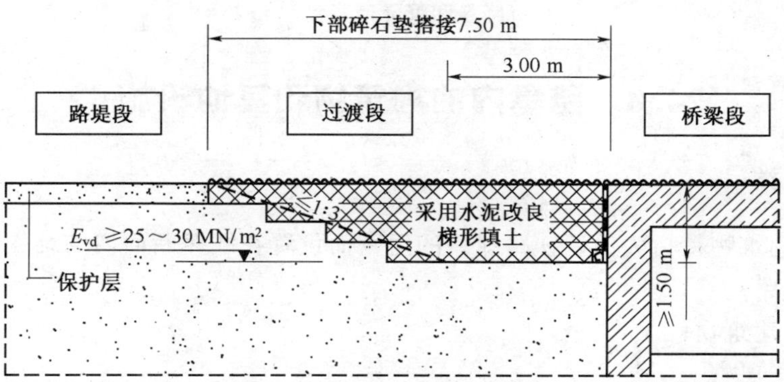

图 4.21　汉堡—柏林改扩建线路过渡段结构[55]

如遇到地基内的软弱地层，而且会引起较大的地基下沉量时，必须结合地基加固对过渡段结构采取相应的措施，这种类型结构的过渡段对沉降量和沉降槽变化的作用见图 4.22[56]。如果不对过渡段进行稳定和加固处理，在土工建筑物和大型建筑物之间就会出现较大沉降突变而产生明显的沉降槽（图 4.22，上图）。相反，在土工建筑物和桥台之间采用稳定桩加固以及对过渡段采用水泥稳定处理后，则产生的沉降槽平缓，沉降量很小，没有出现沉降突变现象（图 4.22，下图）。

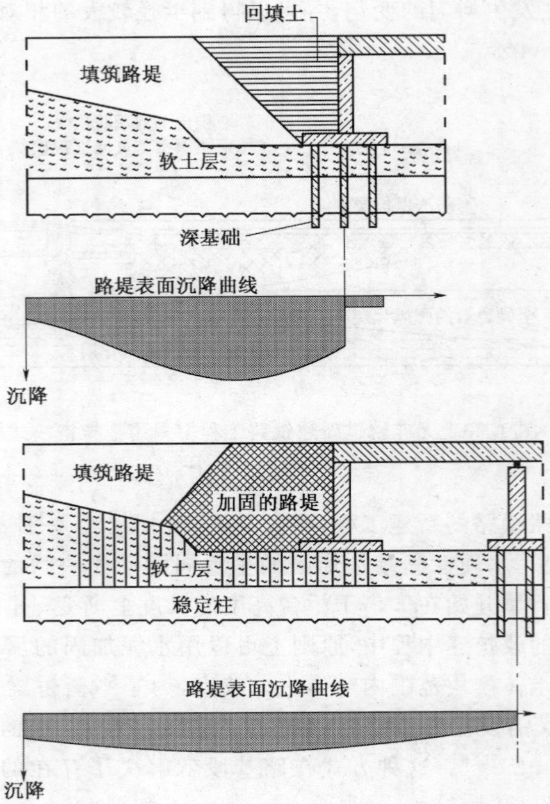

图 4.22　采用及未采用稳定加固措施的路堤和桥台之间过渡段的沉降量和沉降槽变化[56]

4.8　路基内的构筑物和其他设施

4.8.1　种　　类

路基内的构筑物是指为保证铁路线路的运营而设置在线路断面内的结构，主要有：

(1)电缆线路；

(2)防噪声建筑物；

(3)防风建筑物；

(4)接触网、信号机和照明设施等立柱基础；

(5)铁路电流回馈设施。

其他设施是保证发挥线路建筑物功能所必需的设备，如防脱轨设备、铁路平交道口的道路以及防雪篱笆和安全篱笆等。

结构物和其他设施的铺设和施工应符合以下要求：

(1)轨道中心距满足参考文献[6]的要求；

(2)应始终保证线路建筑物的稳定性；

(3)不降低地基的承载力；

(4)不削弱排水设施的效能；

(5)保证铁路设施充分发挥功能。

从技术和经济角度考虑，构筑物和其他设施的施工应尽可能在保护层和排水设施施工前进行。如果在保护层和排水设施施工后进行的话，应采取额外的措施确保土工建筑物的功能得到充分发挥，而且要确保受施工措施干扰的地段能够满足土工建筑物的所有要求，这些措施如下：

(1)立柱的基础为桩基础(深基础)，不应是浅基础，以避免开挖土工建筑物；

(2)电缆线路的基坑和沟槽要精心回填，充分压实松软的回填区域，保证设计标高；

(3)恢复排水设施、保护层和路肩人行道的原先状态，并注意设计的坡度；

(4)为电缆槽和电缆沟设置地下排水设施；

(5)隔音和防风墙前的排水设施应进行特别设置。

接触网、信号机和照明设施立柱的基础以及隔声设施基础的设置应满足固定设施距线路中线的间距要求。立柱的基础通常设置在路肩人行道、中间过道或边坡上，以减少对保护层、边坡和排水设施的直接影响。

4.8.2 电缆线路

电缆槽的走向通常平行于路基，它用于安装电力电缆和通讯电缆。根据 2.3 节的要求，新建和改扩建线路的路肩人行道和中间过道路基范围的电缆线路，在线路中线和路基边线之间的最小间距为 3.80 m，也就是说铺设得离线路很近，铺设电缆线路应注意：

(1)不影响人行道的通行；

(2)保证路基和土路基的排水；

(3)要铺设在受行车荷载影响的区域以外；

(4)方便日后的维修和养护工作。

路基范围内的电缆线路可采用电缆槽、电缆管排或电缆管等。采用电缆槽时，打开盖板工作人员即可操作；如果采用管排和电缆管，工作人员只能通过竖井才能进行工作。电缆槽的上缘应该和路基高度齐平，电缆槽和管排在路肩人行道上离轨道中线的最小间距应为 3.25 m，在中间通道上应为 2.20 m。有关铺设或不铺设保护层时的电缆线路的铺设方式参见图 4.23～图 4.25。图 4.23 为未加保护层的路基，电缆槽铺设在路肩人行道内，电缆槽采用颗粒混合料 2(KG 2)作为填料，以保证排水通畅；图 4.24 为设有保护层的路基，电缆槽铺

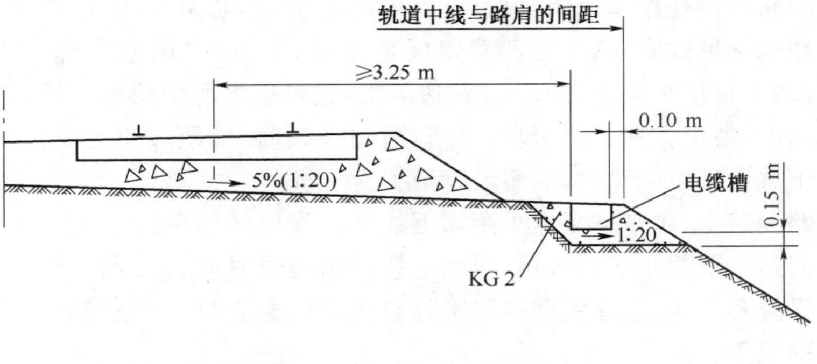

图 4.23 路基设有保护层时路肩人行道内电缆槽的设置

设在路肩人行道内，电缆槽采用颗粒混合料1(KG 1)作为填料，在电缆槽下铺设专门排水设施(排水混凝土元件或人工合成材料)，同时填充了KG 2填料；图4.25为铺设在由KG 1填料组成的保护层下方的路肩人行道范围内的采用KG 2填料的电缆槽的铺设方式。采用这种方式时，管槽下方应敷设一层至少有15 cm厚的KG 2填料，管槽的上方应覆盖一层至少30 cm厚的KG 1填料。对于那些具有风化危险的边坡或出于其他原因不允许有水出现的边坡，通常采用特殊的措施对电缆槽下方的土路基进行防水处理。

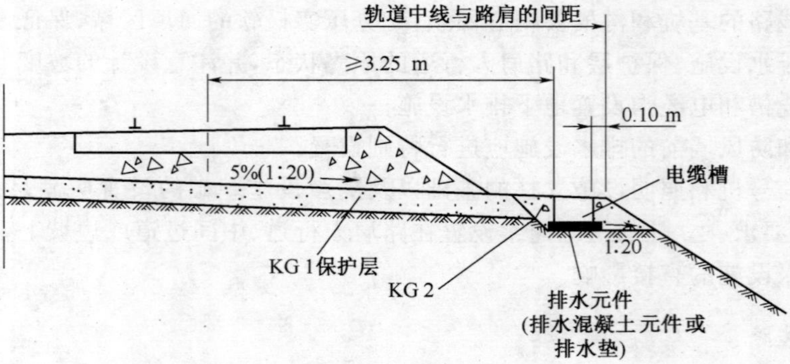

图4.24　路基设有保护层和专门排水沟时路肩人行道内电缆槽的设置

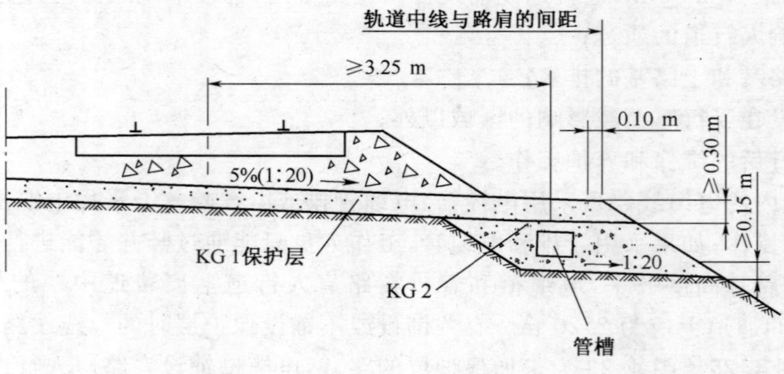

图4.25　加设保护层时路肩人行道内管排的设置

如果电缆线路铺设在路基范围以外，可以采用电缆沟、电缆槽、电缆管排和电缆管等形式。当采用电缆沟的形式时，其上方的覆盖层至少为60 cm；采用电缆槽、管排和电缆管的形式时，其上方的覆盖层至少为50 cm。在边坡上，也可以电缆槽的形式铺设电缆线路。出于稳定性考虑，在边坡上方和自然边坡上方设置电缆槽时，应距坡肩至少为3 m；在边坡下方和自然边坡下方设置电缆槽时，应距坡脚至少为1 m。

在既有铁路线路上，越来越多地采用靠近线路铺设电缆线路的方法。因为线路中线和路基肩之间的间距一般都小于3.5 m，所以电缆线路通过时就会出现几何尺寸的问题。对于电缆线路的设置和结构，新建铁路线路工程与改扩建线路工程的规定相同，这也是路肩人行道需要扩宽的原因。

如果电缆线路需要从轨道下方通过时，就要在路肩人行道上设置分配竖井。此外，交叉的电缆和管道以及保护管至少应埋置在轨枕底面以下 1.5 m。如果是铁路自用的电缆可以降至 1 m。图 4.26 是电缆在轨道下通过的实例。

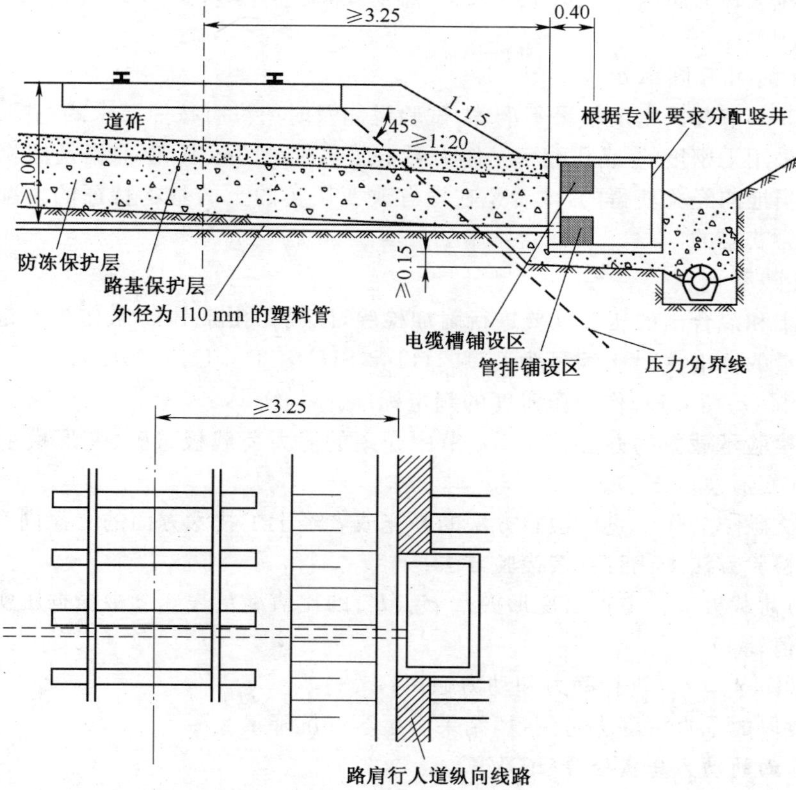

图 4.26　电缆线路在轨道下通过示意

4.9　土方工程的质量保证

4.9.1　密度和承载力

4.9.1.1　要　　求

对路基密度和承载力需作检验，检验应满足参考文献[1]（见 4.3.1 节和 4.4.1 节）提出的要求。有关土路基和路基面上的承载力问题需按表 5.11 中线路等级和上部建筑类型给定的变形模量 E_{v2} 和 E_{vd} 进行检验。

一般按填方的层位和土的类型不同对路基的密度有不同的要求。对不同等级线路检测的压实度基本为 $D_{pr} \geqslant 1.00$，只有少量的线路等级（"R 80，G 50 和其他线路"）加固和维修时压实度要求为 $D_{pr} \geqslant 0.97$。

这些要求应通过自控检验、第三方监督检验以及实测检验等来保证，适用的规定为 ZTVE—StB[3]（译者注：道路建设中土工工程的附加技术合同条约和规范条文）。

4.9.1.2　检验方式

检验方式分为直接法和间接法。检验密度和承载力首选参考文献[3]提到的直接检验法，用于密度验证的直接方法为：

(1)**压实度 D_{pr}**

铁路土工建筑物的压实要求是用压实度 D_{pr} 表示的。压实度要求参照 3.9 节中给定的方法进行验证。

(2)**干密度 ρ_d 和孔隙率 n**

如果按照 3.9 节葡氏密度结果不准确，试验没能及时或没有按照要求的范围进行，作为替代方法可以采用干密度 ρ_d 或孔隙率 n 作为要求压实质量的标准，但前提是检验 ρ_d 或 n 的参照值是根据当地的经验获得的，或者是在没有改变压实的土的基本特征的情况下事先经过了对比修正后获得的。

(3)**气孔孔隙率 n_a**

对于细粒土和混合土的压实度要进行附加检验，以气孔孔隙率 n_a 来作为土是否达到所要求的压实质量的标准。对于编号为 GU*，GT*，SU*，ST*，U，T，OU 和 OT 的土，以孔隙率不大于 12%($n_a \leqslant 0.12$)作为压实度的判定标准。

用于**直接检验承载力**的方法见 3.5.3 节中介绍的静力荷载板试验(变形模量 E_{v2})和动力荷载板试验(变形模量 E_{vd})。

按照参考文献[3]，作为直接检验方法的补充或者经土工技术方面的专家同意后也可以使用下列间接检验方法来代替直接检验方法：

(1)从静力荷载板试验中得出变形模量 E_{v2}/E_{v1} 的比值满足表 3.2 中根据压实度给出的该比值的参考值；

(2)按照 DIN 4094[19] 进行静力和动力触探；

(3)对过渡段的垂直沉降进行测量，结果满足容许沉降量。

4.9.1.3 路基面的动力压实检验(FDVK)

传统的直接检验和间接检验方法是对整个工程通过抽样进行检查的，其偶然性很大。另外，检验是在压实结束之后进行的，也就是说在压实工作对检验没有影响时才能进行，而是否需再压实要等到试验结果整理出来后才能决定。“动力压实检查”(缩写为 FDVK)消除了这些缺陷，因为采用 FDVK 能够均匀地检测密度和承载力，这种检验方法的应用领域越来越广，尤其在铁路线路的新建工程中得到广泛地应用。

FDVK 的测试原理如下：在压实设备(振动碾压机)上配置一个加速接收器，它连续收集压实机—土系统的振动特性，从压实度和变形刚度有关的系统振动特性中就可得出压实结果。为此，在压实工作开始前，先制做一个与待检路面条件(地基、路堤填料、含水量等)完全相同的试验断面进行标定，目的在于测定满足压实度要求所必须具备的**动力最小值**。满足了这些最小值就证明满足了压实要求。

在压实过程中，振动特征随每一次的压实而趋向于最小值，计算机不断地将最新传送来的振动特征参数与要求的动力测量最小值进行比较。当要求的最小值得到满足时，计算机会给机器操作人员发出信号。

FDVK 测试方法有以下优点：

(1)检测不再是点上的抽样，而是以覆盖整个表面的形式进行；

(2)检测和施工是同步连续进行的，结果可立即使用，这样压实过程得到了控制，就可以获得最佳的经济效果；

(3)检测面积较大时，该方法可保证变形和承载力检测覆盖面均匀。

这种检测方法的局限性是标定比较昂贵，在大面积检验时才值得使用。对细粒含量在15%以内的粗粒土和混合土，压实度和动力测量值之间有着直接的关联；而对细粒土和其他混合土而言，含水量对动力测量值的影响要大于对压实度的影响。从中可以看出，这种检验方法的使用尚有一定的局限性。

4.9.1.4 检验方法和检验范围

根据参考文献[3]，土的压实检验有不同的方法。所谓"方法"在此处定义为检查压实结果的系统做法，以下是压实检验的几种方法：

(1)方法 1：统计检验法；

(2)方法 2：面上动力测量法；

(3)方法 3：监督程序法。

所有这些方法都适用于验证压实结果，但它们的原始精度各异，只有在采用相同的优先法和相同的检验方法进行对比时，检验结果才有可比性。

方法 1"统计检验法"适用于大面积的检验。该法是在统计的基础上，根据检验计划采用抽样的方式进行的，统计所需的抽样数量(检验范围)按照检验份额的大小而定。当检验面积达到 1 000 m^2 时，抽样的数量不少于 4 个，在此基础上每增加 500 m^2 的检验面积应多进行一次检验[3]。

检验时抽样数量通常应以满足统计的基本完整性为依据。在相同条件下，在某一范围内可使用统一的标准评判，也可以单独评判。如果有一个条件得不到满足，须将一个检验的面积分成多块来进行检验，每一块都要作为一个抽样进行判定。若每个分块面积较小或者分块的相互边界不便明确划分的话，可以按照方法 3 来进行检验。

到目前为止，对于方法 1 的使用尚有一定的保留，原因是调查和评判的费用过高，要求的压实质量要等到压实后才能得到，而且某些局部薄弱地点很容易被忽略掉。

方法 2"面上动力测量法"和面上动力压实检查(FDVK)有直接关联。在压实过程中使用的振动压实机可同时也作为测量仪来使用，用于接收动力测量值。方法 2 特别适用于日生产率较高的施工设备、均匀土质的检验以及自控检验和验收检验。

方法 3"监督程序法"适用于较小的施工设备以及工作场地较窄的地方。它的使用是基于事先通过试验断面验证或在已有的经验基础上，来确定适合土的铺设和压实的施工方式。施工方式的确定由承包商在自控检验中提出，再经业主批准。通常，要对工作程序制定特殊的工作指令，其中必须包含以下压实资料：

(1)压实机具；

(2)铺设土时的操作方式；

(3)压实遍数；

(4)每一填筑层的最大厚度；

(5)待压实土的容许含水量。

如果在施工合同里没有指明其他的检验方法，那么可以按照方法 3 来进行检验。在雨季，有砟轨道线路和无砟轨道线路的自控检验应遵守表 4.3 中给定的检验范围。在采用动力落锤仪进行承载力检验时，检验范围应比表 4.3 中的规定至少提高一倍。

表 4.3　参考文献[1]规定的检验范围

检　验　层	有砟轨道	无砟轨道
路基面和保护层的垫层	每 4 000 m^2 的检验面积上取 3 个检验点，每 100 m 长的线路上至少取 1 个检验点	每 4 000 m^2 的检验面积上取 6 个检验点，每 100 m 长的线路上至少取 1 个检验点
土路基面	每 5 000 m^2 的检验面积上取 3 个检验点，每 150 m 长的线路上至少取 1 个检验点	每 5 000 m^2 的检验面积上取 6 个检验点，每 150 m 长的线路上至少取 1 个检验点
铁路路堤中的垫层	每 5 000 m^2 的检验面积上取 3 个检验点	每 5 000 m^2 的检验面积上取 6 个检验点
原地基面	每 5 000 m^2 的检验面积上取 3 个检验点	每 5 000 m^2 的检验面积上取 6 个检验点
建筑物回填土方	每 500 m^3 的体积上取 3 个检验点	每 500 m^3 的体积上取 6 个检验点
管道沟	每 150 m 长度上每米沟深取 3 个检验点	每 150 m 长度上每米沟深取 3 个检验点

4.9.1.5　密度和承载力检验说明

在土路基面和路基面上必须进行承载力和密度检验。问题是这一要求是否对所有的土都合适，而且采用怎样的精度进行这些检验。对用于保护层的粗粒土和颗粒混合料而言，压实度 D_{pr} 和变形模量 E_{v2} 之间存在着较好的关系（表 4.4[3]），对于这两类土可以认为下列两种检验方法是等值的。

表 4.4　压实度和变形模量之间的关系

土的分组	压实度 D_{pr}（%）	变形模量 E_{v2}（MN/m^2）
GW，GI	≥100 ≥98 ≥97	≥100 ≥80 ≥70
GE，SE，SW，SI	≥100 ≥98 ≥97	≥80 ≥70 ≥70 ≥60

细粒土的密度—承载力问题相对复杂一些，这就是下文需要进一步讨论的原因。图 4.27 给出了压实度 $D_{pr}>97\%$ 且 $E_{v2}>45\ MN/m^2$ 的细粒土的密度和承载力关系[57]。图的上部给出的是细粒土的葡氏曲线，它以密度来表示，即压实度为 100%（点 4）、97%（点 3 和点 5）、93%（点 1 和点 7）时的密度。在进行密度检测时，所有在 3 点和 5 点水平连线以上的密度值均满足质量要求。图 4.27 下部为承载力与含水量的一组关系曲线，当密度一定时，给出了含水量对其承载力影响的变化情况，接着将葡氏曲线转换成承载力曲线，对于密度曲线上的 1 至 7 点，可以在承载力图中找到相对应的 1′至 7′点。连接这些点得到一曲线，它表示葡氏曲线上的密度所相应的承载力与其含水量的相关关系。变形模量大于 E_{v2}（即 45 kN/m^2）的土，具有足够的承载力。当要求所分析的细粒土具有足够的密度和足够的承载力时，根据图 4.27 总共存在 5 个区域，在这些区域中各种不同的试验具有各自的重要意义：

区域Ⅰ——土既无足够的强度也无足够的密度，两种检验方法是等同的，结果也相同（负值）。

区域Ⅱ——土具有一定的强度，但密度不够，承载力检测表面上满足了质量标准，但只是一种假象，因为大量存在的孔隙吸收水分后，土的承载力会急剧下降。因此气孔孔隙率也限制在 12%以内。

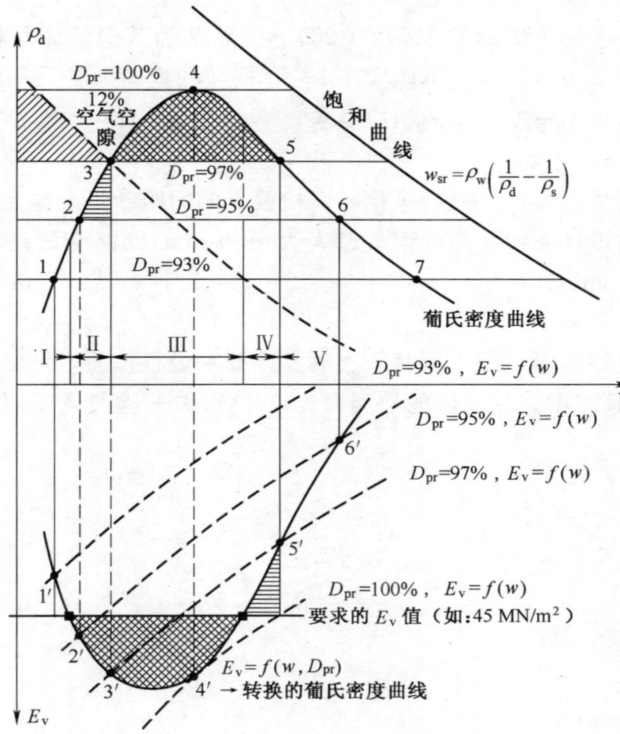

图 4.27　细粒土的承载力和压实度之间的关系[57]

区域Ⅲ——土有一定强度和密度，两种检验方法是等同的，结果也是相同的(正值)。

区域Ⅳ——土没有足够的承载力，但密度够，密度测量虚假。

区域Ⅴ——土既没有足够的承载力，密度也不够，两种测试方法等值(负值)。

根据这一分析结果认为，对细粒土的密度和承载力的质量检测在不同的含水量范围内可能会出现不同的结果。由此表明，对细粒土的质量检验不但要检测其密度，还要检测其承载力。

4.9.2　铺设的几何尺寸

基床断面位置以及每一层的密度应通过测量铺设的几何尺寸来进行验证，几何尺寸包括平整度、横向坡度、高程、层厚等。保护层或其他层的宽度以及路基的宽度需通过测量进行检查，但参考文献[1]中并未对允许偏差做出规定。

4.9.2.1　平 整 度

为了让有一定横坡的路基上的地表水毫无阻碍地被排走，必须对路基的平整度提出一定的要求。路基上不应有凹坑和车道压痕，施工过程中必须消除运输产生的路基变形。

路基面平整度应采用带有楔规的 4 m 长的直线规检验。在正常情况下，路基最多每隔 30 m 检测一次，对于其他路基最多每隔 50 m 检测一次。在 4 m 的长度上待检路基与带有横坡的标准路基之间的最大误差不超过 20 mm，而其他路基在 4 m 长度上与标准高程之间的误差最大为 30 mm，在边坡面上最大可容许达到 50 mm。

4.9.2.2 **横向坡度**

路基和土路基的横坡不应小于 5%(1∶20)。土路基和其他基床与标准横坡之间的误差可以为±5%,但路基横坡的误差不能大于 5%。横坡的检验通常采用测量仪器(水平仪)进行。检验的间距参见平整度检验的相应要求。

4.9.2.3 **高　　程**

高程通常采用测量仪器(水平仪)来检验。检验点的间距参见平整度检验的相应要求。

土路基的高程与设计高程之间的误差最大为±30 mm,而路基的高程与设计高程之间的误差最大仅为±20 mm。

4.9.2.4 **层　　厚**

保护层以及其他层的厚度应根据每一层的具体要求进行检验,可以采用测量仪器(水平仪)或者开挖来测量其厚度。保护层的检测每 1 000 m^2 取一检测点,其他层每 2 000 m^2 取一检测点。

5 路基的设计计算

路基应按以下基本原则设计：

(1)稳定性设计时，应保证建筑物和/或地基免遭破坏(承载力验证)，路基的变形和位移量不超过设计范围(适用性验证)，此时则认为路基是稳定的。

(2)在规定的交通荷载下和要求的使用寿命周期内，线路能够满足旅客对舒适度的要求和使用年限(可用性)。

路基的承载力和适用性可采用相应的计算方法来验证。适用性包括路基变形和位移控制，如果路基的承载力和适用性验证合格，那么铁路线路就具备了可用性。规定的变形和位移量及单个误差之和可从轨道允许校正量中推导出来。

铁路路基的承载力和适用性验证最重要的规范是《德国铁路实施指南》DS 836[1]与《土工和地基工程稳定性验证》DIN 1054[8]。如果有足够的把握排除承载力(GZ 1)和适用性(GZ 2)处于临界状态，则根据参考文献[8]土工建筑物的稳定性就可以被认为通过了验证。但这里和参考文献[1]中的"稳定性"和"适用性"验证之间尚有一定的区别，在参考文献[8]中稳定性是作为总的概念来对待的，它包含有"稳定性"和"适用性"验证两层意思。和其他的规范和建议标准相比，DIN 标准原则上具有更高的约束要求，因此，本章是按照 DIN 1054[8]定义的。

稳定性验证原则上应分为新建工程和既有土工建筑物加固/维修，对新建的土工建筑物(新建工程)，一般都要对承载力和适用性进行计算验证。

对既有线路的路基加固/维修而言，往往不需要设计计算。如果下列条件得以满足，就无需进行承载力的计算验证：

(1)路基处在使用中，且没有受损。如果路基的维修费用或者因为路基的原因而引发的其他建筑物的维修费用没有超过当地的一般尺度，就可以将路基视为没有受损。参考文献[1]对这一概念并未作进一步解释，但仍然可以理解为用于路基的维修费用尚在正常尺度范围内。

(2)在使用条件发生变化时(轮对荷载提高、行车密度和行车速度提高等)路基的应力没有增大。

(3)路基按照参考文献[1]进行维护。

如果既有路基的应力增大或者发生了施工变化，必须对变化条件下的稳定性进行验证(见 5.1.5 节)。

参考文献[1]对于某些特定的施工方法提出了标准解决方案，方案考虑了适用的边界条件。例如，标准解决方案对松散岩石边坡的坡度、保护层的厚度以及路肩人行道的结构和道砟的支护等做出相应规定，如果采用其中的一个标准解决方案，这一方案就作为路基设计的一种形式，不仅适用于新建工程，同时也适用于加固工程中。换言之，运用这种标准解决方案也就意味着稳定性得到了验证。如果边界条件不能满足标准解决方案或者在参考文献[1]里没有提及到的标准解决方案，则需对路基进行设计计算，并验证其稳定性。

因为难以区分新建线路与既有线路，所以既有路基的部分扩建工程存在一些特殊的问题。根据参考文献[1]，如果满足下列条件，既有路基扩建部分的施工措施可按新建工程的条件来设计：

(1)无法利用既有线路的部分时；

(2)改建线路的设计速度 $v_e>230$ km/h；

(3)在相关线路路段上，若受施工方法影响而要改变下部建筑/地基时，其施工长度至少为 250 m；

(4)影响到路基的核心部位；

(5)上部结构采用无砟轨道时。

如果改建线路的长度超过 250 m 或者线路横移超过 1 m，在线路改建(例如扩大曲线半径)设计时应采用新建工程标准。

在决定既有铁路线路上的路基是否按照新建工程标准设计时，应注意，在既有的和新建的路基之间的过渡段上因为密度和承载力的要求不同，有可能产生比较大的弹性变形。而这些弹性变形通常和沉降差以及线路位置的不利影响相关，这就是为何在此处要根据 4.7 节对相应的过渡段进行设计计算的原因。

随着行车速度的提高，下部建筑的动应力也在增大。高速铁路线路的新建工程和既有线路提速的改建工程在设计时，不仅要考虑到静力或准静力的影响，同时还要考虑到动应力的影响。在较高速度和不利的地基条件时须按照 5.3 节对动力稳定性进行验算。

5.1 稳定性的验证

5.1.1 临界状态

临界状态是指土工建筑物不能正常使用的状态。稳定性验证时，应根据参考文献[8]区分为两种临界状态，临界状态 1(GZ 1)是作为承载力的临界状态，临界状态 2(GZ 2)是作为适用性的临界状态。如果排除了这两个临界状态，同时路基具有足够的安全性，就证明了路基是稳定的。

DIN 1054[8]是德国结构工程中统一新标准体系的组成部分，同样也适用于铁路的所有土工建筑物。DIN 1054 规范针对受地基影响较大的建筑物特别引进了土工技术建筑物这一概念。从这个意义上来说，铁路路基也可以描述为土工技术建筑物。按照这个概念，路基原则上要用工程建筑物来表示。

5.1.2 承载力验证

5.1.2.1 部分安全概念

到目前为止，所实施的稳定性研究是按照整体安全概念进行的，为此采用了整体的(总体的)安全系数来涵盖所有的不安全性。对此，通常的做法是计算出最小抗力和最大作用力之间的安全系数，并和规定的总体安全系数进行比较，如果在规定的安全系数以内，就认为稳定性是能够得到保证的。

在统一欧洲规范的过程中，到目前为止，整体安全概念被部分安全系数这一新的安全概念所替代。DIN 1054[8]和 DIN 4084[58]已经采用了这种新的部分安全概念。采用这种部分安全概念时，须在临界条件下对作用力 S 和抗力 R 的设计计算值进行比较。对铁路土工建筑而言，作用力 S 被定义为作用于土工建筑上的自重荷载和交通荷载。抗力 R 是指由于建筑材料、地基强度或刚度的作用支承在结构内或结构上或在地基内所具有的总的断面力或应力。在对土工建筑物进行承载力验证时，土的抗剪强度是最重要的抗力 R。

如果作用力 S_d 的设计计算值没有超过抗力 R_d 的设计计算值，也就是说临界条件满足了 $S_d \leqslant R_d$ 时，根据新的部分安全概念，承载力验证得到满足。公式的左侧也被称为作用力侧，右侧称为抗力侧。在进行上述验证时要始终考虑到最不利的荷载组合和破坏机理。

作用力和抗力的设计系数（指数"d"）通过乘法或除法采用部分安全系数 γ 从特性系数（系数"k"）里求得。采用部分安全系数 γ 可以确保在承载力达到临界状态时，在计算中仍可考虑到安全性问题。针对达到承载力的临界状态安全性被引入到计算里。作用力 S_d 通过部分安全系数 γ 和特性系数 S_k 相乘后求得（$S_d=\gamma \cdot S_k$），抗力 R_d 通过特性参数 R_k 除以部分安全系数 γ 获得（$R_d=R_k/\gamma$）。

参考文献[8]对部分安全系数 γ 作了规定。作用力的部分安全系数的大小参见表 5.1，抗力的部分安全系数参见表 5.2。

表 5.1　作用力的部分安全系数

临界状态	作用力	公式符号	荷载情况 1（LF 1）	荷载情况 2（LF 2）	荷载情况 3（LF 3）
临界状态 1A：失稳临界状态	有利的持续作用力	$\gamma_{G,stb}$	0.90	0.90	0.95
	不利的持续作用力	$\gamma_{G,dst}$	1.00	1.00	1.00
	有利地基条件下的水流力	γ_H	1.35	1.30	1.20
	不利地基条件下的水流力	γ_H	1.80	1.60	1.35
	不利的变化作用力	$\gamma_{Q,dst}$	1.50	1.30	1.00
临界状态 1B：建筑物或建筑构件受到破坏的临界状态	通常为持续作用力1)	γ_G	1.35	1.20	1.00
	静止土压力的持续作用力	γ_{Eog}	1.20	1.10	1.00
	不利的变化作用力	γ_Q	1.50	1.30	1.00
临界状态 1C：整体稳定性受到破坏时的临界状态	持续作用力	γ_G	1.00	1.00	1.00
	不利的变化作用力	γ_Q	1.30	1.20	1.00
临界状态 2：适用性的临界状态	$\gamma_G=1.00$ 用于持续作用力 $\gamma_Q=1.00$ 用于变化的作用力				

注：1)包括了持续水压和变化水压。

作用力或抗力特征值通常被定义为，在考虑建筑物使用寿命基础上，由给定概率所给出的一定范围内的值。土的特征值是根据参考文献[8]，结合 DIN 4084[58]，在对土的现场勘探、试验室试验和现场试验以及针对遇到的各种土的类型进行其他试验的基础上确定的，由这些特征值进行的计算结果偏于保守。对于涉及的体积量（容重和刚度模量），特征值可能是土体平均值的一个保守估计值，因此必须确定土的参数。对于涉及的平面量，尤其是在确定抗剪强度时，可将该量平均值的保守估计值用于预估的控制滑动面的计算。然而，只有在土体具有足够的塑性时，才能将特征值视为抗剪强度平均值的保守估计值。有关塑性的概念将在 5.1.2.2 节讨论。在对试验室和现场试验结果进行统计分析评估得出变量系数 V_G

>0.1 后，可以确定土的上限和下限特征值。计算时，对于互相没有关联的参数通常取上限和下限值的最不利组合。对于因刚度的差异可能出现不均匀沉降或者对沉降差敏感的建筑物也可使用这种做法(见 4.7 节)。如果地基情况和以前的地勘资料相符，那么就可以将这些土的参数作为特性值来使用。

表 5.2　抗力的部分安全系数

临界状态	抗　力	公式符号	荷载情况 1 (LF 1)	荷载情况 2 (LF 2)	荷载情况 3 (LF 3)
临界状态 1B：建筑物或建筑构件受到破坏的临界状态	土的抗力 土的抗力和地基破坏抗力	γ_{Epr}, γ_{Gr}	1.40	1.30	1.20
	抗滑抗力	γ_{Gl}	1.10	1.10	1.10
	压浆锚杆抗力				
	钢拉杆的抗力	γ_M	1.15	1.15	1.15
	压浆体的拔拉抗力	γ_A	1.10	1.10	1.10
	柔性钢筋元件的抗力				
	钢筋材料的抗力	γ_B	1.40	1.30	1.20
临界状态 1C：整体稳定性受到破坏的临界状态	排水土的摩擦系数 $\tan\varphi'$	γ_φ	1.25	1.15	1.10
	排水土的黏聚力 c' 和未排水土的抗剪强度 c_u	$\gamma_{c'}$ γ_{cu}	1.25	1.15	1.10
	土钉或岩钉和锚定拉桩的抗拔拉力	$\gamma_{N'}$ γ_Z	1.40	1.30	1.20
	压浆锚杆压浆体的抗拔拉力	γ_A	1.10	1.10	1.10
	柔性钢筋元件的抗拔拉力	γ_B	1.40	1.30	1.20

5.1.2.2　承载力临界状态(GZ 1)

承载力临界状态分为 3 种状态类型：

(1)临界状态 1A(GZ 1A)：失稳临界状态；

(2)临界状态 1B(GZ 1B)：建筑物或建筑构件遭受破坏的临界状态；

(3)临界状态 1C(GZ 1C)：整体稳定性受到破坏的临界状态。

对临界状态 1A 的验证应保证建筑物在使用期内其位置不发生变化。尤其应进行建筑物抗浮和抗水力破坏的安全性验算。验算方法见参考文献[8]中的规定。

对临界状态 1B 的验证应对建筑物或建筑构件进行安全监测。应将临界条件下作用力的设计值和抗力的设计值进行对比，不考虑建筑物或地基内的承载力是否出现临界状态。在这种临界状态下建筑构件已经受剪，通常在建筑物的内部破坏已经产生，因此有时使用内部承载力这个概念。

在临界状态 1C 时应对整体承载力进行验证，同时检查在地基内出现的临界状态。这种方法同样适用于地基中共同受力的建筑构件(如锚杆)发生的受剪情况。由于在 GZ 1C 时的破坏情况发生在建筑物的外部，因此有时也使用外部承载力这个概念。

如果说临界状态 1A 和临界状态 1B 对于铁路路基重要性较为次要的话，那么临界状态 1C 对于铁路路基承载力而言就是最重要。

在进行临界状态 1B 和临界状态 1C 的验证和在设定抗剪强度平均值的估值时，其先决条件是地基中或建筑物中的原有整个系统具有足够的塑性。塑性这一概念通常是指土在外力和应力的作用下不出现裂缝变形的能力。根据参考文献[8]，当土具备下列条件时，就具有塑性：

(1)在充分位移时整个滑动面上所设定的抗剪强度被充分调动起来；

(2)地面上不存在能引起地面迅速塌陷的裂缝；

(3)土的塌陷有明显的变形预示。

如果路基土体的塑性不足时，可根据参考文献[1]将其归为土工技术分类 GK 3(第 3 章)。

5.1.2.3 总体稳定性的验证(GZ 1C)

对于天然边坡和路基，临界状态(GZ 1C)按照 DIN 4084[58]进行验证。通过验证，应排除所有可能因土工建筑物的自重和交通荷载引起的破坏状态(边坡破坏、地面破坏和地基破坏)。对于每种破坏状态应研究所有可能的破坏机理。

在验证总体稳定性(GZ 1C)时，应将抗剪强度的特性值连同阻力的部分安全系数换算到抗剪强度的设计值中：

$$\tan\varphi_d' = \tan\varphi_k'/\gamma_\varphi \quad \text{和} \quad c_d' = c_k'/\gamma_k$$

在匀质土或接近匀质土的边坡以及地形起伏而又夹杂很厚的软弱层的地基中，通常假定一个圆来作为滑动面就足够了。关于最不利情况下滑动面的位置，可以参照参考文献[58]，即当摩擦角 $\varphi' \geqslant 5°$时，圆形滑动面通过坡脚点。

根据 GZ 1C 进行稳定性研究时，必须对不同机理进行比较，以确定最为不利的破坏机理。常常使用的临界状态公式为：

$$S_d/R_d = 1/f \leqslant 1$$

在这个临界状态的公式里，参数 $1/f$ 是利用系数。利用系数即所要求的阻力和设计阻力值之比。

在采用条分法和圆形滑动面时临界状态条件的公式为：

$$S_m/R_m = 1/f \leqslant 1$$

式中的 S_m 是由作用力而产生的力矩，R_m 是由滑动圆中心点周围阻力而产生的力矩。这两个值都是设计值。

5.1.2.4 举　　例

尽管目前稳定性计算是通过计算程序来完成的，但是为了更好的理解上述问题，现通过一个算例来说明如何根据临界状态 GZ 1C 进行承载力验证。

(1)任务

采用无砟轨道的复线铁路新建工程，路堤高 13 m，设计速度 $v_e = 300$ km/h，这样，根据表 2.4 线间距和路基宽度分别为 4.5 m 和 12.10 m。根据 2.4 节，对于按照 GZ 1C 进行的稳定性研究而言，在上部承载层上缘，宽度为 2.6 m 的单股道上垂直作用的单位面积荷载特征值为 $p_{Bahn} = 60$ kN/m^2。根据参考文献[8]，该单位面积荷载被视为"最不利动载作用力"。混凝土承载层和水硬性胶结承载层的厚度一般都在 0.50 m 左右，根据 DIN 1054[8]它们可被视为恒载。相当于自重荷载为 15 kN/m^2 的上部建筑。

路堤主要由级配一般和级配良好的砂(SI,SW)填筑而成，其特性参数如下：

①容重 $\gamma_k = 19$ kN/m^3；

②摩擦角 $\varphi_k'=32°$；

③黏聚力 $c_k'=0$。

粉土和黏土质砂(SU,ST)的地基特性参数如下：

①容重 $\gamma_k=18\ kN/m^3$；

②摩擦角 $\varphi_k'=26°$；

③黏聚力 $c_k'=7\ kN$。

边坡的坡率为 1∶1.8，路堤的几何尺寸和荷载见图 5.1。根据参考文献[58]，活动荷载只能作用在滑动单元顶上，即单元底部滑动面倾角大于该处土体摩擦角。否则，由活动荷载在滑动面产生的抗力分量要大于下滑力分量。这一要求考虑到上述活动荷载仅仅作用在滑动圆圆心以外的范围，并限制在 $r\cdot\sin\varphi_{k,m}$($\varphi_{k,m}$为摩擦角的平均值，约为 29°)范围之内。对于上述举例而言活动荷载在这个区域以外，因而作出这样的规定。根据 DIN 1054[8]，荷载情况 1 的稳定性得到了验证。

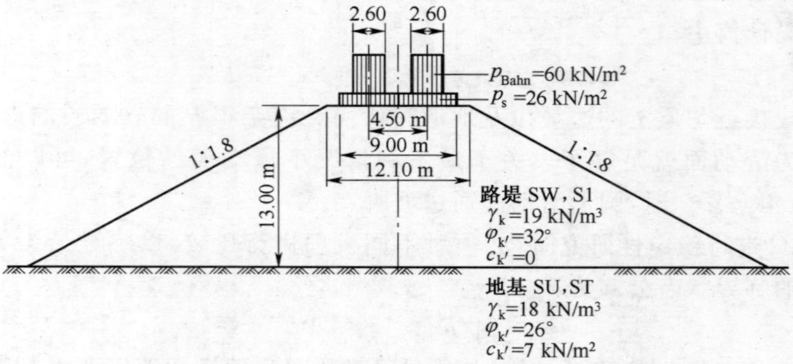

图 5.1　几何尺寸和荷载

(2)设计参数

表 5.1 给出了作用力的分项稳定性系数，稳定作用力的 $\gamma_G=1.0$，极不稳定作用力的 $\gamma_Q=1.30$。因此，极不稳定的作用力的设计值为：

$$p_{d,v}=\gamma_Q\cdot p_{Bahn}=1.30\times60=78.00\ kN/m^2$$

稳定作用力的设计值(上部建筑以及混凝土承载层和水硬性胶结承载层)：

$$p_{d,s}=\gamma_G(15.00+0.50\times22.00)=1.00(15.00+0.50\times22.00)=26.00\ kN/m^2$$

表 5.2 给出了摩擦阻力分项稳定性系数：$\gamma_\varphi=1.25$，$\gamma_c=1.25$，由此得出路堤填料的摩擦阻力系数设计值为：

$$\tan\varphi_d=\tan\varphi_k'/\gamma_\varphi=\tan32°/1.25=0.4999\text{，得出 }\varphi_d=26.6°,c_d=0$$

地基的摩阻系数设计值为

$$\tan\varphi_d=\tan\varphi_k'/\gamma_\varphi=\tan26°/1.25=0.3902\text{，得出 }\varphi_d=21.3°$$

$$c_d=c_k/\gamma_c=7.00/1.25=5.60\ kN/m^2$$

(3)边坡稳定性计算

根据参考文献[58]，按照条分法进行边坡稳定性计算。每个条块的宽度 $b=2.50$ m，选定滑动圆弧的半径 $r=25$ m，所选定的滑动圆弧应通过坡脚点和混凝土承载层/水硬性胶结承载层的边缘，也就是说包含了交通荷载(图 5.2)。

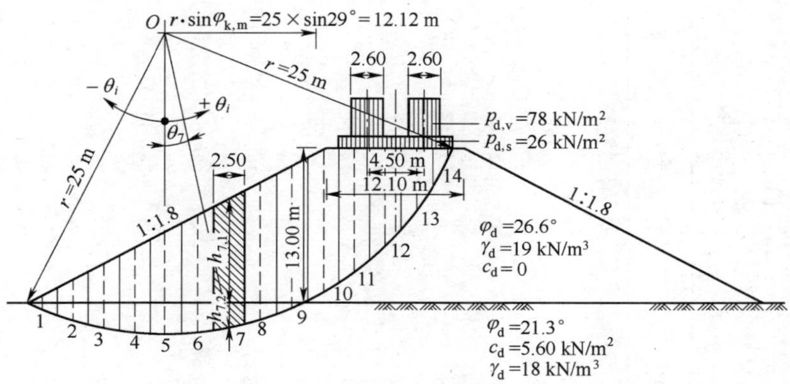

图 5.2 整体稳定性验证(GZ 1C),采用条分法所选定的滑动圆弧

可以根据参考文献[58]计算上例在滑动面中心点 O 周围产生的作用力 S_m 和阻力 R_m 的力矩:

$$S_m = r \cdot \sum (G_i + p_{vi}) \sin \theta_i$$

$$R_m = r \cdot \sum \frac{(G_i + p_{vi}) \tan \varphi_i + c_i \cdot b_i}{\cos \theta_i + (1/f) \tan \varphi_i \cdot \sin \theta_i}$$

图 5.2 中所选定的滑动圆弧的作用力 S_m 和阻力 R_m 的计算结果见表 5.3,表 5.3 中的符号说明如下:

G_i——单个条块的自重,单位为 kN/m,条块 7 自重的计算方式举例如下:

$$G_7 = b(h_{7,1} \cdot \gamma_1 + h_{7,2} \cdot \gamma_2) = 2.50(8.9 \times 19 + 1.3 \times 18) = 481.25 \text{ kN/m}$$

$p_{d,i}$——动载和恒载的单位面积荷载,条块 11 的计算方式举例如下:

$$p_{d,11} = 2.50 \times 26.00 + 1.60 \times 78.00 = 189.80 \text{ kN/m}$$

θ_i——如图 5.2 所示,过圆心 O 的垂直线和滑弧圆心 O 与条块底弧中点连线之间的夹角。

$\varphi_{d,i}$——沿滑动线一个条块断面上平均摩擦角的设计参数。

$1/f$——设计阻力的利用系数。

如果只需要验证稳定性,应取 $f=1.00$。取用 $f=1.00$ 时,根据表 5.3 则有:

$$S_m = r \times 1\,979.09 = 25 \times 1\,979.09 = 49\,477.25 \text{ kNm/m}$$

$$R_m = r \times 2\,368.81 = 25 \times 2\,368.81 = 59\,220.25 \text{ kNm/m}$$

然后得出的利用系数 $1/f$ 为:

$$S_m / R_m = 49\,477.25/59\,220.25 = 1/f = 0.835$$

因为 $1/f<1.00$,对于上例来说,边坡的稳定性基本上得到了满足。

然而,计算得到的利用系数 0.835 还不是实际利用系数,因为在选定用于计算的 $1/f=1.00$ 与计算而得的 $1/f=0.835$ 之间尚有一个 $1.00-0.835=0.165$ 的系数差值。如果要通过计算机求得实际利用系数,则必须要使用迭代法,将差值控制在 3%以内。若重复采用 $1/f=0.84$ 的系数进行计算,新的利用系数 $1/f=0.81$。因为这个差值还偏大,下一步的迭代法计算是重新采用 $1/f=0.81$,得出的系数为 $1/f=0.806$。其差值为 0.004,低于 3%,这样就得出实际利用系数为 $1/f=0.81$。

表 5.3　S_m 和 R_m 的计算

条块编号	容重	G_i	$p_{d,i}$	$G_i+p_{d,i}$	θ_i	$(G_i+p_{d,i})\cdot\sin\theta_i$	$c_i\cdot b_i$	$\tan\varphi_i$	$(G_i+p_{d,i})\cdot\tan\varphi_i$	$[(G_i+p_{d,i})\tan\varphi_i+c_i\cdot b_i]/(\cos\theta_i+(1/f)\tan\varphi_i\cdot\sin\theta_i)$ $f=1.00$
—	kN/m³	kN/m	kN/m	kN/m	°	kN/m	kN/m	—	kN/m	kN/m
1	19.00 和 18.00	55.75		55.75	−20.4	−19.43	14.00	0.389 9	21.73	44.58
2		153.75		153.75	−14.4	−38.24			59.95	84.83
3		243.00		243.00	−8.7	−36.77			94.75	117.00
4		322.25		322.25	−2.8	−15.73			125.65	142.53
5		389.25		389.25	2.8	18.99			151.77	162.87
6		442.00		442.00	8.7	66.87			172.34	177.89
7		481.25		481.25	14.4	119.69			187.64	189.24
8		511.75		511.75	20.4	178.40			199.53	198.97
9	19.00	527.25		527.25	26.6	236.10	—	0.500 7	263.99	236.04
10		513.00		513.00	33.5	283.12			256.86	231.36
11		433.48	189.80	623.28	40.1	401.45			312.08	287.00
12		323.58	166.40	489.98	48.1	364.69			245.33	235.78
13		191.23	228.80	420.03	56.7	351.06			210.31	217.37
14		19.00	57.20	76.20	64.7	68.89			38.15	43.35
						$\sum=1\ 979.09$ kN/m				$\sum=2\ 368.81$ kN/m

因为 $1/f=0.81\leqslant1.00$，对于选定的滑动圆弧的位置而言，边坡具有足够的抗滑稳定性。但是所选定的滑动圆弧只是许多滑动圆弧中的一个。采用计算机程序尽可能从所有的滑动圆弧中找出具有最小安全性的滑动圆弧。对于这个起决定性作用的滑动圆弧，必须满足 $1/f\leqslant1.00$ 的条件。

5.1.3 适用性验证

适用性的临界状态(GZ 2)是在超出一定的变形或位移量时出现的，应予以避免。如果满足下列条件，则路基的适用性被视为得到了验证：

(1)未超过规定的变形或位移量；

(2)在路基内或在路基旁出现的变形或位移对其本身不会产生损害；

(3)路基变形对相邻的建筑物不会产生损害。

在进行适用性验证时应测定预期变形参数并与变形值进行比较，以排除路基的损坏。适用性的验证通常在变形已经缓和后的最终状态下进行。对铁路路基需要进行与安全有关的中间状态的验证，同时应考虑到填土、回填和超量回填等因素的影响。

一般情况下，可能发生在铁路路基上的变形基本上可分为弹性(可逆的)和塑性(不可逆的)两种。路基的弹性(可逆的)变形通常又称之为弹性下沉，其原因是直接由交通荷载引起的。一旦交通荷载卸去后，变形通常恢复到零。弹性变形首先引起上部建筑的钢轨和道砟以及路基产生应变，极限标准是不让钢轨产生过分的应变。根据 5.2 节，若要弹性变形对上部建筑不产生危害，在设计时必须保证路基具有足够的承载力和保护层承载力。

塑性(不可逆的)变形是用膨胀和沉降来描述的。膨胀的原因是由膨胀土引起的(4.2 节)。例如，在膨胀土层里施工深路堑时，膨胀土在卸载后就有可能产生很大的膨胀[59]。膨胀是由于卸载的原因产生的，而沉降却因加载而致。土工建筑物地基由于其自重和交通荷载的每次加载而产生沉降。沉降是无法避免的，通常是由于对路基和地基的再次施压所致。如果路基的沉降过大或沉降不均匀，就有可能对轨道几何形状产生不利的影响。为了保证轨道的标准几何尺寸，必须在适用性验证的范围内测定沉降和不均匀沉降，通过工程措施将它们限制在不产生危害的范围之内。

对于使用条件没有发生变化的既有铁路线路，可以认为路基和基础的沉降已经趋于稳定。对于使用条件发生变化的既有铁路线路，例如提高了轮对荷载或行车速度等，那么就应该将新出现的沉降量计算在内，然后还必须对土工建筑物的适用性进行验证。

沉降对于新建路基工程尤为重要。严格执行质量标准要求尤其是路基的压实标准，可以减小沉降量，但是不能完全避免，因此必须定期观测沉降量并将其和临界值作比较。

对于铁路路基的沉降，可以通过沉降观测和沉降计算确定。

5.1.3.1 沉降观测

沉降观测应根据 DIN 4107[60]进行。既有铁路和新建铁路都要进行沉降观测。在进行沉降观测时，通常应测定与总沉降有关的每个土层的沉降，对于路堤而言至少要分别测定地基和路堤的沉降量。

沉降观测的目的在于测定沉降的时间、荷载和沉降值之间的相互关系，对预期的最终沉降作出预测。为此，应将沉降观测结果绘成时间—沉降曲线和荷载—沉降曲线。沉降观测的时间越长，沉降的预测就越准确。它们之间的关系见图 5.3，该图是科隆—莱茵/美茵新建线路上的沉降测量结果，以及从沉降测量结果推导出来的沉降预测[61]。如图 5.3 所示，在 3 个月的观测测量之后，必须通过进一步的观测测量来修正第一次的预测结果。如果将观测时间定为 3 个月，那么预测的最终沉降量就会很小。

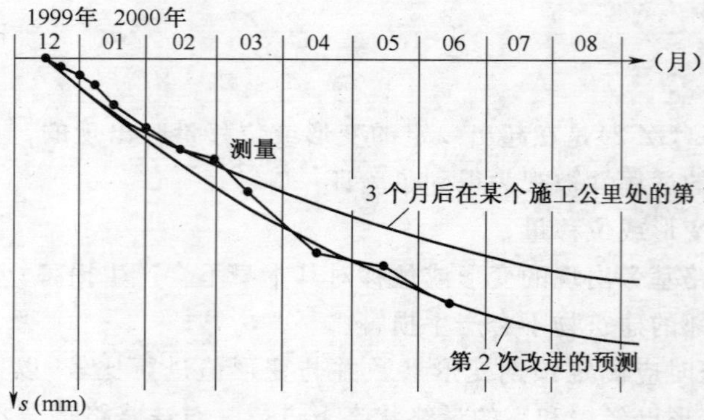

图 5.3 科隆—莱茵/美茵新建线路沉降观察和沉降预测结果(见参考文献[61])

对于有砟轨道路基面沉降观测精度建议为±3 mm，无砟轨道路基面沉降观测精度建议为±1 mm，线路位置观测精度建议为±4 mm。可以采用大地测量(水平仪)、沉降观测仪测量、软管水准器测量、测斜仪测量以及新型测量方法如摄影测量方法等。

科隆—莱茵/美茵新建线路上的沉降观测点在路堑和零填方段每隔 100 m 设一处，在路堤段每隔 50 m 设一处，在沉降的危险区段每隔 25 m 设置一处[61]。因为无砟轨道线路的沉降修正量很小(5.1.3.6 节)，所以沉降预测高速铁路无砟轨道新建工程尤为重要。

5.1.3.2 沉降计算

沉降计算根据 DIN 4019[62]进行，其目的在于测定沉降值和沉降的时间曲线，并从中得出沉降预测。在计算的过程中应分别计算由路基和地基的变形引起的沉降量，并要加到总的沉降量 s_{ges} 中。由于计算方法采用简化的假定值并使用了土力学参数的一些必要的平均值，计算结果只能作为评估，这就是为何将沉降计算称之为沉降评估更加贴切的原因。因此，沉降计算一般都以简单的形式来进行，没有过多的精度要求。但是在对这类计算结果评判时要注意区别对待。

对于铁路路堤，总的沉降量 s_{ges} 是由地基的沉降分量 s_U、路堤的沉降分量 s_E 和交通荷载的沉降分量 s_V 构成的(图 5.4)，即总沉降量

$$s_{ges}=s_U+s_E+s_V$$

总沉降量的主要部分为地基的沉降 s_U 和路堤自身的沉降 s_E。交通荷载产生的沉降 s_V 通常限制在上部建筑和路堤的上部范围之内，相对较小。根据以往的经验，按照规范施工、经压实后的铁路路堤和无砟轨道的上部建筑沉降量 s_V 大致为 5 mm。交通荷载沉降 s_v 的时间曲线和沉降持续时间基本上取决于荷载的变化次数。根据近似推算，大概经过 4 百万次的荷载变化之后这部分沉降就大大减小了。

路堤自身的沉降 s_E 很大程度上取决于采用的路堤填料特性参数和路堤压实的质量。主要荷载为路堤自重、上部建筑和保护层的荷载，不考虑交通荷载引起的沉降。按照规范施

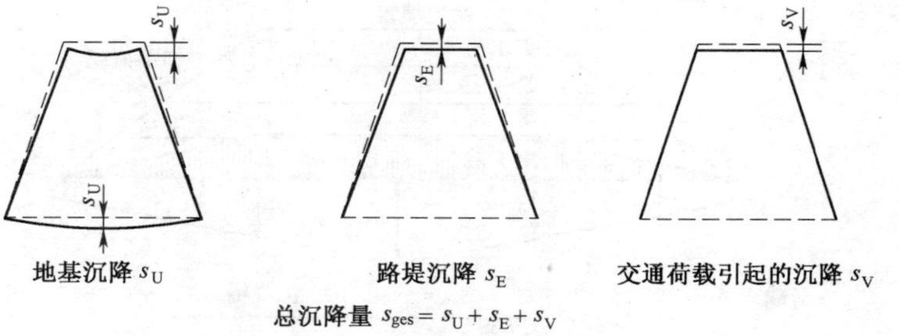

图 5.4　路堤的沉降分量

工、经过充分压实后的铁路路堤其自身沉降量很小，因为大部分沉降在施工期就发生了。在充分压实的路堤上，其自身沉降量大致为路堤高度的 0.2%～0.5%。

地基沉降 s_U 取决于地基中土层的可压实性，在含水量较高、软弱和容易产生沉降的土中以及在有机质土中地基沉降 s_U 值较高。如果遇到上述地基情况，必须通过计算求出地基沉降量和时间关系的曲线。地基的主要沉降为路堤中心的沉降量，荷载为路堤的自身荷载、上部建筑和保护层的荷载，不考虑交通荷载。

5.1.3.7 节里列举了铁路路堤不同沉降分量的算例。

目前常用有限元法来进行沉降计算。采用数值计算方法使计算结果越来越准确，特别是可以预测沉降的时间曲线。

5.1.3.3　沉降时间曲线

沉降时间曲线的计算相对来说有许多的假定，只能近似地进行计算。因此，建议在复杂的地基情况下要对计算得到的沉降时间曲线通过沉降观测来进行复核检验。

地基沉降 s_U 的时间曲线可以绘制成时间—沉降曲线[63]，与此同时须注意 3 个不同的特性区域(图 5.5)。

(1)初始沉降 s_0(又称为初期沉降)，主要是指在相应的加载结束后出现的剪切变形。由于初始沉降在路堤填方结束后就趋于平缓了，在施作了上部建筑后对路基的变形不再产生影响。

(2)一次沉降 s_1(又称为固结沉降)是沉降的主要部分，是由气孔体积减少的原因所导致的。在试验室里采用固结仪试验可以比较准确的测得(第 3 章)一次沉降。一次沉降的时间曲线与达到沉降最后阶段孔隙水被挤压出多少水以及排水速度的快慢有着很大的关系。如果是含水量丰富的黏性土，一次沉降的衰减速度很慢。一次沉降 s_1 包含有在上部建筑施加后出现的残余沉降(工后沉降)s_R。

(3)二次沉降 s_2(又称为徐变沉降)是在软弱的和极为软弱的黏性土以及在有机土或有机质土中才产生的主要沉降分量。二次沉降 s_2 在一次沉降结束后发生，可能会持续较长时间，二次沉降 s_2 中包含有在上部建筑施加后或在投入运营后出现的残余沉降 s_R。

二次沉降 s_2 有可能被限制在一次沉降 s_1 的时间—沉降曲线的某个点上，在这个点上 T_1 和 T_2 的切线在曲线的拐点处相交(图 5.5)。对二次沉降 s_2 的沉降量和时间曲线的预测是困难的。参考文献[64]介绍了一种方法，即通过相关沉降与时间对数关系的线性方程描述固结过程产生的徐变：

$$\Delta s'=C_\alpha \cdot \Delta\log t$$

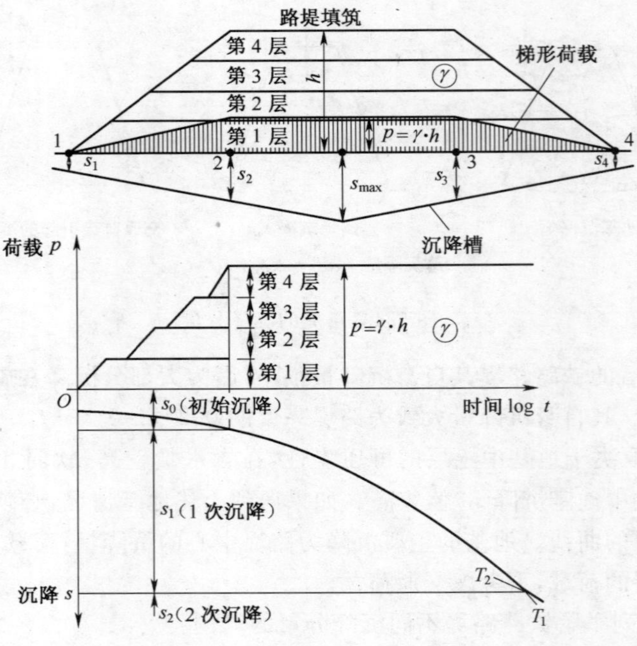

图 5.5　路堤填方的时间—沉降曲线和沉降随时间的变化曲线

上述方程的使用前提是在时间 t 内荷载为恒定的。比例系数 C_α 即为二次沉降模量,可按照参考文献[64]其近似取值:

(1)对于一般固结的黏土 $C_\alpha=0.005\sim0.05$;

(2)对于超固结黏土 $C_\alpha<0.005$;

(3)对于有机土和腐殖质土 $C_\alpha=0.05\sim0.5$。

5.1.3.4　总 沉 降

路堤填方的总沉降量 s_{ges} 在其时间曲线上被分为沉降分量 s_L 和 s_R。沉降分量 s_L 是在填方过程中和路填搁置期间产生的;沉降分量 s_R 是在上部建筑建成后继续产生的沉降。这样,总沉降 s_{ges} 就包括了地基沉降 s_U、自重产生的沉降 s_E、在线路投入运营后由于交通荷载而产生的沉降 s_V,这几个沉降分量的总和表示式如下:

$$s_{ges}=s_L+s_R=s_U+s_E+s_V$$

式中:$s_L=s_{U,L}+s_{E,L}$,$s_R=s_{U,R}+s_{E,L}+s_V$。

路堤填方的沉降与时间的曲线示意见图 5.6。

总沉降量 s_{ges} 的大小对于铁路路基使用性评估具有一定的作用,但不是决定性的,可能影响到线路的使用并对铁路运营安全起决定性作用同时有可能发生轨道位置变化的沉降,是在上部建筑安装以后产生的总残余沉降 s_R。如图 5.6 所示,在总沉降 s_{ges} 不变的情况下,沉降量 s_L 越大,则总残余沉降量 s_R 就越小。由此得出的结论是,新填方路堤的搁置时间应尽可能长一些,可根据时间沉降预测来选择搁置时间,要将在上部建筑建成后产生的残余沉降 s_R 控制在不损害上部建筑的规定值范围之内。

5.1.3.5　沉降观测和沉降计算的组合使用

对于新建无砟轨道线路的路基而言,通常要进行沉降计算和沉降时间曲线预测。沉降计算是否满足要求或是否需要通过路基沉降的实际观察进行验证，在很大程度上取决于该时间沉降预测曲线的精确度和可信度高低。如果对时间沉降预报的沉降结果持有怀疑或者地基的情况特别复杂，还需要进行进一步的沉降观测。通过沉降观测结果，对利用沉降计算制定的沉降预测进行修正。如果确认沉降的缓和时间要比预报的长一些的话，则必须延长沉降观测时间。延长的时间要根据上部建筑（轨道）建成后继续产生的残余沉降（工后沉降）不会对上部建筑（轨道）产生危害来决定。

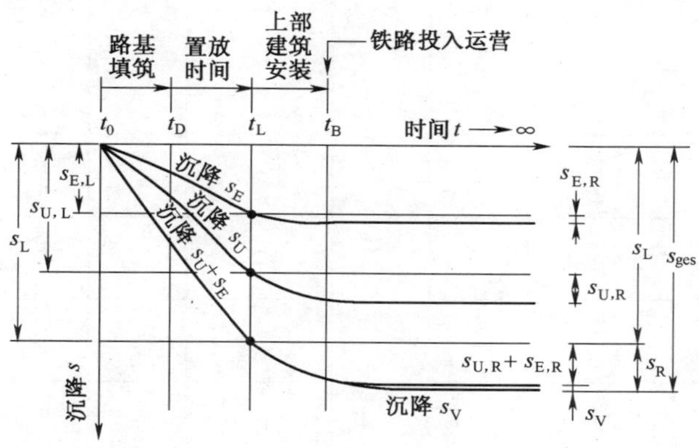

方程式：

$s_{ges}=s_L+s_R=s_U+s_E+s_V$

$s_L=s_{U,L}+s_{E,L}$

$s_R=s_{U,R}+s_{E,R}+s_V$

符号说明：

s_{ges} = 总沉降量；

s_L = 在路堤填筑时期和置放时期（t_0 至 t_L）的总沉降量

s_R = 在上部建筑建成后继续产生的沉降（t_L 至 $t=\infty$）

s_V = 投入运营后由于运营荷载产生的沉降（t_B 至 $t=\infty$）

图 5.6　填筑路堤各个阶段的沉降曲线

5.1.3.6　沉降的临界值

(1)有砟轨道的临界值

上部建筑完工以后产生的残余沉降 s_R 不可导致线路几何形位产生变化，因为它会危及铁路的运营安全，降低铁路使用效率。可以采用参考文献[65]中对线路几何形位各项偏差的判定参数和判定标准来判别沉降是否影响运营安全和/或者影响线路的使用效率，线路几何形位各项偏差可以采用轨道检测车来测量。

可以判定线路几何形位的参数如下：

①前后高低；

②扭曲；

③左右水平；

④曲线正矢。

这些参数所显示的变化不仅来自上部建筑几何形位的变化，而且还有基底的变形影响。对此，不仅这些数值具有重要意义，而且其随着时间的发展变化也至关重要。这种随着时间的变化可以通过智能检查系统的积分状态图表来取值[66]。

作为线路几何形位评判标准的参数 SR_A，SR_{100} 和 SR_{lim}，按照参考文献[65]定义如下：

①SR_A 是线路几何形位评判参数值，超过这个值时有必要制定维修计划进行维护。

表 5.4　使用轨道检测车(OMWE)和轨道测量动车(GMTZ 003)测得的用于线路几何形位单项偏差的判定项目和数值

序号	判定项目	测量基线	单位	滤波	取值	根据主导速度 v(km/h)的判定标准												
						SR_A					SR_{100}					SR_{lim}		
						$v\leqslant 80$	$80<v\leqslant 120$	$120<v\leqslant 160$	$160<v\leqslant 230$	$v\geqslant 230$	$v\leqslant 80$	$80<v\leqslant 120$	$120<v\leqslant 160$	$160<v\leqslant 230$	$v\geqslant 230$	$120<v\leqslant 160$[1]	$160<v\leqslant 230$	$v\geqslant 230$
1	前后高低	2.60/6.0 m	mm	—	0/峰值	12	10	8	6	5	15	13	11	9	7	14	11	9
2	扭　曲	1.50～19.50 m	‰	—	0/峰值	4)												
3	左右水平	—	mm	三角形基线 40 m TP	平均值/峰值	10	8	7	6	5	13	11	9	8	7	11	10	9
4	曲线正矢[3]	4.6/6.0 m	mm	—	0/峰值	12	10	8	6	5	15	13	11	9	7	14	11	9
5	轨　距[2]	—	mm	—	1435/峰值	+20	+10	+10	+8	+5	+25	+20	+20	+15	+10 −3	+25	+20	+15 −4

注:1)对于欠超高>150 mm 运行摆式列车的线路,表中该列数值适用速度为 80～120 km/h。

2)对于道岔和钢轨伸缩调节器,轨距的判定标准遵照实施规程 Ril 821.2005。

3)在采用 Fakop 技术的道岔和钢轨伸缩调节范围内,轨距的构造加宽造成了正矢测量系统误差。当其超出 SR_{100} 或 SR_{Lim} 值时,在对其相应结果取值和决定采取必要的措施时,必须考虑按实施规程 Ril 821.2005 进行的检测结果。

4)见图 5.7。

②SR_{100}这个线路几何形位评判参数值是考虑了技术与经济上必需的磨耗量而确定的伤损限值。超过这个值时有必要在最近一次例行检查之前进行维修。维修时机可以根据超出SR_{100}的尺度并考虑故障发展的程度来确定。如果到最近一次例行检查前仍不可能对轨道进行维修,就必须降低行车速度,降到与SR_{100}数值相应的速度上。

③SR_{lim}也是轨道位置评判参数值,超过这个值时就会影响到功能的正常发挥。要尽可能在极短的时间内进行维修。对于前后高低、左右水平和曲线正矢的判定参数而言,在其临界值SR_{lim}被突破时,需要设置慢行区。其行车速度至少要降到允许速度v_{zul}的70%($v \leqslant 0.7v_{zul}$)。

作为地基变形的判定标准首先是采用与轨枕相接触部分的SR_{100}值。在路基施工阶段,临界值SR_{lim}也具有重要意义。

判定参数的临界值取决于主导速度(km/h)、判定标准以及使用的不同轨检车型[65]。表5.4给出的是使用轨道检测车(OMWE)和轨道测量动车(GMTZ 003)测得的用于线路几何形位判定项目的临界值。

扭曲的判定标准和扭曲基准线长度的关系见图5.7。图5.7中的扭曲曲线①和超高u没有关联。曲线②和③为不同超高地段的扭曲曲线[65]。由基准线长度l和高程差Δh求得扭曲为:

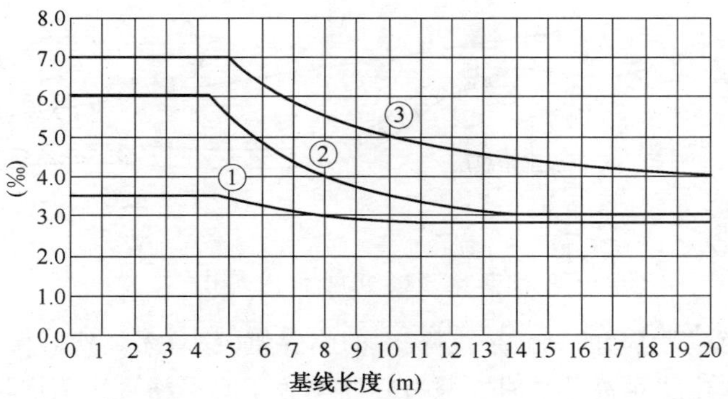

图5.7　扭曲曲线

$$V_w = \Delta h(\text{mm})/l(\text{m}) \quad (‰)$$

扭曲测量通常需要两个测量轴线。如果只使用一个测量轴线,则必须在两个测量基点进行测量。扭曲就是超高之差。如果出现长波凹陷和较大基线长度(>15m)的扭曲,说明线路基础出现了问题。

横向水平也就是超高u,它不能超过180 mm的临界值,运营过程中出现的偏差也包括在该值内。其他有关临界值的规定参见参考文献[65]。

有砟轨道的主要优点是,通过维护工作,特别是捣固和拨道并重新加入道砟后,能够得到校正,并恢复到所要求的位置。因此,可能出现的沉降量不仅和SR_{lim}有关,该值可经过捣固和拨道进行修正,同时还和维修工作安排的可能性以及长距离范围内道床最大的允许厚度有关。道床过厚就可能会引起轨道位置在水平方向和垂直方向上的不稳定(漂浮),而太小的道床系数和线路刚度又会引起乘车不舒适。因此,在长距离范围内所增加的道床厚度限制在 20 cm 范围。也就是说，在道床维修过程中只能消除 20 cm 的累计沉降差，但是并不排除在局部地区道床厚度(例如碎石袋)。

(2)无砟轨道的临界值

无砟轨道线路对土工建筑物的变形相当敏感。由于施工方式的原因，只能通过对钢轨扣件的调整来调整曲线。因此，为了保证无砟轨道的长期使用性能，对于残余沉降 s_R 的要求要比碎石道砟线路严格得多。

无砟轨道线路沉降的限制规定见参考文献[61]和[67]。根据图 5.8，钢轨扣件最大调整值仅为 20 mm。从这个值里还要减去由于交通荷载引起的沉降分量 s_V。如果对于交通荷载引起的沉降 s_V 没有特殊的计算方式，可将这个沉降量估计为 5 mm。这样，就得出总残余沉降 s_R 的临界值($s_R=20-5=15$ mm)。如果钢轨的扣件系统能保证可调整的最大高度达到 30 mm 时，则可允许 s_R 值增大到 25 mm。这样，在无砟轨道铺设后允许在路堤和地基里产生的总沉降 s_R 为 15～25 mm。

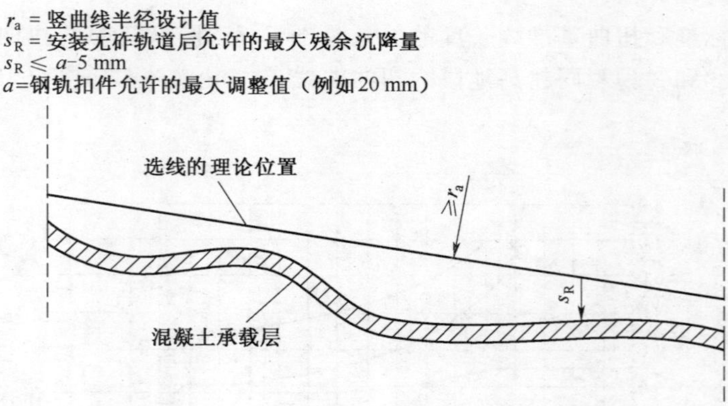

图 5.8 残余沉降 s_R 的界限

要使由地基和路堤引起的总残余沉降 s_R 的临界值较小，无疑就对无砟轨道线路路基的设计、测量和施工提出了很高的要求。只有在路基施工时严格遵守路堤填料的压实要求，选择合适的路堤填料，施工后保证足够的搁置时间或采取加快施工期沉降以减小工后沉降，才能满足这些要求。

要达到较小的残余沉降量是比较困难的，因此人们考虑在确保使用性的同时，如何能允许有较大的残余沉降。在下列特殊情况下可以增大残余沉降量：

(1)对于超过 20 m 长的均匀沉降的路基，残余沉降允许为钢轨扣件可调整值 15 mm 的两倍，也就是说为 30 mm。

(2)路基和基础可设计和建造成具有凹形残余沉降且其可修整成大半径的凹形沉降曲线时，在相关部门的同意下，该特殊情况的残余沉降最大允许为 60 mm。按图 5.9，沉降曲线半径可按行车动力学条件 $r_a>0.4v_e^2$ 取整。式中 r_a 为取整半径(m)，v_e 为设计速度(km/h)。这一凹形沉降应与线路设计的凹形叠加。

如果在路基上预期的残余沉降超过 60 mm，就不得采用无砟轨道。这同样也适用于那些不能明确确定有沉降危险的路基(如：地面下有地质构造破坏区域、岩溶地区和地面沉陷区)以及有可能出现不均匀膨起区域的路基(石膏土中的路堑)。

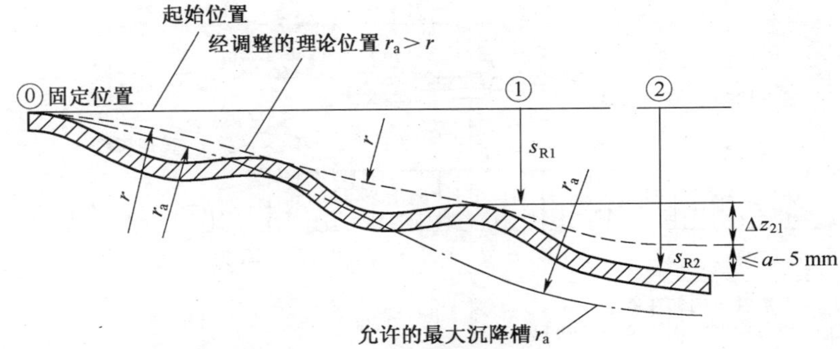

图 5.9　特殊情况下残余沉降 s_R 的界限

(3)过渡段的临界值

过渡段是指变形特性(刚度)存在较大差异的很短一段线路。一些重要的过渡段为：

①路基—桥梁；

②路基—隧道；

③路堤—路堑；

④涵管通道上方的路基段；

⑤有砟轨道—无砟轨道。

在这些过渡段上如存在着较大的沉降差，就可能对轨道位置产生较大的影响。在土方回填时应按参考文献[1]保证无砟轨道的沉降差。

5.1.3.7　沉降计算举例

(1)问题

对高度为 6.17 m 的无砟轨道新建路堤，估算沉降分量 s_E、s_U、总沉降量 s_{ges} 以及在路堤中部的时间沉降曲线。地基的几何尺寸和分层情况见图 5.10。按照 DIN 4019[62] 进行沉降计算。计算上述所有沉降分量缓和后的最终沉降。

(2)自重沉降 s_E 的计算

自重沉降 s_E 通过路堤、保护层、承载层和上部建筑自重荷载产生的应力 $\sigma_{z\gamma}$ 来进行计算 ($\sigma_{z\gamma}=\gamma \cdot z$)。计算时，一般都在每个分层的中心点计算应力 $\sigma_{z\gamma}$。对于路堤而言，刚度模量估定为 $E_s=32\ 000\ \text{kN/m}^2$。各分层厚度 h_i 的沉降 $s_{E,i}$ 为：

$$s_{E,i}=(\sigma_{z\gamma} \cdot h_i)/E_s$$

总沉降量为：

$$s_E=\sum s_{E,i}$$

自重沉降 s_E 的计算见表 5.5，在路堤中心的沉降量为 21 mm 左右，约为路堤高度的 0.34%。这个数值非常接近路堤自身沉降的经验值，经验值为路堤高度的 0.2%～0.5%。

(3)地基沉降 s_U 的计算

通过计算路堤自身荷载(假定为梯形荷载)产生的垂直应力 σ_{zp} 的临界高度 d_s 得出路堤中部的地基沉降 s_U。路堤计算中假定平均容重 $\gamma=20\ \text{kN/m}^3$。这样，根据图 5.10，路堤、

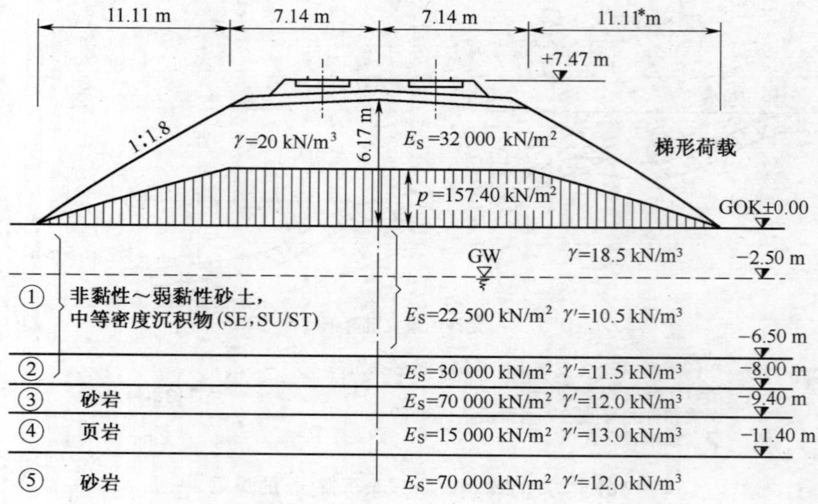

图 5.10　层状地基上铁路路堤的几何尺寸和土力学参数

0.40 m 厚的保护层、承载层和上部建筑等自重在地基上产生的荷载 p 为：

$$p=\gamma\cdot h+0.40\times20+0.50\times22+15=20\times6.17+34=157.4\ \mathrm{kN/m^2}$$

表 5.5　自重沉降 s_E 的计算

	分层编号	每层厚度 h_i	深度 z_i	应力 σ_{zp}	每层的沉降量 $s_{E,i}$	自重沉降 $s_{E,i}$
—	—	m	m	kN/m²	m	mm
承载层和上部建筑	—	—	—	34.0	—	—
保护层和路堤	1	均为 1.67	0.83	50.6	0.002 640	2.64
	2		2.50	84.0	0.004 384	4.38
	3		4.17	117.4	0.006 127	6.13
	4		5.84	150.8	0.007 869	7.87

$\sum s_{E,i}=s_E=21\ \mathrm{mm}$

然后得出垂直应力 $\sigma_{zp}(\sigma_{zp}=p\cdot i_T)$，同时根据参考文献[68]求得应力影响值 i_T 为：

$$i_T=\frac{1}{\pi\cdot a}\left[a\cdot\beta_B+\left(a+\frac{b}{2}\right)2\cdot\alpha_B\right]\text{（}\alpha_B\text{ 和 }\beta_B\text{ 用弧度表示）}$$

图 5.10 中 1～5 层的应力影响系数 i_T 可根据图 5.11 用图解法求得。这样，就可以计算每层的上缘(o)、中部(m)和下缘(u)的应力 σ_{zp}。根据加权平均法(SIMPSON 定理)算出每个分层的固结沉降值 cal $s_{u,i}$(见表 5.6)为：

$$\text{cal } s_{u,i}=\frac{h_i}{6E_{si}}(\sigma_{zpi}^{o}+4\cdot\sigma_{zpi}^{m}+\sigma_{zpi}^{u})$$

然后得出总沉降量 s_U：

$$s_U=\kappa\cdot\sum\text{cal } s_{u,i}$$

式中 κ 是考虑了沉降计算值与沉降测量值偏差的修正值。通过压缩试验的沉降曲线计算得到的沉降往往要大于测量得到的沉降量。存在这个差异的可能原因在于，在实验室里可以测得瞬间沉降，而在实际测量中瞬间沉降在测量开始时就已经完全消失了，或者消失了一部分。

*：原文有误，译者注。

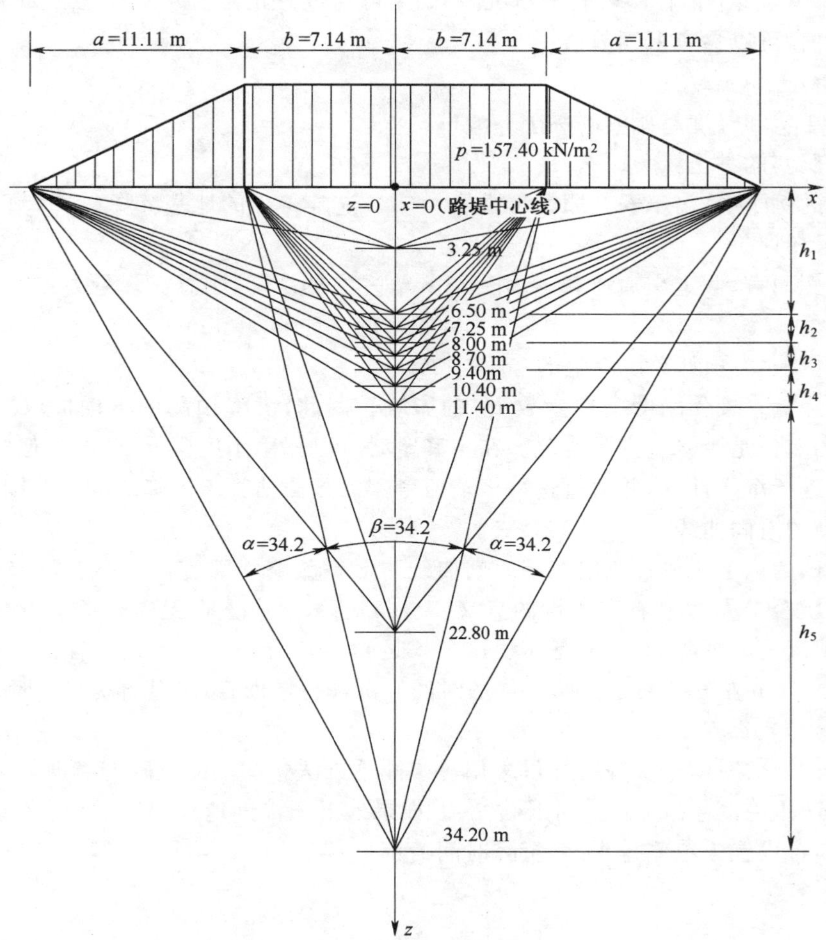

图 5.11　梯形荷载下应力影响系数的测定

表 5.6　地基沉降 s_U 的计算

每层编号	h_i	深度 h	α	α_B	β	β_B	$a\cdot\beta_B$	$(a+b/2)$ $2\cdot\alpha_B$	i_T	σ_{zp}	E_S	$s_{u,i}$
—	m	m	度	弧度	度	弧度	—	—	—	kN/m²	kN/m²	mm
1	6.5	0	0	0	180	3.141 6	34.90	0	1.000	157.40		
		3.25	14	0.244 3	132	2.303 4	25.93	7.17	0.950	149.53	22 500	42.83
		6.50	22	0.384 0	95	1.657 8	18.42	11.27	0.851	133.95		
2	1.5	6.50	22	0.384 0	95	1.657 8	18.42	11.27	0.851	133.95		
		7.25	23	0.401 5	89	1.553 0	17.25	11.79	0.832	130.96	30 000	6.54
		8.00	24	0.418 9	82	1.430 9	15.90	12.30	0.808	127.18		
3	1.4	8.00	24	0.418 9	82	1.430 9	15.90	12.30	0.808	127.18		
		8.70	24	0.418 9	77	1.343 9	14.93	12.30	0.780	122.77	70 000	2.47
		9.40	25	0.436 4	74	1.291 3	14.35	12.81	0.778	122.46		
4	2.0	9.40	25	0.436 4	74	1.291 3	14.35	12.81	0.778	122.46		
		10.40	25	0.436 4	70	1.221 5	13.57	12.81	0.765	118.99	15 000	15.83
		11.40	25	0.436 4	64	1.116 8	12.41	12.81	0.723	113.80		
5	22.8	11.40	25	0.436 4	64	1.116 8	12.41	12.81	0.723	113.80		
		22.80	21	0.366 6	36	0.628 3	6.98	10.76	0.508	79.96	70 000	26.68
		34.20	16	0.279 3	24	0.418 9	4.65	8.20	0.368	57.92		

$\sum s_{u,i}=s_U=94.35$ mm

因此，根据参考文献[62]，计算的压缩沉降 cal s 可通过修正系数 κ 来校正。如果没有较为准确的经验值，可以参考下列数值：

①砂和粉土，$\kappa \approx 2/3$；

②简单压实和轻度超压实的黏土，$\kappa \approx 1$；

③完全压实的黏土，$\kappa \approx 1/2 \sim 1$。

在上面的例子中，出于安全原因考虑取 $\kappa \approx 1$。这样得出的地基沉降 s_U 为 94 mm 左右。

(4)结果和评价

对于上例而言，假定交通荷载 s_V 引起 5 mm 左右的沉降，则总沉降量为：

$$s_{ges} = s_E + s_U + s_V = 21 + 94 + 5 = 120 \text{ mm}$$

地基沉降分量 s_U 为预计总沉降量的 78%左右。

每一沉降量直接受刚度模量参数 E_S 的影响。因此，沉降预测的准确性取决于刚度模量参数 E_s 的取值是否接近实际情况。在不确定时可以采用刚度模量 E_s 的近似实际最小值和最大值来进行沉降计算，并通过这种极端值考察的方法估算出沉降的波动范围。

(5)沉降的时间曲线

下面尝试为以上实例计算出沉降时间曲线。对铁路路堤而言，只有在无砟轨道铺设后继续产生的沉降分量才具有实质性的意义。自身沉降 s_E 应该在无砟轨道铺设时已趋于稳定，交通荷载产生的沉降量 s_V 只有在线路投入运营后才会产生。根据以往的经验，这个沉降值大约为 5 mm 左右。对于铁路路堤的时间—沉降特性而言，地基部分的沉降 s_U 具有重要作用。

测定黏性土的时间—沉降特性可采用一维固结方法。此法的沉降持续时间 t 取决于每层土的厚度 d、固结系数 c_V 和时间因数 T_V。如果地下水接近地表，且压缩土底层为渗透性小的土层，则可设置为单侧排水，其沉降时间为：

$$t = d^2 \cdot T_V / c_V$$

取

$$c_V = k_f \cdot E_S / \gamma_w$$

对于单侧排水和初次固结情况，可以近似采用以下固结度 U 和时间因数 T_V 之间的直接关系：

$$T_V \approx U^2 \cdot \pi / 4$$

将这一关系式代入到 t 方程里解方程，U 值在 0～0.56 之间时，可获得沉降时间 t 与固结度 U 之间的近似关系式：

$$U = \sqrt{\frac{t \cdot c_V \cdot 4}{d^2 \cdot \pi}}$$

该公式最重要的参数为固结系数 c_V，其数值可通过固结试验(时间沉降试验)测定或者通过渗透系数 k_f 和刚度模量 E_S 计算而得($c_V = k_f \cdot E_S / \gamma_w$)。通过上述两种方式得出的 c_V 系数可能有很大的差别。对于上例而言，和沉降有关的 1～4 层(图 5.10)的固结系数 c_V 是从时间沉降试验中得出的平均值，$c_V = 0.01 \text{ cm}^2/\text{s}$。

从时间上看，路堤填方包括以下的施工阶段：

①施工阶段 1：在 60 天的施工期内路堤填方高度达 2.60 m；

②施工阶段 2：在 300 天的施工期内路堤填方填筑至防冻保护层的上缘；

③施工阶段 3：420 天后按照设计铺设无砟轨道。

表 5.7 计算出了各个施工阶段 1～4 层总厚度 $d(d=11.40\ \text{m})$ 的固结度 U。同时还给出了相应的沉降 s_{UL} 和预计的残余沉降 s_{UR}。从表 5.7 可以看出，到安装无砟轨道时还有 38 mm的残余沉降量，这一沉降量比容许的 15 mm 沉降量要大。由此得出，在 420 天以后还不能按照设计安装无砟轨道。

表 5.7 时间—沉降曲线计算

施工阶段	沉降时间	c_V	d	$t \cdot c_V \cdot 4 / (d^2 \cdot \pi)$	U	沉降 s_{UL}	残余沉降 s_{UR}
—	天	cm^2/s	cm	—	—	mm	mm
1	60			0.050 8	0.225	21.2	72.8
2	300	0.01	1 140	0.254 1	0. 504	47.4	46.6
3	420			0.355 5	0.596	56.0	38.0

无砟轨道只能等到地基沉降为 94－15＝79 mm 时才开始铺设。无砟轨道固结度 $U \leqslant 0.8$ 时，仍然可以使用上面的方程式。那么可从地基沉降 s_U 和放置时间 t 的关系图（图 5.12）中得出残余沉降为 15～25 mm 时所需的放置时间。允许沉降为 15 mm 时，放置时间约为 27.5 个月，而容许沉降为 25 mm 时，放置时间约为 20 个月。为了加快沉降速度以缩短所需的放置时间，在上述情况下可以采用短时超量回填的静力预压的方法（第 8 章）。

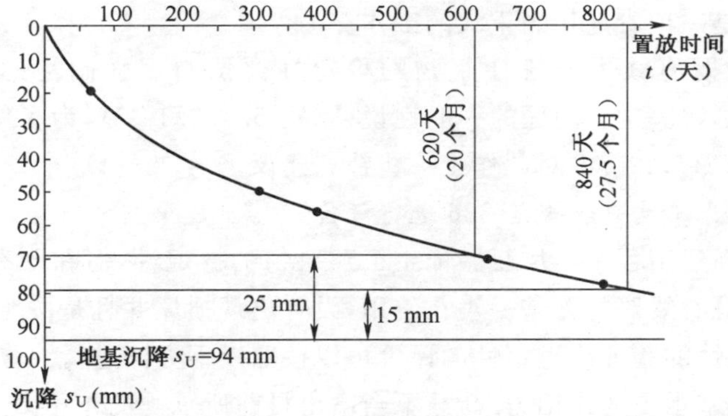

图 5.12 算例中沉降和放置时间之间的关系

由于沉降—时间曲线的计算在很大程度上是近似的，其准确性可能与实际相差很大，因此建议需采用沉降观测的手段加以佐证。

5.1.4 观测方法

如果对于路基的地基特性和稳定性的预测仅依靠地基勘测和稳定性计算还没有完全把握的话，可以参照 DIN 1054[8] 采用观测方法，即在路基施工和使用期间对路基采用常用的土工勘测和长期观测（预测）等手段。

在施工开始之前，须确定在施工期间和使用过程中建筑物和地基特性的界限值，并选择适宜的量测技术和工艺措施，当界限值超限时，可起到预警作用。选择技术措施的原则是这些技术措施在任何时间都能保证稳定性。

在施工之前确定建筑物和地基特性的界限值时首先要确定路基的最大垂直变形和水平变形。它需要土工专家和所有的参与人员共同来确定。先制定一个量测计划，然后按照这个测量计划随时进行检查，以确定量测结果是否达到临界值。必要时为测量设备增加报警系统。量测结果一旦超过了建筑物和地基特性的临界值，即可采取相应的技术措施。量测间隔以及量测和结果分析之间的间隔，应根据施工步骤和土工建筑物特性的关系按照以下原则确定，即准备的相应措施能够得到及时的实施。如果测量得到的结果如预期的那样，观测结果不但可以用于土工建筑物的设计，也可以用于指导施工。根据 DIN 1054[8]，对于高速交通运输新建工程的土工建筑物，观测方法的主要形式是将沉降计算和沉降观测结合起来，并从中推导出到铺设无砟轨道的时间间隔。

5.1.5 既有铁路线路稳定性的评价

目前绝大多数既有铁路线路是 19 世纪下半叶修建的，当时技术条件相当简陋。现将这些线路改建成速度和承受轮对荷载较高的线路时，需要反复确认这些路基能否适合目前几何尺寸、承载力和适用性的要求。根据参考文献[1]的标准要求，边坡坡度超出要求，同样也不能满足路基稳定系数的要求。尽管如此，这些线路还是保证了几十年的铁路安全运营。因此，对既有路基的稳定性只能进行单独评价。按评价结果决定是否对路基作改建或加固处理。由于加固处理措施耗资巨大，如果试图通过加固措施来保证线路具有足够的安全性，则得不偿失，或者将加固量限制在最小的范围之内。因此，在既有铁路线路改建时，对路基的稳定性作出评价是一项责任相当重大的工作。

到目前为止，对既有线上土工建筑物的稳定性评价尚无强制性的标准，在规范 Ril 836[1]中，只是提出了解决这个问题的一般性说明（见 5.1.5.1 节），为了使评价工作能够尽可能完善一些，在 5.1.5.2 节中对此作了一些补充建议。

5.1.5.1 根据德国土工构筑物规范 836 进行评价

在铁路线路的新建工程中需反复验证土工建筑物的稳定性，但在既有铁路线路上情况很可能不同。如果既有线路的路基一直在使用，没有出现损坏并且是按照参考文献[1]进行维护的话，则其稳定性的验证或稳定性的评价可以按照以下方法进行：

(1)如果将来路基承受的作用力/荷载不会高出目前所承受的作用力/荷载，即无须对路基作任何改动，则可以认为，既有路基在将来也是足够安全的。

(2)如果须对路基作改动或者作用力/荷载的提高会影响到路基的稳定性，那么需重新验算稳定性。通常，将此项工作委托给经验丰富的土工技术专家，由专家在考虑各种土工系数提高或减小的情况下对路基的稳定性作出验证和评价，并根据评价的结果决定是否采取提高稳定性的加固措施。在进行稳定性计算时可以综合土工专家、相关部门的意见以及根据实际情况采用比新建工程稍小的安全系数。

(3)对既有路基改建，尽量不要减小既有线路的稳定性等级。如果采用的工程措施不能保证既有线路稳定性的等级，那么，应在路基改建之前，根据实际情况用降低的稳定性系数对其进行稳定性验证。

既有路基上作用力增大的典型事例是将既有铁路线路速度提高到 230 km/h（改建线路 O/M 230）的改建工程，对这类路基稳定性的计算均表明，按照 DIN 4084[58]的要求稳定性计算结果不能得到满足，如果还是坚持采用参考文献[58]的稳定性要求，那么加固措施耗资巨大。

5.1.5.2　**补充建议**

对既有路基进行稳定性评价并决定采取必要的加固措施时，可以采用参考文献[1]中的补充标准：

(1)可以根据实践经验和通用标准，在现场目测确定；

(2)根据相应的土工技术、几何尺寸和计算标准等，进行特殊地基勘察、稳定性计算和测量工作。

可以采用以下一般标准评价既有路基及其边坡：

(1)自从铁路投入运营以来土工建筑物的状态未对铁路运营造成不良影响；

(2)轨道位置稳定，轨道位置的调整(排除轨道沉降和隆起)未超过规定的尺寸范围；

(3)轨道和路基的维修费用没有提高；

(4)边坡上没有明显的杂乱带刺的灌木植物；

(5)未出现崩塌和裂隙现象，尤其是在路肩人行道和坡脚处；

(6)边坡未出现倾斜及隆起现象(主要是在边坡坡角范围内)；

(7)安装物(接触网和信号机的立柱)未出现倾斜，后部未出现裂缝；

(8)边坡表面和坡脚处没有渗水现象，包括偶然渗水在内；

(9)无法确定边坡上以及边坡肩上的冲蚀病害或冲刷；

(10)未出现边坡水沟移动，如果边坡水沟移动，则预示路基可能发生变形；

(11)排水设施的功能正常，能排除坡脚处的积水；

(12)整个坡面都采用了足够的生物防护措施。

如果无法满足上述一般标准中的几条，则表明根据这些标准来判定稳定性时问题较多，那么就需要采用土工技术、几何尺寸和计算方面的标准进行分析研究。有关标准见表 5.8，表中对这些标准作出具体说明，其中最重要的是条件变化的评估以及对考察线路区段上设计交通荷载与实际交通荷载情况差异(见 2.4 节)。此时，应将实际交通荷载和 UIC 71 列车荷载中规定的荷载进行比较，以便在稳定性计算时，对影响方面作出更好的评价。

表 5.8　评价既有土工建筑物稳定性的标准

土工技术标准	路堤结构和地基	1. 路堤填料土的类型和均匀性 2. 黏性土和非黏性土互层 3. 地基中的软弱层 4. 路堤基础类型 5. 设有保护层
	路堤填料的状态和特性	1. 非黏性土地层既有厚度 2. 黏性土的密实度 3. 天然含水量 4. 对冰冻和水的敏感性
几何尺寸标准	—	1. 路堤高度 2. 边坡坡度 3. 路基宽度和标准断面的维持
计算方面标准	总稳定性的临界状态(GZ 1C)	1. 根据 DIN 4084 规定的利用系数 $1/f$ 2. 安全性要求降低
	作用力	1. 线路的实际荷载和 UIC 71 列车荷载的比较 2. 荷载可能降低
	阻　力	1. 土力学参数值及其波动幅度 2. 土力学参数，尤其是抗剪参数测定的准确性

5.2　保护层的设计计算

在有砟轨道和地基之间铺一层非水硬性胶结保护层，对于有砟轨道而言，该保护层始终是确保承载力和使用性的最重要的工程措施。保护层限制了弹性变形，保证了交通荷载的应力传导和扩散，避免了对路基产生不利的变形，因此保护层被作为“保证土工建筑物承载力的设施”来设置(第 1 章)。

有关保护层的类型和保护层的材料见第 6 章“保护层”。在“保护层的设计计算”这节里仅对保护层要求的厚度与交通荷载及地基条件之间的关系等一些分析方法作出了说明。

根据第 2 章，铁路土工建筑物要承受铁路运营(交通荷载)时产生的静荷载和动荷载以及气候变化如冰冻、雨雪和阳光等因素产生的应力影响。如果土工建筑物承载力不足或者要承受冰冻因素的影响时，要保证长期承受交通荷载而不产生破坏性的变形，就需要加设保护层。保护层的厚度设计要保证整个承载体系具有足够的承载力，不受冰冻的有害影响。因此得出，保护层基本上必须经过承载力的设计计算和防冻害的设计计算。如 3.5 节所述，根据 DIN 1054[8]，承载力这个概念此时不再作为临界状态 1 来使用，而是作为限制土工建筑物变形特性来使用。根据 3.5 节的介绍，变形特性或者承载力通过变形模量采用数量表示。

作为承载层来使用的保护层，可通过承载力的设计计算测定能够满足路基承载力要求时所需的厚度。通过防冻害的设计计算可以得出作为防冻保护(FSS)使用的保护层所需的厚度，通过设置保护层使得对冻害敏感的地基免受冻害的影响。通过这两种设计计算得出的保护层的厚度，其中较大的厚度值具有决定性意义，对有砟轨道而言这是施工的根据。对无砟轨道而言，根据结构形式[67]的不同分为水硬性和非水硬性承载层的设计计算。有关防冻保护层的厚度设计计算可以参照以下标准。

在防冻和承载力设计计算时要参照相关规定和土力学的经验，这些规定是建立在大量的近似值、概念和概括等基础上的，其中有一部分还带有随机的特点，这些随机特点主要是以下因素引起的：

(1)沿线地基土力学特征的波动相对较大，这是因为采用点状勘探，探测点之间的间隔较大，所以精度要差一些；

(2)对水文情况很难作出定量分析，所以沿线也同样出现波动情况；

(3)上部建筑的状况以及车辆运行时对土工建筑物产生的动力影响不同；

(4)气候因素引起的局部和暂时变化等。

设计人员在进行保护层设计计算时，应该始终清楚地知道土力学的随机特点和规范规定之间的冲突。

5.2.1　承载力的设计计算

对于有砟轨道，作为承载层保护层的规定厚度 d_{TS} 与三个不同的变形模量有关(图 5.13)，即：

(1)变形模量 E_{EPL} 或 E_{UPL}，它是土路基或原地基面土的原始承载力；

(2)自身变形模量 E_0，表示保护层使用的颗粒混合料的变形特征；

(3)变形模量 E_{PL}，通过这个模量来确定保护层路基面上承载力的要求。

土路基和上部建筑基面变形模量通常要比保护层路基面要求的变形模量小（E_{EPL}或 $E_{UPL}<E_{PL}$），这对设计提出的要求是，通过提高保护层厚度 d_{TS}，将土路基和上部建筑基面的变形模量提高到所要求的变形模量。

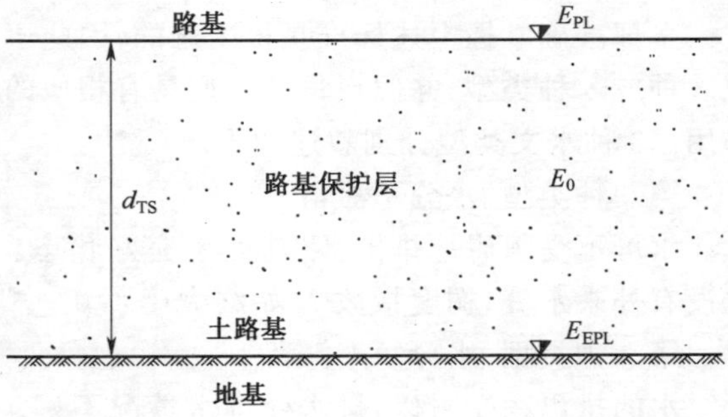

图 5.13　变形模量

5.2.1.1　土路基的变形模量

土路基的承载力在黏性土时基本上取决于其黏性和含水量，在非黏性土时则取决于其密实度。在细粒含量增加和含水量提高时，黏性土的承载力会随之减低。由于在春季解冻期土路基中的含水量最高，所以土路基的承载力在这段时间内会下降到一年当中的最低值(5.2.2 节)。这种承载力降低的情况和每年的冬季严寒情况有着直接关系，但不会每年出现，如果冬季相当冷，并且伴随着强降水，承载力下降的情况会很严重，在一年四季中承载力的最小值被称之为"春季最低承载力"(图 5.14)。

对于这种受季节变化影响的承载力波动情况，首先在公路工程中进行过长期系统的研究[69]。根据研究结果确定了计算模量 E_H，这一模量采用数据形式表示出春季最低的承载力参数。计算模量 E_H 是承载力的参数，它考虑了在春季冰雪融化期土路基中承载力降低的概率，可用这一最低承载力值作为具有承载力作用的保护层厚度的设计依据。尽可能测出接近实际情况的最低承载力值是极其重要的，它可以作为确定计算模量 E_H 的依据。

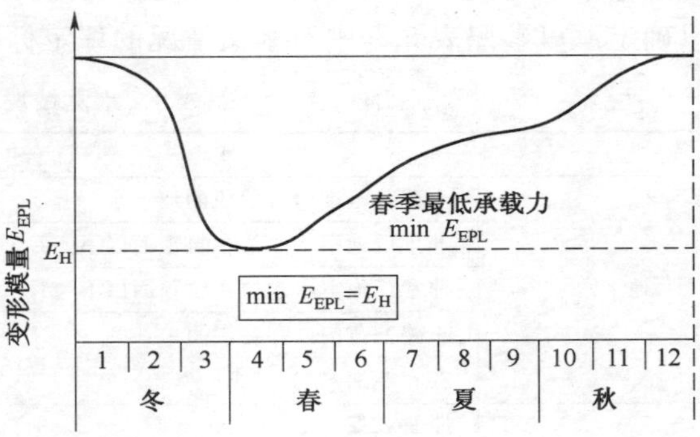

图 5.14　春季最低承载力和计算模量 E_H

计算模量 E_H 的大小主要和下列因素有关：

(1)既有土的土力学特性，特别是其对于水和冻结的特性；

(2)路基范围内的水文情况。

既有土体的力学特性按照规范 DIN 18196[23] 来进行分类(见 3.2.2 节)。在分类结果中用缩写符号来表示土类。

水文情况则描述了在铁路路基范围内水的各种变化情况，总体上考虑了水对土路基承载力的影响。在评定水文情况时应采用以下标准：

(1)地面上路基的类型和状况(路堤、路堑、半挖半填路段)；

(2)土路基地下水位的情况和层间水及毛细水的情况；

(3)土路基和路肩人行道的状况(横向坡度、平整性)和水进入路基内的排水条件；

(4)既有土的排水能力；

(5)排水设施的类型和状况；

(6)排水系统的排水情况。

全部准确掌握上述标准是很困难的，因此不得不采取折中的方案，即将多种水文情况分成3种或5种类型，并假定每种类型具有相似的水文关系，其中包括对黏性土路基承载力的作用。3种水文类型分别叙述如下。

第一种类型：水分不滞留

水可不受阻碍地排出，路基处于完好状态。即使在春季，在轨顶面下1.5 m的范围内也没有外来水分，稠度指数 I_c 始终大于1.0。

第二种类型：水分短期滞留

水的排出稍受阻碍，排水处排水情况不好。在轨顶面下1.5 m的范围内可能暂时(在春季)积水，路基出现湿润，稠度指数 I_c 处于0.75～1.0之间。

第三种类型：水分始终滞留

积水不能排出，排水系统无排水处，或者时常有水从边坡流入。在轨顶面下1.5m的范围内路基经常湿润，稠度指数 I_c 下降到0.75以下。

在水文情况1～3之间插入中间分级(1/2和2/3)后就可成为5种类型。

上述水文情况可以在线路踏勘或定测时，考虑线路维护经验和地基勘测结果的情况下予以确定。可参照表5.9中对水文情况的评定标准进行评估。

表5.9 水文情况评定标准

进　水		额外的湿润
地下水	土路基范围内有承压的地下水	永久
	非承压地下水水位在轨顶面以下＞1.5 m	无
	非承压地下水水位在轨顶面以下＜1.5 m	永久
	土路基范围内存在层间水	经常
	存在毛细水	经常
地表水	路堑边坡	
	一路堑深度在1 m之内	无
	一路堑深度为1～3 m	很少
	一路堑深度超过3 m	暂时
	由相邻坡面顺路堑边坡往下流的坡顶面水	很少
	在承载体系里排导受阻的地表水	经常
	从道路、地段等流入的水	经常
排水		
横向排水	出现连续的横坡	无
	横坡被破坏	经常
	土路基变形，凹凸不平，有碎石袋	永久
纵向排水	可以保证全年排水畅通	无
	不能保证排水，有积水	经常

路基里的水文情况并不是一成不变的，它会随时间和环境的变化而发生变化。根据水文情况的评估时间可以将水文情况分为水文实际情况和目标情况。水文实际情况表示地基勘测时遇到的水文情况，也就是施工开始前的正常情况。水文目标情况表示为排水设施设计了足够的排水能力，同时也考虑了线路在使用过程中正常维修等因素后的情况。

出于经济方面的考虑，路基保护层厚度的设计往往以水文目标情况为基础。例如，如果由于缺少功能性的排水设施和排导功能等原因，水文实际情况要比水文目标情况差时，建议在施工开始前让排水设施试运行一年左右，以完全恢复功能。通过试运行排水，可以保证施工开始时的水文情况接近水文目标情况。

根据水文类型和既有土的缩写符号，可以按表 5.10 找出计算模量 E_H 的参考值，这是公路部门经过系统研究得出的[69]。表 5.10 表明，随着土的黏性增加和水文条件变差，计算模量 E_H 的参考值在减小。由于在一般情况下既有土的性能不会立即发生变化，所以要使计算模量 E_H 提高，只有通过改善水文情况才可能实现。这样，水文情况和排水设施的功能对于路基保护层厚度的设计具有重要意义。

表 5.10　计算模量 E_H 的参考值

根据 DIN 18 196 的土的分类	附加条件——粗径 $d<0.1$ mm 的颗粒百分比	下列水文条件下的计算模量 E_H（MN/m²）				
		1	1/2	2	2/3	3
粉土质的或黏土质的砾石（GU，GT）	10%～20%	60	45	30	25	20
粉土质的或黏土质的砂（SU，ST）	10%～20%	50	35	25	22.5	20
富粉土质的或富黏土质的砾石和砂（GU*，GT*）（SU*，ST*）	20%～30%	40	30	20	17.5	15
	>30%	30	20	15	10	10
粉土和砂	弱塑性的（UL，TL）	25	20	15	10	10
	中等塑性的（UM，TM）	25	20	15	12.5	10
	强塑性的（UA，TA）	20	17.5	15	12.5	10

土路基的承载力也可以通过静力和动力荷载板试验直接测量。但是在对测量结果进行评价时应注意，这类测量几乎不能测得一年四季中承载力波动的最小值（春季承载力最低）。因而在考虑测量时间、水文情况和既有土等因素的情况下，对测量结果进行折减，从而得到承载力最小值。

计算保护层所需厚度时，应考虑土路基预计出现的春季最小承载力，它是土路基 E_{EPL} 的一个主要的设计值。对确定土路基 E_{EPL} 设计的基本数值提出如下建议：

（1）首先根据表 5.10 计算出土路基的设计基本值，该值是计算模量的参考值（$E_{EPL}=E_H$）；

（2）可采用静力平板试验（见第 3 章）对既有土路基的 E_{EPL} 值进行直接测量，对测得的变形模量 E_{v2} 进行临界评价并有意进行折减（$E_{EPL}=\min E_{v2}$）；

（3）可采用动力平板试验（见第 3 章）对既有土路基的 E_{EPL} 值进行直接测量，但是要折减并换算为 $\min E_{v2}$ 值。由于黏性土的 E_{v2} 值和 E_{vd} 值没有有效的修正方法，所以对此始终存在着争论。

5.2.1.2　自身变形模量 E_0

自身变形模量 E_0（也称为特有的变形模量）被定义为保护层材料的“材料型承载力系数”。从理论上说，E_{v2} 是在由土或颗粒混合料组成的土层半圆空间上测得的变形模量。该参数的大小取决于颗粒级配和密实程度。随着不均匀系数 U 的增加和密度的提高，保护层材料的自身变形模量在增加，与此同时，由于承载力提高而产生相应作用会随之提高，采用的材料自身变形模量越大（在相同的情况下），则保护层所需的厚度就越小。由此得出对保护层所用材料的颗粒级配和密度的最低要求。

研究结果表明，根据第 6 章，在保证压实度 $D_{pr} \geqslant 1.00$ 的条件下，保护层的颗粒混合料可采用 KG 1 和 KG 2，取自身变形模量 $E_0 = 200$ MN/m^2 用于承载力的设计，同时作为设计计算图表的依据。

5.2.1.3 路基面的变形模量

路基上保护层层面的变形模量 E_{PL} 在参考文献[1]里是作为“正常要求”来规定的。正常要求的概念是指在正常情况下满足使用的要求。如果与正常要求有差距或者不能满足正常要求时，需要找出偏差的原因。

表 5.11 中路基上保护层的变形模量 E_{PL} 是以 E_{v2} 和 E_{vd} 来确定的，路基上所需的变形模量分别按以下规定制定标准：

(1)线路等级及行车速度；

(2)新建工程或路基加固/维修；

(3)上部建筑类型(有砟轨道或无砟轨道)。

根据表 5.11 要求，承载力是设计的目标值。因为在 5.2.1.4 节中，根据设计计算图表来设计保护层的厚度时，基本上是通过变形模量 E_{v2} 来实现的，因此只有表 5.11 里的 E_{V2} 作为设计的目标值才有实质性的意义($E_{PL} = E_{v2}$)。

表 5.11 土路基变形模量 E_{EPL} 和路基上 E_{PL} 的正常要求

	线路等级	上部建筑类型	路基		土路基	
			E_{v2}	E_{vd}	E_{v2}	E_{vd}
			MN/m^2	MN/m^2	MN/m^2	MN/m^2
新建工程	P 300	有砟轨道	120	50	80	40/35
		无砟轨道	120	50	60	35/30
	P 230 M 230	有砟轨道	120	50	60	40/35
		无砟轨道	120	50	60	35/30
	P 160 M 160 G 120 R 120	有砟轨道	100	45	45	35/30
	R 80 G 50 其他线路	有砟轨道	80	40	45	30/25
加固或维修	P 230 M 230	有砟轨道	80	40	45	30/25
		无砟轨道	100	45	45	30/25
	P160 M 160 G 120	有砟轨道	50	35	30	25/20
	R 120 R 80 G 50 其他线路	有砟轨道	40	30	20	25/20

5.2.1.4 设计计算图表

路基保护层设计的基本科学依据以及第一个设计计算图表是由 Richter 在 1972 年[70]公布的。Körber 和 Martinek 于 1985 年[71]对这个图表进行了进一步完善，并将该图表命名为“路基保护层厚度的设计计算图表”(图 5.15)。按这个图表可以根据土路基的承载力和要求的路基承载力之间的关系确定保护层的厚度。该图表是德国联邦铁路实施指南 DS 836“土工建筑物规范”的组成部分[34]。

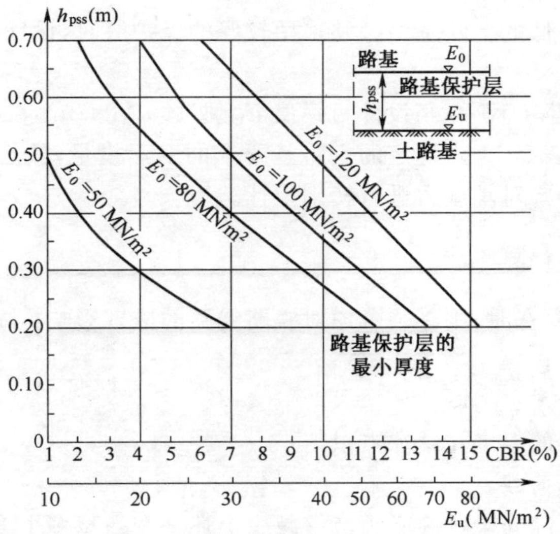

图 5.15　设计计算图表[34]

在参考文献[1]中规定了加固/维修设计目标值为 $E_{PL}=50$ MN/m² 和 80 MN/m² 时，路基保护层厚度满足承载力要的设计计算图表。该图表采用了分步计算方法，并考虑了颗粒混合料 1 和 2 的自身模量 $E_0=200$ MN/m² 的条件[72]。设计计算图表[1]和图 5.15 类似，见图 5.16。在采用颗粒混合料 1 和 2 的情况下，根据图 5.16 中的土路基设计目标值 E_{EPL} 就可以得到要求的保护层所厚度 d_T。采用图 5.16 需满足以下的条件：

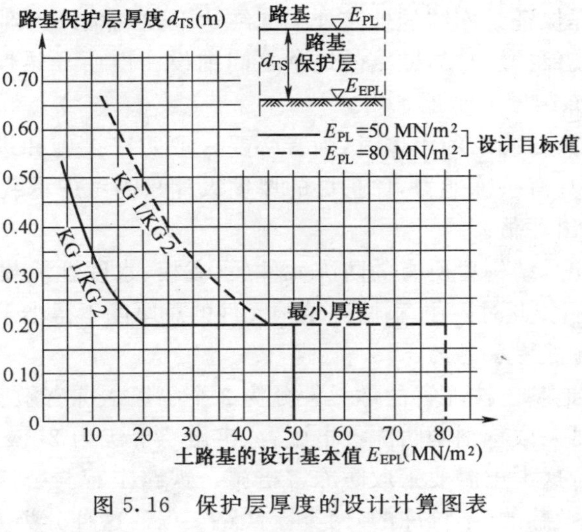

图 5.16　保护层厚度的设计计算图表

(1)图表仅适用于有砟轨道；

(2)图表适用于既有铁路线路的加固和维修工程、线路等级为 R80、G50 以及其他线路的新建工程；

(3)确定的层厚应按 5 cm 整数取舍；

(4)保护层的最小厚度为 20 cm；

(5)给定的保护层厚度内不采用任何附加措施。

在软弱、承载力极低的土路基上必须采用较厚的保护层时，设计时要按照第 6 章采用相应的附加措施。

在有砟轨道的新建工程中，当设计目标值 E_{PL} 取 100 MN/m² 和 120 MN/m² 时，必须通过设置过渡层来保证表 5.11 内规定的土路基要求的变形模量，然后根据表 5.13 确定保护层的标准厚度，没有必要对承载力进行特别设计。

5.2.2 防冻害的设计计算

当下列因素同时存在时，则必须考虑对铁路线路的冻害影响：

(1)地基容易冻结；

(2)有足够的补给水；

(3)土路基范围内的温度在结冰点以下；

(4)线路上有运输荷载。

因此，所采用的防冻安全措施必须能够减少上述一个乃至多个冻害因素，最好能全部消除。

铁路交通运输线路上的土如果出现结冰点以下的温度，且路基为冻害敏感的土，那么采用防冻措施就几乎没有作用。虽然可以通过功能完善的排水设施将补给水尽可能排导出去，但是也不能完全排净。为此所采取的防冻措施应遵循的目标是，尽最大可能保证土路基里的温度不要或极少降至结冰点以下。铺设有砟轨道所需的防冻覆盖层时，应满足下列条件：

(1)有砟轨道道床最小厚度应为 0.5 m；

(2)在有砟轨道和易冻结的地基之间铺设一层由防冻的、非黏性材料组成的非胶结保护层(防冻保护层)，这样保证易冻结的地基处于冻结达不到或难以达到的深度；

(3)在有砟轨道或保护层与易冻结的地基之间铺设一层由导热性极低的材料组成的隔热层(WDS)，以阻止冻结侵入到地基内。

当土路基和地基为易冻结的土体时，则有必要采取防冻措施和进行防冻保护层的厚度设计。如果既有土体具有抗冻能力，保护层的厚度设计只需考虑承载力一项，但需对既有路基土的冻害敏感性做出评估。

当采用无砟轨道时，结构里所有的防冻元件(承载板、水硬性承载层和防冻保护层)都能起到防冻覆盖层的作用。此时需注意，防冻结构元件的总厚度不得小于冻害的最大侵入深度。

5.2.2.1 抗冻土和对冻害敏感的土

在 3.8.1 节中将地基土按冻害的敏感性分为 3 个等级。冻害敏感等级为 1(F1)的土是抗冻的，这种土不需要采取特别的防冻害措施；冻害敏感等级为 2(F2)和 3(F3)的土是对冻害有一定敏感的土，对这类土需要采取防冻害措施。铁路工程与公路工程不同的是仅将土体分为抗冻的和冻害敏感的(不抗冻的)两类。铁路工程的这种分类方法简单且没有对中间状态的土再进行详细分类，因此对冻害不太敏感的地基如采用较薄的防冻保护层时就不可能得到理想的防冻效果。出于经济上的考虑，今后在铁路上须对土的冻害敏感性进行进一步的分类。

5.2.2.2　完全抗冻和足够安全抗冻

如果是冻害敏感的土，就有必要进行防冻保护层设计。设计时首先须清楚，土路基不允许遭受冻害侵入（完全抗冻），在极度严寒的冬季允许冻害有限地侵入冻害敏感的地基内中（足够安全抗冻）。

对于高速铁路运输（P 300，P 230 和 M 230）有砟轨道线路的新建工程和所有的无砟轨道线路需要做到完全抗冻。上述线路在任何时候，即使在极为严寒的冬季都不允许冻害侵入到冻害敏感的地基内。

对于其他所有线路等级的新建工程，特别是对既有线路的加固和维修工程，首先出于经济上的考虑，不采用完全抗冻措施。这些线路的抗冻应设计为足够安全抗冻害，当遇到极度严寒的冬季时，允许冻害有限度地侵入到冻害敏感的地基内，这样小范围的隆胀是不可避免的。从安全方面考虑，行车速度和线路等级的提高，荷载增大允许冻害侵入到冻害敏感地基内的次数就越少越好，这样就导致了防冻保护层厚度有不同的设计要求。

5.2.2.3　大气冷量总和及设计计算的大气冷量总和

防冻保护层厚度设计的依据是大气冷量总和 F_L。大气冷量总和或短期大气冷量总和 F_L是指在一个冻结周期内或一个冬季里日平均温度在零度以下的总和。零度以下的温度是在 9 点、14 点和 19 点时间段上测得的平均温度[$t_m=(t_{9点}+t_{14点}+2\times t_{19点})/4$]。空气冷量总和通常用天—摄氏度[d-℃]来表示。它是一个寒冷周期或一个冬季酷寒的最重要的标准。按照图 5.17，大气冷量总和即是在冰点以下的部分，可以用气温正弦曲线的冬季半波来近似取值。

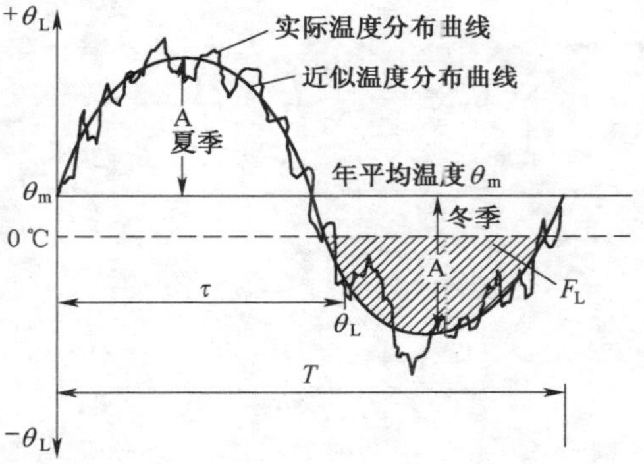

图 5.17　年度大气温度分布曲线

根据最大大气冷量总和以及预期的冬季严寒程度，将德国所处的地区划分为 3 个冻害影响区（图 5.18）。冻害影响区划分如下：

（1）冻害影响区域Ⅰ。受海洋气候影响的内陆低地和莱茵低地。

（2）冻害影响区域Ⅱ。内陆低地。

（3）冻害影响区域Ⅲ。中部山区的山前地带、中部山区以及受大陆气候影响的内陆低地。

图 5.19 列出了什未林（Schwerin，冻害影响区域Ⅱ）和奥格斯堡（Augsburg，冻害影响区域Ⅲ）气象观测站在 1952/53 年～2001/02 年（50 年）期间观测到的大气冷量总和 F_L。从图中可以得出一些很有意义的结论：

（1）采用大气冷量总和 F_L表示的最冷冬季是随机分布的，而且波动很大。例如奥格斯堡在 1974/75 年冬季大气冷量总和大约为 20 d-℃，但是在 1962/63 年冬季大约为 640 d-℃，这个数字几乎是 1974/75 年冬季大气冷量总和的 32 倍。另外还应注意 640 d-℃就相当于气温为－10℃的持续冰冻时间超过了 64 天或者气温为－5℃的持续冰冻时间超过了 128 天。

（2）正如预计那样，奥格斯堡的冷量总和平均高于什未林。除开其他因素，这可能和高

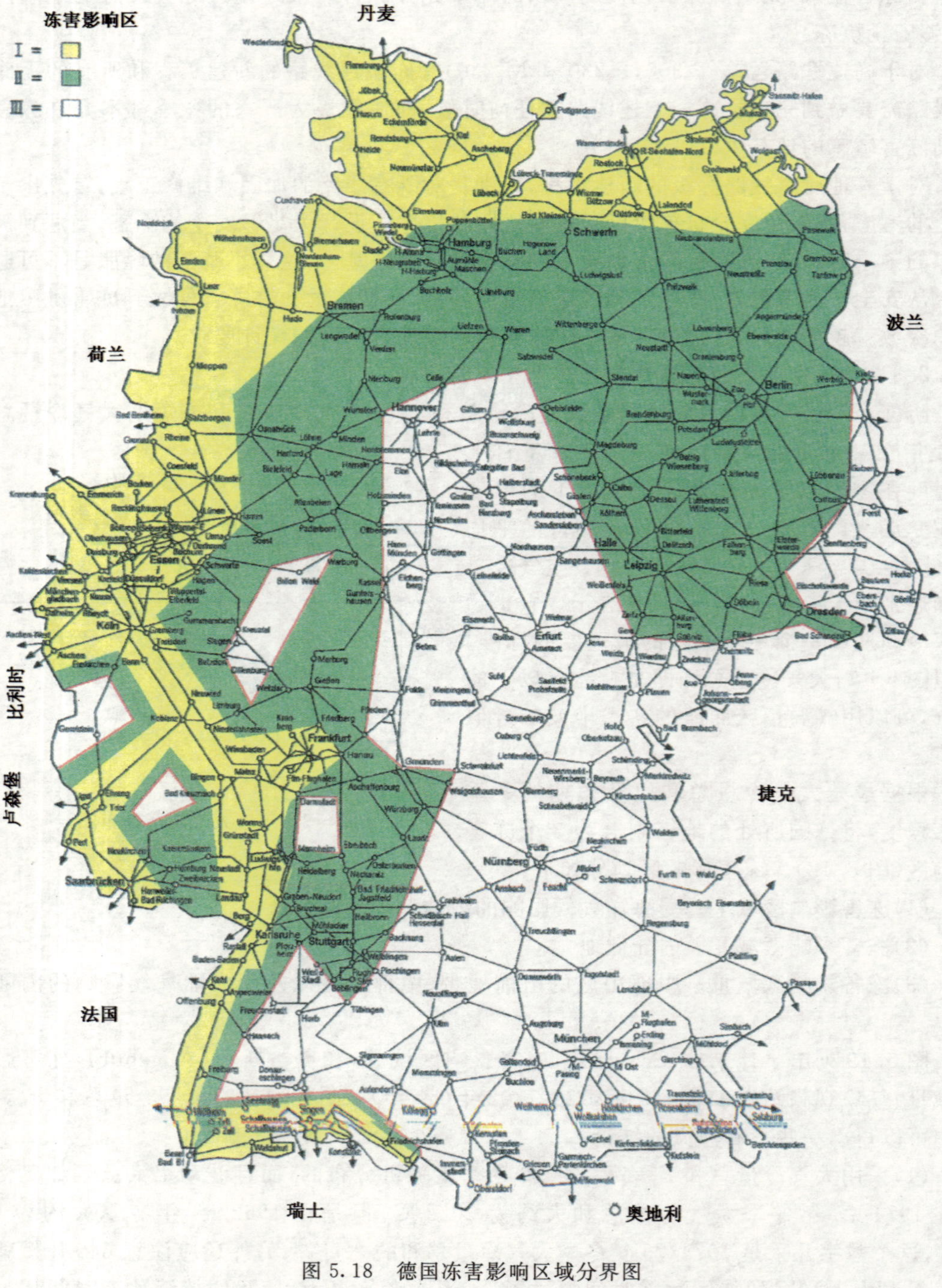

图 5.18　德国冻害影响区域分界图

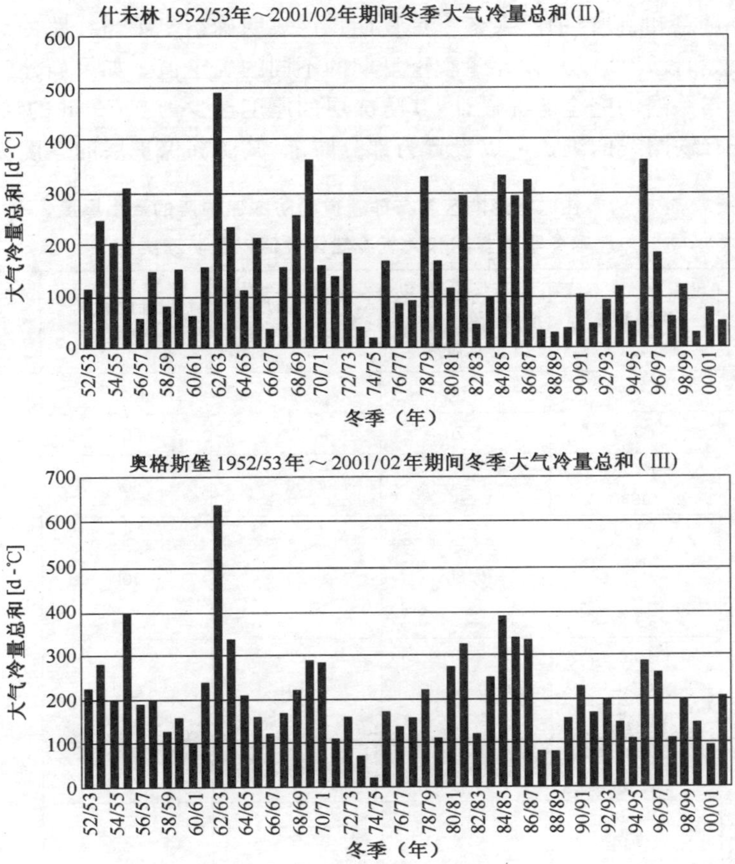

图 5.19　什未林和奥格斯堡气象观测站在 1952/53 年～2001/02 年冬季期间观测到的大气冷量总和 F_L

程以及什未林离东海海岸较近的原因有关。

(3)在什未林和奥格斯堡过去 50 年内最冷的冬季是 1962/63 年，大气冷量总和分别为 490 d-℃和 640 d-℃。这种严冬季在随后的 40 年里没有再出现过。

(4)从图 5.19 可以看出德国的冬天有变暖的趋势，这也可能受到全球普遍变暖结果的影响。

对于完全防冻而言，要将过去 50 年内出现的最高大气冷量总和，即 1962/63 年的大气冷量总和，作为防冻设计的大气冷量总和。

在有足够的防冻安全时，设计计算的大气冷量总和要根据其可能重复出现的时间来确定。此时，对于设计计算的冬季里重复出现的大气冷量总和的时间，只能凭经验判定。随着运营速度、荷载以及线路的重要性提高，防止冻害影响的安全程度也随之提高，因而设计计算的大气冷量总和必须增大。对于足够的防冻安全而言，设计计算的大气冷量总和重复出现的时间可以为 20、10 或 5 年[36]、[71]。以重复期 10 年的冷量总和设计值为例，也就是说有可能每 10 年出现一次。如果使用这个大气冷量总和进行防冻设计，那就意味大致每隔 10 年就出现一次冻害侵入到冻害敏感的地基中(℃等温线)，使其产生冻结。在其他年份，冻害仅限于在防冻安全的覆盖层内，不会到达冻害敏感的土路基。

表 5.12 给出了冻害影响区Ⅲ的有砟轨道的防冻保护层的最小厚度以及与其相关的线路类型、大气冷量总和、设计的严寒冬季重复期。该表明确给定了与线路的重要性和荷载有关的大气冷量总和设计值以及设计冬季重复期的不同的确定值。如果新建工程要求设计冬季重复期为 50 年一遇的完全防冻设计，其防冻层的厚度至少为 0.70 m 的话，则对速度 $v<$ 160 km/h 的既有铁路线的维护可以设置为部分防冻，其防冻保护层的厚度为 0.30 m。

表 5.12　在冻害影响区Ⅲ有砟轨道的防冻保护层的最小厚度、严寒冬季重复期和大气冷量设计值以及防冻类型

	线路等级	防冻保护层(包括路基保护层)的最小厚度	设计的严冬重复期	设计的大气冷量总和	防冻保护的类型
	—	m	年	d-℃	—
新建工程	P300	0.70	50	600	完全防冻
	P230 M230	0.70	50	600	
	P160 M160 G120 R120	0.60	20	500	足够安全防冻
	R80 G50 其他线路	0.50	10	400	
加固或维护工程	P230 M230	0.50	10	400	
	P160 M160 G120 R120	0.30	5	300	
	R80 G50 其他线路	0.20	<5	<300	

5.2.2.4　设计计算流程

防冻保护层厚度的设计是按照设计确定的大气冷量总和 F_L 和年平均温度根据图 5.20 来进行的。这个图表是挪威特隆赫姆(Drontheim)大学受国际铁路联盟(UIC)研究和试验局的委托，在进行大量计算和测量的基础上作出的[71]。图 5.20 中极高的冷量总和只可能在斯堪的纳维亚半岛上出现，在中欧的气候条件下最高的大气冷量总和大概为 600 d-℃。在使用上述图表时需注意以下几点：

(1)须熟悉铁路线路考察点上的年平均温度；

(2)不考虑积雪层厚度的隔热性能(从安全角度出发)；

(3)要计算保护层和地基内的平均含水量；

(4)从图中的阴影线部分中找出和中欧地区以及斯堪的纳维亚半岛的对应关系；

(5)算出包括道砟道床在内的防冻层的总厚度，然后由防冻保护层总厚度中减去道砟道床的厚度，就得到标准保护层厚度($h_{FSS}=h-0.50$ m)，这里将道砟道床归入与防冻保护层具有相同隔热性能的同类材料。

实施细则 DS 836[1] 给定的保护层的标准厚度是通过对图 5.20 内的设计曲线评价后得出的，同时考虑了 3 个冻害影响区域不同的设计大气冷量总和年平均温度(表 5.13)。如果不小于表 5.13 的标准厚度，则表明保护层的防冻设计是足够的。例如，根据图 5.20，对于 P300 的线路等级(有砟轨道)，在冻害影响区域Ⅲ，设计大气冷量总和为 600 d-℃的情况下，防冻层总厚度 h 为 1.20 m。那么，保护层的标准厚度为 $h_{FSS}=h-0.50=1.20-5.0=0.70$ m (表 5.13)。

表 5.13 防冻保护层的标准厚度

	线路等级	上部建筑类型	防冻保护层的标准厚度(m)			防冻安全的类型
			冻害影响区域			
			Ⅰ	Ⅱ	Ⅲ	
新建工程	P300	有砟轨道	0.70	0.70	0.70	完全防冻
		无砟轨道	0.40[1)]	0.40[1)]	0.40[1)]	
	P230 M230	有砟轨道	0.50	0.60	0.70	
		无砟轨道	0.40[1)]	0.40[1)]	0.40[1)]	
	P160 M160 G120 R120	有砟轨道	0.40	0.50	0.60	足够安全防冻
	R80 G50 其他线路	有砟轨道	0.30	0.40	0.50	
加固或维修工程	P230 M230	有砟轨道	0.30	0.40	0.50	
		无砟轨道	0.40[1)]	0.40[1)]	0.40[1)]	
	P160 M160 G120 R120	有砟轨道	0.20	0.25	0.30	
	R80 G50 其他线路	有砟轨道	0.20	0.20	0.20	

注:1)此标准厚度仅适用于和水硬性胶结承载层共同使用，该层厚度至少为 0.30 m。

对于采用了无砟轨道的线路，在表 5.13 中所给定的防冻保护层的标准厚度为 0.40 m，加上水硬性胶结承载层的厚度至少为 0.30 m，总厚度还是 0.70 m。

5.2.3 防冻保护层和承载力的设计计算

5.2.3.1 新建工程

对于有砟轨道的铁路线路新建工程，如果满足下列条件，采用表 5.13[1] 防冻保护层标准厚度的同时也满足了提高承载力的目的：

(1)按照第 6 章保护层的材料只能使用颗粒混合料 1 和 2；

(2)土路基的承载力满足表 5.11 的要求；

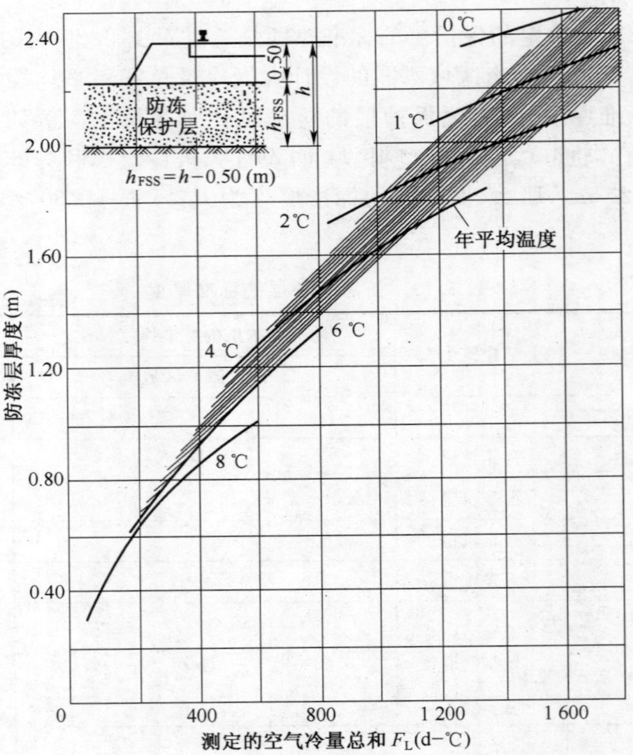

图 5.20　与大气冷量总和 F_L 和年平均温度有关的防冻层厚度

(3)保护层的压实度 $D_{pr}\geqslant 1.00$。

这样,保护层的防冻性和承载力设计就足够安全了。但在较大动应力条件和不利的特性条件作用下,还要对既有土体进行动力稳定性验证(见 5.3 节)。

在无砟轨道铁路线路的新建工程中,考虑了水硬性胶结承载层的条件,采用表 5.13 中防冻保护层的标准厚度,可以达到完全防冻的要求。在设计计算中有水硬性和非水硬性建筑类型之分。

5.2.3.2　*加固及维护*

对 230 km/h 的既有铁路线路进行加固和维护时,遇到承载体系状况不良、既有土体承载力下降和水文条件不利,要保证线路的承载力安全和使用性能,表 5.13 的标准厚度要求就得不到满足,此时需分别对防冻保护层和承载层的厚度进行设计,需要增大这两者的厚度。根据 6.5.1 节介绍,可以采用无轨式和有轨式两种铺设方式来铺设保护层。但无论采用哪种铺设方式,都必须确保防冻害和承载力的设计,并要考虑特殊的铺设条件。

对采用无轨式铺设的保护层而言,已计算出保护层厚度(见表 5.14),另外还应考虑土路基的设计基本值 E_{EPL}、计算模量 E_H、线路等级、土的冻害敏感程度和冻害影响区域等所需的保护层的厚度。这样,就可以在遵守表 5.14 给定的保护层厚度的前提下进行足够安全的防冻保护层和承载力设计。在保护层厚度较大(≥0.40m)时以及设计基本值或计算模量小于等于 10 MN/m² 时,采用 6.4 节防冻层和其他防冻措施结合使用的建议。表中数值清楚表明,采用何种设计基本值时承载力设计计算相对于防冻保护层的设计计算起主

表 5.14　在无轨式铺设保护层时,根据防冻保护和承载力设计计算确定的保护层厚度

<table>
<tr><th rowspan="4">线路等级</th><th rowspan="4">土路基的设计基本值 E_{EPL} 及计算模量 E_H(MN/m²)</th><th colspan="4">保护层厚度(m)</th></tr>
<tr><th rowspan="3">冻害敏感等级 F1
(土的分组 GW,GI,GE,SW,SI,SE)</th><th colspan="3">冻害敏感等级 F2,F3</th></tr>
<tr><th colspan="3">冻害影响区域</th></tr>
<tr><th>Ⅰ</th><th>Ⅱ</th><th>Ⅲ</th></tr>
<tr><td rowspan="7">P230
M230</td><td>>35</td><td>0.25</td><td>0.30</td><td rowspan="3">0.40</td><td rowspan="4">0.50 或1)</td></tr>
<tr><td>>30～35</td><td>0.30</td><td>0.30</td></tr>
<tr><td>>25～30</td><td>0.35</td><td>0.35</td></tr>
<tr><td>>20～25</td><td rowspan="4">E_{EPL} 或 E_H 值在实际中是不可能得到的</td><td>0.45</td><td>0.45</td></tr>
<tr><td>>15～20</td><td colspan="3">0.50 或1)</td></tr>
<tr><td>15</td><td colspan="3">0.60 或1)</td></tr>
<tr><td><15</td><td colspan="3">1)</td></tr>
<tr><td rowspan="6">P160
M160
G120
R120</td><td>>25</td><td>0.20</td><td>0.20</td><td rowspan="3">0.25</td><td rowspan="3">0.30</td></tr>
<tr><td>>20～25</td><td rowspan="5">E_{EPL} 或 E_H 值在实际中是不可能得到的</td><td>0.20</td></tr>
<tr><td>>15～20</td><td>0.25</td></tr>
<tr><td>10～15</td><td colspan="3">0.30</td></tr>
<tr><td>10</td><td colspan="3">0.35 或1)</td></tr>
<tr><td><10</td><td colspan="3">1)</td></tr>
<tr><td>R80
G50
其他线路</td><td>—</td><td>—</td><td colspan="3">0.20 或2)</td></tr>
</table>

注:1)按照第 6 章将附加措施与保护层结合使用;

2)在土路基和有砟轨道之间铺设土工人工合成材料。

导作用。

在采用有轨式方法铺设保护层时,无法对土路基进行处理,土路基常常得不到充分压实,这就要提高既有土路基的承载力。由于这种方法的特殊性和其他一些原因(见 6.5.2 节),对防冻和承载力保护层厚度的设计进行了简化,开发出一种(类似于奥地利联邦铁路[73]的)标准体系[74],其中包括了 6.4.1 节里讨论的"土工人工合成材料附加措施",因为这种措施对采用有轨式铺设的保护层具有重要的意义。

图 5.21 标准体系中的数字是保护层所需的厚度,单位为 cm。其后的"+"号表示保护层与人工合成材料的组合。在图 5.21 中同时给出了土路基承载力的范围,在此范围内不推荐采用有轨式铺设保护层的方法。从图 5.21 的承载体系里可以直接得出与下列因素相关的保护层厚度:

(1)表 5.10 中的计算模量 E_H;

(2)第 3 章中对地基内土的冻害敏感等级的划分;

(3)图 5.18 的冻害影响区域;

(4)表 2.5 中的线路等级。

图 5.21 的标准体系仅适用于以下条件:

(1)有砟轨道线路的加固/维护;

(2)使用第 6 章中介绍的颗粒混合料 1 和 2；

(3)使用的土工合成材料仅起到附加的隔离和过滤作用(见第 6 章)。

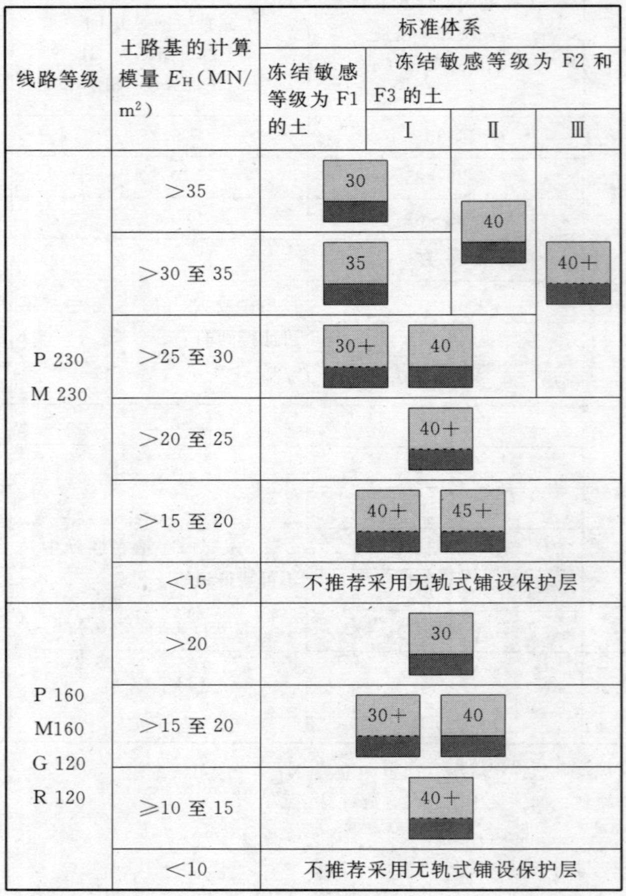

图 5.21　采用有轨式铺设保护层时的标准体系

5.2.3.3　设计计算实例

本书将通过详细的实例说明在采用和不采用附加措施的情况下，根据防冻和承载力进行保护层所需厚度的设计计算情况。因为附加措施对于保护层的厚度有直接的影响，所以将在 6.6 节举例讨论该问题。

5.3　动力稳定性的验算

根据 2.4.5 节的介绍，土中的动力影响会导致较高的土压力和振动速度或临界频率。根据 2.4.3 节，通常在验证路基足够准静态稳定性时，可借助振动系数计算动力附加荷载(作用力乘以振动系数)。

如果列车交通(影响作用)的某种振动和不利的地基特性(在动力范围内的阻力)会导致路基出现稳定性问题，从而导致线路的正常运营受到影响时，就有必要额外进行动力稳定性验证。这种影响作用实质上影响到使用的可靠性(GZ 2)。由于时间推移土体材料特性发生变化也有可能导致承载力(GZ 1)出现问题，影响土体动力特性的因素为：

(1)土力学特性，如颗粒级配、孔隙率、密度、压实度以及可能出现的孔隙水压；

(2)矿物特性，如颗粒形状、颗粒强度和颗粒粗糙度；

(3)土动力特性，如波动速度、阻尼、剪切模量、泊松比和密度[104]等。

在动力稳定性不足的情况下，有可能会出现土的弹性和塑性反作用力，形式如下：

(1)土的结构发生变化，如出现颗粒位移和颗粒集中的现象；

(2)再压实后出现下沉；

(3)孔隙水超压增高，有液化危险；

(4)地层分界线不稳定；

(5)刚度比发生变化。

根据目前的认知水平，当行车速度 $v>200$ km/h 而且同时出现下列临界地基特性时，就要验证动力稳定性：

(1)压实度和均匀性较低($U<5$)、有很大位移风险的混合颗粒和粗颗粒的土；

(2)细粒土，稠度呈微软塑($I_c<0.75$)；

(3)软弱地层，如黑色淤泥、泥炭和腐泥；

(4)在临界层和较低的固有频率的软弱地层上的路堤；

(5)饱和及均匀的砂和粉土，压实度较低；

(6)在下部建筑和地基之间存在刚度差异。

在参考文献[1]中对动力稳定性的附加验算没有作出规定，只提出应由土工技术专家对动力影响进行评价。因此，在下文中将要讨论如何根据振动速度对动力稳定性进行验算[16]、[75]。

非黏性土的动力稳定性可以通过在作用深度范围内的振动速度 $v_{eff,z}$ 和土中的临界振动速度 v_{krit} 的比较来验算，即：

$$v_{eff,z}<v_{krit}$$

有效振动速度可以根据 2.4.6 节的原理计算而得。非黏性土的临界振动速度主要取决于土的密实度，可以近似的通过下列关系测定：

$$v_{krit}=30\cdot I_D \quad (\text{mm/s}) \quad (\text{对于粗粒土})$$

和

$$v_{krit}=25\cdot {I_P}^{1.5} \quad (\text{mm/s}) \quad (\text{对于混合颗粒土})$$

v_{krit} 为临界振动速度，在这一振动速度下内摩擦力降低会导致颗粒位置发生变化(或出现颗粒振动现象)，也有可能出现临界结构变化。

图 5.22 是采用细砂铺设路堤的临界振动速度和动力附加应力发生变化时可能产生的有效振动速度[16]进行比较。

在很软弱的黏性土和饱和的有机土内，提高振动速度有可能导致孔隙水压力升高，以致出现液化现象的临界状态，此时应将临界振动速度控制在 1～3 mm/s 之间。

另外，在地基的软弱地层中，还要研究可能在激发频率和自振频率之间产生的共振，自振频率与土的类型及层厚有关。在软弱地层上的路堤自振频率为：

$$f_0=(0.5\cdot v_s)/d \quad (\text{Hz})$$

式中 v_s——振动速度(m/s)；

d——软弱地层厚度(m)。

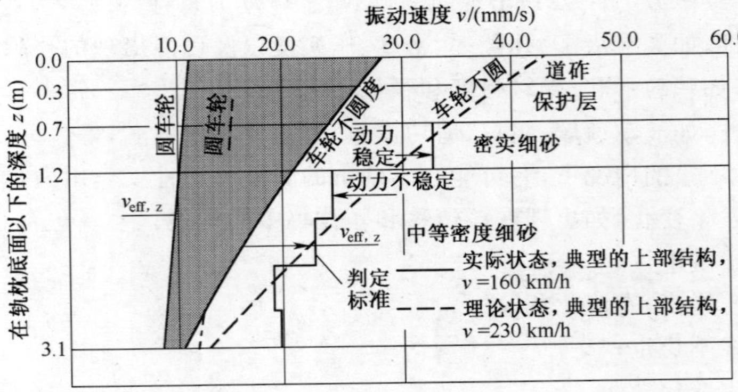

图 5.22 通过振动速度标准验证动力稳定性

这样就可以通过观察频率范围估计出共振的危险性(见 2.4.5 节)。如果地基内土体的剪力波速度 $v_s=30\sim80$ m/s，就有可能产生 3～25 Hz 的自振频率。在这一频率范围内是否出现起决定作用的激发频率(例如由转向架间距产生的)，这对动力稳定性起决定作用。当覆盖层的厚度小于软弱地层的厚度时，在软弱地层上的铁路线路就有可能出现振动问题。这就有必要采取工程技术措施解决这一问题，在解决这一问题时建议将该问题和稳定性问题放在一起处理。

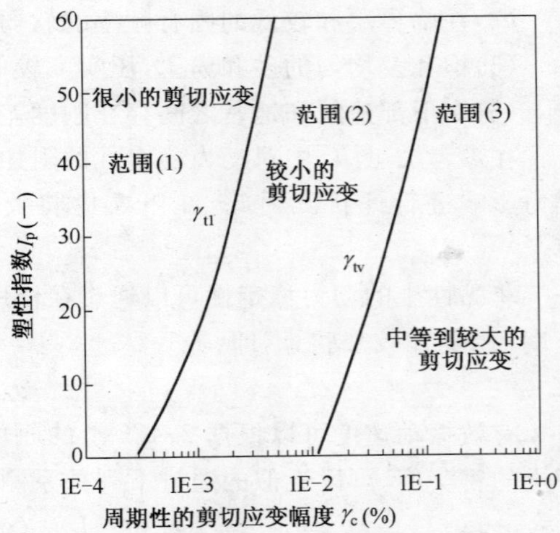

图 5.23 剪切应变的范围[76]

在参考文献[76]中推荐了一种评价动力稳定性的方法，该方法同样是从和深度相关的有效振动速度为出发点，而后把动力剪切应变作为主要参数来进行验证。在图 5.23 中，根据塑性指数 I_P 和动力剪切应变幅度 γ_c 将土的特性划分为 3 个范围。如果动力剪切应变很小，土就处于线性—弹性状态，其结构在动力作用下是稳定的(范围 1)；如果剪切应变增大，土的力学状态即为非线性的，不但会产生弹性变形，还有可能产生塑性变形(范围 2 和 3)。在长期作用下动力稳定性就不再存在。由铁路交通运输产生的土特性影响在范围 1 和范围 2 内。

6 保 护 层

6.1 保护层的作用、种类和厚度

在承载系统中，保护层具有不同的作用。分述如下：

(1)荷载通过保护层进行分散，消除了土路基中因行车荷载引起的应力集中现象(承载层作用)；

(2)保护土路基中易受冻害影响的土(防冻层作用)；

(3)有效阻止道砟挤入到土路基中(过滤层作用)；

(4)可最大限度地防止地表水侵入到对水敏感的黏性地基中(防水层作用)。

因此，对保护层材料及其铺设、压实的要求很高，目的是充分发挥它们的作用。

保护层的类型可分为：

(1)路基保护层(PSS)；

(2)防冻保护层(FSS)；

(3)采取附加措施的保护层。

对于有砟轨道，路基保护层(PSS)铺设在道床和土路基之间，主要起承载层、隔离层、过滤层及防水层的作用。

对于有砟轨道(SchO)及无砟轨道(FF)，防冻层(FSS)起防止冻害侵入的作用。在有砟轨道中一般结合路基保护层使用防冻层。

采取附加措施可加强保护层的作用。常用的主要工程措施包括：

(1)设置土工合成材料；

(2)改良并加固土；

(3)对过渡层(ÜGS)换土；

(4)在水源保护区采取密封措施；

(5)设置隔热层(WDS)。

对于不需采用附加措施保护层的有砟轨道和无砟轨道，应根据 5.2 节通过对冻结和承载力的设计计算确定保护层要求的厚度。6.4 节将介绍采取了附加措施的保护层厚度设计计算方法。

6.2 保护层的布置

参考文献[1]介绍了保护层的标准做法。保护层是有砟轨道中最重要的结构技术措施，它的作用是防止土路基出现应力集中并阻止地表水侵入。保护层材料则可根据文献[32]选用颗粒混合料 1 和颗粒混合料 2。

保护层的标准宽度应按照线路中心线和路基肩之间的宽度来确定，即在这一宽度内都要铺设保护层。图 6.1 为保护层必须的宽度及保护层和路基侧沟的连接情况。图 6.2 为保护层在两股轨道中心处设置地下排水沟的连接情况(见第 7 章)。在多股轨道的线路上,保护层应紧靠相邻轨道,便于在改建相邻轨道时保护层的施工。

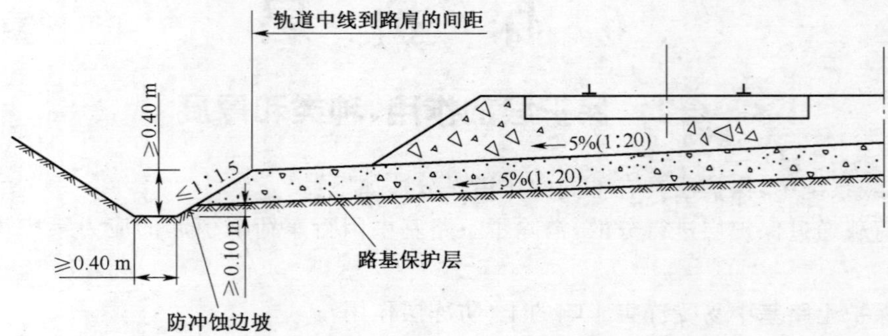

图 6.1　保护层的标准宽度

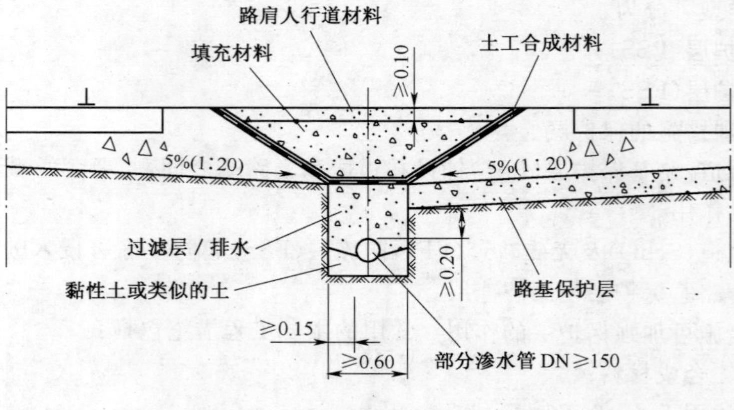

图 6.2　保护层与地下排水沟的连接

应尽可能使保护层在整个断面及较长的路段(＞200 m)上保持一致,以保证均衡的承载能力。保护层的厚度变化以及其前后端头部分应至少通过 10 m 长的楔形段来加以平衡和过渡。

在既有复线线路上设置保护层时会引起施工线路和运营线路之间的暂时地面起伏,为确保铁路运营安全必须采取临时支护措施,具体操作方法见 6.7 节。

如遇到地基中存在易风化的岩石(变质岩)时,则必须设置保护层。否则,在水和冻结作用的影响下,岩石地基有可能在几年时间内就风化为不良特性的黏性土。通过设置保护层可以最大限度地阻止雨水侵入岩石路基。同时,起到防冻层作用的保护层可以将冻害限制在一定范围内。图 6.3 为易风化岩石保护层的布置,根据参考文献[1]主要使用颗粒混合料 1,在不规则的岩石表面上必须铺设至少 20 cm 厚的保护层。采用沥青层或素混凝土层等也可起到封闭岩石表面的作用。

如果土路基以下是不易风化的岩石,则不会出现承载力不足和冻害问题,此时仅需要解

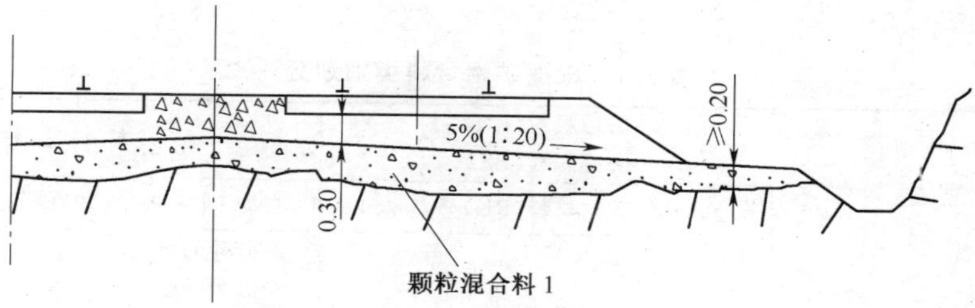

图 6.3　在易风化岩石地基上铺设保护层

决岩石表面不平整的问题。对此可采用常规的颗粒混合料、沥青以及素混凝土进行平整作业，后者视情况而定(图 6.4)。

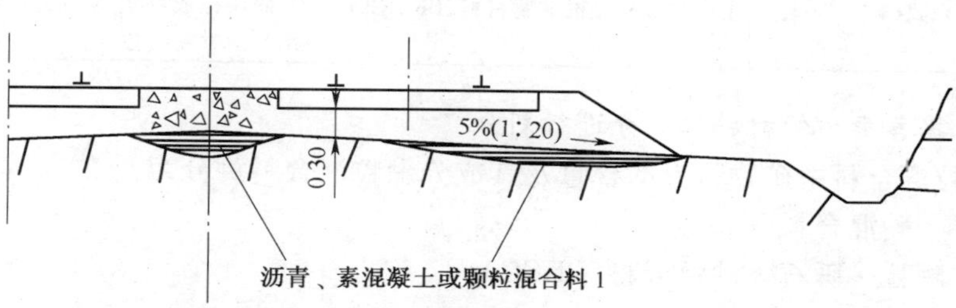

图 6.4　在不易风化的岩石地基上消除不平整性

直接在岩石、沥青或素混凝土上设置上部结构时必须考虑地基弹性低的问题。为确保第 2 章所要求的轨道刚性以及避免道砟受损，可在上部结构中设置保护层或弹性构件以提高整个承载系统的弹性。

6.3　保护层材料的要求

6.3.1　颗粒混合料

可以采用颗粒混合料(KG)作为保护层材料。保护层的颗粒混合料必须完全满足参考文献[32]的质量要求，这些质量要求只是针对颗粒混合料的供货和质量保证。此处的质量保证包括颗粒混合料适宜性的验证以及定期进行自控检测和第三方检测的质量监控。

根据参考文献[32]，颗粒混合料是指由不同矿物材料构成的混合料。划分标准如下：

(1)根据矿物材料类别分为天然未经破碎及经破碎的矿物材料、人工矿物材料以及可重复利用(RC)的材料。

(2)根据矿物材料的成分划分。

(3)根据颗粒级配分为颗粒混合料 1 和颗粒混合料 2。

6.3.1.1　*根据矿物材料类别进行划分*

表 6.1 给出了根据矿物材料类别划分及各个类别所使用的材料。

天然未经破碎的矿物材料(RK)是指天然的圆形颗粒(砾石和砂)。天然经破碎的矿物材料(BK)是由岩石破碎而成的。而高炉渣一般被称为人工矿物材料。可重复利用(RC)的材料主要是破碎的矿物材料，这些材料由铁路上部结构材料(废旧道砟和废旧混凝土轨枕碎块)构成。

表 6.1 根据矿物材料类别划分

矿物材料类别	圆形颗粒(RK) 破碎颗粒(BK)	材料名称
天然矿物材料	未经破碎的矿物材料(RK)	根据 DIN 18196 的砾石和砂
	经破碎的矿物材料(BK)	经破碎的砾石 经破碎的砂石 经破碎的硬石
		天然溶渣(珍珠岩)
人工矿物材料	经破碎的矿物材料(BK)	人工炉渣(高炉块渣)
可重复利用(RC)的材料	主要是破碎过的矿物材料(BK、RK)	上部结构材料(废旧道砟或废旧混凝土轨枕碎块构成的重复利用材料),按照新的使用目的重新制备

6.3.1.2 根据各类矿物材料的成分进行划分

根据颗粒混合料中矿物材料的含量及其成分颗粒混合料可分为:

(1)砾石—砂混合料(KSG);

(2)破碎颗粒—砾石—砂混合料(BKSG);

(3)溶渣混合料(SG);

(4)可重复利用的材料的混合料(RCG);

(5)破碎颗粒混合料(BKG)。

砾石—砂混合料(KSG)中,天然未破碎的矿物材料(圆形颗粒)至少为 70%(质量百分比),而破碎颗粒的允许最高含量为 30%(质量百分比)。

破碎颗粒—砾石—砂混合料(BKSG)中,天然的破碎矿物材料含量最高为 70%(质量百分比),同时必须至少要有 30%(质量百分比)的天然圆形颗粒。如果使用德国铁路股份公司(DBAG)的规定,那么参考文献[32]中的这一规定就具有局限性,根据德国铁路股份公司的规定,允许颗粒混合料 1 由最高含量为 100%(质量百分比)的天然破碎矿物材料(破碎颗粒)构成。但这一规定对颗粒混合料 2 不适用,这种颗粒混合料至少要有 30%(质量百分比)的天然圆形颗粒。

溶渣混合料(SG)中,天然溶渣及人工溶渣含量允许最高为 70%(质量百分比),并且必须要有至少 30%(质量百分比)的天然圆形颗粒。

可重复利用材料混合料(RCG)中,重复利用材料含量允许最高为 70%(质量百分比),并且必须至少要有 30%(质量百分比)的天然圆形颗粒。废旧混凝土轨枕碎块在可重复利用材料中的含量不能超过 30%(质量百分比)。

各种颗粒混合料给出的破碎颗粒及可重复利用材料的含量是多年研究的结果,而且主要是根据经验确定的。

6.3.1.3 根据颗粒级配的划分

到 1997 年为止,德国铁路股份公司只使用一种矿物材料混合料用于保护层[79],这种混合料基本上相当于现在的颗粒混合料 1。为使颗粒混合料能够适应不同的地基土力学特性、水文地质条件、行车速度以及线路的等级和行车荷载,从 1997 年后开始允许使用三种具有不同级配和土力学特性的颗粒混合料[80]、[81]。随着 2000 年 BN 918062[32]的实施,不再使用颗粒混合料 3，所以现在只有颗粒混合料 1 和颗粒混合料 2 可供保护层使用。

颗粒混合料 1(图 6.5)的特征是细粒含量相对较高。因而，它的透水系数极低，在铺设时，一旦超过最佳含水量，就会对水非常敏感。颗粒混合料 2(图 6.6)具有与颗粒混合料 1 几乎相同的承载力性能，但它的透水系数较高。

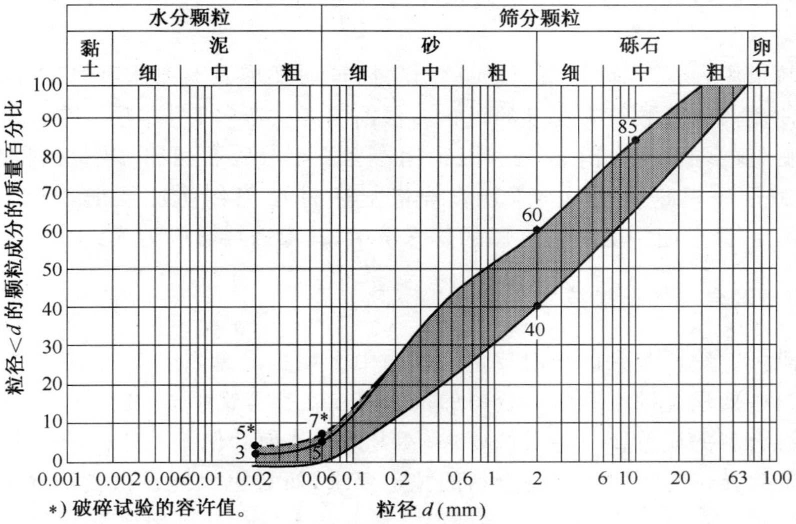

图 6.5　颗粒混合料 1 的最佳级配范围

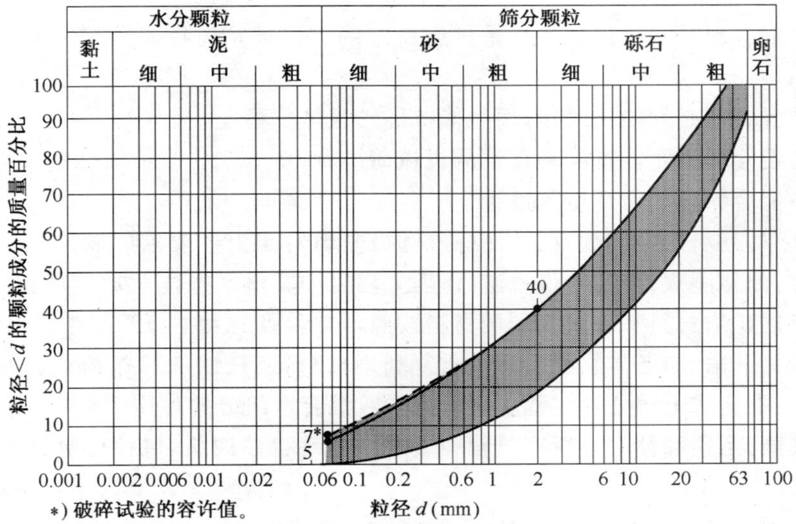

图 6.6　颗粒混合料 2 的最佳级配范围

6.3.2　颗粒混合料的使用

对于有砟轨道的保护层，如果地基对水敏感，则建议使用颗粒混合料 1，以阻止地表水侵入(路基保护)。由于颗粒混合料 1 的渗透系数低，因此保护层也能满足作为防水层的作用。在渗水和透水的地基中则优先使用透水的颗粒混合料 2，以便地表水顺利渗入到地基中。在设置双层保护层时也可在由颗粒混合料1构成的上部防水承载层的下面铺设颗粒混合料2,作为起毛细阻断作用且排水的下部承载层。对于有砟轨道的防冻层,除了颗粒混合料1、2外,根据参考文献[82]也允许使用矿物材料混合料作为砾石及砟石承载层。除了高速铁路轨道(P300)之外,根据参考文献[23]也可使用其他粗粒土作为防冻层,只要其本身具有抗冻性。SI、GE和SE类别的土只允许在P160和M160类别的线路中使用,GE和SE类土的不均匀系数$U>3$。

在无砟轨道中,防冻层除了具有防冻作用外,同时还应具有排水和过滤功能。因此,保护层只允许使用渗透系数符合要求的材料。根据参考文献[32],在颗粒混合料中只允许使用透水性能良好的颗粒混合料2。此外,根据参考文献[82]也可将矿物材料混合料用于砾石和碎石承载层。根据参考文献[67],若将上述材料用作防冻层时,其渗透系数应为$k \geqslant 1\times10^{-5}$ m/s,最上面一层20 cm厚的防冻层中,其渗透系数应为$k \geqslant 10^{-4}$ m/s。

6.3.3 对颗粒混合料的一般技术要求

参考文献[32]中所包含的一般技术要求适用于颗粒混合料1、2的供货,混合料1、2并且必须满足这些要求。铺设颗粒混合料的技术要求在参考文献[1]中已有规定。

对颗粒混合料的质量要求是最低要求,不允许有任何的偏差。这样的规定是基于,只有供货厂家才能直接影响到对颗粒混合料的技术要求,而且也只能在供货厂才可以满足这些要求。一般来说,在工地不可能再影响到混合料的技术特性。出现质量问题时,工地只能将不合要求的颗粒混合料退回到供货厂。

用于铁路保护层的颗粒混合料必须满足以下一般技术要求:

(1)颗粒混合料相对于道砟必须是过滤稳定的。如果其粒径$d_{85} \geqslant 10$ mm,则可认为满足验证要求;

(2)颗粒混合料必须能抗风化,而且能抗冻结且体积稳定;

(3)颗粒混合料必须能抵抗动载下的机械荷载;

(4)颗粒混合料必须对环境无危害。

表6.2中所列出的检测规定、检测标准和极限值对于上述要求的满足和验证是非常重要的。在专门的检测规程中,未做规定,但需要满足的其他一些技术要求如下:

(1)所有的矿物材料和可重复利用材料按照种类和级配大小分开储存并做相应的标记。

(2)无论是开采、制备矿物材料和可重复利用材料,还是计量和拌和颗粒混合料都要有适宜的设备。在完成上述任务过程中要确保颗粒混合料组分的均质性和均一性。

(3)在装载、运输和储存等所有过程中要避免出现自然离析,以便能够铺设匀质的颗粒混合料。

(4)颗粒混合料的级配曲线走向应是稳定的。在粒径≥0.125 mm的情况下,如果两次过筛之间的百分比之差至少为2%,那么就可以满足对稳定性的要求。在颗粒混合料(如相当于不连续级配的GI土类别)中不允许出现近似垂直的级配曲线走向。

(5)级配曲线的走向应保持在针对各种颗粒混合料所规定的最佳级配范围内。只有在第三方监控且满足其他所有要求的情况下,才允许颗粒混合料的级配曲线稍稍偏离最佳级配范围。

(6)如果在适宜性验证(EN)中确定,级配曲线处在细粒级配的上限范围内,那么级配曲线因不可避免的产生质量波动及因铺设和压实过程中颗粒的细化而将偏离最佳的级配范围。在这种情况下必须将颗粒混合料改为粗颗粒。

6.3.4 对颗粒混合料的特殊要求

6.3.4.1 颗粒混合料 1

对颗粒混合料 1 的特殊要求，以及相关的检测规定、检测标准和应遵守的限界值见表 6.2。下文介绍颗粒混合料 1 的一些主要检测标准。

颗粒级配/不均匀性

(1)颗粒混合料 1 的颗粒级配曲线应保持在图 6.5 所示的最佳级配范围内；

(2)颗粒混合料 1 的不均匀系数 U 至少应为 15($U \geqslant 15$)，以确保在动载应力下有足够的抗移动稳定性；

(3)最大粒径至少应为 32 mm，但不允许超过 63 mm；

(4)在废旧混凝土碎块的最高含量为 30%的可重复利用的混合料中，只允许使用 0/16 粒径范围内的混凝土碎块。

渗透系数

颗粒混合料 1 的渗透系数应最小，在压实度 $D_{pr}=1.00$ 时，其渗透系数 $k \leqslant 1\times10^{-6}$ m/s。使用渗透系数较小的颗粒混合料 1 的目的是保证绝大部分的降水能从路基面保护层上流走。

抗冻性

颗粒混合料 1 应具有抗冻性，对此可采用 CASAGRANDE 的冻胀标准(3.8.2 节)。若 $U \geqslant 15$，则 $d \leqslant 0.02$ mm 的颗粒含量最多为 3.0%(质量百分比)，可满足抗冻性要求。

6.3.4.2 颗粒混合料 2

对颗粒混合料 2 的特殊要求，以及相关的检测规定、检测标准和应遵守的限界值见表 6.2。不允许采用混凝土碎块和高炉炉渣配制颗粒混合料 2。下文介绍颗粒混合料 2 的一些最重要的检测标准。

颗粒级配/不均匀性

(1)颗粒混合料 2 的颗粒级配曲线应保持在图 6.6 所示的最佳级配范围内；

(2)颗粒混合料 2 的不均匀系数 U 至少应为 15($U \geqslant 15$)，使得在动载应力下有足够的抗移动稳定性；

(3)最大粒径至少应为 45 mm，但不允许超过 63 mm。

渗透系数

颗粒混合料 2 应能透水，在压实度 $D_{pr}=1.00$ 时，其渗透系数 $k \geqslant 5\times10^{-5}$ m/s。因渗透系数较大，大部分的雨水会下渗，并且阻断了地基中毛细水上升。

抗冻性

颗粒混合料 2 应具有抗冻性。如果粒径 $d \leqslant 0.063$ mm 的颗粒含量不超过 5.0%(质量百分比)，则可视为颗粒混合料 2 满足抗冻性要求。颗粒混合料 2 的抗冻性只能通过湿筛分析来加以验证。

6.3.4.3 可重复利用的混合料

采用可重复利用的材料对于环保是一个较大的贡献，因为这样可以节省清渣、堆渣及运输的费用。但是必须制定明确的使用条件，条件应规定不危害环境和长期稳定地使用这些材料。对于重复利用的材料提出的特殊要求如下：

表 6.2(第 1 部分)　用于颗粒混合料质量保证的检测标准/检测规定(见参考文献[32])

序号	检测标准	颗粒混合料 1 的极限值	颗粒混合料 2 的极限值	检测规定/检测方法	EN(适宜性验证)	EÜ[1] (自控检测)	FÜ[2] (第三方监控)
1	**工厂判断** 验证以下方面的适宜性 1.1-岩脉矿床储备[3] 1.2-开采[3] 1.3-制备 1.4-计量 1.5-储存 1.6-装载			DIN 52101 附件 A 和 B[8]	×	—	× 与适宜性验证(EN)相对应,对可能出现的变化进行检测
2	**自控检测(EÜ)** 2.1-任命检测人员 2.2-根据试验及人员的适宜性进行评价 2.3-检查频率及按照遵守 TL 要求的结果进行评价				× 只适用于标准 2.1 和 2.2 条	—	标准 2.3 的检测;对于标准 2.1 和 2.2,与适宜性验证(EN)相对应,对可能出现的变化进行检测
3	**颗粒混合料的成分** 3.1-矿物材料的分类 3.2-根据表 6.1 的颗粒种类和材料名称 3.3-质量百分比-颗粒部分的含量 3.4-颗粒部分的产地(必要时)			对于 3.1:按照 TP Min-StB 第 1.2.1 部分及 DIN52100-2 进行分类	×	× 与适宜性验证(EN)相对应,对可能出现的变化进行检测;目测鉴别高炉炉渣材料	与适宜性验证(EN)相对应,对可能出现的变化进行检测

表 6.2(第 2 部分)　用于颗粒混合料质量保证的检测标准/检测规定(见参考文献[32])

序号	检测标准	颗粒混合料 1 的极限值	颗粒混合料 2 的极限值	检测规定/检测方法	EN(适宜性验证)	EÜ[1](自控检测)	FÜ[2](第三方监控)
4	**破碎试验前的颗粒级配** 4.1-$d_{0.02\ mm}$的颗粒含量 4.2-$d_{0.063\ mm}$的颗粒含量 4.3-不均匀系数U 4.4-相对于道砟的隔离(过滤)稳定性 4.5-级配曲线的图示	$d_{0.02\ mm}\leqslant 3.0\%$(质量百分比) $d_{0.063\ mm}\leqslant 7.0\%$(质量百分比) $d_{10\ mm}\leqslant 85\%$(质量百分比) $U\geqslant 15$	$d_{0.063\ mm}\leqslant 5.0\%$(质量百分比) $d_{10\ mm}\leqslant 5.0\%$(质量百分比) $U\geqslant 15$	DIN 18123 (当$d\geqslant 0.02$ mm,采用筛分及淘洗相结合的分析方法;当$d\geqslant 0.063$ mm,采用湿筛方法;破碎试验按照附件 4 进行)		× 只适用于以下列出的标准: KG 1:4.1[4] 4.2[4] 4.3 4.4 4.5 KG 2:4.2 4.3 4.4 4.5	×
	破碎试验之后 4.6-$d_{0.02\ mm}$的颗粒含量 4.7-$d_{0.063\ mm}$的颗粒含量 4.8-不均匀系数U 4.9-相对于道砟的隔离(过滤)稳定性 4.10-级配曲线的图示	$d_{0.02\ mm}\leqslant 5.0\%$(质量百分比) $d_{0.063\ mm}\leqslant 7.0\%$(质量百分比) $d_{10\ mm}\leqslant 85\%$(质量百分比) $U\geqslant 15$	$d_{0.063\ mm}\leqslant 7.0\%$(质量百分比) $d_{10\ mm}\leqslant 85\%$(质量百分比) $U\geqslant 15$				
5	**葡氏密度及最佳含水量** 不失真的图示葡氏曲线;以曲线表示超大颗粒含量的修正值			DIN 16127	×	—	×

表 6.2(第 3 部分)　用于颗粒混合料质量保证的检测标准/检测规定(见参考文献[32])

序号	检测标准	颗粒混合料 1 的极限值	颗粒混合料 2 的极限值	检测规定/检测方法	EN(适宜性验证)	EÜ[1](自控检测)	FÜ[2](第三方监控)
6	**储存处的含水量 w**	$w < w_{opt}(0.8\ w_{opt})$	—	DIN 1812-1 DIN EN 1097-5	—	×	×
7	**$D_{pr}=1.00$ 时的透水系数 k_{10}**(最大粒径 $d=31.5$ mm)	$\leqslant 1\times10^{-6}$ m/s 以及[5]	$\geqslant 5\times10^{-5}$ m/s	DIN 18130-1,第 10 节(ZY-ES-ST)	×	—	×
8	**纯度和有害物质成分** 8.1-细粒的有机成分(NaOH 试验) 8.2-有机杂质和粗粒材料	8.1:无色的或淡黄色检测液体 8.2:无肉眼可辨别的材料		DIN 52099	×	×	×
9	**加热试验** (只在超出检测标准 8.1 的允许检测值时才有必要)	≤1%(质量百分比)		DIN 18128	×	×	×
10	**抗冻性** (只在碎颗粒含量>30%时才有必要)	吸水率 $W_{m,a}\leqslant 0.5\%$ 或者渣石、碎石的破碎率≤3%(按照 TL Min-StB 第 4.4.1 节的表 2)		TL Min-StB 第 5.4.1 节,DIN 52103,TP MiN-StB 第 4.3.1 节;DIN 52104-1(DIN 52106)	×	—	× (每年)
11	**体积稳定性**	TL Min-StB 第 4.4.2 节所列要求是有效的		TL Min-StB 第 5.4.2 节,TP MiN-StB 第 4.2 节	×	× (只对高炉炉渣材料进行石灰及铁的分解)	×

表 6.2(第 4 部分)　用于颗粒混合料质量保证的检测标准/检测规定(见参考文献[32])

序号	检测标准	颗粒混合料 1 的极限值	颗粒混合料 2 的极限值	检测规定/检测方法	EN(适宜性验证)	EÜ[1](自控检测)	FÜ[2](第三方监控)
12	**抗冲击性**[6] -粒径为 8/12.5 mm 的碎石或砾石 -粒径为 35.5/45 mm 的碎石道砟	取决于矿物材料： 根据 TL Min-StB 第 4.5 节表 3 第 4.5 行上述极限值对于 $SZ_{8/12}$、SD_{10} 有效；对于高炉炉渣根据 RAL-GZ510，对于熔岩渣则根据 MLS：$Z_L \leqslant 12$		TL Min-StB 第 5.5 节；DIN 52115-2，RAL-GZ 510(只针对高炉炉渣)，MLS(只针对熔岩渣)	×	× (只针对高炉炉渣)	× (每年)
13	**高炉炉渣的颗粒形状** (只针对高炉炉渣颗粒混合料中的炉渣部分)	RAL-GZ510 的极限值有效	—	DIN 52114	×	×	×
14	**高炉炉渣碎石的松密度** (只针对高炉炉渣颗粒混合料中的炉渣部分)	RAL-GZ510 的极限值有效	—	DIN 52102	×	—	×
15	**熔渣的孔隙度** (只针对熔渣部分) 确定以下值： 15.1-堆比重(高炉炉渣和熔岩渣) 15.2-大气压下的吸水率 $W_{m,a}$(高炉炉渣)	对于高炉炉渣，TL Min-StB 第 4.3 节表 1 规定的极限值有效；对于熔渣则 MLS 规定的极限值有效		TL Min-StB 第 5.3 节，DIN 52103，DIN EN 1097-3 MLS(只针对熔渣)	×	×	× (每年)
16	**环境相容性** 16.1-可重复使用混合料 16.2-高炉炉渣颗粒混合料	见附件 5 见附件 6		见附件 5 见附件 6	×	× (只是对于 16.1 的情况进行感官检测)[7]	×

注：1)每 2 000 t 进行一次自控检测，至少每一周检测一次。

2)每半年进行一次第三方检测，可重复利用材料的混合料则每一季度进行一次。

3)对于从另外一家质量受到监控的采石厂购进的矿物材料，可以从现有的采石厂专用的检测报告中得出相关判断(根据标准 1.1 和 1.2)，但必须标明报告的检测机构、检测编号和检测时间。

4)对于颗粒混合料 1，如果 $d_{0.063\ mm}$ 的颗粒含量超过 5.0%(质量百分比)，原则上必须通过淘洗分析验证 $d_{0.02\ mm}$ 的颗粒含量。

5)由天然的或人工熔渣构成的颗粒混合料 K1 的渗透系数 $k_{10} \leqslant 1 \times 10^{-5}$ m/s。

6)如果颗粒部分包括不同的矿物材料，就必须对混合料中最主要的矿物材料进行验证。对于混凝土碎块(重复利用材料)部分，则破碎砾石的相关检测值是至关重要的。

7)在有理由怀疑存在所不允许的放射性污染时，则应由第 4.1 节所认可的检测机构根据附件 5(对于重复利用材料的混合料)或者根据附件 6(对于高炉炉渣混合料)进行检测。

8)虽然 DIN 52101 在形式上由 DIN EN 932-1 所替代，但仍要重视 DIN 52101 的附件 A、B 关于采石厂的说明和评估以及关于岩石粒径扩展的标记。

(1)原则上只允许生产商使用按照参考文献[83]验证的可重复利用混合料。

(2)应当分类开采和储存可重复利用材料。只有明确验证材料来源后,才允许使用。

(3)只有那些不危害环境、在化学、物理方面无副作用的、适宜用于铁路工程的材料才允许用来制作可重复利用的混合料。一般来说,如果这些材料没有超出参考文献[32]中给出的限界值,则其环境相容性和适宜性即得到验证。

(4)作为可重复利用的材料应优先使用铁路轨道的旧砟石。

(5)混凝土碎块的使用只限于破碎的废旧混凝土轨枕,碎块在颗粒混合料1中的最大含量为30%(质量百分比)。

6.3.4.4 高炉炉渣颗粒混合料

高炉炉渣(HOS)只允许作为颗粒混合料1的原材料。在颗粒混合料中必须含有至少30%的未破碎的天然矿物材料。掺加有高炉炉渣的颗粒混合料原则上必须满足对颗粒混合料1的要求。如果在压实度 $D_{pr}=1.00$ 时其渗透系数保持在 $k\leqslant 1\times 10^{-5}$ m/s,则可视为满足了对较小渗透系数的要求。

所使用的高炉炉渣(HOS)必须通过常规的制作工序由生铁提取、制备,并不能掺加其他的炉渣。其来源必须加以验证而且要按照种类、质量等级分别进行储存。以高炉炉渣为原材料的颗粒混合料必须特别注意参考文献[84]中的相关要求。高炉炉渣的许可条件可参阅参考文献[32]。

在采用高炉炉渣制作颗粒混合料时必须特别重视其环境相容性,不允许对环境产生危害。如果没有超过参考文献[32]中的铺设极限值而且能够遵守铺设条件的话,那么一般能够满足这一要求。其环境相容性的验证只能在有资质的化学试验室中进行。

6.3.5 颗粒粉化和破碎试验

为达到保护层的承载力和密实度要求,必须加强对保护层的压实。由于上述原因以及由于运输和堆放而使颗粒混合料遭受较大的机械荷载,这样就会出现颗粒破碎,从而导致颗粒粉化。这样铺设的颗粒混合料的级配曲线相对于供货时的级配曲线有所变化,其结果是,在铺设颗粒混合料之后级配曲线不再满足供货时所确定的级配条件。通过比较保护层铺设前后的级配曲线就可以清楚地验证这种颗粒粉化的现象[85]。

首先在试验室通过两次葡氏试验[37]模拟颗粒混合料在铺设和压实时的机械荷载和由此产生的颗粒粉化(第2次葡氏试验)。其间对颗粒混合料进行一次5组的葡氏试验,这一新的试验被称为破碎试验[85]。在破碎试验中,根据简化的葡氏试验条件对同一试验材料进行5次铺设和压实。对此假定,在试验室施加的总的压缩功大约相当于保护层材料在运输、铺设和现场压实过程中承受的荷载。通过比较破碎试验前后的级配曲线就能得到颗粒粉化的结果[32]。

根据参考文献[32],破碎试验是自控检测的一部分,而且必须对两种颗粒混合料进行破碎试验。如果在自控检测过程中,通过破碎试验满足以下条件,则这种颗粒混合料适合作保护层材料:

(1)级配曲线必须保持在最佳的级配范围内。

(2)对于颗粒混合料1,在粒径 $d\leqslant 0.02$ mm 的情况下过筛量必须≤5.0%(质量百分比),在 $d\leqslant 0.063$ mm 的情况下过筛量为≤7.0%(质量百分比)。

(3)对于颗粒混合料 2,在粒径 $d \leqslant 0.063$ mm 的情况下过筛量必须$\leqslant 7.0\%$(质量百分比)。

假定在破碎试验中施加的压实力相当于颗粒混合料在铺设、压实以及长期运营负荷状态下所承受的实际荷载,并将这一假定在德国铁路股份公司的一条干线上进行了长达 3 年的研究加以验证[85]。从研究成果中可得出以下结论:

(1)在铺设和压实后,首先在中砂和细砾石范围有明显的颗粒粉化现象。但粒径 $d=0.02$ mm 时的过筛量只有少量的增加,这就意味着即使在铺设后也能确保颗粒混合料的抗冻性。总的来说,在铺设和压实后也能满足对颗粒级配的要求。

(2)在承受多年的运营荷载后,级配曲线与刚建成时的级配曲线相比没有出现较大变化。这一结果既涉及中砂至细砾石部分,也涉及对抗冻性非常重要的粒径<0.02 mm 的细粒部分。

(3)试验室破碎试验得出的级配曲线与在工地铺设和压实后的级配曲线吻合较好,只是破碎试验后的颗粒粉化略大于工地上的颗粒粉化。

根据这些结果还得出了有关控制检测的一个结论,即如果在铺设和压实保护层后进行控制检测,那么对结果的评估不能以供货后的级配条件为根据,而应以实施破碎试验后的级配条件为根据(图 6.5 和图 6.6)。

6.3.6 过滤稳定性

6.3.6.1 原　　理

承载系统中接触区的过滤稳定性涉及的主要问题不是水流冲刷之后颗粒的重分布而是静荷载,特别是由于行车动载产生的不稳定性。由于压力,特别是由于振动颗粒会重分布,从而在不同颗粒成分的两种类型的土之间出现了混合、渗漏和变形。

分析这种荷载作用下粗粒土及混合土的过滤稳定性时也是以单个颗粒活动性及孔隙几何学原理为出发点(见 3.7 节)。但是,随着黏性增加,土的黏结性也变得非常重要,与密度相关的土的强度对可能产生的不稳定性是至关重要的。

对保护层—道床接触区的稳定性及保护层—地基基础区的稳定性均要加以验证。因此相对于道砟和地基,作为保护层材料使用的颗粒混合料要保持过滤稳定性。

6.3.6.2 保护层—道床过滤稳定性

如果过筛率为 85%时,颗粒粒径 $d>10$ mm,对于道砟而言,颗粒混合料的过滤稳定性就得到验证(图 6.5)。关于这一条件的来源及科学根据知之甚少,但在实践中却得到证实。

6.3.6.3 保护层—地基稳定性

相对于地基必须进行两种验证:

(1)阻止在地基—保护层接触区出现有害的颗粒重分布以及在这两层之间的相互渗漏(抗机械接触侵蚀的稳定性)。

(2)相对于既有土,保护层的颗粒混合料的渗透能力有很大的提高(渗透系数提高的验证)。

抗机械接触侵蚀的稳定性

情况 A:基本上无黏着力、液限 $w_L<0.20$ 的既有土。

如果满足图 6.7 泰沙基(TERZAGHI)过滤原理，则抗机械接触侵蚀的稳定性得到验证：

$$D_{15,\mathrm{vorh}} \leqslant D_{15,\mathrm{zul}} = 4 \cdot d_{85}\text{（过滤点 II）}$$

式中，D_{15} 是指过筛率为 15％时保护层颗粒混合料的粒径，d_{85} 是指过筛率为 85％时地基既有土的粒径。

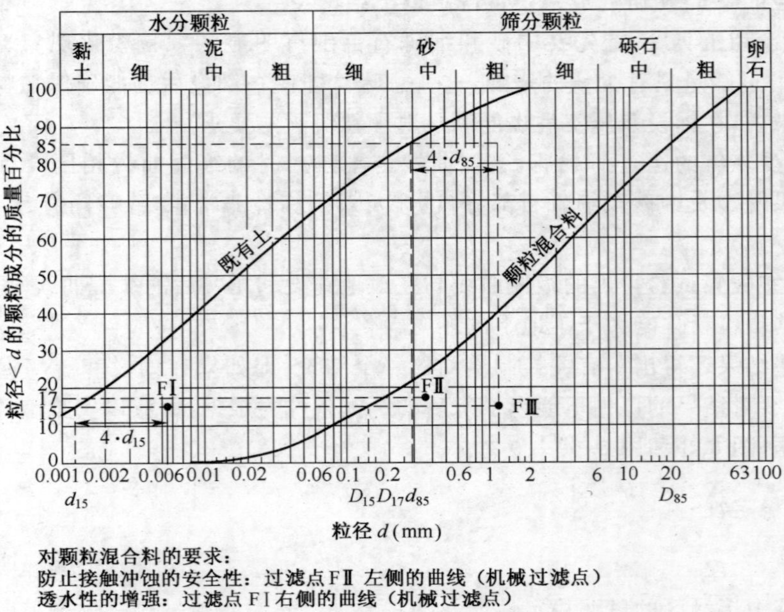

图 6.7　过滤稳定性的验证

情况 B：有黏着力、液限 w_L 在 0.20 和 0.46 之间的既有土。

根据 RICHTER/LIEBERENZ 原理，满足下式则抗机械接触侵蚀稳定性得到验证：

$$D_{17,\mathrm{vorh}} \leqslant D_{17,\mathrm{zul}}\text{（过滤点 II）}$$

式中，$D_{17,\mathrm{zul}}$ 是保护层颗粒混合料的允许粒径，取决于既有土的液限 w_L，可从图 6.8 中得到该值。

情况 C：黏着力较大、液限 $w_L > 0.20$ 的既有土。

在这种情况(黏着力较大、状态更稳定)下，如果根据参考文献[32]只使用颗粒混合料 1 和颗粒混合料 2，则可以不进行稳定性的验证。

因此，根据图 6.7 颗粒混合料的级配曲线必须在过滤点Ⅱ(机械过滤点)的左边。如果不能验证抗机械接触侵蚀的稳定性，则根据第 6.4 节规定必须使用细粒混合料铺设保护层并且使用起隔离或过滤作用的土工合成材料。

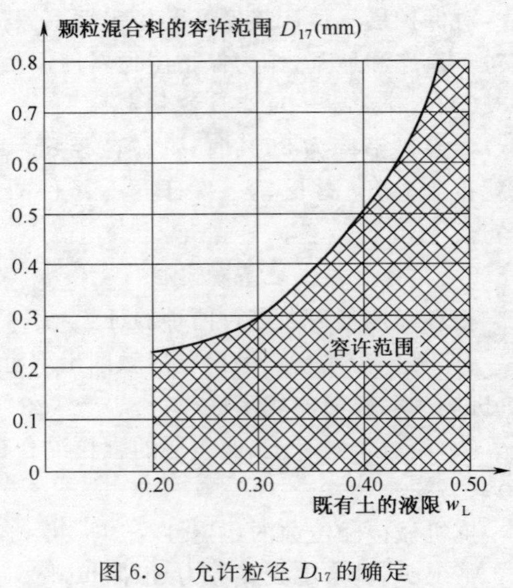

图 6.8　允许粒径 D_{17} 的确定

渗透系数的提高

如果满足泰沙基(TERZAGHI)原理：

$$D_{15,\mathrm{vorh}} \geqslant D_{15,\mathrm{zul}} = 4 \times d_{15,\mathrm{vorh}} \text{（过滤点 I）}$$

则既有土保护层颗粒混合料的渗透系数就有足够的保证。

因此,根据图 6.7 颗粒混合料的级配曲线必须在过滤点Ⅰ(机械过滤点)的右边。如果通过颗粒混合料不能提高所必要的渗透系数,那么按规定必须使用粗颗粒混合料(例如,在双层的保护层中)或者使用主要作为排水,同时兼作隔离和过滤构件的土工合成材料。

6.3.6.4　土工合成材料的使用

在使用土工合成材料时应采用满足第 6.4.1 节要求的隔离、过滤及排水构件。在使用这些平铺在保护层和地基之间的土工合成材料时,如果满足以下条件,则视为抗机械接触侵蚀的稳定性得到验证：

开口宽度：0.06 mm$\leqslant O_{90,\mathrm{w}} \leqslant$0.02 mm

厚度：$d \geqslant 15 \cdot O_{90,\mathrm{w}}$[mm]

其中,$O_{90,\mathrm{w}}$是典型的开口宽度,参见 3.10.2 节。

6.3.7　质量保证

为保证用于保护层的颗粒混合料的质量,必须遵守表 6.2 中检测标准、检测规范和检测机构的规定。为此必须按照 DIN 18200[86]对两种颗粒混合料进行以下检测：

(1)适宜性检测或适宜性验证；

(2)自控检测；

(3)第三方检测。

对于所有针对供货而规定的颗粒混合料,须由获得许可的检测机构进行适宜性检测。在适宜性验证中对检测结果进行记录、整理并加以评估。适宜性验证是供应颗粒混合料的前提条件(供应资格)。供货商必须通过向颗粒混合料订购方提交适宜性验证来表明其具备供货资格,适宜性验证的有效期不能超过 6 个月,对于可重复利用材料的混合料,适宜性验证的有效期不能超过 4 个月。此时还必须注意：在基本生产条件(如生产厂家、材料成分或生产工艺等)发生变化的情况下,原则上适宜性验证就失效,那么必须在已经改变条件的基础上重新申请适宜性验证。

自控检测是对所提供的产品持续进行监控和质量保证。如果有相关人员和实验室设备等前提条件,那么可由生产商自行进行检测。如果生产商发现没有遵守对颗粒混合料的要求,则应立即停止生产和停止供应不符合要求的材料,寻找质量下降的原因并采取措施,以便重新达到所要求的质量水准。在颗粒混合料成分发生变化的情况下原则上需要重新进行适宜性检测。

除此之外,生产商和供货商还必须每半年让获得许可的检测机构在第三方检测框架内对所提供的颗粒混合料进行检测。在使用可重复利用的建筑材料时则必须每一季度进行一次这样的检测。第三方检测的结果应记录在检测证明中。如果检测机构在进行第三方检测之后断定,颗粒混合料没有满足所有要求,那么应当立即停止供应和停止使用这种已通过验证的材料。

在将颗粒混合料交付给订购方时,生产商必须确认所提供的材料符合参考文献[32]规定的所有要求。这还涉及颗粒混合料的含水量 w，应向订购方交付含水量略低于最佳含水量 w_{opt} 的颗粒混合料。建议颗粒混合料的含水量为 $0.8w_{opt}$。

控制检测不是保证颗粒混合料质量的直接组成部分，但铁路部门可以额外要求进行控制检测，为此生产商或供货商一般应同时在检测现场。根据参考文献[1]，在控制检测范围内必须根据土工技术专家的标准检查保护层铺设前后的颗粒级配和渗透系数。如果在交付颗粒混合料之后能够维持破碎试验前的级配条件，而且在铺设后能够维持破碎试验后的级配条件，则可以满足控制检测范围内的要求（见 6.3.5 节）。在铺设保护层后对颗粒混合料的渗透系数进行检测只限于特殊情况。

6.4 采取附加措施的保护层

如果在地基中有含水量高、承载力低的软弱黏性土，而且不能充分压实，那么在铺设和压实保护层时会出现问题。上述问题有可能在确定土路基设计计算基本值 E_{EPL} 或者计算模量 $E_H \leqslant 10\ MN/m^2$（据第 5 章）时出现。此时必须通过附加措施提高土路基的承载力，使保护层得到足够地压实。对保护层采取附加措施能起到以下作用：

(1)采取附加措施（使用土工合成材料、进行土改良和土加固、铺设过渡层）之后保护层起到承载层的作用；

(2)采取附加措施（使用土工合成材料、铺设隔热层和过渡层、进行土改良和土加固）之后保护层起到防冻层的作用；

(3)采取附加措施（使用土工合成材料）之后，保护层起到隔离、排水及过滤作用；

(4)采取附加措施（使用土工合成材料）之后，保护层起到防水层作用。

6.4.1 土工合成材料

6.4.1.1 市场上的成品及其作用

所有由土工合成材料制成并用于岩土工程的扁平状结构材料均被称为土工合成材料，它在铁路工程中的运用可追溯到 20 世纪 70 年代。就此可以回顾在这 30 年时间里，无论是在技术方面还是在经济方面，土工合成材料取得的成果，甚至可以说，在现代的铁路工程中，如果没有土工合成材料，那几乎是不可想像的。

在这类产品面市初期几乎只有毛毡材料，它被作为隔离及过滤构件铺设在既有地基和保护层之间的土路基上。随后开发并生产出了其他结构的材料，如织物和土工格栅，它们能在拉伸较小的情况下承受非常大的拉力。然后就出现了具有较高抗拉强度的土工合成材料，它可以作为加筋材料运用于土工建筑物中，类似混凝土中的钢筋。

土工合成材料的种类和作用见图 6.9。根据其种类或者市场上的产品类型，一般可将土工合成材料划分为土工织物、土工格栅或者类似于格栅的土工产品和防水板。土工织物包括毛毡材料、织物或网状物。根据其生产方式的不同，土工格栅可分为拉伸式、编织式或平铺式土工格栅。类似于格栅的土工产品则是由板状或条状构件构成的。多种土工合成材料可以相互组合成复合材料。

防水板以前被称为塑料薄膜，而且现在还在沿用土工薄膜的概念，主要包括土工合成材料防水板（KDB）以及土工合成的黏土防水板（GTD）。在铁路工程中这些产品主要用于防水,以保护取水区的地下水(见 6.4.4 节)。

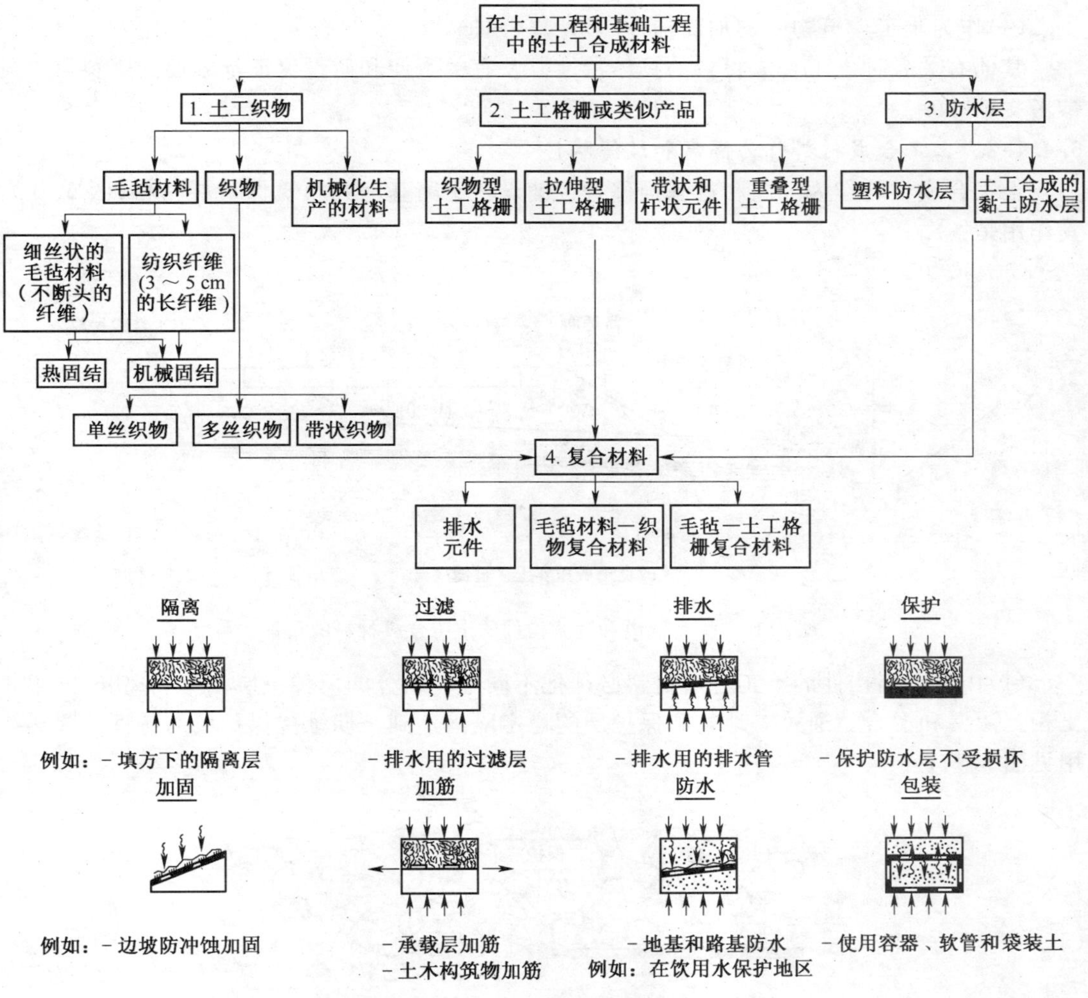

图 6.9　市场上的土工合成材料产品类型和作用

根据图 6.9,土工合成材料在铁路工程中的主要功能是:过滤、排水、隔离、加筋和防水。

通过开发复合材料减少了功能单一的产品。复合材料是将具有不同特性的各种土工合成材料相互组合在一起产生的一种新产品,这种产品能够同时满足多种功能要求。由抗拉强度高的织物、土工格栅和毛毡材料组成的复合材料非常重要。作为保护层的附加措施时,它们能够同时承担加筋、隔离、过滤和排水的功能。因此,复合材料也被称为具有隔离和过滤附加作用的加筋构件。

在参考文献[101]、参考文献[88]以及在德国铁路股份公司实施的《联邦铁路局许可审查程序中关于土工合成材料检测条件》(参考文献[87])中制定了对作为保护层附加措施的土工合成材料的相关技术要求。在参考文献[87]中将土工合成材料的主要使用情况分为:

(1)作为在承载层下的隔离及过滤构件;

(2)作为具有附加隔离和过滤作用的加筋构件；

(3)作为承载层中的加筋构件(无计算公式)；

(4)作为土工建筑物中的加筋构件(有计算公式)。

其他有关各种土工合成材料的具体特性以及有关生产和质量保证等方面的资料可参见参考文献[89]。

6.4.1.2　土工合成材料作为隔离和过滤构件

土工合成材料作为隔离和过滤构件直接铺设在土路基上并填筑保护层材料(图 6.10)。其作用是：

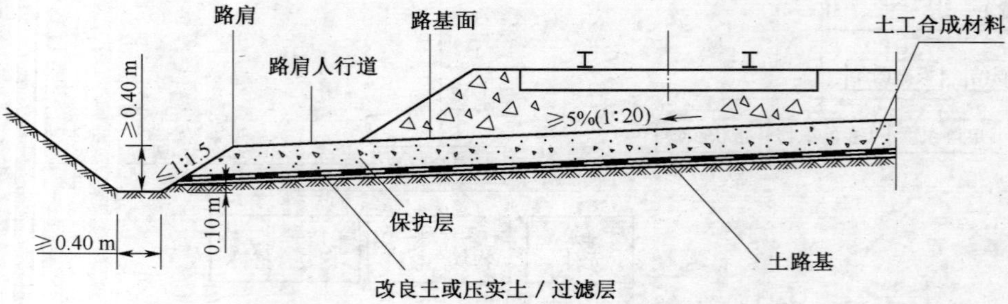

图 6.10　作为隔离和过滤构件的土工合成材料的布置

(1)作为隔离构件的土工合成材料必须把不同颗粒组分的两种土层相互隔离开，并阻止土相互渗漏和混合。通过对地基和保护层的稳定隔离达到长期维持保护层的特性。隔离作用见图 6.11。

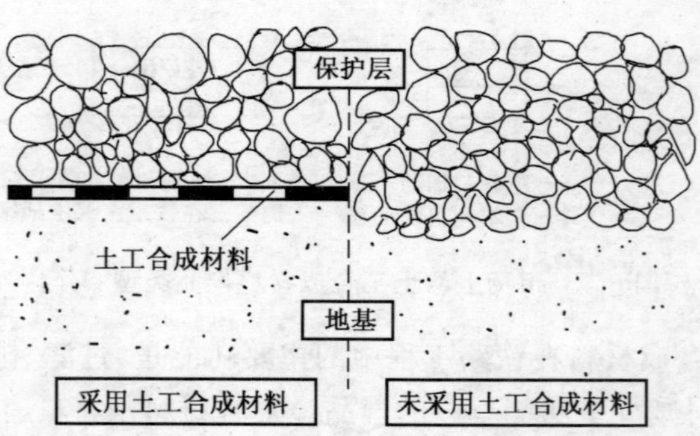

图 6.11　作为隔离和过滤构件的土工合成材料的作用

(2)作为过滤构件的土工合成材料必须能够使水保持流通，但要抑制地基中受冲蚀的土颗粒流失。在具有有效厚度的情况下，与过滤作用相结合的土工合成材料还应具有一定的排水作用，使水通过土工织物层排走。

作为隔离和过滤构件的首选材料是毛毡。根据参考文献[87]和[1]对作为隔离和过滤构件的毛毡材料提出了以下要求：

(1)单位面积质量：≥250 g/m^2；

(2)抗冲击力：≥2 500 N；

(3)在 20 kPa 活载下垂直方向上渗透系数：$k_v \geqslant 1\times10^{-3}$ m/s；

(4)在 20 kPa 活载下水平方向上渗透系数：$k_h \geqslant 5\times10^{-4}$ m/s；

(5)有效开口宽度 $\ddot{O}_{90,w}$：0.06～0.20 mm；

(6)在 20 kPa 活载下厚度：$\geqslant 15\times\ddot{O}_{90,w}$。

单位面积质量和抗冲击力的要求应符合 3.10.1 节中对土工织物坚固等级 GRK4 的要求。

6.4.1.3 土工合成材料作为加筋构件

如果所采用的土工合成材料的抗拉强度可以更好地分配行车荷载，进而减小地基所承受的荷载，就可使用土工合成材料作为加筋构件。土工合成材料在最小拉伸情况下具有较高的抗拉强度并能通过与其相结合的土体产生摩擦力，土工合成材料与周围土体相黏着，起到分布荷载的作用。土工格栅和复合材料是满足上述要求的最理想的材料。

土工格栅

土工格栅是作为纯粹的加筋材料来使用的。由于土工格栅为一种开口结构，不能满足隔离和过滤的功能，因此在对水敏感的地基中不能将土工格栅铺设在土路基上，而应铺设在保护层内的中间路基层上。此时的保护层应铺设为两层。土工格栅的结构会在保护层颗粒混合料和格栅之间起到很强的啮合作用，从而可以减小整个系统的变形。根据参考文献[87]，土工格栅作为加筋材料时必须满足以下要求：

(1)两个主要方向上的最大抗拉力：≥40 kN/m。

(2)两个主要方向上最大抗拉力各向同性：1∶1～ 1∶1.25。

(3)在拉伸率为 3%的情况下两个主要方向上的最大抗拉力：≥10 kN/m。

(4)两个主要方向上网宽各向同性：1∶1～ 1∶1.75。

(5)两个主要方向上网宽的下限：网宽 $\geqslant d_{80}\times1.67$。通过这一啮合标准可使土和土工格栅之间的摩擦性能达到最佳。d_{80} 值是粒径，在周围土体的级配曲线中它相当于 80%过筛量的纵坐标。

(6)两个主要方向上网宽的上限：≤40 mm。通过这一标准可以保证土工格栅的平面承载作用，以阻止土层变形过大而要求铺设加筋构件。摩擦性能的平面承载作用标准估计要高于啮合标准，因此在使用颗粒混合料 2 时可以忽略啮合标准。

所谓网宽，是指土工格栅两个加筋条之间的净宽度。

复合材料

地基对水敏感，遇水后完全湿透，且不能验证地基和保护层之间的抗机械接触侵蚀的稳定性(见 6.3.6.3 节)，从而导致土体出现相互渗漏和混合的现象，那么原则上推荐将具有附加隔离和过滤作用的加筋构件直接铺设于土路基上。复合材料，就是将毛毡材料成分与具有高抗拉强度的土工格栅或织物成分结合在一起的材料。新近开发的产品由毛毡材料构成，材料中有高抗拉的纵向和横向丝线。其中毛毡材料成分主要起隔离、排水和过滤的功能：

(1)可以长期阻止地基和保护层之间的混合及有害的颗粒重分布，达到各层隔离的效果，保持保护层颗粒混合料的特性；

(2)使出现的水通过土工织物层快速排走；

(3)具有足够的抗冻性能(第 5 章)，从而减少有可能在春季冻融期出现的不良变形和相互混合情况。

首选抗拉强度高的土工格栅和织物成分作为加筋构件，其优点是：

(1)可以更好地分配行车荷载以及总体减少地基中的应力；

(2)减少土路基中既有承载力的差异，使承载力性能差异比较均匀(均匀性)；

(3)可以消除在春季解冻期出现的季节性土路基承载力降低现象。

作为隔离和过滤作用加筋构件的复合材料应结合保护层加以使用，此时必须满足参考文献[87]和[101]提出的要求。适用于隔离和过滤构件(毛毡材料)的要求是：

(1)在 20 kPa 活载下的垂直方向上渗透系数：$k_v \geqslant 1\times10^{-3}$ m/s；

(2)在 20 kPa 活载下的水平方向上渗透系数：$k_h \geqslant 5\times10^{-4}$ m/s；

(3)有效开口宽度 $\ddot{O}_{90,w}$：0.06～0.20 mm；

(4)在 20 kPa 活载下的厚度：$\geqslant 15\times\ddot{O}_{90,w}$；

(5)单位面积质量：≥250 g/m²；

(6)土工织物坚固等级为 GRK3。

适用于加筋构件(土工格栅和织物成分)的要求是：

(1)在两个主要方向上的最大抗拉力：≥40 kN/m；

(2)在拉伸率为 3%的情况下两个主要方向上的最大抗拉力：≥10 kN/m；

(3)在两个主要方向上最大抗拉力的各向同性：1∶1～1∶1.25；

(4)在拉伸率为 3%的情况下两个主要方向上抗拉力的各向同性：1∶1～1∶1.25；

(5)两个主要方向上的网宽：≤40 mm。

同时在此必须对复合材料进行拉伸试验。

加筋构件和隔离-过滤构件应平铺放置，以保证在使用期内达到坚固耐久的效果。通过机械加固硬化或者融合可以使这两种不同的构件平铺放置并连接在一起。

6.4.1.4 加有土工合成材料的保护层厚度的设计计算

保护层与具有隔离和过滤作用的加筋构件的组合是为了达到在相同的安全水平下减少保护层的厚度的目的。目前还不能从理论上验证土工合成材料的加筋作用，不能计算加有土工合成材料的保护层的规定厚度，而且估计今后也不能做到这一点。为此规定，要根据大比例尺试验的经验性结果，对既有铁路线测量的评估结果及实际经验进行设计计算[72]。首先应当借助于简化的理想模型进行试验，以清楚得知土工合成材料对于提高承载力的作用(图 6.12)。

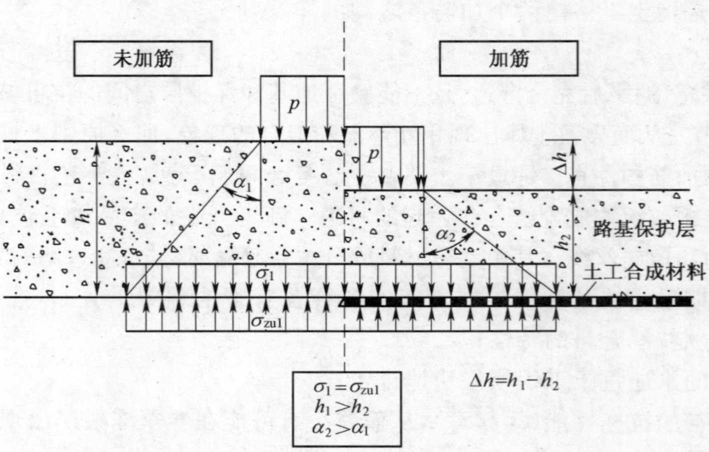

图 6.12 土工合成材料加筋作用的理想模型

既有土路基所能吸收的并且不会造成有害变形的应力用 σ_{zul} 表示，传递到保护层路基面的荷载用 p 表示。如果没有土工合成材料，则在保护层中出现的荷载扩散角度为 α_1。为了能将荷载 p 降低到允许应力（即 $\sigma_1=\sigma_{zul}$），保护层厚度至少应为 h_1。如果在土路基和保护层之间设置加筋土工合成材料，因为加筋材料可使荷载 p 分布更广，而且使荷载扩散角度 $\alpha_2(\alpha_2>\alpha_1)$ 更大，所以保护层厚度只需 h_2 即可使土路基中的荷载 p 降低到应力 σ_{zul} 的水平。通过使用土工合成材料（在其他条件相同的情况下）可减少保护层的厚度（$\Delta h=h_1-h_2$）。为了能够在极少可能出现的承载系统垂直变形的情况下减少保护层厚度，所使用的土工合成材料须在最小拉伸情况下具有较高的抗拉力。就此而言，土工合成材料的最大抗拉力并不重要，其在拉伸非常小的情况下的抗拉力值才是最重要的。

在理想模型中曾讨论过与保护层结合使用的土工合成材料的加筋作用，但在实际情况中应如何对此进行调整，及保护层的厚度又可以减少多少，这在业界仍有争论。与其有关的不同看法也反映在相关的建议和规定中。

根据德国铁路规范 836 进行设计计算

德国铁路规范 836[1] 规定，只有保护层的厚度大于 50 cm 时，具有隔离和过滤作用的加筋土工合成材料在设计时才是有效的，然后可将保护层的厚度减少 10 cm，也即意味着保护层厚度小于 50 cm（这在实际中是普遍的），而此时在地基和保护层之间设置的加筋土工合成材料在设计时是无效的。这一规定限制了有轨式铺设保护层的方式（见 6.5.2 节），因为在这种铺设方法中保护层的铺设厚度最大为 45 cm。

根据 EBGEO 进行设计计算

《土工合成材料加筋建议（EBGEO）》[90] 中包含了设计简图，EBGEO 允许在设置保护层土工合成材料的情况下减少所必需的保护层厚度。德国和奥地利进行了大量的承载力测量试验，结果表明，土工合成材料具有改良作用[72]、[91]。在使用具有隔离—过滤作用的加筋土工合成材料时，这种改良作用不只是指加筋作用，也指隔离—排水—过滤作用。因此，今后不应只强调其加筋作用，而应更全面地评价土工合成材料的作用。因具有隔离—过滤作用的加筋土工合成材料才具有这样的全面作用，因此推荐在土路基和保护层之间铺设这种土工合成材料。

根据参考文献[90]可将土工合成材料纳入到就抗冻性和承载力而进行的保护层厚度的设计中。在就抗冻性进行设计计算时，可将最大厚度为 10cm 的具有隔离—过滤作用的加筋构件算入到防冻层的厚度中，其中防冻层的最小厚度必须保持在 20cm。作出这样规定的出发点是，具有隔离—过滤作用的加筋构件具有以下功能：

(1)阻止颗粒重分布及掺入到承载系统中（隔离—过滤作用）；

(2)阻止变形并能分配行车荷载（加筋作用）；

(3)较快地引排土工合成材料中的水（排水作用）。

另外它还可以在不损害承载系统的情况下，消除春季解冻期季节性的承载力降低现象[72]。

对于承载力测定，推荐采用图 6.13 中给出的设计计算图，该图是对参考文献[90]中设计计算图的进一步发展。根据图 6.13，保护层所要求的厚度 d_{TS}，可根据土路基的设计基本值 E_{EPL} 或计算模量 E_H，路基面上的计算目标值 E_{PL} 及线路类型求得。需要注意的是，图 6.13 仅适用于下列情况：

(1)有砟轨道；

(2)既有铁路线路的加固或维修；

(3)具有隔离—过滤作用的加筋构件满足参考文献[87]的要求；

(4)土路基的设计基本值：10 $MN/m^2 \leqslant E_{EPL} \leqslant 30$ MN/m^2；

(5)保护层的最小厚度为 20 cm。

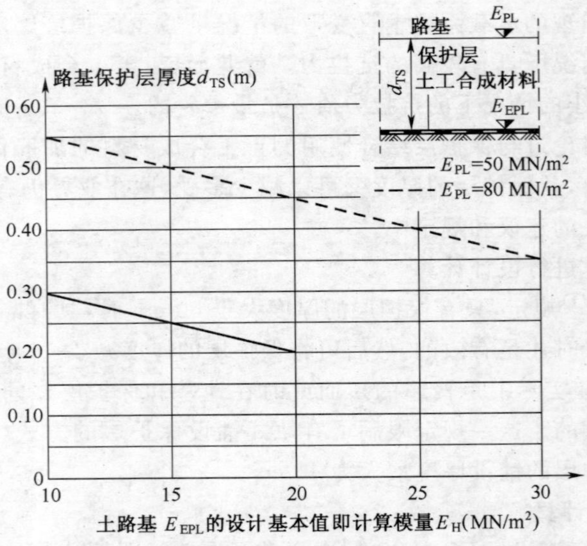

图 6.13 设计计算图表[90]

如果土路基局部软弱且承载力较低，也可使用土工合成材料。在没有保护层的土路基上铺设土工合成材料能够消除局部软弱部位，并能均衡路基上的承载力。这种局部铺设的土工合成材料在设计时是不考虑的，即在设计保护层厚度时不考虑这种土工合成材料的作用。土工合成材料这种消除软弱部位的功能只有在结合轨道一起铺设保护层(见 6.5.2 节)时才具有特别重要的意义。

6.4.1.5 土工合成材料的铺设条件

必须在轨道纵向上，以整个铺设宽度及 5%的横向坡度将土工合成材料铺设在干净、平坦的土路基或中间路基层上。在无轨式铺设保护层时要确保土工合成材料板免受风蚀的影响。

毛毡材料接头的搭接长度至少为 30cm。如果为复合材料和土工隔栅，则其接头搭接需要有 50cm，通常不需要进行粘结连接(接缝、焊接)。在铺设时需参考制造厂家或供货商提供的使用说明书。

为了能够使土工加筋合成材料在承载体系变形较小的条件下起到荷载分布元件的作用，铺设在土路基或中间路基层上的土工加筋合成材料要处于张紧的状态，这会对土工合成材料起到预加应力的作用。

禁止施工车辆和施工机具直接在土工合成材料上驶过。只有在土工合成材料上的覆盖层至少为 20 cm 后，方能允许通过。在铺设保护层(覆盖层)时要避免施工车辆和施工机具直接接触到土工合成材料。

根据参考文献[32]，在土工合成材料上应当铺设并压实厚度至少为 20 cm 的颗粒混合料 1 或颗粒混合料 2。在铺设中不允许土工合成材料与边缘尖锐的材料接触，如道砟、小碎石和高炉炉渣。但对于混合区域及碎石垫层内的个别碎石允许采用土工合成材料加以覆盖，铺设时(如果有必要的话)可按照参考文献[87]中的要求提高所使用的土工合成材料的坚固性。

周围土体的 pH 值应在 5.0～9.0 之间。另外必须采用耐碱原材料(聚脂)制成的土工合成材料与用石灰或水泥加固的土或混凝土接触。只有在选择抗碱的土工合成材料时，才允许周围土体的 pH 值大于 9.0。

土工合成材料的铺设宽度至少要覆盖道床横断面及与其相连的 0.50m 宽的两侧。如果土工合成材料还要作为排水构件使用时，则土工合成材料应铺设至排水设备或边坡处。

6.4.2 土改良和土加固

从经济及技术角度看，保护层与土改良及加固措施相结合的目的在于，至少有部分的改良及加固层可以纳入到保护层厚度的设计中，由此可以减小所必需的保护层厚度。为实现这一目的，必须通过土改良或土加固措施使土路基和地基具有一定的承载力和抗冻性。

土改良是指通过掺入胶结材料或其他合适的材料来改善土的铺筑性和可压实性，并有利于工程的施工。其主要目的是，通过立即提高土路基的承载力，以便充分压实铺筑在其上方的保护层。土改良分为机械式土改良和采用水硬性胶结材料的土改良两种形式，前者通过掺入适当粒径的颗粒料来改善地基的颗粒结构，后者是从既有土中吸出水分来达到改良土的目的。

土加固是指通过掺入胶结材料或其他合适的材料使土层具有持久承载力并能抵抗行车荷载和温度应力。通过土加固必须使土路基或地基中的既有土具有长期承载力和抗冻性并且对水不敏感。对此需要在实验室进行适宜性检测，特别是要根据土的特性确定胶结材料的数量。土加固的主要目的在于保持持久承载力的作用。土加固时可使用石灰、水泥或者承载层胶结材料等。

在按照参考文献[23]进行的土分类(与表 6.3 相符)的基础上可以初步确定既有土对土改良和土加固的适宜性。除此以外还必须进行适宜性检测以优化土加固时的技术参数(如胶结材料的种类、剂量和最佳含水量)。

表 6.3　土对改良和加固的适宜性

方　法	根据 DIN 18196 对土进行分类											
	GE	GW GI	SE	SW SI	GU GT	GU* ST*	SU ST	SU*	UL	UM	TL	TM
采用水泥进行土加固	×	×	×	×	×	×	×	×	(×)	(×)	(×)	(×)
采用细石灰和氢氧化钙进行土加固和土改良				×	×	×	×	×	×	×	×	×
采用高水硬性石灰进行土加固和土改良		×	×	×								
机械方式的土改良	×		×		×	×	×	×				

注：×代表该方法通常是适用的；

(×)代表如果土粉碎后可以均匀混合，则该方法一般是适用的。

对于铁路工程，还没有关于土改良和土加固在准备和施工方面的行业规定，因此主要参考公路部门的规范。根据参考文献[1]，ZTVE-StB[3]和《采用胶结材料进行土加固和土改良的说明》[92]中的规定特别适用于在铁路工程中采用胶结材料进行土改良和土加固的情况。如果采用石灰进行土改良，可参考《采用石灰进行土改良的说明》[93]，而采用水泥进行土加固时，则可参考《采用水泥进行土加固的说明》[94]。参考文献[44]包含了对土改良和土加固措施的准备、实施和质量保证的详细说明。

借助于上述资料，也可以在铁路工程中进行土改良和土加固工程。当土路基的设计基本值 E_{EPL} 及计算模量 E_H 在 5～20 MN/m^2（见 5.2.1 节）时，适合进行土改良和土加固，而且在技术上也是可行的。在 6.4.2.2 节中将详细讨论铁路的特殊性。根据参考文献[1]，只有在使用至少 20cm 厚、由颗粒混合料 1 制成的、用于覆盖和封闭的保护层时才允许进行土改良和土加固。此处保护层可以满足道砟的过滤规定。

作为保护层的附加措施，在一定条件下可将土改良和土加固作用计入保护层所必需的厚度内。在根据承载力设计保护层厚度时，可参考参考文献[1]：

(1)如果估算得出的土路基设计基本值 $E_{EPL}=30$ MN/m^2 且该值被验证为土路基的 E_{v2} 值，那么土改良的厚度至少为 40 cm。

(2)如果估算得出的土路基设计基本值 $E_{EPL}=45$ MN/m^2 且该值被验证为土路基的 E_{v2} 值，那么土加固的厚度至少为 40 cm。

只有经过相应的验证，才允许估算一个较高的设计基本值。出于多种原因，参考文献[1]中的这一附加条件遭到了反对，在实际情况中如果将设计值和验收值结合在一起，就会导致无法解决的时间上的矛盾，因为设计时确定的估计值只有经过很长的时间，在现场实施土改良作业后通过验收才能得到证实。其次，由于改良/加固层的强度随时间不断增大，为获得土改良或土加固后路基上的变形模量 E_{v2} 而进行的承载力测定可能会由于变化具有偶然性，从而会出现一些问题。公路部门已经考虑了这一实际情况，对此在参考文献[3]的质量控制范围内只要求验证压实度 D_{Pr}。因此建议铁路行业取消参考文献[1]中提出的在铁路工程中土改良及土加固时验证 E_{v2} 值的附加条件。

就冻结性进行保护层设计时是否考虑土改良和土加固这一问题在参考文献[1]中没有规定。但与此相反，在验证有足够的防冻性和抗冻性的情况下，公路部门允许将最大厚度为 20 cm、采用石灰进行的土加固算作为防冻的上部结构。这一规定考虑了只有通过土加固才能达到长期的作用。

上述公路部门的条件可以为铁路工作所借用。这将意味着，如果其防冻性和抗冻性按照公路部门的规定得到验证的话，在根据冻结性设计保护层时只需考虑土加固的作用。因此在将土加固算入到保护层所必要的厚度时，防冻性和抗冻性的验证具有特别重要的意义。

6.4.3 过 渡 层

作为保护层的附加措施而设置的过渡层是在轨道附近区域进行换土的一种特殊形式（见 8.3.1 节）。为此，用适宜的土替换地基中不适宜的土，不适宜的土是指有机土或软弱黏性土，其承载力低并很难压实。过渡层可以使用颗粒混合料 1 和颗粒混合料 2 以及根据 6.3.2 节所有适合作为保护层的其他材料。由于这些材料是防冻的，过渡层同时也能起到防冻层的作用，所以要计入所必需的防冻层厚度 d_{FSS} 中。

在挖去不适宜的土之后即到达原地基面(UPL)，在其上铺设过渡层，并按照 $D_{pr} \geqslant 0.97$ 的压实度压实。过渡层表面即成为土路基面(图 6.14)。

如果土路基的设计基本值 $E_{EPL} \leqslant 15\ MN/m^2$，则可考虑铺设过渡层。过渡层的厚度 $d_{ÜS}$ 取决于地基面的设计基本值 E_{UPL} 和土路基面上的承载力要求，通过承载力设计计算可以获得。图 6.15 给出了 $E_{EPL}=30\ MN/m^2$ 或 $45\ MN/m^2$ 的土路基面上的承载力要求曲线。借助于土路基面上设计基本值为 30 MN/m² 或 45 MN/m² 的 E_{EPL} 值，可以就承载力计算保护层厚度。为此，承载力设计可以分两步进行(见 6.6 节)。

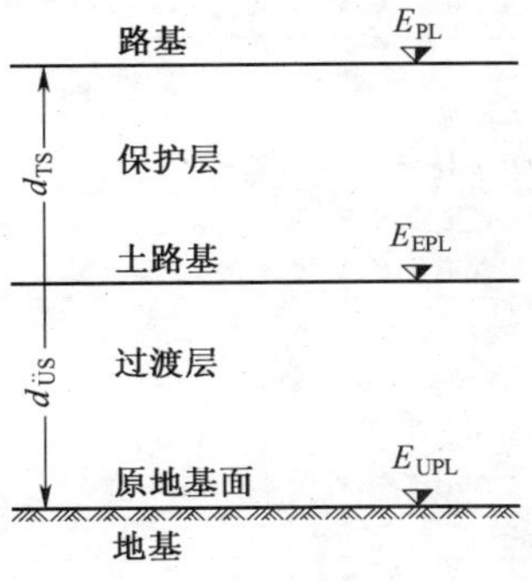

图 6.14　过渡层的设置

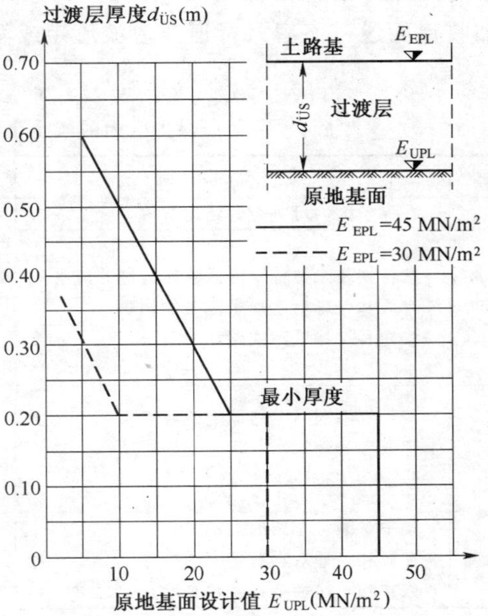

图 6.15　必需的过渡层厚度

6.4.4　水源保护地区的防水措施

6.4.4.1　保 护 区

铁路运营以及可能发生的事故会使有害物质侵入到水域和土体中，从而导致污染。因此，在水源保护地区或类似的保护区必须阻止有害物质侵入到地基中或者在时间上延缓其污染的扩散，使之能够及时消除危险。为此必须对土工建筑物的水土保持采取特殊措施，这些措施归纳如下：

(1)铺设封闭式或防水的保护层至边坡区；

(2)构建密封的或相当密封的排水设施；

(3)收集、排放并处理从行车区域或受事故影响地区排出的水；

(4)通过设置防水墙或防水围堰来隔离受污染区；

(5)整治历史遗留的废物。

在实施这些措施之前或者在铁路设施的施工或改扩建时，按照德国的水法(Wasserhaltsgesetz)需要办理相关的批准手续或进行公示，还必须根据水法(WHG)[95]获得水资源管理方面职能部门的许可和同意。其他相关资料和规定见参考文献[1]及[96]。

州水资源主管部门按照严格的程序确定水源保护区,并划分为以下三种类型:

(1)保护区Ⅰ:直接集水区;

(2)保护区Ⅱ:较狭小的保护区;

(3)保护区Ⅲ:其他保护区,在水源保护区较大时可分为内层区(保护区ⅢA)和外层区(保护区ⅢB)。

在保护区Ⅰ(即直接集水区)内,原则上不准铁路线路通过。在保护区Ⅱ和Ⅲ内,铁路设施的施工和运营受到一定的限制,需要采取不同的、最基本的保护措施。保护区内的禁止事项和必需的保护措施见表6.4。在保护区ⅢB中,行车区域流出的受轻微污染的地表水可以不加收集而通过路肩人行道及边坡流走或渗漏掉。地下排水沟汇集的地下水也同样可以渗漏掉。

表6.4 在各个保护区内的禁止事项(使用限制)和所必需的保护措施

保护区	禁止事项	必需的保护措施
Ⅰ	-在保护区内可进行铁路运营	-/
Ⅱ	-按计划及未按计划渗漏事故区域的流水 -存放和处理对水产生危害的物质 -修建和扩建铁路线路和车站	-铺设防水保护层 -铺设不渗水的排水设施 -对事故区域进行防水处理 -尽快排走从保护区外收集的水 -使用的建筑材料不含有影响地下水的化学物质
ⅢA	-按计划渗漏行车路面上的流水 -存放和处理对水有危害的物质 -修建和扩建铁路线路和车站	-铺设防水保护层 -铺设不渗水的排水设施 -尽快排走从保护区外收集的水 -使用的建筑材料不含有影响地下水的化学物质
ⅢB	-集中渗漏行车路面上的流水 -存放和处理对水有危害的物质 -修建和扩建铁路线路和车站	-铺设防水的保护层 -设置路基侧沟、沟槽和地下排水沟 -尽快排走从保护区外收集的水

6.4.4.2 保护区的结构设计

在保护区ⅢA和ⅢB中只要求保护层具有密封防水作用。采用颗粒混合料1铺设20 cm厚的保护层并按照压实度$D_{pr} \geq 1.00$压实保护层时,即可达到这一密封作用。

对于保护区Ⅱ,要求保护层具有防水作用。将颗粒混合料1或颗粒混合料2铺设的保护层与不透水的防水构件(见6.4.4.3节)相组合,就可以达到这一防水效果。

如果要求排水设施不渗漏水(保护区ⅢA),则需要设置路基侧沟或路基槽沟,并对它们的底部进行加固,并设置带有部分渗水或多功能的排水管及集水管的地下排水沟(第7章)。如果要求设置不渗漏水的排水管道(保护区Ⅱ),则可根据参考文献[97]和[98]设计排水管道及竖井。

对于防水层上方的流水,应当在低凹处采用排水设施加以汇集并引排到水源保护区之外。路堑中所需的排水设施需设置在路基侧沟轴线上,一般路堤设置在坡脚处,而对高路堤还应在边坡肩上设置排水设施。

如地下水位很高并存在层间水时,需要在防水层下面设置特殊的地下排水沟(第7章)。此时应注意,在保护区范围内受污染的地表水不能与地下排水沟的受污染的水混合在一起。除此以外,若防水层下面存在地基会出现毛细水危险的情况时必需设置表面排水沟,以避免水进入防水层的下面。

6.4.4.3 防水保护层

保护层与不透水的防水构件结合使用能起到防水效果。一般可以使用矿物质防水材料、土工合成材料防水板(KDB)和土工合成的黏土防水板(GTD)作为铁路土工建筑物的防水构件。在选择符合要求的防水构件时,必须注意经济、几何尺寸和当地要求的标准等方面的因素。出于冻害敏感性和承载力不够的原因,不推荐保护层与黏性土的矿物质防水材料的组合。因此主要使用土工合成材料防水板和土工合成的黏土防水板进行地基的防水处理。在使用 KDB 和 GTD 时,需要满足下面的一般要求:

(1)由于 KDB 和 GTD 较薄、强度低,在铺设时很容易穿孔或受损,因此需要通过保护材料加以保护。合适的土工合成材料或砂可以作为保护材料使用。因为在边坡上很难铺筑和压实砂层,所以目前一般使用土工合成材料作为保护材料。

(2)在路堑的边坡范围内,必须在轨顶面以上约 1 m 处将防水构件铺筑到边坡里面。对此,必须确保通过表面排水沟能安全地排走可能从边坡流出的渗漏水或层间水,不会在防水构件下面出现积水。此外,防水构件在边坡上面的设置必须稳固,对此需在相接层的基础上进行相应摩擦阻力的验证。

(3)由于在路肩人行道及边坡范围设置的防水构件相对靠近地表面,因此必须特别考虑天气因素(冻结及地表水)、植物生根及小动物活动造成的影响。

除了这些一般要求外,还对 KDB 和 GTD 提出了特殊要求,下面将进行阐述。

土工合成材料防水板(KDB)

土工合成材料防水板通常被称为土工薄膜,是一种薄薄的、由人工合成材料制成的平板式构件,通常设置在保护层和土路基之间。根据参考文献[1]土工合成材料防水板应满足以下特殊要求:

(1)土工合成材料防水板最小厚度必须为 2 mm,且两面为凸纹状结构。所谓凸纹状结构是指 KDB 的表面应尽可能粗糙,以便获得较高的摩擦阻力。对 KDB 的其他技术要求见参考文献[101]。

(2)使用毛毡材料保护土工合成材料防水板的上表面和底面时,其技术要求见参考文献[101]。

(3)土工合成材料防水板的上面必须覆盖至少 20 cm 厚、由颗粒混合料 1 或颗粒混合料 2 制成的保护层。在土工合成材料防水板下面应当设置一层至少 10 cm 厚、由非黏性土制成的过滤稳定及透水的排水层或者铺设一层土工合成材料,作为排水及保护构件。

图 6.16 为在路堑中结合保护层铺设土工合成材料防水板的实例,图 6.17 为在路堤中铺设人工合成材料防水板的情况。

土工合成的黏土防水板(GTD)

土工合成的黏土防水板由黏土矿物即膨润土构成,外部包裹两层土工合成材料(毛毡材料或织物)。成品为粉状的膨润土,铺设后因受潮湿而膨胀,从而形成不透水的防水层。膨润土和将其包裹的土工合成材料应紧密接合在一起,以确保其黏结性及所要求的 GTD 的力学性能。通过黏结等方式可以实现膨润土和土工合成材料之间的接合。

用于铁路工程的土工合成黏土防水板必须满足参考文献[87]中的技术要求。此外,根据参考文献[1]还必须遵守以下条件:

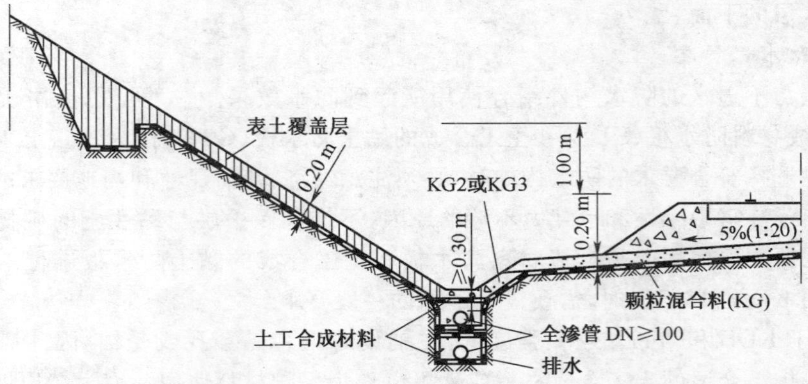

采用人工合成材料(KDB)防水板进行防水时，参照德国铁路股份公司供货技术规定 TL918039 的附件 8；采用土工合成黏土防水板(GTD)进行防水时，参照德国铁路股份公司供货技术规定 TL 918039 的附件 7；采用沥青防水时，参照 DVWK 须知 237/1996，采用矿土进行防水时，参照 RiStWag

采用人工合成材料防水板(KDB)进行防水时，参照德国铁路股份公司供货技术规定 TL 918039 的附件 8。

图 6.16　在路堑中结合保护层铺设人工合成材料防水板实例

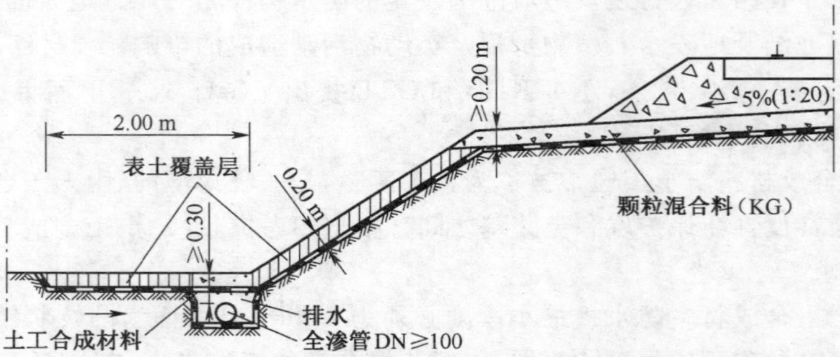

采用人工合成材料(KDB)防水板进行防水时，参照德国铁路股份公司供货技术规定 TL918039 的附件 8；采用土工合成黏土防水板(GTD)进行防水时，参照德国铁路股份公司供货技术规定 TL 918039 的附件 7；采用沥青防水时，参照 DVWK 须知 237/1996，采用矿土进行防水时，参照 RiStWag。

采用人工合成材料防水板(KDB)进行防水时，参照德国铁路股份公司供货技术规定 TL 918039 的附件 8

图 6.17　在路堤中结合保护层铺设人工合成材料防水板实例

(1)在土工技术专家的指导下，应对铁路行车荷载影响区域内铺设的 GTD 进行检测。

(2)应在轨顶面(SO)以下至少 1.5 m 处铺设土工合成的黏土防水板。

(3)对于线路类别为 P230 和 M230 的扩建路段，必须对地基的承载能力和变形特性采取特别安全措施后，才允许使用土工合成的黏土防水板。

(4)在高速铁路线路(P300)中，不考虑使用土工合成的黏土防水板。

对于有砟轨道，应在保护层和地基之间设置土工合成的黏土防水板，并应在排水设施下面穿过，延伸至边坡范围。如果需要在边坡锚固土工合成的黏土防水板，则必须进行计算验证，计算验证可参阅参考文献[90]。对于有砟轨道的上部结构，保护层的厚度(路基范围内土工合成的黏土防水板的覆盖厚度)至少应为 40cm，以确保地基有足够的承载力和抗冻性并防止土工合成的黏土防水板发生干化。

对于无砟轨道，目前的做法是不在无砟轨道结构的下面设置防水层，而只在该结构范围之外设置防水构件。这样做的目的是保证无砟轨道结构绝对地防水。不过，由于不能完全排除在无砟轨道结构中出现细如发丝的缝隙，因此出于安全原因建议在整个横断面以下以及在路基范围以下设置防水构件。

无论是有砟轨道或无砟轨道的上部结构，都建议只采用颗粒混合料 2 铺筑在土工合成的黏土防水板上面。透水的颗粒混合料 2 应能持续地向土工合成的黏土防水板补给水分，以防止土工合成的黏土防水板发生干化。在路基范围内应按照压实度 $D_{pr} \geqslant 1.00$ 压实覆盖层。保护层材料应由未经破碎的、天然的圆形颗粒（砾石或砂）构成。

由于存在干化的危险，所以在土工合成的黏土防水板上面必须铺设足够厚的覆盖层。如果保护层的厚度≥40 cm，则路基范围内的覆盖层厚度是合适的。对于在路基范围之外的区域以及在边坡中防止干化的问题可见参考文献[99]中的规定。在参考文献[100]中阐述了关于测试土工合成的陶土防水板影响地基承载力和抗冻性的一些特殊试验。

在平整、压实土路基之后将土工合成的黏土防水板铺设在土路基上面，然后铺筑颗粒混合料 2。施工时应注意制造商的铺设说明。如果能够确保土路基的平整度并且没有其他杂物，而且是按照参考文献[1]进行施工的，就不必在土路基和土工合成的黏土防水板之间铺设一层平整层。

6.5 保护层的铺设

6.5.1 无轨式和有轨式的铺设方法

保护层一般可采用无轨式或有轨式方法铺设。采用无轨式铺设方法时，须拆除既有轨道，以便借助土方机具无障碍地铺设和压实保护层。无轨铺设方式是保护层最为常用的施工方法，施工工序如下：

(1)拆除既有轨道，包括有砟轨道；

(2)支护没有承载力的土；

(3)施工并压实土路基；

(4)铺设作为保护层的颗粒混合料；

(5)施工并压实路基；

(6)铺砟并安装轨道。

无轨式铺设方法的前提条件是，完全封闭施工或开天窗单线施工。此外，在施工线路和运营线路之间须采取特殊的安全防护措施（见 6.7 节）。

有轨式铺设保护层的方法不拆除既有轨道，而是通过轨道式的大型机具抬升轨道。铺设和压实保护层的施工工序由大型机具上的特殊设备来完成。有轨铺设方法可以采用完全封闭或者间隔封闭的方式进行，其中施工线路同时也作为作业及运输平台。该方法相对较新，因此将在 6.5.2 节中进一步阐述。

由于这两种方法的工艺不同，因此在保护层的设计计算、铺设和压实方面存在各自的优缺点以及不同的条件和前提。但基本原则是，采用这两种方法铺设的保护层必须具有相同的质量和安全标准。表 6.5 根据目前的发展现状总结和比较这两种方法各自的优缺点[74]。

表 6.5 无轨式和有轨式铺设保护层的优缺点

	无轨式铺设方法	有轨式铺设方法
优点	(1)施工不受运营影响； (2)土路基得到足够压实，满足对土路基承载力的要求； (3)能直接处理在地基勘探中没有发现的下部结构中的薄弱点和缺陷； (4)能设置双层保护层； (5)保护层能与附加措施(如换土、土改良、土加固、设置土工合成材料)组合使用。	(1)在施工作业期间可以大大地排除气候影响因素； (2)采用机械化施工，实现均匀的铺设状态(在铺设密度和保护层厚度方面)； (3)不必费时费力地对轨道进行支撑以保护运营线路； (4)便于保护层与附加措施组合使用(设置土工合成材料)； (5)在施工期间不会对土路基和路基加载，不会在其上行车且不会损坏土路基和路基； (6)线路是施工和运输的平台，可通过线路运送材料，因此特别适合于有紧邻建筑物的敏感区域、风景保护区和复杂的地形条件地段； (7)适合于在行车中断期间进行作业。
缺点	(1)双线中需要对线路进行纵向支撑，保护层厚度必须大于 40 cm 以确保运营线路的安全； (2)施工时间相对较长，对运营影响较大(不适于在行车中断时间进行作业)； (3)天气因素(雨、霜冻等)对整个施工有较大的影响； (4)在施工作业期间土方机具有可能损坏土路基和路基； (5)一般需要公路工程设备。	(1)不能压实土路基； (2)只能在一定条件下处理在地基勘探中没有发现的下部结构中的薄弱点和缺陷； (3)只能以单层方式设置保护层，因此限制了保护层的厚度； (4)质量监测受时间和地点等因素的制约； (5)保护层不能与附加措施(如换土、土改良、土加固)组合使用； (6)由于在整个路基宽度上没有足够的挖土而可能有成槽的危险。

6.5.2 有轨式的铺设方法

有轨式铺设保护层的方法始于 1984 年[102]，它利用路基改良机 PM200 进行铺设。PM 200 型机械在实践中得到验证后，在随后的几年中，不断改进的机械相继在德国和奥地利投入使用。这样，在既有铁路线路的维修和加固中，相对于常规的无轨式铺设保护层的方法又多了一种技术比选方案。有轨式铺设保护层方法的施工工序如下：

图 6.18 移走废旧碎石道砟

(1)抬升既有轨道并移走废旧碎石道砟(图 6.18)；

(2)恢复土路基所需的高程、平整度和横坡(图 6.19)；

(3)设置土工合成材料并铺设保护层(图 6.20)；

(4)施工并压实保护层(图 6.21)；

(5)铺筑清筛过的或新增的碎石道砟；

(6)放下被抬升的轨道；

(7)填充碎石道砟；

(8)压实和捣固道砟并校准轨道。

从表 6.5 给出的有轨式铺设保护层的优缺点中可以得出关于设计和施工作业准备的基

图 6.19　恢复土路基所必需的高程位置、平整度和横坡

本结论：

(1)必须尽可能地在施工之前通过基础检测发现地基中有可能影响有轨式铺设保护层质量的薄弱点和缺陷。为此，应尽可能采用覆盖整个表面的勘探方式，如使用土工雷达(参见第3章)效果较好。

(2)土路基一般处于潮湿状态，而且在铺设保护层时不能立即干化。因此在有轨式铺设保护层时，建议事先进行排水并在土路基和保护层之间铺设土工合成材料，作为具有隔离—过滤作用的加筋材料。

(3)土路基不能或不能完全被压实，这一点在设计计算保护层时需要加以考虑。

6.5.2.1　保护层厚度的设计计算

针对有轨式铺设保护层的特殊性，为了简化就冻结性和承载力计算保护层厚度方法，特开发了一套标准系统。在5.2.3.2节中已对该标准系统进行了说明[74]。该系统考虑了保护层与土工合成材料的结合。在按照标准系统中所给出的保护层厚度的同时也确保了冻结性和承载力有足够的设计值，另外也考虑了上述有轨式铺设方法的特殊条件。

6.5.2.2　质量保证

采用有轨式铺设保护层的方法，原则上必须达到和无轨式铺设方法一样的质量水准。这意味着，在保护层的路基面上必须完全满足参考文献[1]提出的密实度和承载力的要求。在德国铁路规范836[1]中，为了满足这些要求，在质量保证范围内所必需的检测方法原来是针对无轨式铺设保护层的方法确定的。因此，受方法条件的决定，将这些要求直接用到有轨式铺设保护层的方法中，在质量保证方面会产生下述一些特殊情况[74]：

(1)土路基虽然能够被平整，但几乎不能被压实。现有的压实机具、特别是土路基中既

图 6.20　设置土工合成材料并铺设保护层

有土的状况(如含水量相对较高、存在黏性土及混合土中密度不佳)决定了通常无法对土路基进行有效压实,同时也无法满足对土路基的压实要求。

(2)对于在有轨式铺设保护层方法中所使用的大多数大型机具来说,在铺设和压实保护层后即可直接填铺道砟。因经济性原因要求机器应尽可能地连续工作并在压实机具行驶的情况下进行检测,故在质量检测上存在空间和时间上的限制。

(3)空间上的限制来自于大多数机具的结构,所以不可能在压实机具行驶的情况下进行轨道内的测量。在路肩人行道上的测量似乎是有利的,因为它不依赖于压实机具,而且可以在稍后的时间里进行。但这种测量是在轨道压力区范围之外进行的,因此其对于验证路基面上的密实度和承载力是无关紧要的。出于这些原因,建议直接在轨枕端头前进行轨道压力区内承载力的测量。

(4)时间上的限制主要是由于要求在压实机具行驶的情况下进行测量作业而造成的。

图 6.21　压实保护层、

在这样的条件下不可能使用静态直板荷载试验，因此根据 3.5.3.2 节要求只能考虑使用动态直板荷载试验来测量承载力。

(5)在压实机具行驶的情况下通过轻型落锤仪测量路基的承载力时可以确定：压实之后直接测量的 E_{vd} 值相对较低，但在较短的时间内会明显增大。增大的原因在于孔隙水压力的衰减和含水量的降低。德国铁路股份公司的《轻型落锤仪使用规范》[31]考虑了这一实际情况。该规范建议，如果直接在压实后测得的 E_{vd} 值太低，则要在以后的时间里进行再次测量。如果采用有轨式铺设保护层的方法，就不可能进行这种再次测量，为了避免路基因压实后的 E_{vd} 值太低而不能通过验收(虽然几个小时后即能满足承载力要求)，特进行了研究[103]。研究得出了 E_{vd} 值与含水量的直接关系，即在其他条件相同的情况下动态变形模量随着含水量的增大而降低。为考虑这一实际情况，在表 6.6 中对用轻型落锤仪测量的承载力推荐采用稍经修改的验收值。如果在压实之后直接测量的 E_{vd} 值满足了表 6.6 的要求，则在轨道投入使用时能达到参考文献[1]所要求的 E_{vd} 值。

(6)只有在压实机具停止时才能采用常规的方法检测轨道压力区内的压实度 D_{pr}(替代方法、放射性探测)，所以必须寻求新的途径来验证密实度。由于传入到保护层的压实能量及由此获得的压实结果在很大程度上取决于压实机具的推进速度，因此，为满足密实度要求建议通过试验性压实作业获得允许的推进速度。例如，如果通过压实机具上的行驶记录器确定任何时候都没有超过规定的推进速度时，即提供了压实证据。这种密实度验证方式与参考文献[3]规定的“作业程序的监测措施”中的 M3 方法大致相同。除了这一措施外，还应在大型机具停止工作的间隙借助其他常用方法进行密实度检测。

表 6.6 有轨式铺设保护层的方法中有关路基验收值的建议

	线路等级	E_{v2}	E_{vd}	D_{pr}
	—	MN/m^2	MN/m^2	—
加固和维护	P230,M230	80	40	1.00
	P160,M160 G120,R120	50	**25**	1.00
	G80,G50 其他线路	40	**20**	0.97

注:相对于参考文献[1]所做的修改在表中以黑体字表示。

为保证有轨式铺设的质量给出了以下建议,其中考虑了该方法的特殊性并保证能够获得同无轨式铺设方法相同的质量标准[74]:

(1)在有轨式铺设方法中保护层的厚度至少应为 30 cm。

(2)在没有对压实深度和压实质量进行特别验证的情况下,保护层的厚度应限制为 40 cm。当保护层厚度较大时,应通过试验性压实,验证所采用的压实技术能否满足整个保护层厚度的压实要求。

(3)可以不验证对土路基的密实度和承载力的要求。

(4)推荐采用根据参考文献[3]制定的《作业程序的监测措施》中的方法 3 测量路基的密实度。其中,应通过试验性压实来确定保护层颗粒混合料铺设和压实的作业程序。在施工作业说明中应特别明确说明压实技术、保护层厚度和所使用的压实机具的推进速度,并通过适宜的设施(如行驶记录器)确保任何时候压实机具都不会超过所规定的推进速度。

(5)鉴于特殊的条件,在采用有轨式方法铺设保护层时,建议结合使用土工合成材料,而土工合成材料应采用具有隔离和过滤作用的加筋构件(见 6.4.1.3 节)。

(6)必须满足对铺设尺寸(土路基和路基的平整度、横向坡度、高程位置)及铺设厚度的要求,并应加以验证。大型压实机具应当配置必需的测量仪器。

6.6 设计计算举例

6.6.1 例 1——线路等级为 P230 和 M230 的线路改建

(1)任务

按照设计速度 v_e=230 km/h,对冻害影响区域Ⅲ内的一条既有有砟轨道线路进行改建。该线路没设保护层。地基由 UL/TL 类型的土构成,这类土可归入冻害敏感等级 F3(即对冻结极其敏感)中,为此需就冻结性和承载力进行设计计算。

该线路位于较低的路堑中,可能存在层间水。该线路原来铺有一条处于临界排水条件下且坡度较小的地下排水沟。通过线路巡查确定,虽然地下排水沟工作正常,但有短时的完全浸透现象。水文地质条件估计为水文地质情况 2。

针对采取和不采取附加措施的保护层制定了可行的解决方案。保护层应采用无轨方式铺设。

(2)承载力设计计算

根据 UL/TL 土类型和水文地质情况 2，按照表 5.10 得出计算模量 $E_H = 15\ MN/m^2$（相当于土路基的设计基本值 E_{EPL}）。按照表 5.11，路基的设计目标值 $E_{v2} = 80\ MN/m^2$。

作为承载层使用的保护层所需厚度 d_{TS} 如下：

①按照图 5.16，未采用附加措施的保护层厚度 $d_{TS} = 0.60$ m。

②按照图 6.13，和土工合成材料（具有隔离—过滤作用的加筋构件）一起使用的保护层厚度 $d_{TS} = 0.50$ m。

③和过渡层组合使用的保护层：

a. 按照图 6.15，$E_{UPL} = 15\ MN/m^2$ 和 $E_{EPL} = 45\ MN/m^2$ 的过渡层厚度 $d_{ÜS} = 0.40$ m；

b. 按照图 6.15，$E_{EPL} = 45\ MN/m^2$ 和 $E_{PL} = 80\ MN/m^2$ 的保护层厚度 $d_{TS} = 0.20$ m；

c. 保护层和过渡层的总厚度 $d_{ÜS} + d_{TS} = 0.40\ m + 0.20\ m = 0.60\ m$。

④保护层的组合使用。

a. 保护层和至少为 40 cm 厚的改良土一起使用：

如果 $E_{EPL} = 30\ MN/m^2$，按照图 5.16，$d_{TS} = 0.35$ m。

b. 保护层和至少为 40 cm 厚的加固土一起使用：

如果 $E_{EPL} = 45\ MN/m^2$，按照图 5.16，$d_{TS} = 0.20$ m。

(3)防冻设计

作为防冻层所必需的保护层厚度 D_{FSS} 如下：

①按照表 5.13，无附加措施的保护层厚度 $D_{FSS} = 0.50$m；

②结合土工合成材料（具有隔离—过滤作用的加筋构件）使用的保护层厚度 $D_{FSS} = 0.50 - 0.10 = 0.40$ m；

③保护层结合至少 40 cm 厚的改良土使用时，厚度 $D_{FSS} = 0.50$ m；保护层结合至少 40 cm厚的加固土使用，并将 15 cm 厚度的加固土算入在内时，$D_{FSS} = 0.50 - 0.15 = 0.35$ m。

(4)标准的保护层厚度

对冻结性和承载力进行设计计算可得出标准的保护层厚度：

①无附加措施的保护层：$d_{TS} = 0.60$ m；

②与土工合成材料结合的保护层：$d_{TS} = 0.50$ m；

③与过渡层结合的保护层：$d_{TS} = 0.60$ m；

④与土改良结合的保护层：$d_{TS} = 0.50$ m；

⑤与土加固结合的保护层：$d_{TS} = 0.35$ m。

(5)解决方案

对冻结性和承载力进行的设计计算可得出 5 种标准保护层厚度的解决方案，如图 6.22 所示。相对于无附加措施的保护层，土工合成材料、10 cm 的改良土和 25 cm 的加固土等附加措施可以减少保护层的厚度。但应从经济和技术角度权衡，在考虑当地条件的情况下，采用哪种附加措施更具有优势。

在选择方案时，必要的线路水平支护（见 6.7 节）是一个重要的选择标准。对于厚度较小的保护层，只需要尺寸较小的或者不起受力作用的线路水平支护（见 6.7 节），而对于厚度大于 40 cm 的保护层则须要设置线路水平支护。如果方案 5 为优选方案，那么在保护层为 0.35 cm 时，可以不采用线路水平支护。

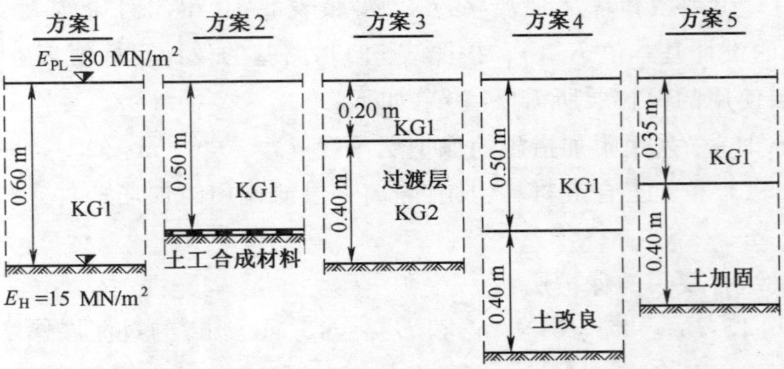

图 6.22　例 1 的解决方案

6.6.2　例 2——线路等级为 P160 和 M160 的线路加固

任务

按照设计速度 v_e＝160 km/h，对冻害影响区域Ⅱ内的、采用有砟轨道的一条既有线路进行加固。该线路没有设保护层。地基由 SU* /GU* 类型的土构成，其中粒径 d＜0.1 mm 的颗粒含量超过总质量的 30%。这类土对冻害极其敏感，因此可归入冻害敏感等级 F3 中。为此需对冻结性和承载力进行设计计算。

该线路地面标高较高，地表水虽然可通过路基侧沟排走，但由于排水不畅而且缺少排水口，因此路基侧沟始终有积水。水文地质条件被评估为水文地质情况 3(水文地质的实际情况)。如果在施工之前事先按照标准断面施做路基侧沟并进一步加深侧沟，并能保证路基侧沟的排水，那么可以达到水文地质情况 1 或 2(水文地质的目标状况)。

由于在现有条件下既可以用无轨方式也可以用有轨方式铺设保护层，因此针对这两种方法制定了可行的解决方案。

6.6.2.1　无轨式铺设的解决方案

(1)无附加措施的保护层

(a)土类别 SU* /GU*，水文地质情况 3(实际状况)：

— 设计基本值 E_{EPL}：根据表 5.10，取 $E_{EPL}=E_H=10$ MN/m²；

— 设计目标值 E_{PL}：根据表 5.11，取 $E_{PL}=50$ MN/m²；

— 根据图 5.16，$d_{TS}=0.35$ m。

(b)土类别 SU* /GU*，水文地质情况 1 或 2(目标状况)：

— 设计基本值 E_{EPL}：根据表 5.10，取 $E_{EPL}=E_H=20$ MN/m²；

— 设计目标值 E_{PL}：根据表 5.11，取 $E_{PL}=50$ MN/m²；

— 根据图 5.16，$d_{TS}=0.20$ m(最小厚度)。

(2)采用土工合成材料附加措施的保护层

水文地质实际状况：根据图 6.13，$d_{TS}=0.30$ m；

水文地质目标状况：根据图 6.13，$d_{TS}=0.20$ m(最小厚度)。

(3)针对冻害影响区域Ⅱ对冻结性进行设计

无附加措施：根据表 5.13，防冻层厚度 $D_{FSS}=0.25$ m；

采用土工合成材料的附加措施：防冻层厚度 $D_{FSS}=0.25\ m-0.10\ m=0.15\ m$，最小厚度为 0.20m。

(4)标准的保护层厚度

(a)水文地质实际状况

— 在无附加措施情况下，主要进行承载力设计计算，所要求的保护层厚度为 0.35 m；

— 在采用土工合成材料附加措施情况下，主要进行承载力设计计算，所要求的保护层厚度为 0.30 m。

(b)水文地质目标状况

— 在无附加措施情况下，主要进行冻结性设计计算，所要求的保护层厚度为 0.25 m；

—在采用土工合成材料附加措施情况下，主要进行冻结性设计计算，所要求的保护层厚度为 0.20 m(最小厚度)。

对于按照冻结性和承载力进行的设计计算，可直接从表 5.14 中查得水文地质实际状况下无附加措施的保护层厚度为 0.35 m，在水文地质目标状况下无附加措施的保护层厚度为 0.25 m。

6.6.2.2 有轨式铺设的解决方案

(1)如果不能事先进行排水(水文地质的实际状况)，那么对于线路等级为 P160，位于冻害影响区域Ⅱ，土为冻害敏感等级 F3 以及计算模量 $E_H=10\ MN/m^2$ 的情况，可从图 5.21 得出在采取土工合成材料附加措施下所必需的保护层厚度为 0.4 m。

(2)如果事先进行了排水，从而达到水文地质目标状况，那么对于现有的条件，可从图 5.21 得出在无土工合成材料附加措施下所必需的保护层厚度为 0.40 m，采取土工合成材料附加措施下所必需的保护层厚度为 0.3 m。

6.6.2.3 对解决方案的讨论

通过举例可以明显看出，在按照冻结性和承载力设计保护层厚度时，施工前确保排水设备发挥正常功能以改善水文地质条件是非常重要的。因此，出于技术和经济原因，在现有情况下建议进行事先排水。这样，在无轨式铺设时所要求的保护层厚度可由 0.35 m 减小到 0.25 m，而在铺设土工合成材料时保护层厚度可由 0.30 m 减小到 0.20 m。由于地基中的土对水非常敏感，因此，如果采用无轨式铺设保护层的方法时，建议采取事先排水和在土工合成材料上铺设 0.20 m 厚的保护层作为优选方案。

在采用有轨式方法铺设保护层时，针对现有情况必须进行事先排水。如果能够达到水文地质的目标状况，那么建议在土工合成材料(具有额外隔离和过滤作用的加筋构件)上铺设 0.30m 厚的保护层。相对于无轨式铺设，有轨式辅设时保护层的厚度要多 10 cm，原因是在采用有轨式方法铺设保护层时不能对土路基进行足够的处理和压实。

在权衡这两种方法的优缺点并考虑工程计划的时间和空间条件后可以决定采用何种铺设方法。

6.7 线路水平支护

在复线铁路上进行施工作业时，必须确保运营线路的安全，同时也要确保在施工线路(作业线路)上施工人员的作业安全。从安全技术角度考虑，必须在运营线路范围内为列车通行提供一个安全行车空间，同时需确保列车经过时在危险区域以外的施工人员的安全。从施工技术方面考虑，必须随时确保运营线路位置的稳定性以及运营线路和施工线路之间暂时出现的地面起伏部分高差的稳定性。

由于道砟和土的挖除要深达施工线路的土路基面，所以在运营线路和施工线路之间会暂时形成起伏地面。为此可以根据地面的起伏部分相对于行车荷载的压力扩散线(自轨枕底面起的35°线)的位置划定三个不同的区域[1]，如图6.23所示。

(1)区域1：地面起伏部分与道砟部分相交，因此在确保轨枕端头前道砟宽度 x 的情况下即可产生足够的轨排横向阻力，此时不需要采取特殊的支护措施。

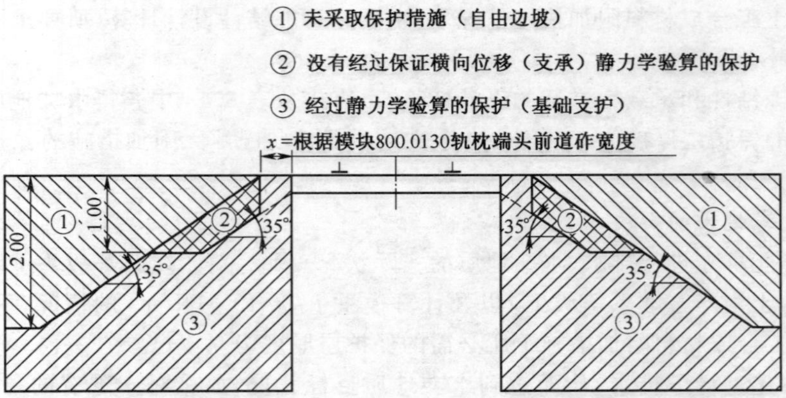

图6.23　在轨道附近出现地面起伏状况时支护措施的几何尺寸限界

(2)区域2：地面起伏部分与压力扩散线上部的土相交，在这种情况下必须根据抗剪强度的大小对裸露的土部分加以支撑。为防止地形起伏部分滑坍以及道砟和土的流失，并确保有足够的横向阻力，可以从结构上进行考虑，选择参考文献[1]中介绍的支挡构件及支护方案，而不需进行静力验证。

(3)区域3：地面起伏部分与压力扩散线下部的土相交，此时必须通过起静力作用的线路水平支护保护裸露部分的土，必须验证线路水平支护的稳定性，在保护层厚度≥0.40 m时需要设置线路水平支护。

可以采用支挡构件和支撑构件作为地面起伏部分的临时支护并在施工结束后拆除。支撑构件可以采用板桩墙、支承板墙及移动式支撑结构(侧边挡板设备、推进设备、箱形换土法)等形式(参见第8章)，也可以将支撑构件保留在下部结构中，例如钢丝笼(石笼)。此外，还可采用土工合成材料加筋土进行支撑。

图6.24介绍的是在两股轨道上铺设保护层时采用土工合成材料加筋土进行线路水平支护的施工实例，分几个阶段进行。首先在施工线路和运营线路之间相对于线路中心线偏心的位置设置挡砟板，这样即可以在没有静力作用的支护下挖除施工线路中的道砟和土，深度至规定的土路基面。然后将土工合成材料加筋土铺设在施工线路中进行保护层的支撑，并在其上面施做新运营线路的上部结构。在施工第二阶段，可以拆除变为施工线路的原运营线路，并在静力作用的线路水平支护(土工合成材料加筋土和道砟挡板)的保护下进行道砟和土的改建及铺设保护层。

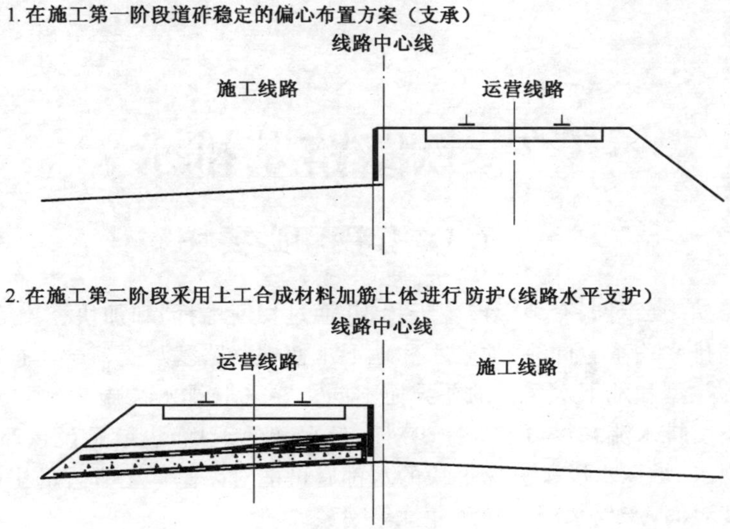

图 6.24　采用土工合成材料加筋土的线路水平支护

7　铁路路基排水

7.1　作用和必要性

铁路线路始终会对既有地形产生干扰，并通过切断、封闭和加快径流等形式来改变天然的水量平衡和排水关系。同时，地表水和地下水使铁路路基承受荷载。这些水流因降雨、地形、植被、土的类型和地下水条件的差异而不同。在采取排水措施时，须考虑在不损伤铁路路基的情况下引排水流并尽可能地减少对水量平衡的干扰，也就是说铁路路基中的水始终是流动的。积水、承压水以及流速过快的水都有可能对路基产生有害的影响，如土中含水量增加使土过度湿润，产生水压或导致冲蚀等现象。

铁路路基的排水设施必须满足以下要求：

(1)快速汇集流向路基的水并以最短的路径将其安全引排出去；

(2)阻止地表水侵入到下部结构/地基中，这点对于水敏感的土而言尤为重要；

(3)汇集和引排土中的游离水，以减小土的天然含水量，从而保证行车荷载在土路基中产生的应力不致对土路基产生有害变形；

(4)切断来自于下部结构和地基的水的补给，以防冻害产生。

铁路路基排水设施的布置、设计计算和维护应能满足以上要求，以保证水的流出、蒸发和渗流。因此，有效发挥排水设施的作用是保证线路的适用性及减少上部结构和土工建筑物维护费用的最基本前提条件。

7.2　土　中　水

7.2.1　水的表现形式

降水、蒸发和排导对于土中的水量平衡都具有决定性意义。在太阳辐射和重力作用制约下，水始终处于状态与位置变化的循环过程中。通过降雨，大气层中的水到达地表面，一部分通过地面和水面的直接蒸发或者通过植物的间接蒸发又返回大气层；另一部分则从地表面流走和/或渗漏进入地层中，渗漏水则作为土中水被滞留或汇集成为地下水。这些水不仅随重力流动，更多的则是具有其他的物理特征，如表面张力和毛细作用，这会影响它在土中的性质。

在地表面修建铁路设施会打破某一地区在降雨、渗漏、径流和蒸发之间形成的自然平衡，往往会导致渗水量减少而地表径流量增大。

水侵入铁路路基的情况见图 7.1。据此可将水的表现形式划分为以下几种类型：

(1)地表水。指直接落到铁路路基上的降水或从相邻地面流到铁路路基的水。

(2)渗漏水。指由于重力作用渗进土中的地表水。若土的渗透性能好，则渗入到地下水中；若土具有较强的黏性，它就会较长时间滞留在土中从而使土变湿。

(3)受阻水。指由于土的渗透性能不好或黏结性强，或受不透水层的阻隔而形成的受阻水，它充填土中孔隙并导致土被浸湿。

(4)层间水。在具有一定坡度的不透水土层面上流动的受阻水。在分层土体中，从渗水性较好的土层渗到渗透性能较差的土层的渗漏水也叫层间水。如果地面坡度大于地层坡度，则层间水流出后成为坡面渗水。

(5)地下水。指相互贯通充满土的孔隙，并且受重力和流体静压力作用的水。

(6)毛细水。指由于表面张力作用，在很细的、相互连通的孔隙里逆重力而上升的地下水(毛细水上升高度)。

(7)附着水。指由于表面张力作用，在克服重力效应后附着在单个颗粒上和颗粒之间的土中水。

(8)吸附水。指吸附在单个颗粒表面的土中水。这种吸附可以通过离子吸附或渗漏压的作用而产生。

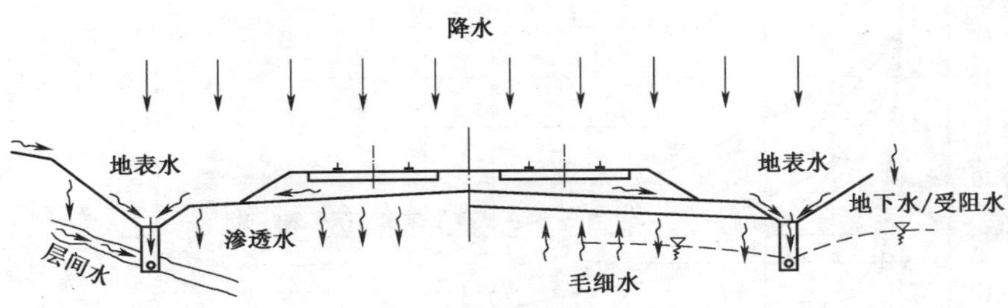

图 7.1　水侵入路基

7.2.2　土的可排水性

重力排水(受重力作用影响)只能排去土中自由运动的水，即部分孔隙水。非自由运动的水，即毛细水、附着水和吸附水则大部分滞留在孔隙内，它们不能通过重力作用排出或只能在一定限度内排出。

土的颗粒越细，可排水的孔隙就越小，因而滞留的孔隙水就越多。以液限 w_L 表示的土的黏性与可排水孔隙率 n 之间的关系见图 7.2。$w_L > 0.10$ ($d_{10} < 0.1$ mm)的细粒黏性土具有中等滞水孔隙和细小的亲水孔隙，可排水孔隙率较小。随着土的黏性减小，可排水孔隙率也就会越大。在粒径 $d_{10} > 0.1$ mm 的混合颗粒或粗颗粒的非黏结性土中，中等和较大的孔隙居多，非附着、自由运动的水就会增加，在重力作用下，土中的水可以被排走。

图 7.3 中的含水量—吸附张力关系曲线图也能表现这一关系。借助于地下排水沟(7.5节)形成一定的水力梯度，它的负压相当于 pF≈2.5。这样，渗漏水可以从排水速度较慢的或较快的孔隙里排走，但附着水则不能从亲水孔隙和滞水孔隙中排走。例如，中砂中的水大部分可以被排走，其含水量可降至 5%以下。而对于 $w_P = 0.18$ 的黏土，通过重力作用仅可以将天然含水量降到 $w_n = 0.35$ 的程度。因此仅靠排水不能使该类土达到具有一定承载能力的状态($w_n \approx w_P$)。

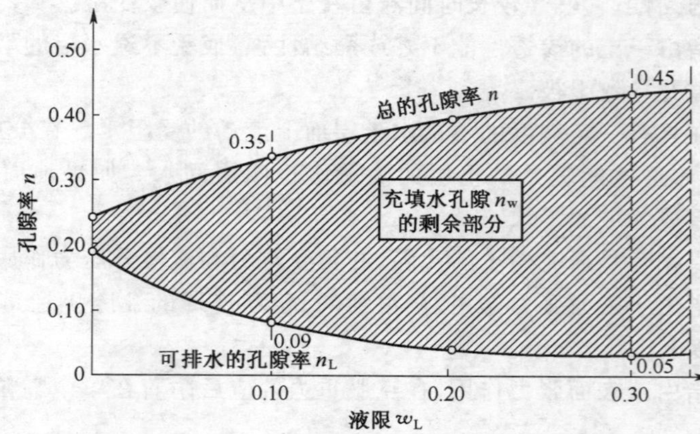

图 7.2　与液限相关的可排水孔隙率

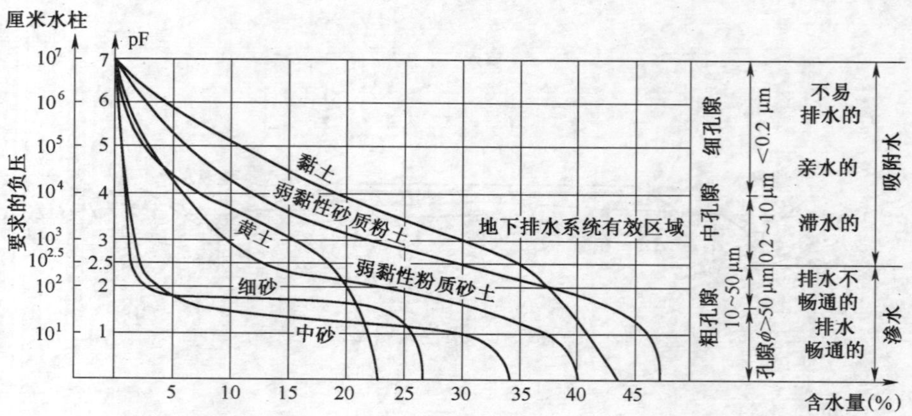

图 7.3　含水量—吸附张力关系曲线

对于中等的和较细的孔隙占多数的黏性土，水几乎不能或不能有效地被排走。如果能够通过排水管将其含水量降至其塑限 w_P 附近，则这种细粒土被视为是能排水的。在这样的极限含水量情况下，可以认为土也达到了具有承载能力状态(图 3.4)。塑性指数 I_P 较小的弱黏性土能很快吸收水分，进而它的稠度 I_c 会发生变化，以至失去承载力。由于这种土的渗透系数相对较大，塑性范围较小，所以它的排水性能也较好，也能恢复承载状态。

塑性范围较大而渗水能力较差的强黏性土吸收水分困难，但是过多水分也能使其稠度 I_c 发生变化。对于按照专业要求设置有横坡并且进行压实的土路基，不大可能出现超量吸水而引起承载力受损的现象。如果土路基横坡一旦受到破坏而出现水大量侵入时，强黏性土同样很难、甚至不能排水。解决这种情况的有效措施是在施工阶段换土或者通过石灰来改良土。

可按如下方式判断土的排水能力：

(1) $I_P < 0.06$ 和 $k_f \geq 10^{-5}$ m/s 的非黏性土及弱黏性土的排水能力较好。

(2) $I_P = 0.06 \sim 0.30$ 和 $k_f \geq 10^{-6} \sim 10^{-7}$ m/s 的弱黏性和中等黏性土，大多也是可以排水的。这是因为孔隙、地层和岩脉内的自由水含量较高，但必须判断其排水能力。对此，可利用相类似的地下排水经验及地基基础和水文地质鉴定报告。

(3)对于 $I_P>0.30$、$w_L>0.46$、$d_{20}<0.002$ mm 的黏土颗粒和 $k_f<10^{-7}$ m/s 的黏性和强黏性土不能利用重力作用进行排水。对于非均质岩土、含水地层和岩脉等土层，设置地下排水沟进行排水是行之有效的，也是必要的。

通过排水设施可以以不同的速度排走土中的水，并相应改变土的含水量及稠度。因此应尽可能在对下部结构采取维护措施之前(如在铺设保护层时)就修建路基的排水设施，并通过维护和维修使其保持正常功能(见第 9 章)。

7.3 自然排水原则

按照耐用性原则修建路基排水设施时必须遵循以下目标并以此进行设计计算：

(1)确保在任何季节，下部结构和地基的承载力以及土工建筑物具有一定的稳定性；

(2)最大限度地减少对自然径流条件的干扰，尽量保持自然水量的平衡；

(3)保护土和水免受有害物质的侵害，防止负荷增大。

排水设施的构成及设计计算始终是客观上需解决的任务，为此需重视地理、地形、地质、水文地质、土壤学、生态及相关方面的问题。通过线路建筑物排水的技术措施，一般会增加地表径流量，随之而来的是有害物质增多的危险。

排水措施必须确保土工建筑物的承载性及稳定性，同时尽可能小地破坏在地面形成的自然径流条件。对此要注意路基中的特殊水流条件，并且只汇集和引排有可能产生有害作用的水。尤其不应当通过汇集来引排水，而应以最短的路径直接或分散地将水引入土中并重新维持水量平衡，只有这样才不会损害路基。因此路基排水设施的设计应使渗流和蒸发所占的比例大，而地表径流和地下径流的比例尽可能小。

从保护土和地下水的角度看，在自然雨水调节范围内应当尽可能地全部将降雨返回给有活力的土和地下水。因此，自然雨水调节主要表现在以下三方面：

(1)尽可能减小封闭面积(避免径流)；

(2)分散渗漏、平面渗漏或线形渗漏(减小径流)；

(3)分散滞留，以减小高峰流量(延迟径流)。

为了达到上述目的，可利用一般的排水构件，如选择颗粒混合料的保护层、全渗型渗水管的地下排水沟以及有过滤材料和粗颗粒排水材料的管沟。

在渗漏过程中，通过多方面的物理、化学和生物转化过程，渗漏空间一般都满足有效的和长久的保护功能。从长久的角度来看，水土保护必须保持土的自有功能——主要是指土的过滤、缓冲和转换能力，而且应在污染或者其他不良变化之前尽可能以覆盖表层的方式保护地下水。从铁路路基排水设施排出的水一般不会达到有害的污染程度，因而其渗漏也不存在水法方面的问题。根据参考文献[105]，在按目标值允许的渗漏雨水中，按照一定面积上降雨的汇集量及有可能对地下水产生的影响，可将径流分为以下三种情况：

(1)无需考虑的；

(2)可以接受的；

(3)不可接受的。

无需考虑的和可以接受的降雨径流可以直接渗漏，因为水在土中只要流通 1 m 就能够得到足够的净化。如在货站出现的超出容允范围的降雨径流，只有在进行适宜的预处理后才能渗漏或引入到污水网络中。对于在车站、车间等产生的生活、商业及工业废水，在引入污水网络之前同样必须进行预处理。

7.4 地表水的排水设施

地表水由降雨汇集而成，直接流到铁路路基上面或从路堑边坡及相邻地带流入。铁路路基中的路基横坡、侧沟、中间排水沟、边坡、截水沟以及相关的排水设施用来汇集及引排地表水。因此排水设施构件的布置、构成和维护都要以使地表水汇集、排泄、渗漏和蒸发顺畅为目标。

7.4.1 路基面和土路基面

路基面是上部结构和下部结构之间的分界面。与设有较厚行车路面层的公路相比，有砟轨道道床几乎不能够阻止降雨渗漏到路基上。有效地引排路基面上的地表水对于下部结构和地基的承载力而言具有重要意义。因此，路基面必须采用规定的 1∶20(5%)的横坡(见 4.1 节)，压实度为 $D_{Pr}\geqslant 1.00$。

除此之外，路基面要平整且压实，使之不能形成积水，并使排走的水量尽可能地多，以减少渗漏的水量。保护层的颗粒混合料及其压实度可以直接影响流走水量与渗漏水量之间的比例关系及径流系数(见 6.3 节和 7.10 节)。由于只有平整的路基才能保证排水通畅，因此，无论在路基面施工时还是维护时都应避免在路基面上留有行车压痕和其他损坏，尤其要注意道床侧边和路肩人行道范围。道床侧边不洁净或路肩人行道填筑过高，都会导致路基排水功能失效，并引起积水和水量增多的现象。

对于无砟轨道的上部结构，部分地表水从胶结的承载层流入中间排水沟中，只是在胶结承载层侧边流动的地表水才通过路基面排走。

另外，对土路基面也提出了相应的横坡和平整度的要求，以便能在这一分界面上(在保护层中)安全地排走渗漏及上涌的水(见 4.9 节)。

7.4.2 路基侧沟

7.4.2.1 任务和布置

明沟形式的路基侧沟是路基排水的常规方法。路基侧沟汇集从路基和路基边坡流来的地表水，汇集从既有土和路基保护层里排出的水，并将水引到泄水处。为便于汇集和快速排水，路基侧沟必须具备水力学的功能，即要有足够的断面和一定的纵坡。敞露的路基侧沟同时起着对路基通风的作用而且可以促进水的蒸发。路基侧沟必须随时保持排水能力，并根据现场情况进行维护，如经常清除污物、淤积物和生长的植物等。

路基侧沟是路基标准断面的组成部分(见 2.3.2 节)，在地面线路路段上，路基侧沟应平行于线路中心线，并按如下要求设置：

(1)路基侧沟设在路堑段两侧；

(2)路基侧沟在半挖半填段设在靠山坡侧；

(3)原地面线位于边坡坡肩以下不超过 0.50 m 时，路基侧沟设置在两侧。

对于超过 0.50 m 的路堤，水一般直接经路堤边坡排到地面。因此，在平缓地带选择线路坡度时，出于排水的原因应优先考虑与地面齐平的低路堤。在特殊情况下，如在向路堤倾斜的地面处或者为便于排走大量的外来水时，应在路堤坡脚处设置路基侧沟。

应按照标准横断面，以轨道中心线到路肩的距离[4]设置路基侧沟(图 7.4)。借助于轨道侧的路基侧沟边坡的高度和坡度，根据表 2.4 得出轨道中心线到路基侧沟中心线的距离为：

$$3.30(3.80)\ m+0.40m\times1.5+0.40\ m\div2=4.10(4.60)\ m$$

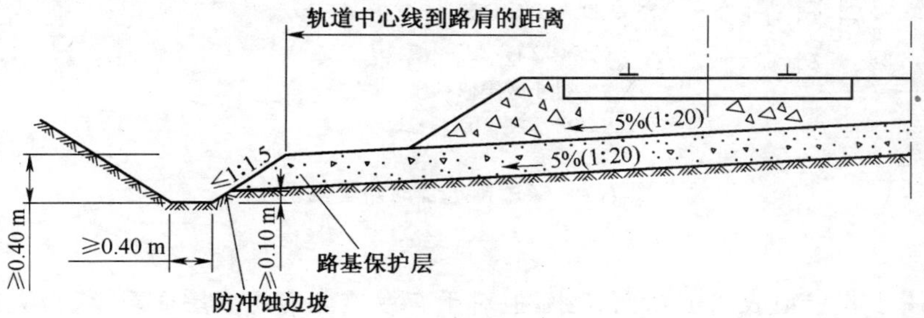

图 7.4　路基侧沟结构

对于既有线路，如果由于场地的限制而不能按照标准断面设置路基侧沟和路肩人行道时，则可根据水的流量设置下述排水设施：

(1)设置宽 0.40～0.80 m，深 0.20 m 的排水槽(图 7.5)；

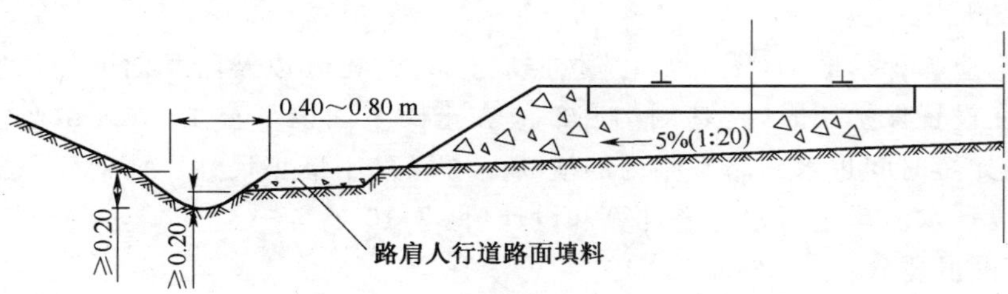

图 7.5　未加固的排水槽

(2)在路肩人行道范围内修建槽壁透水的且带有耐磨盖板的混凝土暗沟(图 7.6)；

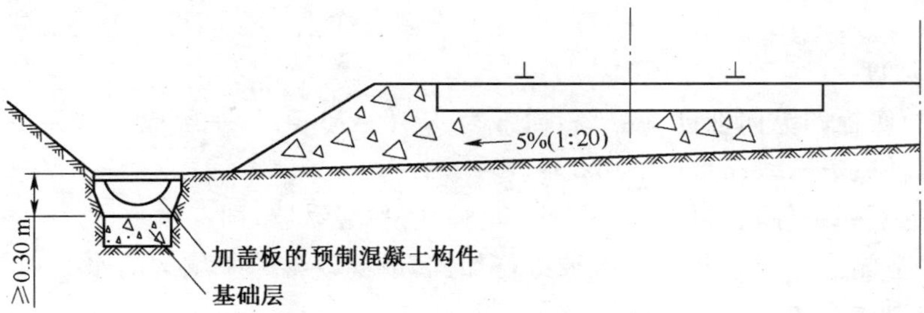

图 7.6　排水用混凝土暗沟

(3) 可作为路肩人行道使用的预埋有管道并进行填筑的路基侧沟(类似于地下排水沟)(图 7.7)。

在施工上述设施时，必须确保铁路路基排水通畅，在危险区域之外留有必要的(设施)安

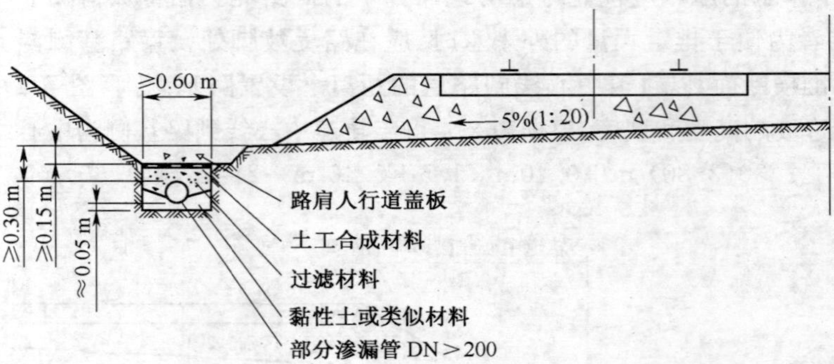

图 7.7　采用排水管的路基侧沟

装位置[4]。

排水槽用于收集地表水的断面较小，但对于有渗透能力的土层而言，仅设置排水槽就足够了。而在全部排走路基面和边坡上的地表水时才能使用混凝土槽，否则的话会阻碍土层的排水。在路肩人行道范围内埋设有管道的路基侧沟和暗沟是代替明沟汇集地表水的最佳方案。有部分渗水管的地下排水沟可以确保足够的排水，而毛毡材料隔离的盖板可提供在危险范围之外的供人行走的路肩人行道。

7.4.2.2　构造设计

1. 尺寸/断面

路基侧沟应为梯形断面(图 7.4)，应按照底宽≥0.40 m 以及路基面下的深度≥0.40 m 进行设置。在设置保护层时，路基侧沟底部应在土路基面以下至少 0.10 m 处。在情况比较简单时(比如短时间过水)，路基侧沟的横断面可以采用最小尺寸。而对于下列路基侧沟断面应按照设计水流量进行水力学计算和设计(见 7.10 节)：

(1)不间断的排水；

(2)兼作泄水功能；

(3)排走外来水。

路基侧沟边坡的坡度要根据土的类型确定，一般不陡于 1∶1.5。边坡要采用植草等绿化措施加以保护。如果由于空间的限制，既有线路的侧沟坡度不得不陡于 1∶1.5 时，则必须要加固边坡。可采用铺设石头砌块、混凝土格栅板或土工合成材料等措施进行边坡加固。

2. 纵向坡度

路基侧沟底板的纵向坡度 I_{SO}(%)通常为 0.3%～3.0%，一般应随线路的坡度而变化。因此，在选线时应争取线路坡度≥0.3%。

如果满足下列条件，也可以采用 $I_{so}<0.3\%$的平缓纵坡，即：

(1)对路基侧沟底板和浸湿的边坡进行加固，以此改善路基侧沟的水力功能；

(2)土的渗透系数 $k>10^{-5}$ m/s；

(3)渗水沟槽通至透水地基中；

(4)路基侧沟既满足目前的也可保证将来的排水要求。

随着纵坡坡度的增加和排水能力的提高，水的拖曳作用对路基侧沟沟底和边坡的冲刷带来的负面影响也会随之增加。因此，必须对侧沟进行加固或减小水的拖曳。根据纵向坡度的大小，可通过设置底部粗糙的排水沟槽（砂浆抹面的砂砾砌块、混凝土构件）或斜坡台阶（梯级跌水）等工程措施降低水的推移力。

3. 结构设施

结构设施（如接触网的基础）的设置应能随时确保排水设施的功能。为此，可将路基侧沟安置在紧贴侧沟边坡和沟底交汇线的一侧，或者埋置管道。

埋置的管道应符合以下条件：

(1)过水道断面 DN≥0.50 m（对于短时过水 DN≥0.40 m）；

(2)管道底部位于侧沟底部下面 50 mm 处；

(3)加固侧沟的进水口及出水口，加固长度≥1.0 m。

7.4.3 中间排水沟

对于无砟轨道，由于结构形式和超高的原因，轨道区域内的地表水按照如下方式进行汇集和引排：

(1)在直线段，在两股轨道之间的中间部分设置不透水的人字形盖板并从侧边经路基边缘引排中间部分及行车轨道表面的地表水；

(2)在曲线段，在两股轨道之间设置中间排水沟，并经明沟、槽沟或者部分渗水管，引排中间部分及向内倾斜的轨道表面的地表水（图 7.8）。

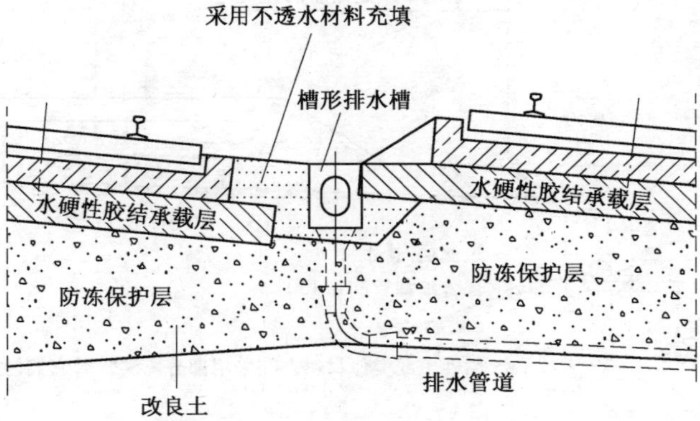

图 7.8 无砟轨道的中间排水沟

按照线路坡度引流从线路上收集到的水并以 50 m 的间距（25～100 m）经泄水口或竖井引入到集水横沟，然后再引入到地下排水沟，或者经路基边坡排水。因此应尽可能按照线路坡度确定中间排水沟的纵向坡度。如果线路坡度过小，则规定中间排水沟底部坡度应较大。在线路坡度过大（至 4‰）时需设计底部粗糙的排水沟槽。

7.5 地下排水沟

7.5.1 作用和布置

地下排水沟（TE）应作为路基封闭式的地下排水设施来设置，它直接影响到该地带的水量平衡，其作用是：

(1)通过线路中心处的地下排水沟汇集和引排土中的自由水，即填充土孔隙的水(作为地下水、积水或毛细水构成地下水位)，应将地下水位降至低于轨顶面以下 1.50 m，或低于土路基以下 0.5 m(图 7.9)；

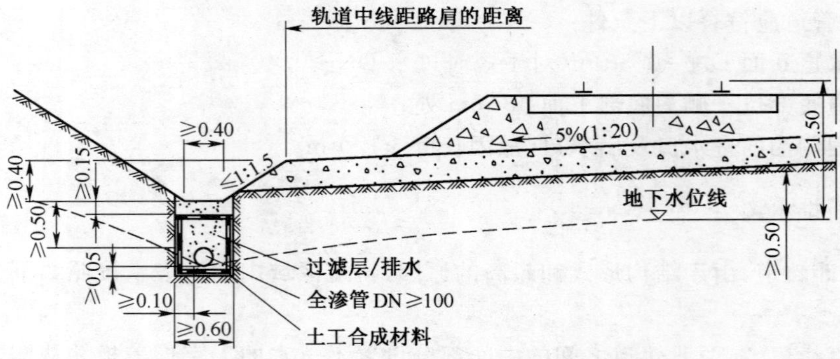

图 7.9　汇集和引排土中自由水的地下排水沟(单位：m)

(2)汇集和排走流向路基或承载系统含水层的层间水和渗漏水(图 7.10)；

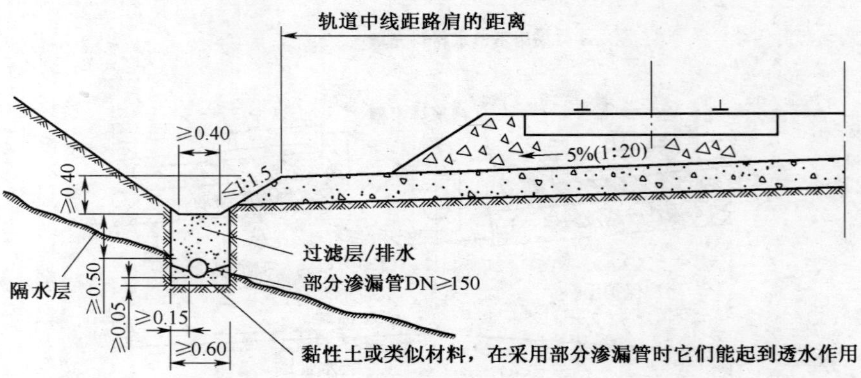

图 7.10　汇集和引排层间水及渗水的地下排水沟

(3)由于空间原因不能设置路基侧沟时，用于汇集和引排地表水(图 6.2 和图 7.7)。

地下排水沟的结构设计应能快速汇集流来的水并将其排到泄水处。必须长期保持地下排水沟的功能正常，并定期对其进行维护，比如更换上部的砂砾石过滤层，对管道进行冲洗，对竖井、出水口和泄水处等设备进行清洁等。

在无建筑物的空旷区间线路段，地下排水沟应位于路基侧沟下方并平行于线路中线纵向布置(图 7.9 和图 7.10)。如果既有线路受空间限制时，则地下排水沟可不按标准横断面设置，而可采用相对于线路中线较小的距离，设在路肩人行道下面。此时砾石过滤层则要抬高一些，并在其上面采用耐磨的材料作为盖板，以此作为路肩人行道使用(图 7.11)。固定结构物(例如竖井)与轨道中线的最小距离应保持在 3.25 m。

地下排水系统一般由以下几部分组成：

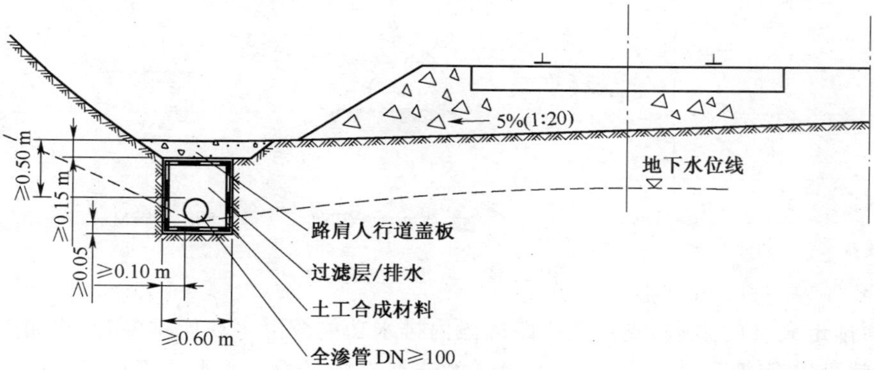

图 7.11 路肩人行道下面的地下排水沟

(1)渗水管；

(2)特殊结构的过滤层和排水层；

(3)集水管道；

(4)竖井；

(5)出水口和泄水处。

7.5.2 渗 水 管

渗水管收集经过滤层渗漏来的水，并将其排到泄水处或集水管道。因此渗水管应具有：

(1)足够的排水能力(布置形式、埋置深度)；

(2)快速、通畅地汇集流水(过滤层结构、透水孔)的能力；

(3)快速、通畅地排走渗水(有效宽度、纵坡)的能力；

(4)承受路基中应力(承载力、防冻性和耐久性)的能力。

1. 渗水的流入/管道种类

地下排水沟通常用于汇集土中的自由水和降低地下水位。由于土中地下水位和渗水管之间的水力坡度(位能梯度)作用，地下水可以流向渗水管(图 7.9 和图 7.14)。全渗管(VS)的渗水孔均匀分布在管壁四周，道床是由过滤材料组成的，所以全渗管主要适用于渗水管下部区域的排水。

通常使用部分渗水管(TS)作为收集渗漏水和层间水以及地表水的地下排水沟，部分渗水管只在上部设有渗水孔眼(图 7.12)，通常设置在密实的、不透水的并向部分渗水管倾斜的管道排水沟底部(图 7.7 和图 7.10)。这种结构的使用价值在于可以防止渗透水集中地由上面经由过滤层渗入渗漏管后再度流动或造成危害。这样，由不含石块的黏性土、颗粒混合料或防水板构成的密实和倾斜的管道排水沟底板，可使流向渗水管的渗流得到改善。

对于有渗透能力的路段的地基，不推荐使用底板不透水的部分渗水管，采用全渗管可以更有效地对这种土进行排水。如果有涌水，则全渗管会汇集这些水(图 7.14)。在没有涌水的区段，水的流动不会产生危害。因此全渗管将分配所收集的水并以最短的路径对水量进行平衡补给。

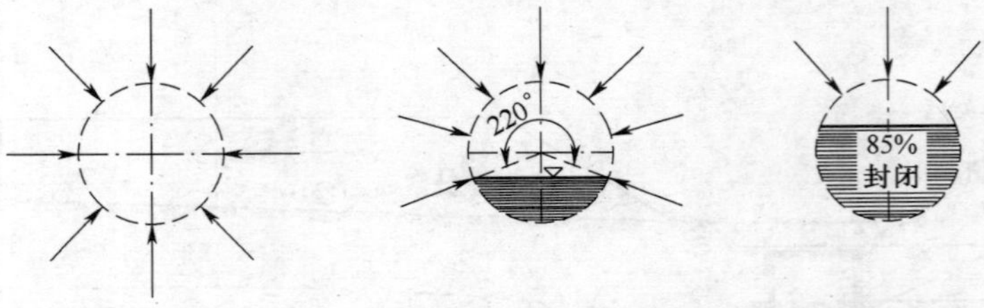

图 7.12 渗水管的透水孔

若须排走大量的集水，或者在线路区段内排水功能较汇水功能重要时(比如引入路基侧沟的水)就可以考虑设置下述管道，但管道的选型应按照涌水及水的流动情况确定：

(1)多用途管(仅在渗水管上部钻渗水孔，见图 7.12)；

(2)渗水及汇水管(如背驮式布置)；

(3)大型号的全渗管。

也可按孔口形状和尺寸将渗水管的渗水孔分为以下三类：

(1)净尺寸≤20 mm 的圆形、椭圆形或矩形的孔(如陶瓷管)；

(2)孔口宽度为 0.5～2.0 mm 的槽形孔(如塑料管)；

(3)孔口宽度变化较大且尺寸不定(如混凝土过滤渗水管)。

大孔口(圆孔、槽口)的作用是使管壁具有透水功能。既有土体与渗水管道之间一般为多级过滤层结构。极小的和宽度不等的槽口承担了过滤的功能。它不仅保证渗水管具有足够的渗水能力，同时也可以防冲蚀和淤塞。因此，它属于过滤结构的一部分，其孔口宽度需特别考虑(见 7.5.3 节)。

原则上只允许使用质量特性符合技术规范的渗水管，并定期由有资质的检测机构进行检测。渗水管的构成应为：

(1) 根据 DIN 4262 第 1 部分可采用塑料管[106]；

(2)根据 DIN 1230[107]或 DIN 4262 第 2 部分[106]可采用陶瓷管；

(3)根据 DIN 4262 第 3 部分[106]可采用混凝土管或混凝土过滤管。

由于塑料管在铺设工艺和过滤构造方面具有较大优势，所以应优先采用塑料管。根据 DIN 4262 第 1 部分[106]，可选择 A 至 F 型的塑料管(图 7.13)，对于铁路路基则优先选用实壁管和夹壁管。

过滤管的类型应根据水的流入或汇集情况(渗水孔)、水流情况(管的粗糙度)、荷载(承载力)、水或土的有害物质负荷(耐久性)、铺设工艺等条件来选择。

2. 渗水管的地下位置

渗水管的地下位置应根据地质和水文条件以及几何条件确定。从地质和水文角度考虑，全渗管的地下位置必须使地下水位得以足够的降低，使土体中的水分排走并降低土体的含水量。如果在线路轴线处轨面下 1.50 m(或者土路基面下 0.5 m)范围内土体中的水能够被有效排走，则可认为上述要求得到了满足。根据过滤层的渗流情况和排水所必需的水力坡度可以计算渗水管的地下位置。为确保排水畅通，对于实际情况中的大多数既有积水水位和因积水原因而导致升高的地下水位，通常可将渗水管设置在一定的地下深度，而不须作地质水文计算。

部分渗水管必须具有汇集含水地层的水以及通过过滤层渗漏地表水的功能。因此，所选择的地下位置必须保证能够有效地排走含水层（图 7.10）和路基（图 6.2 与图 7.7）中的水。在收集从路基中渗出的地表水时，应在考虑几何条件的情况下将部分渗水管浅埋（路基排水）。

从有效线路横断面推算渗水管的地下位置时，要注意考虑覆盖层的最小厚度。渗水管的地下位置至少应为 0.50 m，在泄水处或其他控制点处，可将其降至 0.30 m。对于改建线路，渗水管地下位置可按以下标准确定：

—路基侧沟沟底	在轨面以下 1.32 m 处
—管道覆盖层	0.60 m
—管道直径	0.22 m(DN200)
—下部沟床	0.05 m（包括沟底过滤层）
—地下排水管底板	在轨面以下 2.15 m 处
—地下排水管沟底板	在轨面以下 2.20 m 处

对于渗排水管，一般不需要按照防冻要求设置深度，因为在冻结期不会出现流水。对于主要功能是排水的大型号渗排水管，则像集水管一样需要确定防冻设置深度。

3. 流速/纵坡

渗水管应按照流速在 0.50～3.0m/s 之间的要求设置坡度。一般渗水管应根据线路的坡度进行设置，但纵坡坡度至少要≥0.3%。如果受泄水处以及地下位置的限制，并且管道粗糙度又较低时（光滑的管底），则纵坡坡度可减少到≥0.15%。

4. 额定宽度/水力学设计计算

为保证对渗水管的清理工作，渗水管的额定宽度应该≥100 mm。另外可根据当地的地下排水沟经验来确定渗水管的额定宽度。在一般情况下，额定宽度也可以根据设计的排放水量通过水力学计算求得。根据 Prandtl-Colebrock 公式中的纵向坡度和管材的粗糙系数并通过计算图，可以得出流速和所要求的额定宽度（见 7.10 节）。

5. 排水管沟的尺寸

排水管沟的尺寸选择应能够设置带过滤层和渗水管的结构，同时参照 DIN 4124[108] 确保施工安全。

在改建线路中，根据地下位置的几何数据可以，得出路基侧沟底部以下的管道排水沟深度为 0.60＋0.22＋0.05＝0.87 m。因为管道排水沟的深度≤1.25 m，所以不必对管沟进行支护，但必须注意立墙的稳定性（取决于土的类型）以及运营线路的稳定性。

对于可供人员行走的排水管沟，其宽度最少应为 0.60 m。对于 DN200 渗水管的过滤结构，若是作为单一过滤层使用，则其最小宽度为 0.52 m，若是作为管道排水沟过滤层使用，则其最小宽度应为 0.42m。

7.5.3 过 滤 层

7.5.3.1 结构和设置

这里的过滤层是指从被排水的既有土到渗水管的过渡层。在排水管沟中，过滤层应在渗水管的四周设置（图 7.10 和图 7.14），并应具备以下功能：

A型：根据DIN1187/11.82表1，DN80～200的管壁为PVC-U圆形管

B型：根据DIN8062/11.88表1和表3，DN80～350的PVC-U圆形实壁管

C型：根据DIN16961第1部分/02.89表2，DN80～350的PVC-U复式管(内面平整，外面有条纹)

D型：根据DIN16961第1部分/02.89表2，DN80～350的PE-HD形复式管(内面平整，外面有条纹)

E型：根据DIN4262第1部分表1，DN80～350的PVC-U实壁马蹄形管

F型：根据DIN4262第1部分表2，DN80～350的PVC-U实壁马蹄形管

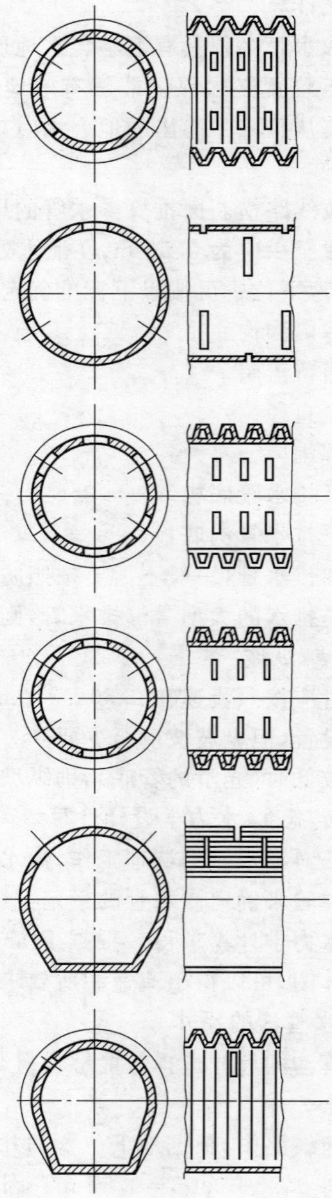

图 7.13　DIN 4262 标准规定的管道类型

(1) 提高渗水管道相邻土体的渗透系数；

(2)汇集土体内的自由水及地表水，将它们引排到渗水管；

(3)切断土体中现有的水流；

(4)在管道附近形成水的阻隔空间。

通过过滤层的设置，为水提供一条到达渗水管的优先通道。根据图 7.14，渗漏水将流过既有土体和过滤材料之间的接触区Ⅰ以及过滤材料和透水孔之间的接触区Ⅱ。在接触区域，孔隙率(孔隙大小、渗水孔)和渗透系数都得到提高。水流速度和渗漏压力提高后，可能

引起颗粒的重新分布(图 3.18)。因此必须阻止出现冲蚀现象(土体支撑骨架颗粒的重新分布),但允许发生潜蚀现象(细粒土和填充颗粒的冲刷),以避免出现淤积(即颗粒在孔隙和渗水孔口处的聚集和沉积)。淤积现象会导致孔隙与渗水孔口的堵塞,减小渗水管的渗水性。潜蚀现象能使管道附近土体的孔隙率和渗透系数增大,从而构成天然的过滤层(见 3.7 节)。

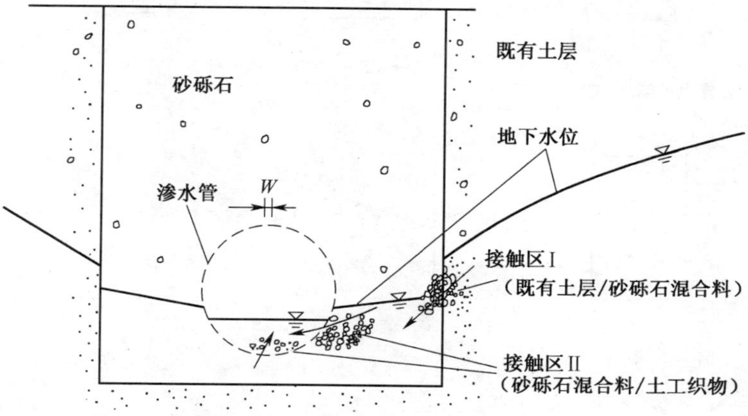

图 7.14　通向渗水管的水流

设计的过滤层结构(图 3.18)应具有以下的过滤稳定性:

(1)能使流来的水顺利流向渗水管(渗透性);

(2)防止既有土受到冲蚀(防冲蚀性);

(3)在潜蚀过程中允许随流水而移动的细粒通过,防止过滤层发生淤积(防淤积性)。

非黏性的土、土工织物以及渗水管的透水孔可以起到过滤层的作用。一般情况下过滤层由非黏性的土(砂砾石)及渗水管中的透水孔构成,称之为简单过滤层(图 7.15)。对此,要对既有土体和砂砾石之间的接触区(接触区Ⅰ)以及砂砾石和渗水管渗水孔之间的接触区(接触区Ⅱ)的过滤稳定性进行验证。

如果接触区的抗冲蚀安全性得不到保障,则应增加另外的几级过滤层。过去的做法是分级设置颗粒过滤层(砂砾石、砾石和碎石)。而现在则采用土工织物的过滤构件代之,这种土工织物的过滤构件,其过滤性能更佳,具有明显的技术优势,能够保证过滤层稳定,因此最好采用土工织物构成分级过滤层。

在排水管沟的接触区Ⅰ内铺设作为排水沟过滤层的土工织物,将渗水管和砂砾石包裹起来。在接触区Ⅱ内,起管道过滤层作用的土工织物将覆盖管道渗水孔并将其与砂砾石层分离开(图 7.15)。土工织物可防止冲蚀,使得下一层的过滤层只承担渗水作用,这样就可以选择一种不含细颗粒的粗颗粒渗水材料或采用最大渗水孔宽度的渗水管。

从孔隙的几何尺寸来说,使用土工织物作为排水沟过滤层是正确的,它可以确保孔隙以及过滤层结构的渗水孔宽度由小到大变化,尽可能增大渗透系数。由土工织物构成的排水沟过滤层可以确保既有土的过滤稳定性,从而可选择孔隙率大的粗粒土(砾石)作为排水层和渗水层,并且增大管道透水孔槽宽度。这种过滤层结构能确保具有较好的渗透能力,及较大的管道周围滞留空间,即使在大雨时铁路路基中的排水效果也是最佳的。

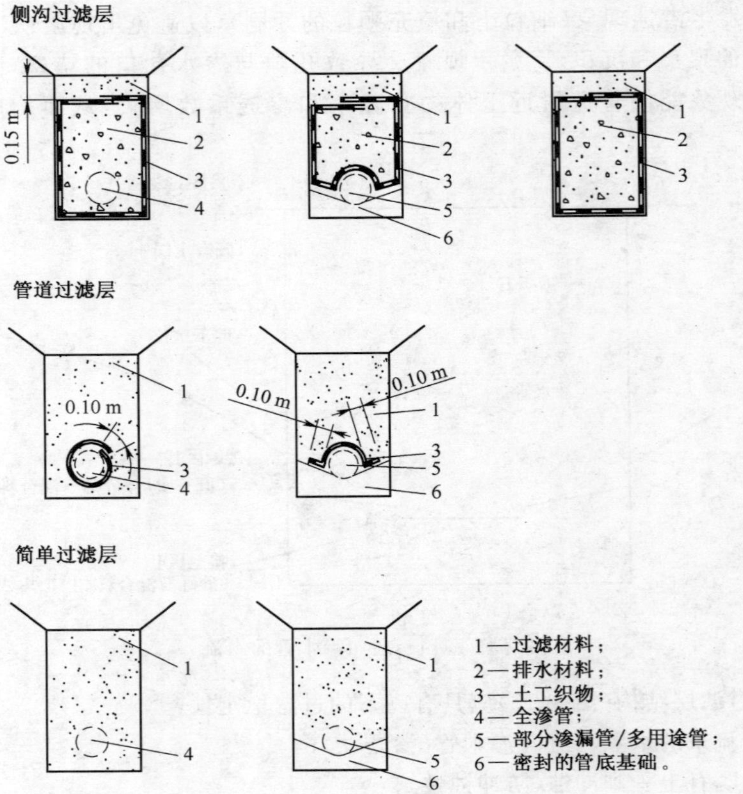

图 7.15　过滤层的类型

颗粒过滤层设置在排水土和渗水管之间并覆盖排水管沟直至路基侧沟底部(图 7.10)。颗粒过滤层最小厚度，在渗水管旁为 0.15 m(0.10 m 厚的颗粒加上土工织物)；在渗水管下面为 0.15 m(0.05 m 厚的颗粒加上土工织物)。

在采用土工织物作为排水沟过滤层时，应全部包裹排水材料使其具有长期防止冲蚀性。土工织物上面应覆盖一层厚为 0.15 m 的起过滤层作用的过滤材料(砂砾石)，在发现污染及淤积时可以更换。

7.5.3.2　对过滤及排水材料的要求

作为简单过滤层，一般可使用砾石和砂的混合料(如粒径为 0/22.5)，这些混合料应满足以下要求：

(1)不均匀性 $U\leqslant 8(14)$ 并且级配曲线稳定；

(2)在 $D_{pr}=0.95$ 时渗透系数 $k>1\times 10^{-3}$ m/s；

(3)具有抗冻性($D_{10}>0.1$ mm)；

(4)可溶解的及有机杂质的含量<1%。

砾石和砂的混合料需压实到中等密实度。

由土工织物构成排水沟过滤层时，可采用无细粒(如粒径 2～8mm 或者 2～16mm)的冲洗过的砾石作为排水及渗水材料，也可使用破碎材料，但要注意与管材的相容性。

作为排水沟和管道过滤层的土工织物必须具有长久的过滤性，且在铺设时能够抵抗机械荷载[87、101]，为此要满足以下要求：

(1)单位面积质量≥150 g/m^2；

(2)抗穿刺力≥1 500 N；

(3)厚度≥10 · $O_{90,w}$。

利用土工织物的耐久性(等级 GRK 3)可以满足上述抗机械荷载的能力(见 3.10 节)。同时也考虑了在轨道附近施工时荷载会提高的因素(与道砟接触及动载)。

长期的过滤有效性可以通过以下条件得到保证：

(1)在 20kPa 活载下，渗透系数 $k_v > 1 \times 10^{-3}$ m/s；

(2)根据过滤有效性的设计计算得出的孔口宽度 $O_{90,w}$；

(3)在 20kPa 活载下，过滤层长度或者厚度 $d \geqslant 10 \cdot O_{90,w}$。

为了能更好地保持颗粒结构，降低淤积危险性和提高水力过滤有效性，所使用的土工织物应具有一定的过滤厚度和渗透能力(土工织物层的渗透能力)。土工织物主要是由机械加固硬化的毛毡材料，根据比较计算和经验可知，当采用 $O_{90,w}$ = 0.08～0.16 mm 的毛毡材料作为排水沟过滤层时，能够有效地过滤掉在地下排水沟中非均质的混合土乃至细粒土，冲蚀现象得到抑制，淤塞现象也很少出现，这样就能长久地保持渗透能。在接触区Ⅰ中不存在结成硬块或团聚的现象。

市场上有管壁上开有不同宽度孔口(圆孔、槽口、大小不一的透水孔)的各种管材可供选用(7.5.2 节)。

7.5.3.3 过滤层稳定性的验证

根据从既有土体到渗水管的水流情况，并将土工织物的计算包括在内，进行接触区Ⅰ和Ⅱ过滤层的结构计算(图 7.14)。同时，过滤材料的孔隙度和渗水孔口宽度应在抗冲蚀性(上限—过滤点Ⅱ)和抗淤积性及渗透系数(下限—过滤点Ⅰ)的过滤标准之间选择，以便在接近上限—过滤点Ⅱ之间(见 3.7 节)形成尽可能粗糙的过滤结构。

对于过滤层的验证，有许多适合不同边界条件的过滤标准[109]。这里将讨论过滤标准使用的流程，它适用于水力荷载小、土层条件不均匀的典型铁路路基排水情况，参考文献[1]也对该流程进行了说明。

(1)接触区Ⅰ—既有土/砂砾石接触区

·作为颗粒过滤层的过滤材料的选择

抗接触冲蚀安全性的验证

—当既有土为粗粒或混合土而且 $I_P < 0.1$ 或 $d_{10} > 0.002$ mm 时(单个颗粒的流动性)：

$$D_{50,\mathrm{vorh}} \leqslant D_{50,\mathrm{zul}} = \frac{1}{\eta} A_{50,\mathrm{zul}} \cdot d_{50,\mathrm{vorh}} \text{（根据 CISTIN/ZIEMS 的标准）}$$

式中：圆形颗粒形状系数 $\eta = 1.0$；棱形颗粒形状系数 $\eta = 1.33$。

根据图 7.16 得出允许的间距比例 $A_{50,\mathrm{zul}}$。

—当既有土为细粒土且 $0.10 \leqslant I_P \leqslant 0.30$(黏性土)时：

$$D_{17,\mathrm{vorh}} \leqslant D_{17,\mathrm{zul}} = f(I_P) \text{（根据 RICHTER/LIEBERENZ 的标准）}$$

$D_{17,\mathrm{zul}}$则根据图 7.17 得出。

—当既有土为细粒土且 $I_P > 0.30$ 时，土的黏聚力较大，渗透系数很小，在一般情况下不

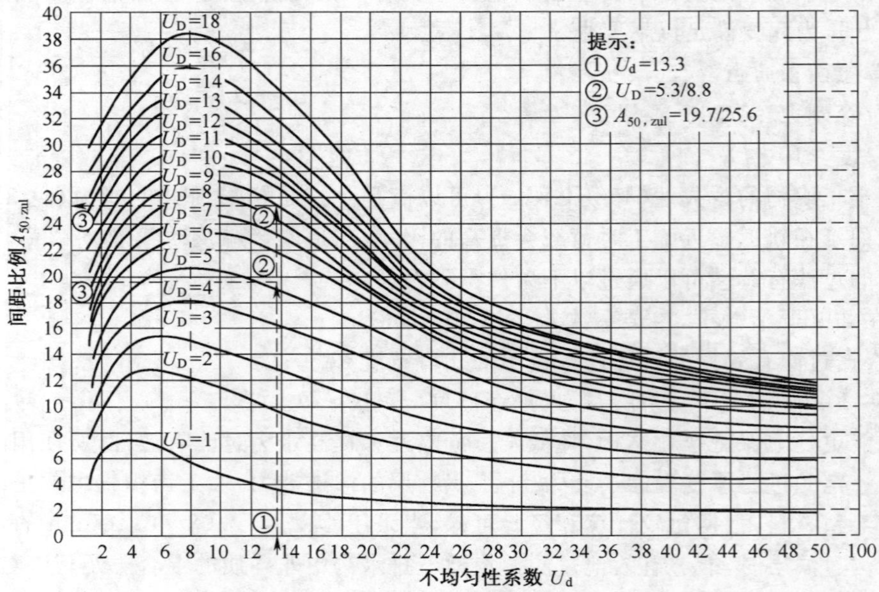

图 7.16　允许的间距比例 $A_{50,zul}$

会发生流穿现象。

在图 7.18 和图 7.19 中，$D_{50,zul}$、$D_{17,zul}$ 为砂砾石过滤层的级配曲线上限(过滤点 FⅡ)。如果选择的过滤材料较粗，即级配曲线位于过滤点 FⅡ(砂砾石 A)的右边，则有冲蚀危险。为此可使用细粒过滤材料(砂砾石 B)或者设置分级过滤层，必要时在接触区Ⅰ中设置土工织物作为排水沟过滤层(图 7.15)。

渗透系数的验证

$$D_{15,vorh} \geqslant D_{15,zul} = 4 \times d_{15,vorh} \quad 和 \quad U_D \leqslant U_d (泰沙基标准)$$

在图 7.18 和图 7.19 中，$D_{15,zul}$ 为砂砾石过滤层的级配曲线下限(过滤点Ⅰ)。如果选择的过滤材料较细，即级配曲线位于过滤点Ⅰ的左边，则没有足够的渗透能力。为此必须选择具有粗颗粒级配曲线的过滤材料，必要时尽可能接近过滤点Ⅱ。

抗内部淤塞安全性的验证

对于 $U_D \leqslant 14$ 或者更严格的 $U_D \leqslant 8$，且在半对数图中级配曲线陡的砂砾石过滤层，可以认为有足够的抗淤塞安全性*。对于有较大水力荷载的既有土，根据参考文献[109]必须进行特别的试验。

·作为排水沟过滤层的土工织物的选择

在使用土工织物(毛毡材料)时，如果满足以下条件，则认为通过了过滤稳定性(抗冲蚀安全性、抗淤塞性和渗透系数)的验证：

—孔口宽度：$O_{90,w,K} \leqslant O_{90,w} \leqslant O_{90,w,E}$，式中 $O_{90,w,K}=0.08$ mm，$O_{90,w,E}=0.16$ mm；

—厚度：$d \geqslant 10 \times O_{90,w}$。

*：U_d 为颗粒不均匀系数，U_D 为承载层不均匀系数(参见《铁路路基工程》7.4.2.2 节过滤层，中国铁道出版社，2007 年)。(译者注：原文为 U^D 和 U^d，为全文统一，本书改为 U_D 和 U_d)

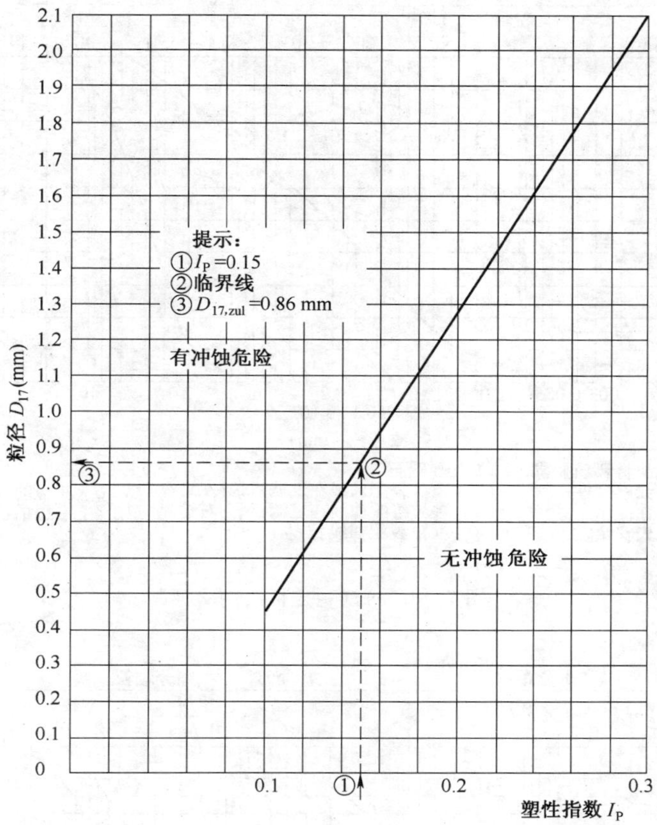

图 7.17　允许的粒径 $D_{17,zul}$

这样，接触区Ⅰ中排水沟过滤层的防冲蚀性可得到保证，可以选择粗颗粒过滤层作为排水及渗水材料。

(2)接触区Ⅱ—砂砾石/渗水管上的透水孔

·渗水管中孔口宽度的选择

抗接触冲蚀安全性的验证

$$w_{vorh} \leqslant w_{zul} = A_E \cdot n \cdot D_{50,vorh}\text{(LIEBERENZ 标准)}$$

式中结构系数：

$n=1.0$　　带有透水孔的管壁

$d<10\times O_{90,w}$的土工织物

$n=1.5$　　$d\geqslant 10\times O_{90,w}$的土工织物

根据图 7.20 可得出接触冲蚀临界线 A_E。

w_{zul}为槽孔宽度上限(过滤点Ⅱ)。如果既有槽宽大于 w_{zul}，则有冲蚀危险性。此时可选择渗水管槽宽 w_{vorh} 较小的过滤层或者设置分级过滤层，必要时在接触区Ⅱ中设置土工织物作为渗水管过滤层。

抗淤积安全性及足够的渗透系数的验证

$$w_{vorh} \geqslant w'_{zul} = A_K \cdot D_{50,vorh}$$

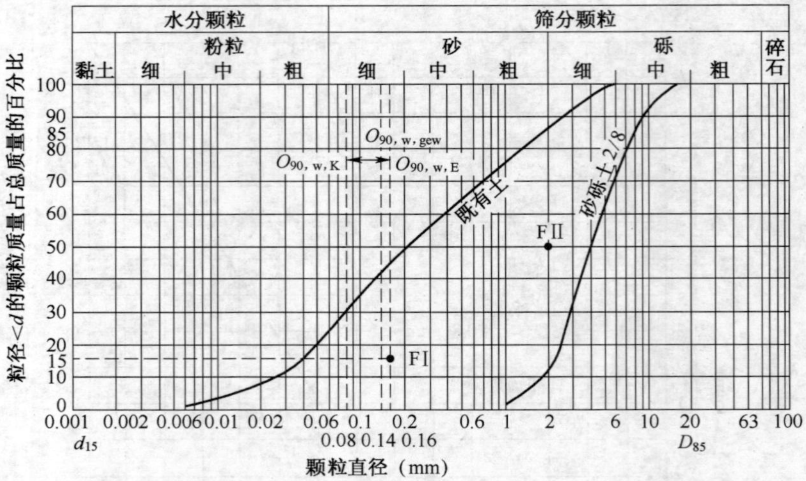

对过滤材料的要求：　砂砾石　土工织物

防冲蚀安全性：　颗粒级配曲线在过滤点FⅡ左边　$O_{90,w,E}$左边的$O_{90,w}$

透水性：　颗粒级配曲线在过滤点FⅠ右边　$O_{90,w,K}$右边的$O_{90,w}$

防流失安全性：　颗粒级配曲线稳定，$U_D \leqslant 8$

图 7.18　过滤稳定性 1 的验证

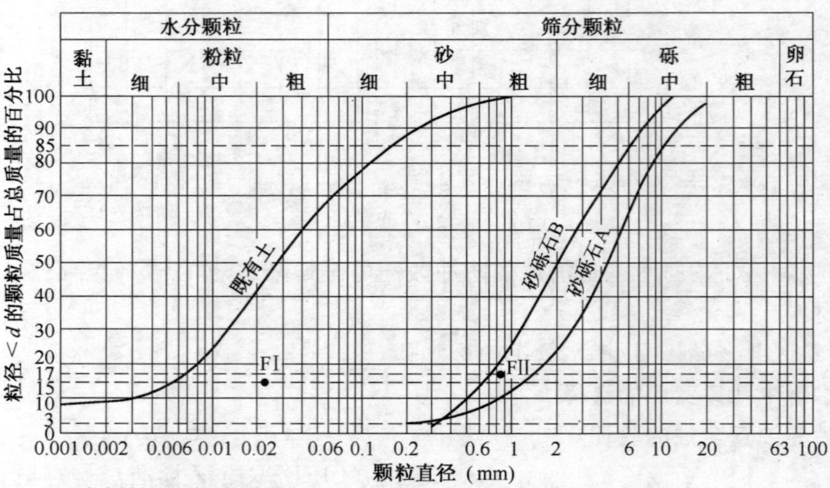

对过滤材料砂砾石的要求：

防冲蚀安全性：颗粒级配曲线在过滤点FⅡ左边

透水性：　颗粒级配曲线在过滤点FⅠ右边

防流失安全性：颗粒级配曲线稳定，$U_d \leqslant 8$

图 7.19　过滤稳定性 2 的验证

其中，淤塞临界线 A_K 可根据图 7.20 得出。

w'_{zul}为槽孔宽度下限（过滤点Ⅰ）。如果既有槽宽较小，则渗水管没有足够的渗透能力和抗淤积性。为此必须选择尽可能接近过滤点Ⅱ的较大的渗水管槽宽。

·作为渗水管过滤层的土工织物的选择

关于渗水管中透水孔的规定也适用于土工织物；槽宽 w 即为孔口宽度 $O_{90,w}$。通过调整结构系数 n 可以改善较厚土工织物阻挡颗粒通过的能力。

7.5.3.4 过滤层稳定性验算——计算实例

实例 1 作为排水沟过滤层的土工织物

给定条件：

—采用全渗管的地下排水沟。

—既有土（图 7.18）类型为 SI，其特征为 $U_d=12.3$；$d_{10}=0.03$ mm；$d_{15}=0.04$ mm；$d_{40}=0.13$ mm；$d_{50}=0.20$ mm；$d_{90}=2.80$ mm；$I_p<0.10$。

—排水材料和渗水材料（图 7.18）：砾石 2/8，$U_D\approx 2.0$；$D_{15}=2.3$ mm，$D_{50}=4.0$ mm。

试求：土工织物作为排水沟过滤层的过滤稳定性。

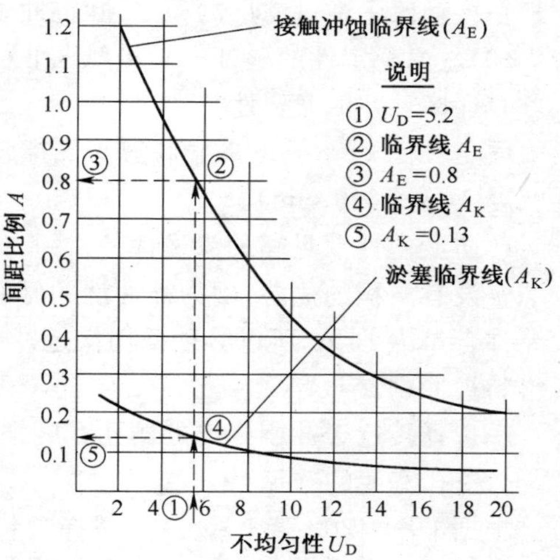

图 7.20 允许的间距比例 A_E 和 A_K

解：(1)土的类型确定

已知 $I_P<0.10$，$d_{10}=0.03$ mm >0.002 mm，$d_{40}=0.13$ mm>0.06 mm，则土的类型为无黏聚力的粗颗粒或混合颗粒。

(2)过滤稳定性的验证——接触区Ⅰ(既有土/土工织物/砾石 2～8 mm)

a)无土工织物的抗接触冲蚀安全性

$$D_{50,\mathrm{vorh}}\leqslant D_{50,\mathrm{zul}}=\frac{1}{\eta}A_{50,\mathrm{zul}}\cdot d_{50,\mathrm{vorh}}$$

$U_d=12.3$，$U_D=2.0$，根据图 7.16 得出 $A_{50,\mathrm{zul}}=10$。

根据已知条件 $d_{50,\mathrm{vorh}}=0.2$ mm，$\eta=1.0$，则

$D_{50,\mathrm{vorh}}=4.0$ mm$>D_{50,\mathrm{zul}}=1/1.0\times10\times0.2=2.0$ mm(图 7.18 中的过滤点Ⅱ)

则无土工织物时不具备抗接触冲蚀安全性。因此要有针对性地选择颗粒结构粗、渗透能力强、孔隙体积大、在渗水管附近有较大淤塞空间的渗水材料和排水材料。在接触区Ⅰ，必须设置土工织物作为排水沟过滤层。

b)渗透性

$$D_{15,\mathrm{vorh}}\geqslant D_{15,\mathrm{zul}}=4\times d_{15,\mathrm{vorh}}\text{ 及 }U_D\leqslant U_d$$

根据已知条件 $d_{15,\mathrm{vorh}}=0.04$ mm，$U_D=2.0$，$U_d=12.3$，则

$D_{15,\mathrm{vorh}}=2.3$ mm$>D_{15,\mathrm{zul}}=4\times0.04=0.16$ mm(图 7.18 中的过滤点Ⅰ)

$$U_D=2.0<U_d=12.3$$

通过上述计算可知，可确保较高的渗透性，在 $k\approx5\times10^{-2}$ m/s，砾石 2～8 mm 的情况下可不用验证。

c)土工织物作为排水沟过滤层的过滤稳定性

选择 $O_{90,w}=0.14$ mm 和厚度 $d=2.0$ mm 的毛毡材料。

—$O_{90,w}=0.14$ mm >0.08 mm$=O_{90,w,K}$

<0.16 mm$=O_{90,w,E}$；

—厚度 $d=2.0$ mm$>10\times0.14=1.4$ mm；

—渗透系数 $k\geqslant1\times10^{-3}$ m/s。

在接触区Ⅰ中过滤层的稳定性(抗冲蚀安全性、防淤积性、渗透性)可得到保证。

(3)过滤稳定性的验证——接触区Ⅱ(砾石/渗水管上的透水孔)

a)抗接触冲蚀安全性

假定粒径 2～8 mm 的颗粒属于支撑骨架,不会产生移动,则槽孔宽度最大为 2 mm(槽孔宽度 $w_{vorh} \leqslant 2.0$ mm)。

b)防淤塞性及足够的渗透性

—没有淤积的危险,因为被冲洗的砾石里只含有少量的潜蚀颗粒。由于底部颗粒的最大允许含量为 10%,所以必须采用接近冲蚀标准($w_{vorh} \leqslant 2.0$ mm)的槽孔宽度来确保底部颗粒材料被冲刷。

—选择接近于冲刷标准的槽孔宽度来确保较强的渗透性。

c)槽孔宽度的选择

根据 DIN 4262 第 1 部分[106]选择塑料全渗管,$w_{vorh} = 1.6$ mm<2.0 mm。

(4)选择的过滤层结构

—选择粒径 $O_{90,w}=0.14$ mm 和厚度 $d=2.0$ mm 的毛毡材料作为排水沟过滤层;

—选择粒径 2～8 mm 的砾石作为渗水材料和排水材料;

—选择槽孔宽度 $w=1.6$ mm 的全渗管。

实例 2

给定条件:

—采用部分渗水管的地下排水沟;

—既有土(图 7.19)类型为 UM,其中 $I_P=0.15$,$w_L=0.35$,$d_{15,vorh}=0.006$ mm,$d_{10}=0.003$ mm,$d_{60}=0.04$ mm,$U_d=13.3$;

—砂砾石 A 和砂砾石 B,$D_{17}=1.3/0.7$ mm(图 7.19);

—部分渗水管,$w_{vorh}=0.8$ mm。

试求:过滤层结构的稳定性。

解:(1)土的类型确定

已知 $I_P=0.15>0.10$,土的类型为黏性细粒土。

(2)过滤稳定性的验证——接触区Ⅰ(既有土/砂砾石 A 或砂砾石 B)

①抗接触冲蚀安全性

a)选择砂砾石 A

$$D_{17,vorh} \leqslant D_{17,zul} = f(I_P)$$

$I_P=0.15$,根据图 7.17 得出 $D_{17,zul}=0.86$ mm

$$D_{17,vorh}=1.3 \text{ mm}>0.86 \text{ mm}=D_{17,zul}$$

(根据图 7.19 的过滤点Ⅱ)

砂砾石 A 不能满足抗接触冲蚀安全性的要求,应选择更细的砂砾石 B 或选择土工织物作为排水沟过滤层。

b)选择砂砾石 B

$$D_{17,vorh}=0.7 \text{ mm}<0.86 \text{ mm}=D_{17,zul}$$

砂砾石 B 能满足抗接触冲蚀安全性的要求。

c)选择土工织物作为排水沟过滤层

选择 $O_{90,w}=0.12$ mm 和厚度 $d=2.0$ mm 的毛毡材料。这种材料可以满足过滤稳定性的要求，因为

$$O_{90,w}=0.12\ \text{mm}\quad >0.08\ \text{mm}=O_{90,w,K}$$

$$<0.16\ \text{mm}=O_{90,w,E}$$

$$d=2.0\ \text{mm}>10\times0.12=1.2\ \text{mm}$$

因此土工织物能起到过滤材料的作用，并可以选择粒径 2～8 mm 砾石作为排水和渗水材料。

②土/砂砾石渗透性的验证

a)砂砾石 B

在 $D_{15,vorh}\geqslant D_{15,zul}=4\cdot d_{15,vorh}$ 和 $U_D\leqslant U_d$ 时，得出 $D_{15,vorh}=0.62\ \text{mm}\geqslant4\times0.006=0.024$ mm(图 7.19 中过滤点 I)。

$$U_D=5.2<13.3=U_d$$

通过上述计算可知，砂砾石 B 可确保较高的渗透性。

b)粒径为 2～8 mm 的砾石作为排水和渗水材料

粒径为 2～8 mm 的砾石在 $k\approx5\times10^{-2}$ m/s 的情况下，可以提高渗透性(实例 1)。

(3)过滤稳定性的验证——接触区Ⅱ

①砂砾石 B 与渗水管槽口的接触

a)抗接触冲蚀的安全性

$$w_{vorh}\leqslant w_{zul}=A_E\cdot n\cdot D_{50,vorh}$$

$U_D=5.2$，根据图 7.20 可得出 $A_E=0.8$，$D_{50}=2.0$ mm。

$$w_{vorh}\leqslant0.8\ \text{mm}<w_{zul}=0.8\times1\times2.0=1.6\ \text{mm}$$

该材料可以满足抗接触冲蚀安全性的要求。

b)防止淤积的安全性和渗透性

$$w_{vorh}>w'_{zul}=A_K\cdot D_{50}$$

$U_D=5.2$，根据图 7.20 可得出 $A_K=0.13$，$D_{50}=2.0$ mm。

$$w_{vorh}=0.8\ \text{mm}>w'_{zul}=0.13\times2.0=0.26\ \text{mm}$$

该材料可以满足防淤积安全性并具有足够的渗透性。如果要求的渗透性更高，则应选择更大的槽孔宽度(如 $w_{vorh}=1.4$ mm)。

②粒径为 2～8 mm 的砂砾石与渗水管孔口的接触

如果 $w_{vorh}\leqslant2.0$ mm，则粒径为 2～8 mm 的砂砾石相对于渗水管孔口的过滤稳定性要求能得到满足(实例 1)。

$$w_{vorh}=0.8\ \text{mm}<2.0\ \text{mm}$$

如果渗透系数要求较高且防淤积要求也较高，则应选择更大的槽孔宽度(如 $w_{vorh}=1.6$ mm)。

(4)过滤层结构的选择

方案 1：

—根据图 7.19 选择砂砾石 B。

—选择槽孔 $w=0.8$ mm 的部分渗水管(最好 $w=1.4$ mm)。

方案 2：

—选择 $O_{90,w}=0.12$ mm 和厚度 $d=2.0$ mm 的毛毡材料作为排水沟过滤层。

—选择粒径为 2～8 mm 的砂砾石作为排水材料和渗水材料。

—选择槽孔 $w=0.8$ mm 的部分渗水管(最好 $w=1.6$ mm)。

7.5.4 竖　　井

排水设施中的竖井将铺设于土中的管道(渗水管和/或集水管)与地面相联结。竖井的作用在于：

(1)方便目测检查水流状况；

(2)便于采用机器高压冲洗以及使用虹吸机器进行管道清洁；

(3)通风；

(4)将诸多管道互相连通。

竖井的标准间距为 50 m，视清洁作业工艺而定，但最大间距不应超过 100 m。竖井在管道尺寸、类型、坡度以及方向等方面均可自行设计。

在线路影响范围以外的路段上设置有渗水管的地下排水沟时，设置 300 mm≤DN≤600 mm的检查竖井就足够了。除了用作检查井外，这种管道竖井还有清洁和通风等用途，但是不能攀爬。深度为 1.25 m 的管道竖井的材料可以是混凝土或塑料，必要时需要建造特殊的盖板。渗水管的底板应保证与排水沟的贯通(即贯通的沟底)。竖井的结构形式见图 7.21。管道制造商一般会根据管道情况提供相应的检查竖井。

在线路影响范围以外和站场内的地下排水沟，在下列情况下必须设置可攀爬、DN≥600～1 000 mm 的管道竖井：

(1)渗水管道较深(≥1.25 m)；

(2)渗水管、集排水管及其交汇处；

(3)管道连接处。

这种竖井可由 DIN 4034 第 1 部分[110]所规定的钢筋混凝土预制件制作而成(图 7.22)，在特殊情况时也可用圬工构筑。底板设置贯通水沟，并保证无淤塞现象发生。在有较多的泥浆沉积物并须进行清理时，可将竖井底板设计成为泥浆沉集池(设置于排水管下方≥0.30 m处)。

泥浆和砂土沉集池(如将水由路基侧沟引排至排水管道时)也可当作特殊结构设置在竖井的前面，为机械化清洁作业留下通道。

位于路基侧沟内的竖井，其上缘或盖板要高出侧沟底板 0.10 m(图 7.21)。在行车和行人区域，如站台、路肩和调车通道等，竖井要和地面等高。

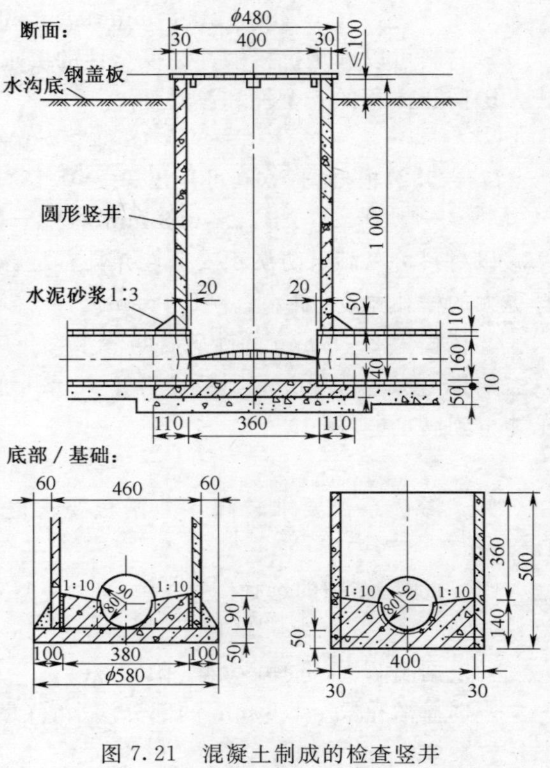

图 7.21　混凝土制成的检查竖井

竖井盖板应采用耐踩踏而且经久耐用的波纹钢板、钢材、灰口铸铁或钢筋混凝土板制成。在行车区域(如站台、货物装卸通道)的竖井、盖板以及需要的顶盖保护层应根据 DIN EN 124[111]按相应的荷载等级进行设计。在行车区域设置管道竖井时,必须以特殊的方式修建盖板。

竖井不得侵入到为上部结构施工机械预留的空间位置,即在两股道之间的间距应≥2.20 m,距离轨道中线的距离应≥3.25 m。如果不能满足这一要求,竖井应掩埋起来或者采用可以折除的盖板。竖井与接触网电杆及信号装置之间的净间距应≥5.0 m。

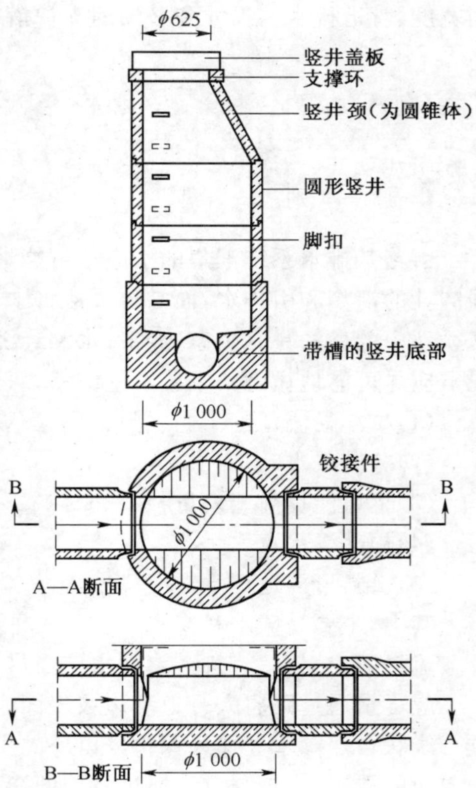

图 7.22 混凝土预制竖井

7.5.5 集水管

集水管是封闭式管道,它通过竖井将渗水汇集起来并将它排至泄水处。集水管应能快速、通畅地排水(额定宽度、纵坡、密封性)并能承受路基内的各种荷载作用(承载力、耐冻性、耐久性)。在遇到下列情况时应设置集水管:

(1)必须用管道引排从渗水管或路基侧沟排出的水时;

(2)必须排放额外来水时;

(3)仅仅依靠渗水管不能将水完全排走(背驮式布置)时;

(4)在站场内,必须横穿轨道引排由渗水管和其他排水设施(站台、站台雨棚)排放的水时。

集水管的额定管径一般≥250 mm,且必须经过水力学计算确定(见 7.10 节)。

集水管的最小纵坡应为 0.3%,在泄水设施的强制式排水点可适当降低纵坡。水的流速应在 0.5~3.0 m/s。在泄水处,集水管的出水口位置应至少高出平均洪水位以上 0.20 m,并对出水口进行加固。

只有管材质量符合相关的规范要求并且在通过有资质的检验单位的独立检测后,才能作为集水管。这些管材可分为:

(1)根据 DIN 1230 第 1、3 部分[107]或者 DIN EN 295[112]可采用陶瓷管;

(2)根据 DIN 4032[113]可采用混凝土管;

(3)根据 DIN 4034[110]可采用钢筋混凝土管;

(4)根据 DIN 19534 第 1、2 部分[114]可采用塑料管。

集水管的铺设深度要考虑免受冻害的影响(深度≥0.80 m)。如果位于受行车荷载影响的压力区时(站场,跨线桥,平交道口),则必须进行承载力的验算。

集水管要按照 DIN 4033[115]和 DIN 18303[116]的规定铺设于管沟内,置于相应的支垫上,埋置在适当的回填材料中并加以覆盖。同时,必须遵守 DIN 4124[108]要求的有关施工空间宽度、管道排水沟尺寸和必要的支护措施等规定。

7.6 泄水设施

7.6.1 原　　则

由路基排水系统汇集的水应尽可能地通过自然途径补给到水平衡系统中。因此不应是强制性的汇集和引排水，而是要直接将水再次引入到土及地下水中。在降雨区将水回流到水循环中的做法具有生态、经济、水利经济及技术方面的优势。因此，在考虑当地条件的情况下应尽可能地做到：

(1)减小径流；

(2)分散截水；

(3)尽可能提高蒸发量；

(4)局部渗水；

(5)重新形成地下水。

其中，主要是截水和渗水具有至关重要的作用。对于降雨必须加以收集、短时间储存以及节流渗漏或引排。对此，渗漏水应当尽可能分散地通过未饱和的土进入到地下水中。

应尽量通过路肩人行道和边坡表面进行平面自然渗水，或通过路基侧沟和地下排水沟进行线状自然渗水。如果保护区以外的水没有受到污染，那么这种自然渗水的措施不受水法方面的限制。与此相反，通过特殊的渗水设施进行有目的和集中引排雨水，在水法方面看来是将雨水引入到地下水中，因此根据水法[95]，这种引排水措施必须得到许可方能进行。

泄水通道可以是地下水流通道、地面水域或者沟渠。将水引到泄水设施的措施需要与主管部门共同确定。泄水沟、泄水管、截水设施及渗水设施均可作为泄水设施。如果水受到污染或者降雨径流量超过容许范围，则须前置预处理设施或净化设施[105]。

泄水设施应该经过主管水利部门和泄水设施所有者同意并按照以下要求设置：

(1)应畅通无阻地将水排到泄水处；

(2)考虑景观和环保方面的要求；

(3)注意地形地貌形态；

(4)日常维护的费用较低。

7.6.2 泄水设施

排水设施的施工应从泄水处及与泄水口连接构件处开始修建，以便可以排走随后的各施工阶段出现的水。

泄水沟可按照路基侧沟的原理进行结构设计。沟底宽度应≥0.50 m，纵坡应大于导水的排水设施。若有连续的水流，可按照排导的水量对泄水设施的横断面进行水力设计。与线路平行的泄水设施要按照最高水位≥轨顶面以下 1.50 m 的要求进行修建。对于穿越铁路路堤、用于连接泄水沟或路基侧沟及延续排水的涵洞和管道，需要对其横断面进行水力设计检算，对其壁厚进行静力检算。在穿越路堤的前后处应对沟底进行加固。

泄水管道可根据第 7.5.5 节按封闭的管道进行结构设计。引排水的输送通过竖井进行。在露天的泄水口或泄水沟中，管道的进水口应高于平均洪水位以上 0.20 m。出水口区域的边坡应进行加固。

雨水滞留空间用于存储雨水，以降低峰值流量，使泄水口排水顺畅。可以将它构建成雨水滞留池、雨水滞留沟或雨水滞留渠并补充设置沉淀池或分离设备。所需要的雨水滞留空间的容积是在考虑水流时间及截流情况下根据流入水量和流出水量进行设计的。关于雨水滞留空间的计算和结构设计方面的问题可参阅参考文献[117]和[118]。

渗水设施用于汇集、储蓄降水并将其渗入到地基或地下水中，可以作为渗水池、蒸发池、渗水沟、渗水槽或者渗水井以及渗水孔并补充设置沉淀设施来使用。渗水性对于渗水设施的效率是至关重要的。关于计算和结构设计方面的问题可参阅参考文献[105]和[118]。处在沟底的既有土渗透性较好时，作为路基侧沟或泄水沟使用的渗水槽可以顺畅的渗漏降水。如果透水层所处的深度较深，则必须将泄水沟延伸到该透水层中。在泄水沟的上面铺筑粗颗粒的渗水材料，可以实现线状或点状方式的渗水。图 7.23 为其中一种结构形式。

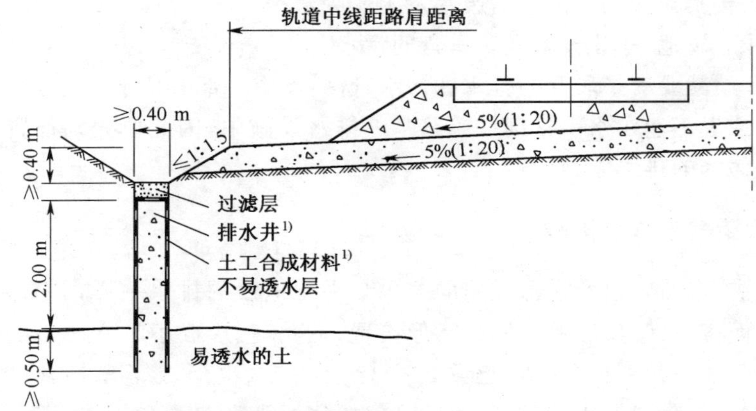

1)当采用土工合成材料时可以用较窄的侧沟。

图 7.23　渗水沟

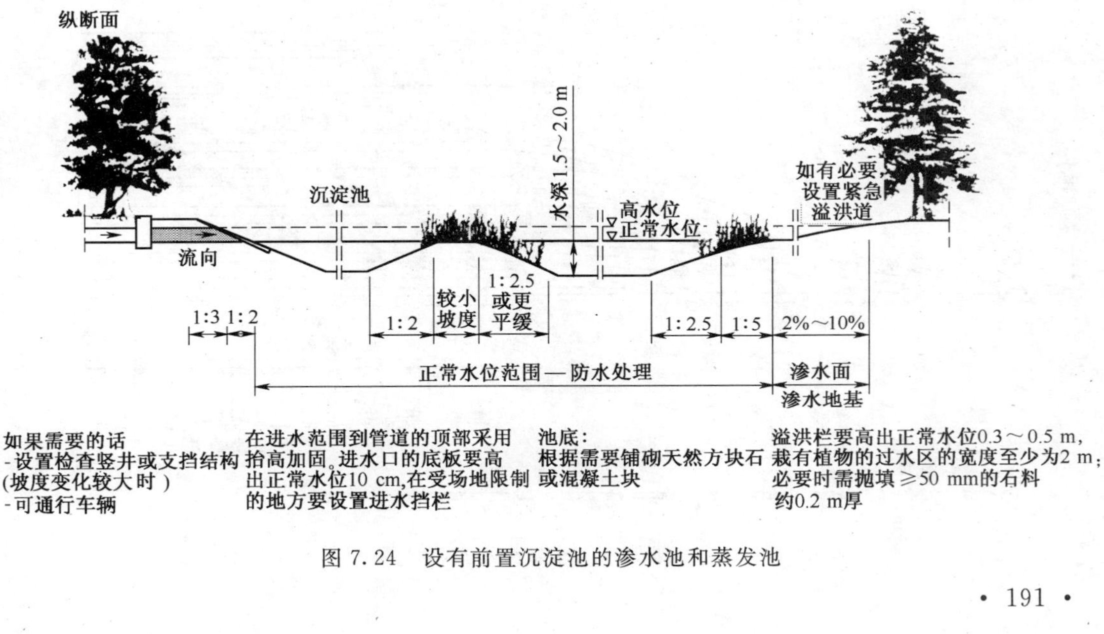

图 7.24　设有前置沉淀池的渗水池和蒸发池

在极为平坦以及不透水土层厚度较小的地方，即使降雨量较大，渗水池和蒸发池也能满足泄水口要求。但它们与路基的距离至少应为 5 m。泄水池和蒸发池的结构形式为过滤层底部敞露的地下池塘，即利用了既有地形的低凹处。为了防止因随水而至的物质沉积而降低渗水能力，应该设置一个前置的沉淀池(图 7.24)。

7.7 车站轨道设施的排水

在车站，不仅轨道设备(轨道和道岔区)必须排水，交通设施以及其他的车站典型设施也要排水。就这一点而言，必须收集、必要时还要预处理和排走以下情况的水：

(1)轨道和道岔设备处的地表水及土中的自由水；

(2)站台和货物装卸通道的地表水；

(3)站台顶棚和大楼等的屋檐水；

(4)来自大楼及作业场地的生活废水及工业废水；

(5)来自作业场地、净化设备及转车盘的污水。

这样，在车站就要有扩展开的排水和污水管网，其中一部分位于一定的深度。由于不允许将生活污水或者工业污水引排到铁路路基的排水设施中，因此要分别设置雨水或者生活污水以及工业污水的排水管网。

7.7.1 轨道及道岔设施的排水

从根本上讲，车站轨道及道岔设施的排水与平坦地段的排水一样，并采用相同的构件。对于两股轨道而言，路基横坡要采用人字形设置。这样就形成了车站典型的“锯齿形”排水结构(图 7.25)。路基横坡总是随道岔的变化而改变，也形成了车站典型的横断面(图 7.26)。对于车站的直通轨道，其路基横坡可保持站外线路横坡。

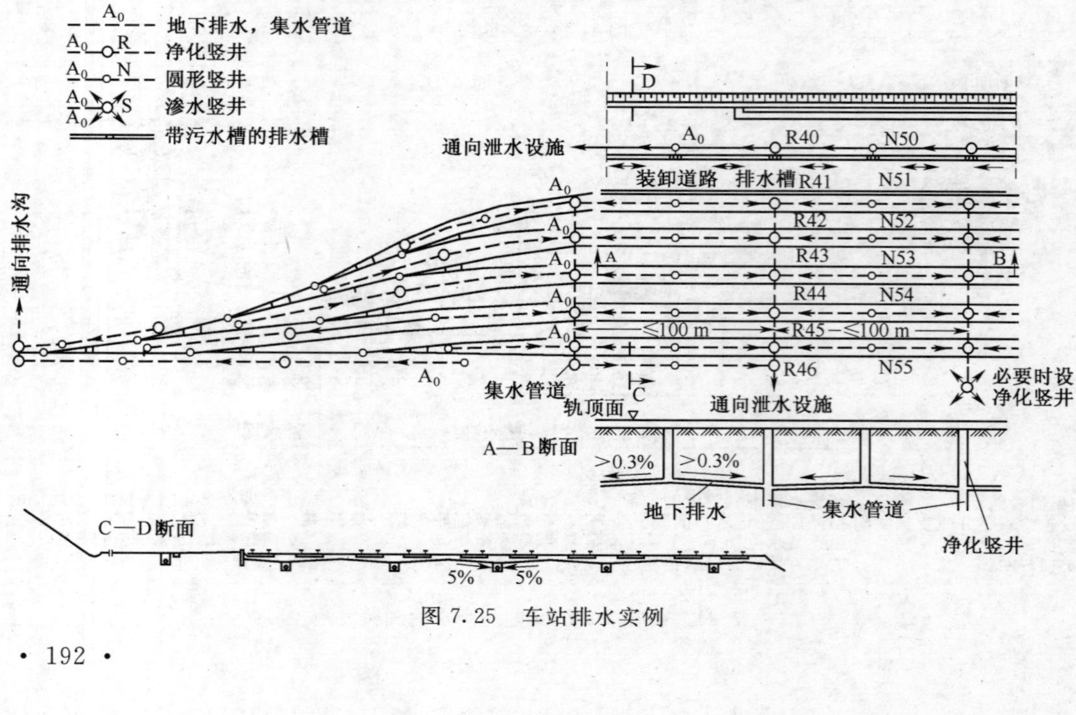

图 7.25　车站排水实例

对于既有的不透水土，要利用路基横坡低点处的地下排水系统进行排水。它将每两股轨道间路基上及土路基面上流动的水汇集并排走。这种地下排水系统是一种纯粹的路基排水设施，它通过部分渗水管来收集渗水，一般由部分渗水管和由砂砾混合物与土工织物组成的过滤层构成(图 6.2)。

如果必须通过地下排水沟收集车站范围内的土中自由水或层间水时，则须相应加深排水管沟或渗水管道的地下深度并采用全渗水管。如果在两股轨道之间有调车线，则须用透水材料填筑该区域并用耐踩踏的材料遮盖该区域(图 6.2)。也可使用土工织物作为隔离过滤层。

在对既有设施进行补建时，出于施工技术原因也可采用偏移的方式设置地下排水沟。渗水管可用缓和曲线绕过电杆基础。

地下排水沟应尽量靠近道岔修建，这样道岔附近区域的渗水管可以不需要设置起始竖井(图 7.26)。在站台内，地下排水沟应设置在轨道之间。当站台系统为模块式以及站台基础足够深时，可以在站台区域设置地下排水沟。

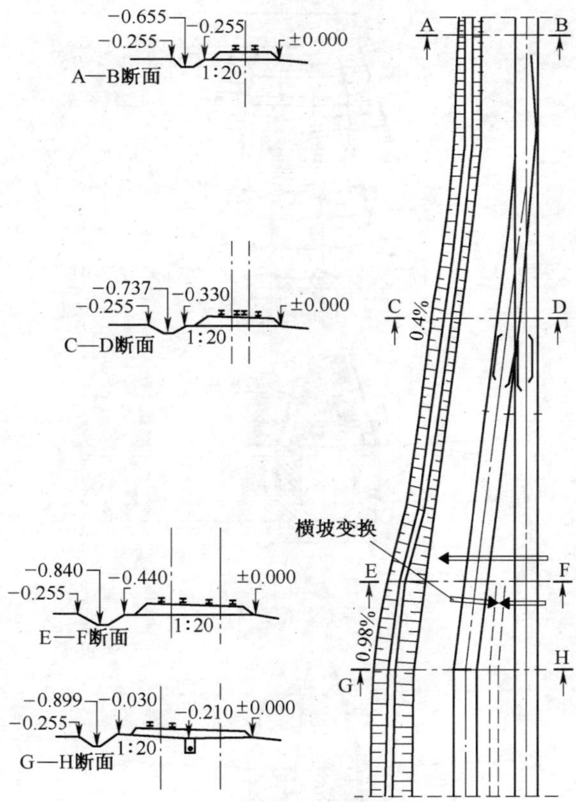

图 7.26　道岔区的排水

车站轨道设备设在平整的地表面处，出于运营原因只允许其纵坡≤2.5‰或 1.667‰。但为了确保在最小坡度为 0.3%(=3‰)的情况下能够借助无压排水管道排水，可以通过在高低点之间重复变化的方式设置渗水管，以此限制其地下位置深度(图 7.25)。通过这种布

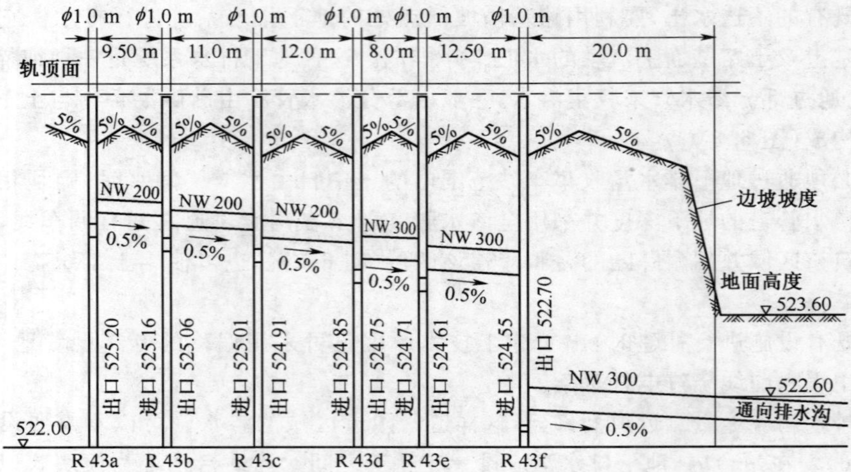

图 7.27　车站排水设施设计剖面图的节选

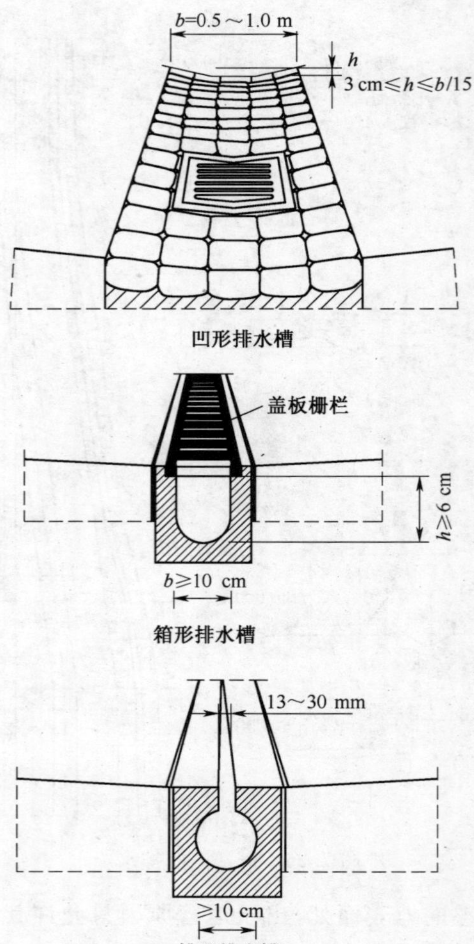

图 7.28　行车区域内的排水槽

置形式，渗水管只需通过 50 m 的长度即可排水。这样就能够以 0.3%的最小坡度和最小额定宽度铺设渗水管，并且可以通过交接竖井将水传输给集水管道。集水管道以≤100 m 的间距下穿通过轨道。

为了引走渗水管与水管交汇处的水，应设置 DN≥600～1000 mm 的交接竖井。井底要设置贯通的沟槽，也可按照规定设置沉泥池。从集水管排出的水被引到泄水口处(图 7.27)。

7.7.2 车站典型设施的排水

从站台、装卸货物通道和装卸台以及货物转运站的行车区和停车区排出的地表水，应远离轨道区，并通过独立于轨道的排水系统排走。根据公路部门的规范[118]，地表水应由设在地面的设施汇集和排走。

通常，站台的横向坡度为 2.0%。水被汇集到沟内，并经点状布置的道路排水口排至连接管道和集水管道中，或者由线状布置的箱形或槽形排水沟排走(图 7.28)。对于装卸通道也可采用类似的布置方式，如图 7.25 所示。

车站楼群和其他设施(如轨道集油坑、工作坑和转车盘)均会排出污水，这些污水必须经轻质流体分离器或者小型净化器处理后再排放。集水管、雨水管或污水管与当地污水管网的连接需经有关部门的批准。按其确定的排放条件和规定决定是采用混合系统还是采用分离系统进行排放。

7.8 铁路道口的排水

铁路道口是铁路轨道与公路的平交口，其设计必须满足这两种相互影响的交通道路的不同要求。铁路线路和公路因交叉而铁路为上跨时，水就流向公路，如果铁路线路为下穿，那么从公路表面以及从公路边沟流出的带有淤泥的污水，就会浸湿铁路下部结构和地基，并污染铁路道口及其侧边的道床。由此可能恶化铁路地基的承载力及弹性状况。

对于铁路道口及邻接的轨道设施通常要进行排水。路基侧沟可利用涵管从公路下面穿过，或者将水排入公路边沟及泄水口(如渗水设施)中。对于铁路道口可采用地下排水沟和保护层的组合结构。如果担心在铁路道口范围内有较大程度的浸湿及承载力会降低时，那么这些设施的设置就更有必要了。

在铁路道口范围内应尽可能畅通地将流入公路路基的水持续排走。公路边沟可利用涵管从轨道下面穿过或者将水排入路基侧沟及泄水口中。原则上应设置渗水管道。

公路和道路表面的流水应尽可能在到达铁路道口之前就开始汇集并通过特殊方式排走。这些特殊排水方式视涌水量、污染程度及公路的等级而定，可以是一小段的公路反坡、横穿行车线路的排水槽或者横穿行车线路的排水沟。其中排水沟可以是箱形或槽形(图 7.28)，根据参考文献[119]，它们的选择取决于所承受的荷载。尽管设置了这种横穿行车线路的线状排水设施，汽车车轮仍会将地表水及淤泥带到铁路道口处，在轮缘槽封闭的情况下，甚至会从侧面将其带入到道床中。由此对于道床和轨道设施产生的不良后果可通过以下措施加以避免：

(1)在轨枕区设置沟槽；

(2)在轨枕及道床上缘设置毛毡材料；

(3)采用碎石加以覆盖；

(4)设置排水横沟。

毛毡材料作为隔离及过滤构件可以阻止淤泥进入道床中并以此确保弹性和透水性。而向路基渗漏的水则排入路基侧沟中。

7.9 边坡排水

7.9.1 原　　则

水的流入和流出可能会危及边坡的稳定性。根据当地条件，水可以在地面上或地下流入和流出。水的流动力、积水力以及压力可能会在边坡中引起变形、冲刷及水富集等现象，这些都是以下典型边坡病害(第 8.4.2 节)的成因：

(1)冲蚀，因水的拖曳力而导致河床状冲刷、沟状冲刷或泉水坡型冲刷；

(2)表面滑坍，因含水量过高($w_n \approx w_L$)及强度损失而引起的坡面滑坡；

(3)深部滑坍，在深达几米的滑动面上产生的边坡坍塌。

边坡排水的目的在于汇集及安全排走坡面上流动的地表水、泉眼水、土层中的水以及挡土墙后面的承压水。

在通过路堤边坡排走地表水时，应尽可能地在大范围内进行引排和渗漏。通过路堑边坡排水时，不允许浸湿路基坡脚及地基，因此必须将水汇集于路基侧沟或地下排水沟中并安全排走。

7.9.2 边坡排水设施

截水沟

由坡面流向路堑的地表水应通过如图 7.29 所示的坡肩前的截水沟加以收集和引排。通常，截水沟应设置在离坡肩约 2 m 的地方，可以结合边坡填方进行设置。如同时设置电缆沟时，应将其设置在离边坡侧及截水沟 2 m 的地方。截水沟的结构与路基侧沟一样，如果遇到非黏性透水土时，沟底则要进行防水处理，以阻止渗水及可能的边坡出水。汇集的水不是排入路基排水设施中，而是直接排入泄水口。在淤泥污染严重的情况下，应在泄水口之前设置沉砂池。

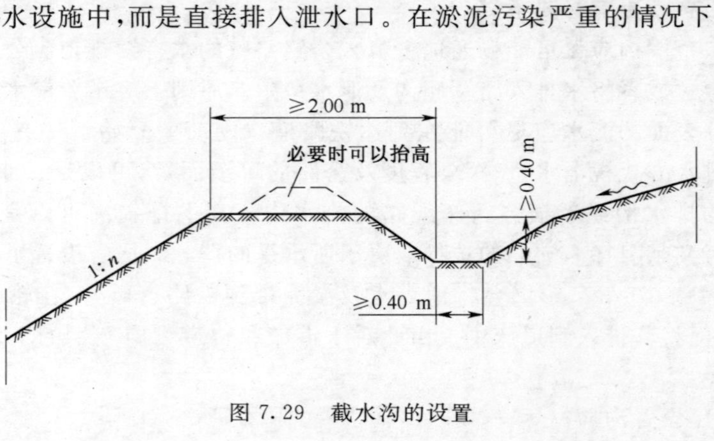

图 7.29　截水沟的设置

地下排水沟

对于路堑边坡地带经地下流入含水层的层间水，应根据含水层的地下位置，在边坡肩前或者在边坡内部加以汇集和引排，如图 7.30 所示的地下排水沟。根据 7.5 节，地下排水沟由部分渗水管和过滤—排水材料构成并埋入到不透水层中。所汇集的水最好是直接排入泄水口中或者经集水管和竖井排入路基的地下排水沟中。

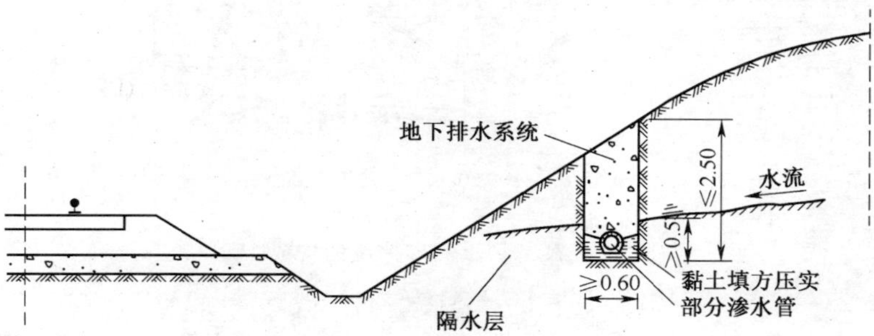

图 7.30　路堑边坡中的地下排水沟

渗水管路/渗水层

对于以点、线、面形式从路堑边坡中流出的层间水、地下水或泉水，可以根据现场分布情况采用渗水管路、渗流支挡墙或者渗水层加以汇集和引排。这些排水措施同时起着支撑和稳定边坡的作用，一般还要结合 4.6 节所规定的工程地质措施一起使用。

渗水管路用于汇集以泉水形式或只在地表面出现的水，通常采用排水材料和土工合成材料制成，可为带有渗水管的渗水槽，也可为不带渗水管的渗水槽。若情况比较简单，则设置渗水管即可满足要求。根据出水情况，可以按照 V 形、鱼刺形或者人字形支线设置渗水管(图 7.31)。在边坡有滑坍危险的情况下，可以设置较深的、阶梯式垂直渗水槽，该渗水槽同时作为渗流支挡墙来稳固边坡(图 7.32)。

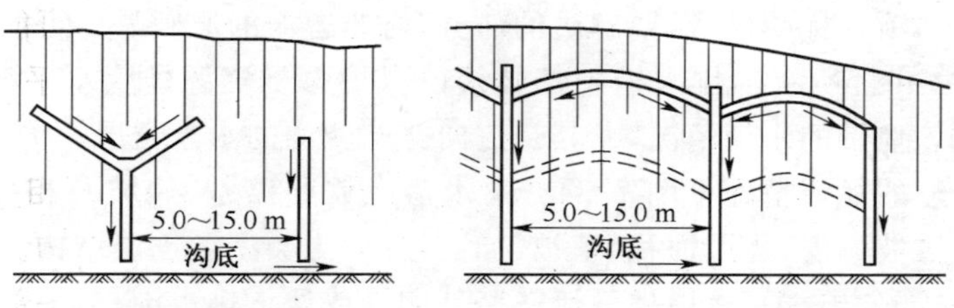

(a) 在个别潮湿的地方　　(b) 在大面积渗水的地方

图 7.31　渗流集水管的布置

当遇到多个水平面出水或者从分布较广的点状或平面状水源处出水的情况时，在整个边坡表面设置渗水层或表面过滤层是一种有效的措施(图 7.33)。这种结构应包括：

(1)既有土层上的过滤层(砂砾石或土工合成材料)；

(2)用于引排边坡层面中的水的渗水层(排水材料、土工合成材料)；

(3)用于绿化的覆盖层。

除了采用传统的砂砾石和抛石作为施工材料或进行表层土覆盖的施工方法外，还可采用多种土工织物合成材料的铺设方法，这样可以安全地将流水引入地下排水沟或路基侧沟中。

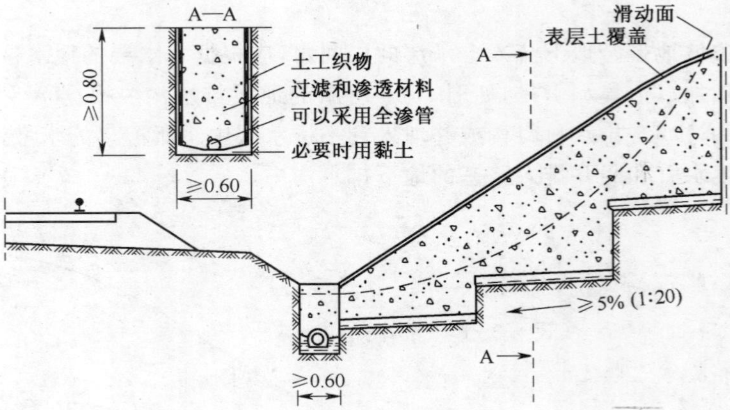

图 7.32 渗流支撑墙的构成

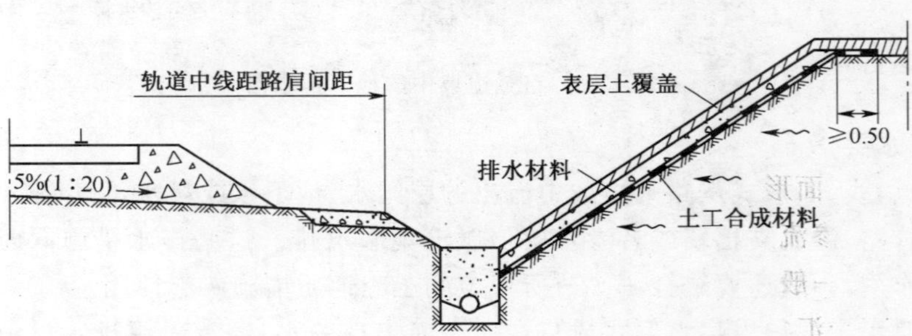

图 7.33 渗水层的构成

7.10 排水设施的水力学计算

排水始终是一项目标明确、需要解决的任务，需要遵循的原则是尽可能少地破坏该地区既有的径流条件，并且所有的排水措施都必须以保护自然资源（土、水平衡、景观）为标准。对此要特别重视该地带的水流情况，尤其是流向路基侧沟的水流情况。

复线铁路一般的径流情况见图 7.34。雨水落在铁路路基、边坡及相关地带的侧面，其径流情况取决于边坡坡度、边坡面积、植被、加固情况、土类型及土层结构。同时在水浸湿及蒸发的影响下，一部分雨水直接由地面流向路基侧沟或地下排水沟；另一部分雨水则经过渗漏、储存后由地下流向地下排水沟，但存在时间上的滞后问题。

在实际计算中，根据时间系数法[1]、[118]只能计算水量，而没有正确评价铁路线路中有滞后水流的实际径流条件，这样做一般会导致对露天段排水设施的尺寸设计的过大[120]。因此，今后在进行排水设施水力学计算时，要以尽可能接近实际的降雨—径流模型及结合目标的计算输入值为基础，这些模型可能要同时利用所有储存及渗漏雨水的资料。

图 7.35 针对某一具体的铁路路段进行了径流量的计算、实际测量以及模拟降雨量的模型校准[120]。在经过 4～6 h 后径流量达到最大值，然后缓慢减小，其间由侧面流入量进行补给。如果此时又再次降雨，那么需要注意排水管中仍在排导的水的流量。这一降雨—径流过程曲线十分清楚地显示出渗漏和储存的影响，同时也显示了在铁路路基排水设施（特别是

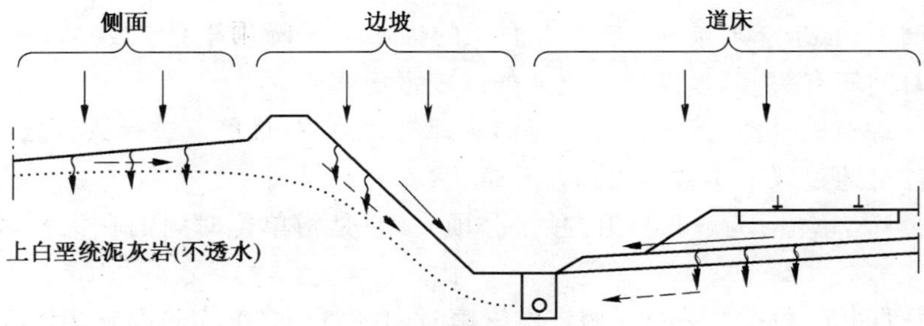

图 7.34 铁路路基中的径流情况

有砟轨道的路基排水设施)附近的地下水流滞后情况。利用现有 ATV-DVWK 规范[105]、[11]中新的假设条件和估计余量计算方法,可得到经济、有效解决方案。

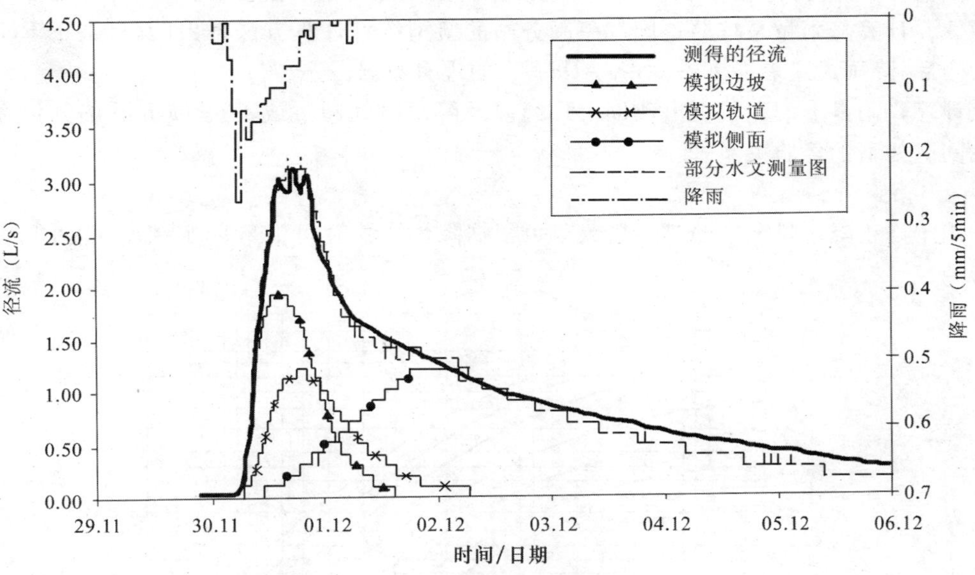

图 7.35 径流量过程曲线的模型校准

7.10.1 计算水量的确定

计算水量可根据降雨统计数据通过简化的计算方法获得[1]、[118],也可借助于降雨-径流量模型通过排水效率的验算[105]来求得。首先来探讨德国铁路规范 836[1] 中规定的简化计算方法(尽管这一方法曾受到过批评),同时给出有关该方法改进及修改的意见。

排放水量 Q_A 的计算由下列各部分组成:

$$Q_A = Q_R + Q_Z + Q_U \quad [L/s] 或 [m^3/s]$$

式中 Q_R——地表流入的降雨量;

Q_Z——从其他排水设施或外部流水汇集的水量;

Q_U——由地下水、淤塞水或层间水渗出的水量。

7.10.1.1 降雨量 Q_R 的确定

根据时间系数法，降雨量 Q_R 与汇水面积的大小以及降雨事件参数，如降水强度、降水频率和持续时间等有关，汇水面积指流入的地表水面积。

降雨是一种随机事件，但是符合一定的统计学规律，并且可以进行数学处理。

降雨事件可通过以下参数加以描述并量化：

(1)降雨量 r，单位 L/s·ha（升/秒·公顷）。它是指单位时间内在汇水区面积上的降雨量。

(2)降雨时间 T，单位为 min。假定在降雨时间 T(1～150 min)内降水强度保持不变。

(3)降水频率 n。它是指每年发生降水的概率($n=1/a$，即每 a 年发生 1 次)。

这些参数之间的关系一般都是按照 Reinhold 法进行处理。人们把一年中(可能)出现一次(频率 $n=1$)、持续时间为 15 min($T=15$)的降雨事件作为计算的依据，同时将最大的降雨量视为"计算降雨量"$r_{15;1}$[L/s·ha]。降雨量计算与地理位置有关，在选择地点时应非常谨慎。计算降雨量是按照德国气象服务站的新型统计计算方法得出的，有别于 Reinhold 法。今后，降雨量应参考 KOSATRA-Atlas[121] 的现有数据。

计算降雨量 $r_{15;1}$ 和很少出现($n<1.0$)以及降雨时间超过或不足 15 min 的其他降雨事件之间有如下的经验关系式：

$$r_{T;n}=r_{15;1}\cdot\varphi$$

式中用于修正降水量 $r_{15;1}$ 的时间系数 φ 可根据降水持续时间 T 和降水频率 n 从图 7.36 中获得。

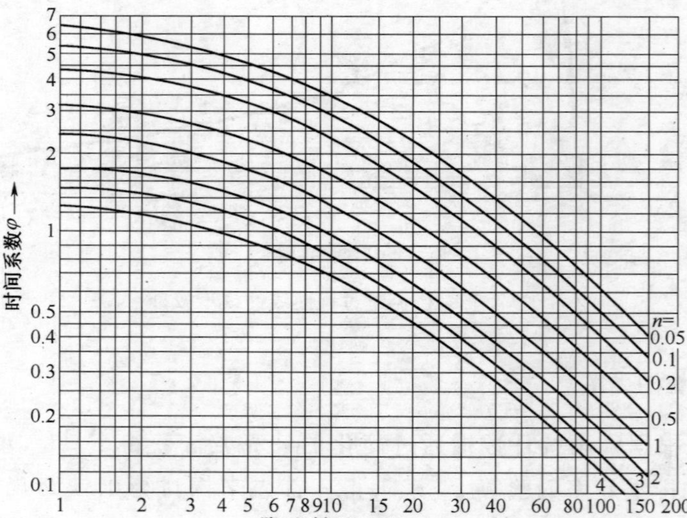

图 7.36 时间系数表

不同排水设施的设计，应以单位面积和单位时间内不同频率 n 和不同时间 T 的降雨量作为计算基础，同时要考虑在非正常情况下的风险系数。德国铁路规范 Ril 836[1] 对防止排水设施淤水过量提出很高的安全保证要求，对此假定 $n=0.1$ 和 $T=15$ min 时，计算雨量 $r_{15;0.1}=2.3\cdot r_{15;1}$。因此关于降雨频率 n 的确定不能只考虑水文地质的因素，同时也要考虑交通设施面上积水过量时的安全度、交通安全性及经济方面的因素。在参考文献[105]和

[118]中，根据排水设施及渗水设施的类型给出了 $n=0.05\sim1.0$ 的不同降雨频率。据此，针对铁路路基的排水设施推荐采用以下的降水频率进行设计：

$n=1.0$——路基侧沟下面有过滤层的地下排水沟。

$n=0.5$——路基侧沟下面无过滤层的地下排水沟。

——最小标准断面的路基侧沟。

$n=0.3$——轨道中间或在路肩人行道下面的地下排水沟。

$n=0.1$——槽型路段和低凹地段。

$n=0.05$——涵管通道。

上述计算降雨量是指降至整个汇水区 A_E（公顷）的范围内的雨量。根据汇水区局部地面 A_i 的地形，有部分雨水渗入到地下，部分被排走，这点可用径流系数 Ψ 加以考虑。径流系数说明了与地表类型（加固、未加固、倾斜、植被覆盖等）有关的排水量和降雨量之间的关系。根据参考文献[1]，表 7.1 给出了峰值径流系数 Ψ_s，其变化很大，由此可得出降雨量 Q_R 为：

$$Q_R=r_{15;1}\cdot\varphi\cdot A_E\cdot\Psi\quad[\mathrm{L/s}]$$

在考虑局部地面特性的情况下，Q_R 为：

$$Q_R=r_{15;1}\cdot\varphi\cdot\sum(A_i\cdot\Psi_i)\quad[\mathrm{L/s}]$$

表 7.1　峰值径流系数 Ψ_s

径流表面	峰值径流系数 Ψ_s
—公路、道路和场地等不透水表面 —无砟轨道 —根据参考文献[1]压实后的表面	0.9
—加固后的土	0.7～0.9
—设有保护层（渗透能力差的颗粒混合料 1）的有砟轨道	0.6～0.8
—设有保护层（有渗透能力的颗粒混合料 2）的有砟轨道 —没有保护层的有砟轨道	0.4～0.5
—坡度＞1∶1.5 的边坡和斜坡	0.6～0.9
—最大坡度为 1∶1.5 的绿化的边坡和斜坡	0.3～0.6
—1∶1.5 的绿化的均质中砂边坡	0.3
—平坡的绿化地面	0.2～0.3
—平坡的均质中砂地面 —有针叶林的平坡地面	0.1～0.2

7.10.1.2　排水量 Q_Z 和 Q_U

从路基的其他排水设施（如截水沟）汇集的排水量 Q_Z，可根据确定降雨量 Q_R 的方法通过特别的计算来获得。来自其他地方，如田间排水、道路排水沟的水量 Q_Z 等应从有关方面获取资料后进行估算。

来自地下水、淤塞水和层间水等的从地下流出的水量 Q_U 应通过水文地质试验进行确定，或根据其他不同方法进行估算。

7.10.2　路基侧沟横断面尺寸的设计

应对路基侧沟横断面尺寸进行验算，保证上述计算水量 Q_A 能够安全地从路基侧沟排

走(路基侧沟的排水能力 $Q \geqslant Q_A$)。明沟的排水能力(图 7.37)可由下式求得:

$$Q = A \cdot v \quad (m^3/s)$$

式中 A——排水横断面面积(m^2);

v——平均流速(m/s)。

平均流速可根据 Manning-Strickler 公式进行计算:

$$v = k_S \cdot R^{2/3} \cdot I^{1/2} \quad (m/s)$$

式中 k_S——流速系数($m^{1/3}/s$),表示排水沟壁的粗糙度(表 7.2);

R——水力半径(m),排水横断面面积 A 除以排水横断面周长 $U\left(R=\dfrac{A}{U}\right)$;

I——排水沟的水力梯度(%),在排水断面形状不变时可以采用沟底坡度 I_{SO}。

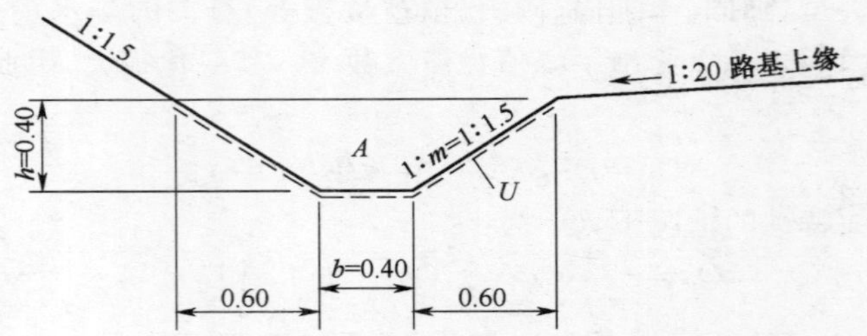

标准断面尺寸

$$A = bh + 2\frac{(m\,h\,h)}{2} = h(b+mh) \quad (m^2)$$

$$U = b + 2\sqrt{h^2+(mh)^2} = b + 2h\sqrt{1+m^2} \quad (m)$$

图 7.37 露天开口式排水沟(明沟)的示意图

表 7.2 流速系数 k_S

排水沟的种类	沟壁特征	流速系数 k_S($m^{1/3}/s$)
土 槽	—粗块状材料	30
	—长有低矮水草	40
	—坚固的细粒材料	50
圬工槽	—粗大片石圬工和铺砌石块	50
	—普通砖或片石圬工砌体	60
	—勾缝良好的烧结物或砖圬工砌体	75
混凝土槽	—表面粗糙和不平整砂浆抹面	50
	—木模浇注	70
	—光滑砂浆抹面或钢模浇注	95

常见的底板宽为 0.40 m 及边坡坡度为 1∶1.5 的路基侧沟横断面的排水能力 Q 与纵坡 I_{SO}、流速系数 k_S 及路基侧沟中的水深之间的关系见图 7.38。对于所要求的排水能力($Q=Q_A$),所需的路基侧沟的充水高度 h(水深)可在该图中得出。

7.10.3 排水管道额定宽度的设计

设计管道额定宽度时,必须验证计算水量 Q_A 能够通过排水管道(渗水管、集水管)排走(即排水管的排水能力 $Q \geqslant Q_A$)。当地下排水沟的管沟中铺有过滤层和粗颗粒渗水材料时可将孔隙空间计入滞留空间。

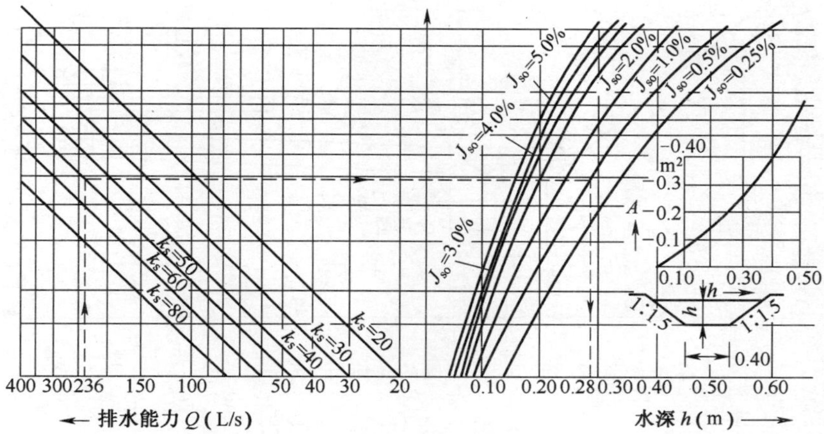

图 7.38　路基侧沟的水力学计算

排水管的排水能力 Q 取决于平均流速 v 和排水横断面 A：

$$Q = A \cdot v \quad (\mathrm{m^3/s})$$

式中流速 v 取决于管道的纵坡 I_{SO}(%)、粗糙系数 k(mm)和水力半径 R(m)。

水力半径 $R=\dfrac{A}{U}=\dfrac{r}{2}$，其中 r 为管道半径。

粗糙系数 k 考虑了与管道材料相关的损耗(管壁、接头、进水口、竖井)，分别为：

—混凝土/陶瓷管　　　　$k=1.5$ mm；

—管壁光滑的塑料管　　$k=0.4$ mm；

—塑料波纹管　　　　　$k=3.0$ mm。

对于地下排水沟中无压排水(自由水面管)和全断面排水的排水管，可根据 Prandtl-Calebrock 流体公式计算流量，管道额定宽度可参照图表(如参考文献[118]、[122])求得。

7.10.4　路基侧沟的计算实例

(1)给定条件：根据图 7.39，铁路路堑长度为 400 m，降雨包括从路基、边坡和草地流入的水量，汇流长度约 80 m。

(2)试求：①降雨量 Q_R；②检算纵坡与线路坡度相同，即 $I_{SO}=0.5\%$ 的情况下路基侧沟的排水能力。

(3)解：

①计算降雨量 Q_R

—来自路基以及与之相邻的边坡和沟底的进水量

$$A_1=(5.50+0.60+0.60)\times 400=2\ 680\ \mathrm{m^2}$$

此时 $\Psi=0.40$(渗水的)。

—来自坡率为 1：2 的路堑边坡的进水量

$$A_2=15.0\times 400=6\ 000\ \mathrm{m^2}$$

此时 $\Psi=0.50$(平坡)。

—来自草地的进水量

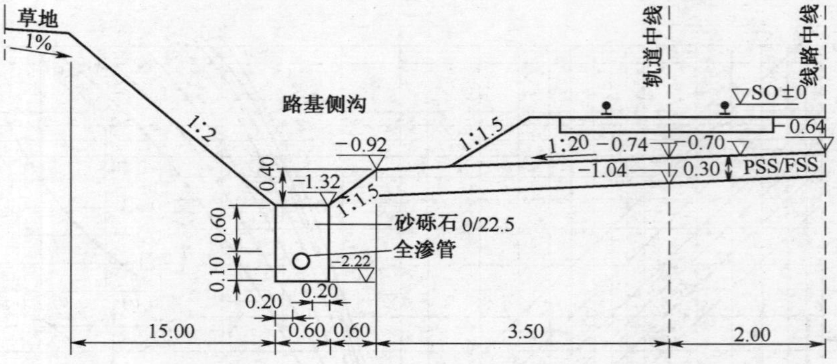

图 7.39　计算实例的几何尺寸(单位:m)

$$A_3=80\times400=32\ 000\ \text{m}^2=3.2\ \text{ha}$$

此时 $\Psi=0.25$。

—单位面积和单位时间内的降雨量 $r_{15;1}=108$ L/s·ha(=0.010 8 L/s·m²)。

—时间系数:$T=15$,$n=0.1$,时间系数 $\varphi=2.3$。

—降雨量 $Q_R=r_{15;1}\cdot\varphi\cdot\sum(\Psi_i\cdot A_i)$

$$Q_R=0.010\ 8\times2.3(0.40\times2\ 680+0.50\times6\ 000+0.25\times32\ 000)$$
$$=299.87\ \text{L/s}=0.299\ 87\ \text{m}^3/\text{s}$$

②计算路基侧沟的排水能力

—排水横断面

$$A=0.40\times0.60+2\left(\frac{0.60\times0.40}{2}\right)=0.48\ \text{m}^2$$

—纵坡　　　　　　$I_{SO}=0.5\%=0.005$ m/m

—$k_S=50$(根据表 7.2)

—$R=\dfrac{A}{U}=\dfrac{0.48}{2.04}=0.235$ m

—流速

$v=k_S\cdot R^{2/3}\cdot I_{SO}{}^{1/2}=50\times0.235^{2/3}\times0.005^{1/2}=1.352$ m/s

—排水能力

$$Q=A\cdot v=0.48\times1.352=0.649\ \text{m}^3/\text{s}$$

③验算排水能力

$$Q=0.649\ \text{m}^3/\text{s}>Q_R=0.299\ \text{m}^3/\text{s}$$

因此,出现的降雨可从路基侧沟安全排走。

8 土工建筑物的加固

8.1 问 题

目前，德国铁路的总里程约为 40 000 km，其中有 30 000 km 左右的线路是在 19 世纪下半叶修建的。由于当时技术条件的限制，现在对既有铁路进行维修和改建时需要解决许多问题，这些问题都是 100 多年前的土方工程留下的后果。因此有必要简叙 19 世纪的土方工程。

在当时条件下，土的挖掘和装载主要靠人工进行，所使用的工具是锹、铲、镐和撬棍。坚硬的岩石则采用爆破作业。弃渣运送使用的是马车、手推车等。土的填筑和铺设采用分层填筑的方法，从路堤端部逐渐向前填土，而且视取土情况而定，有的未加处理就直接筑土。按照现在的观点，这样所铺筑土的压实度完全不够，因为它主要是通过人工夯实及通过工程施工机械来完成的。在从路堤端部向前填土过程中，根本无法进行压实作业。为了缩短沉降时间，常常对路堤进行预加载。随着时间发展，线路运营后产生的荷载沉降虽然会使填土密实度得到提高，但只局限于轨顶面以下 1.5 m 左右的区域，再深的土路基部分则几乎不能得到压实。

在 19 世纪，由于列车的运行速度低、轴重小，压实不够的土路基显得问题不大。但在随后的时间里，运行速度及轴重都在持续增加，比如在过去的 140 年里，客运列车的运行速度由 60 km/h 左右提高到 250 km/h。有记录表明客车的轴重在相同的时间里由 10 t 增加到 22.5 t(图 8.1)。在轴重相对持续增加的同时，运行速度的提高则因两次世界大战的纷乱战事而受到极大的影响。第一次世界大战后客车的运行速度由 100 km/h 降至 60 km/h，二次世界大战后由 160 km/h 降至 100 km/h(图 8.1)。随着运行速度的提高，与之相关的问题主要是下部结构和路基动力荷载的提高。

在上部结构随时间而不断适应荷载提高的同时，土工建筑物却没有或者只有很少得到改善。其结果是，现在土工建筑物处于很难维修的状态，其稳定性常常得不到验证，而且其几何尺寸、密实度、承载力和适用性不能再满足更高要求了。因此必须对土工建筑物进行加固，以达到现今所要求的安全水准。

加固是指采取工程技术措施，使既有铁路线中土工建筑物的承载力和耐久性适应所规划的、越来越高的线路荷载及线路等级。如果不能满足对承载力和耐久性的要求，即不能确保所必需的线路断面，那么首先有必要采取加固措施。结合既有铁路线的加固，需要解决许多几何尺寸、土工技术以及施工技术和生态等方面的问题，见表 8.1。在交通基础设施改建、扩建时，必须解决这些问题，这就加大了革新的步伐，其结果是开发、尝试和成功地运用了许多新型的加固方法。

就几何尺寸而言，必须加宽路基面和路基，其目的在于：

(1)提供必要的空间，从而可以按照参考文献[4]建造与路基面宽度相符的标准横断面，

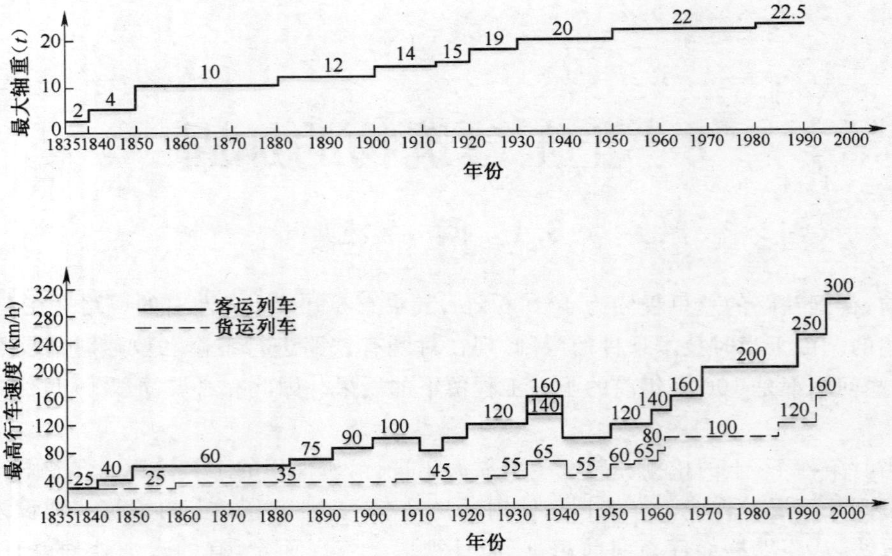

图 8.1　德国客运列车及货运列车的轮对荷载和运行速度的发展历程

容纳行车轨道横断面及危险区域外的安全空间(2.3 节)；

(2)提供必要的空间，以确保设置路肩人行道和排水设施；

(3)提供必要的空间，以对线路走向进行必要的校正并增设轨道，这是提速带来的结果。

表 8.1　既有铁路线下部结构和地基加固的问题

问题的类别	特征/状况
土工技术方面	—地基中存在软弱的有机土 —地基无足够的承载力 —不适宜及不均质的土作为路堤填料 —填筑的路基没有足够的压实度 —在荷载较大情况下路堤及路堑边坡的稳定性过小 —必须加宽路基面(路堤加宽/路堑加宽)并加强与既有路基本体的衔接
几何尺寸方面	—路基面宽度不够且没有维持标准断面 —缺少设置排水设施的空间 —没有维持路堤边坡和路堑边坡的标准坡度 —避免承受其他地形段的荷载
施工方面	—在既有复线铁路中，确保施工线路的作业安全及运营线路上的列车运营安全 —必要时在施工线路和运营线路之间设置线路水平支护
生态方面	—影响自然环境，改变生态平衡 —改变自然的水文地质条件及地下水条件 —破坏路堤边坡和路堑边坡上的植被 —影响工地附近的公路、道路、农田及居民区
运营方面	—施工线路上的施工作业影响运营线路上的铁路运输 —长期压实地基，特别是二次沉降影响线路的几何位置

而在土工技术方面，必须加固地基和路基，使其能承受更大的荷载(速度、轴重、线路荷载)，这些荷载不会使地基因荷载增大而产生有害形变，达到所要求的稳定性标准(第 5 章)。通过提高填筑土层的密实度和抗剪强度可达到上述目的。

在施工线路上进行的加固措施会受到运营线路上列车运营的影响，因此加大了对既有复线铁路土工建筑物的加固难度。必须无条件地确保施工线路和运营线路的安全。施工线路和运营线路在施工、几何尺寸和土工技术等方面存在相互依赖性，这直接影响到加固方法的选择（见6.7节）。

8.2 加固准备

为了进行加固作业的准备，特别是为了选择适宜的加固方法，必须对既有铁路的土工建筑物进行综合勘测。为了评估实际状况，必须获得以下数据：

(1)几何尺寸数据，如现有的路基面宽度、线路断面、边坡高度、边坡坡度；

(2)上部结构的相关数据，如上部结构形式、线路位置、道床状况、迄今为止的维护费用以及线路中必须加固的地段；

(3)下部结构的相关数据，如路基横坡、平整度、混合区、保护层、路肩人行道、电缆沟、路基侧沟、地下排水沟；

(4)土方工程的相关数据，如边坡状况、边坡排水设施、工程生物学植被情况、路堤填料的密实度和类型；

(5)地基的相关数据，如土的类型，特别是软弱层的特性、土层分界面、水文地质条件等。

在掌握土工建筑物实际状况的基础上，根据扩建或维修的目标要求（目标状况）确定所必需的加固措施，其内容如下：

(1)根据2.4.2节的线路等级，包括行车速度、轴重、轨道荷载，来确定加固措施；

(2)根据参考文献[4]的标准线路断面尺寸来确定加固措施；

(3)新建线路参数及特殊的线路几何条件来确定加固措施。

在考虑这些要求和条件的情况下必须对所有适合的加固方法进行技术和经济性的比较和评估。对于加固方法的评估及实施方案的选择可以按照以下标准考虑：

(1)获得理想加固效果的概率；

(2)施工及维护的总费用和经济性；

(3)施工和运营期间与环境的相容性；

(4)工期及影响运营的时间；

(5)在既有复线铁路中，施工线路和运营线路的相互影响及安全性；

(6)加固措施的长期性和耐久性；

(7)维护费用。

8.3 地基加固

针对不同的情况有多种不同的地基加固方法。按其在土工技术方面的作用，表8.2将加固方法分为5种不同的类型。

在表8.3中，将参考文献[123]中的不同加固方法按照表8.2归纳为5种加固方法，并给出了使用范围、作用方式、适宜的土类型及具体的优缺点等方面的说明。表8.3应作为初选适宜的加固方法之用。表8.3中的大多数加固方法都有在相应位置标出的文字材料。因此，接下来只阐述那些相对较新的、同时又对既有铁路土工建筑物加固具有特别重要意义的加固方法。

表 8.2　土加固方法的 5 种类型

土加固方法的类型	土工技术作用
置换方法	利用适宜的土完全替换不适宜的土
压实方法	通过力学作用提高土的密实度和抗剪强度
加固方法	借助胶结材料阻止颗粒材料的移动，以此提高土的抗剪强度并减小变形
排水方法	通过排水网络提高土的密实度及抗剪强度
加筋方法	通过设置具有抗拉强度的土工合成材料，提高土的抗剪强度

此处没有按照参考文献[1]将加固方法分为一般方法和特殊方法，因为它的划分方法更多的是从法律角度，而不是从专业角度考虑的。

下面所阐述的方法既适用于路堤加固，也适用于路基加固。

即使是在新建铁路中，也必须保证地基具有足够的承载力和抗剪强度，所以同样可以采用以下的加固方法。

8.3.1　土的置换方法

地基中，如果在具有承载能力的土层上方有一层相对较薄、承载力及抗剪强度均较低的土层，则需进行换土，即用适宜的土替换掉不适宜的土。不适宜的土主要是指有机土和软弱的黏结性土，而适宜的土则是不黏结的、级配良好的、可压实的土。一般来说，只有在厚度小于 4 m 且位于地下水位以上的软弱土层，才可以采用置换方式。

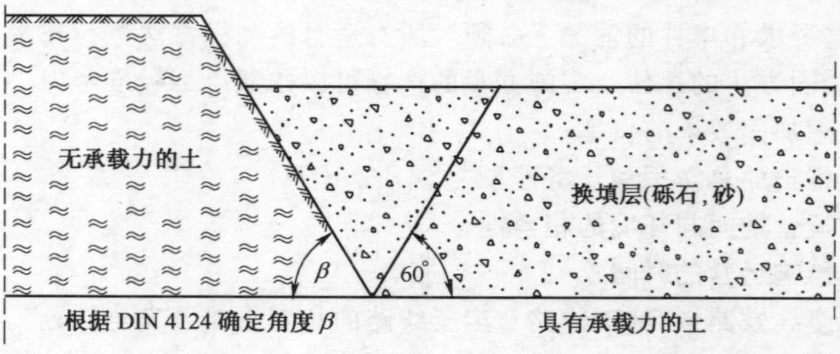

图 8.2　边坡的一般换土法

在新建铁路时，可以在受边坡限制的基坑中进行换土(图 8.2)。这种换土方法在表 8.3 中被称为“一般换土法”。

在对既有复线铁路的地基加固时，由于施工线路和运营线路之间相互影响，因而对一般换土法进行了进一步研究和开发。在对施工线路范围进行换土作业时，必须始终确保运营线路上列车运营的安全。如果施工线路范围换土厚度大于 40 cm，运营线路的自重和行车荷载会造成压力扩散，那么必须对运营线路进行结构支护。结构支护可以通过固定的轨道纵向隔断墙(见 6.7 节)或者通过沿轨道方向移动的支挡设备来实施。在移动式支挡设备(将在下文说明)保护下，最常用的换土方法是：

表 8.3 包括方法预选说明的土加固方法汇总表(根据参考文献[123])

加固分类	加固方法	作用方式	适宜的土类型	可改良的深度和经济的面积	所要求的材料	优　点	局限性及缺点
置换方法	一般换土法 箱式换土法 使用前推式机具 使用侧面护板式机具	通过适宜的土及对其压实来替换不适宜的土	所有土类型	最大换土深度 4 m,面积小	不黏结、易压实及抗剪的土	可使地基具有理想的承载力	在地下水位以下需要排水,因为如果不排水,则压实度不够
压实方法	振动压实法	通过振动压实	不黏结的土,其细粒含量<15%	深度达 30 m,面积>1 500 m^2	不黏结的充填材料	在地下水位的上下均可使用	对有机土、黏结性土不适宜
	振捣法	在黏结性土中插入粗颗粒桩柱	软至坚硬的黏结性土	深度达 20 m,面积>1 500 m^2	砾石或渣石	同时起到垂直排水沟的作用;可以注浆	对有机的浆状土必须进行注浆
	动载强压法	通过具有高能量的冲击荷载进行压实	几乎所有的土类型	深度达 15 m,面积>5 000 m^2	—	在地下水位的上下均可使用	在建筑物附近以及在高路堤情况下限制使用
加固方法	土的改良 土的加固	通过水硬性胶结材料胶结颗粒	所有的土类型,除了有机土、淤泥及泥岩石	深度≈50 cm,面积随意	水硬性胶结材料(水泥、石灰)	快捷、经济	只能在较小深度内进行土改良、土加固
	注浆	采用胶结材料充填空洞	粗颗粒土及混合土	深度无限制,面积小	水泥、化学剂、水	强度高、注浆深度大	在小面积范围内具有经济性,费用昂贵
	高压注浆法(HDI)	挤压土并通过水泥悬浮液进行拌和	除有机土之外的所有的土类型	最大深度 30 m,面积小	水泥悬浮液、水	强度高、环保、灵活	在小面积范围内具有经济性,费用昂贵
	土冻结法	通过土中水结冰来提高强度	实际上所有的土类型	深度<3 m,面积小	冻结液体	临时方法	在有地下水流时不适宜
	松土注浆拌合法	掺合水硬性胶结材料并使其均质化	实际上所有的土类型	深度达 9 m,面积随意	水泥悬浮液	可以在较大深度内进行土改良	在有机物含量大时不适宜
	水硬性胶结法	通过水泥悬浮液进行加固	实际上所有的土类型	深度达 2 m,面积随意	水泥悬浮液	稳固滑坡	需要最小黏结力

续上表

加固分类	加固方法	作用方式	适宜的土类型	可改良的深度和经济的面积	所要求的材料	优　点	局限性及缺点
加固方法	使用带有一体化土处理装置的移动支挡板	掺合水硬性胶结材料并使其均质化	实际上所有的土类型	深度达 3 m，面积随意	水硬性胶结材料	通过支挡结构支撑运营轨道	深度有限
排水方法	使用垂直排水管	通过排水加快沉降过程	软弱土、黏性土及有机土	深度达 10 m，面积＞5 000 m²	由塑料或砂构成排水层	经济	耗时
	真空排水	通过负压加快沉降过程	浆状至坚硬的黏性土	深度达 10 m，面积小	真空井，细滤水管	适用于渗透系数小的土层	必须一直保持真空
	通过临时填方的预加静载	通过提高自重加快沉降过程	有机土和软弱黏性土	改良的深度取决于填土高度，面积随意	粗颗粒及混合土	与垂直排水沟结合使用更好，可经常使用	耗时，材料及运输费用高
加筋方法	对路基体进行加筋处理	提高稳定性和支撑性	在软弱黏性土和有机土上的路基体	软弱层厚度最多为 10 m，面积随意	抗拉强度高的土工合成材料（如土工格栅）	沉降均匀，荷载分布均匀	—
	铺设加筋保护层	提高保护层的承载力	颗粒混合料 1、2	面积随意	土工格栅、合成材料	可以减小保护层厚度	只有在土路基的 E_{V2} 值为 10～30 MN/m² 的情况下才能使用
	施工包裹土柱	插入土工合成材料包裹的土柱	有机土和软弱黏性土	软弱层厚度最多为 10 m，面积随意	砂、砾石、渣石、抗拉强度高的土工合成材料	特别适合极软的黏性土和有机土	—
	钉土钉	通过土钉加筋提高边坡的稳定性	粗颗粒和混合土	土钉长度最长为 15 m，面积小	钢锚钉，水泥悬浮液	可在路堤顶和路堤脚设置土钉，不会破坏边坡	—

(1)采用前推式机具换土；

(2)采用侧面护板式机具换土；

(3)采用振动箱换土。

“带有一体化土处理装置的移动支挡板(WARAN)”是一种特殊的施工机具，它可通过移动支挡板来支撑运营轨道，在支挡板的保护下进行换土，同时还可借助于胶结材料对既有土进行土加固，因此将使用该机具的方法也归在为“土的加固方法”之中。

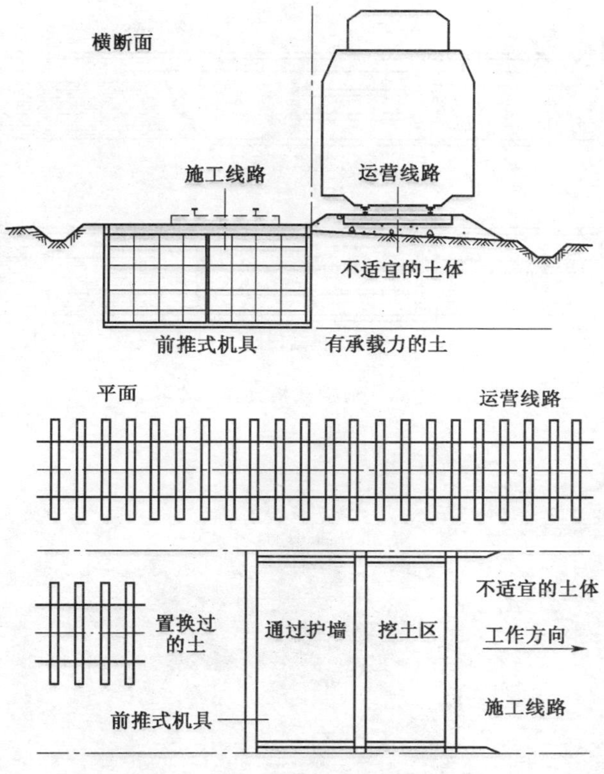

图 8.3　汉堡莫比乌斯(Mobius)工厂制造的前推式机具示意图[124]

8.3.1.1　采用前推式机具进行换土

这种方法是在与运营线路平行推进的前推式机具的保护下，采用适宜的土替换不适宜的土。前推式机具的结构能够从下部结构和地基的两侧进行支撑，能在确保运营线路安全的同时完全替换深度达 4 m 的不适宜的土(图 8.3)。前推式机具由一个大型的刚性钢架构成，同时配有液压控制的钢制侧面挡板和独立的驱动装置，能够沿作业方向移动[124]。

换土作业分几个步骤完成(图 8.4)。第一步是采用液压挖掘机挖掘前方区域无承载力的土，同时在前推式机具的后面铺设和压实置换过的土。第二步是通过液压千斤顶将活动的压力挡板顶压在压实的填土上，然后将前推式机具向前推进约 2～2.5 m。在挖除不适宜土的同时收回千斤顶及压力挡板，这样就为分层铺设和压实置换土提供了空间。由于挖掘部分的底部一直是敞开的，因此便于对土进行力学检测或者对地基进行补充压，而且换土深度可随局部条件调整，同时也方便了在地基和置换层之间铺设土工合成材料作为隔离过滤层。图 8.5 为一台正在工作中的前推式机具，从经济角度考虑采用前推式机具进行换土特别适用于换土深度较大及线路较长的情况。

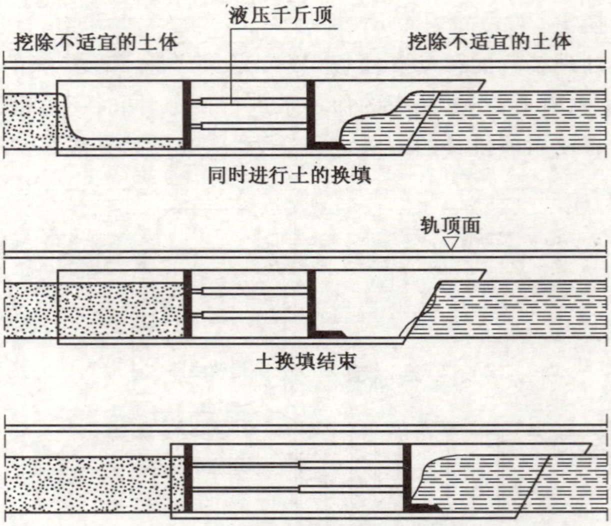

图 8.4　前推式机具作业步骤

图 8.5　使用中的前推式机具

参考文献[124]列举了在一条复线铁路加固施工中使用前推式机具的实例。其要求是在保持运营的情况下，在两股轨道下方 1.2 m 厚的砂层下面置换约 1 m 厚的泥炭层。首先在每股施工轨道两侧间的一定区域内采用砂进行换土，然后在每股施工轨道的下面采用前推式机具进行换土。在施工线路上进行作业的同时，列车可以最高为 100 km/h 的速度在运营线路上运行。

8.3.1.2 **采用侧面护板式机具进行换土**

采用该方法时，移动支挡结构是一个安装在带有反铲的履带式挖掘机上的侧面支撑护板。长约 14 m 的支撑护板能够切入到运营线路范围内的碎石边坡、下部结构及地基中，深度达 1.5 m 左右，因此能够支护运营线路。在侧面护板的保护下作业人员运走挖出的砟石以及不适宜土并铺设置换土或设置保护层。护板的前端部分通过液压油缸可以向侧面摆动，因此能够校正方向。另外侧面护板还可以进行高度调节，因此尽管所搭载机具的高度不同，仍然能够始终确保侧面护板的设计高度。护板通过后留下的空隙最大宽为 20 mm，在随后进行的压实作业中将完全封闭这些空隙，这样可保证运营线路不发生变形。图 8.6 为复线铁路加固过程中使用侧面护板式机具的示意图。

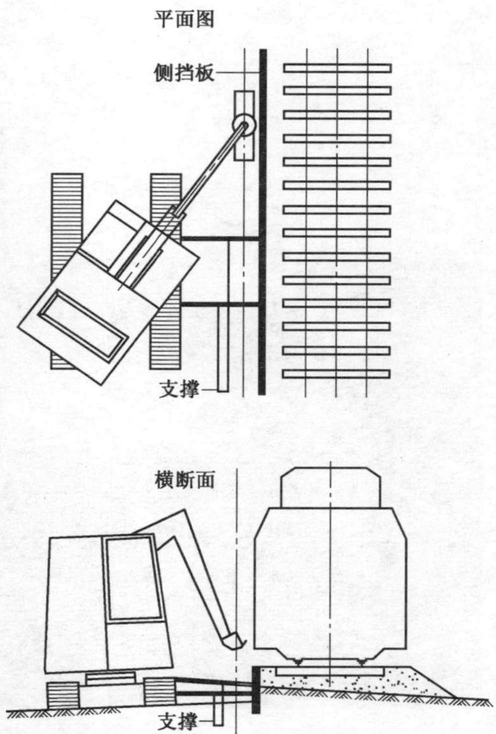

图 8.6 侧面护板式机具的使用示意图[124]

在侧面支撑护板的整个长度内，必须由护板结构承受施工机械的自重和行车荷载的水平力。为此，在前后部分侧面护板应当尽可能长地埋入土中，使得一部分水平力能够直接由土层承受。余下的水平力则可通过履带式挖掘机侧面的抗移动支座传递到地基中。对水平力的安全传递及运营线路的稳定性需要进行静力验算。

8.3.1.3 **采用振动箱进行换土**

这种被称为“箱式换土法”的加固方法的工作原理是，借助振动将上下敞口的钢箱振捣穿过承载力低的土层至承载地基中(图 8.7)。在钢制振动箱的保护下，通过配有抓斗的挖掘机将不适宜土挖出并置换压实性好的砂砾石，然后在振动作用下收回钢箱并沿线路方向继续作业。在收回钢箱时产生的振动起着压实所铺筑砂砾石的作用。必要时可通过夯实机具再次进行压实。使用这种加固方法原则上必须满足参考文献[1]所提出的密实度和承载力的要求并进行验证。通过分段换土工艺可以确保运营线路的稳定性并可以进行整体换土作业。矩形振动箱的平面尺寸一般为 3.0 m×1.5 m，也可以根据现场要求对平面尺寸进行调整。振动箱高度的选择标准应能使振动箱嵌入到承载性土层中。最大的换土深度约为 7 m。在换土过程中必须拆除施工线路上方的架空电线。换土作业的成功条件主要取决于根据当地实际情况正确选择的振动器[124]。

箱式换土法特别适用于地下水位较高、要求的换土深度较深以及地基中可能存在障碍物的情况，但采用这种方法时换土面积受到限制，换土面积相对较小。原则上可以铺设起隔离和

图 8.7　钢箱的振动嵌入

抗拉作用的土工织物。对于整个施工过程中运营线路是否有足够的稳定性需要进行验算。

为了能够进行深度达 15 m 的换土作业，也可使用钢管。钢管的嵌入及换土工艺与振动箱法的工艺相同。换土柱可采用相交或相切方式布置，这样可以进行全部的换土作业，也可进行部分的换土作业[126]。

下面讲述的箱式换土法使用实例摘自参考文献[126]。采用该方法对马格德堡至马林博恩（Magdeburg-Marienborn）铁路线高达 8 m 的路堤进行了加固处理，路堤加固的长度约为 700 m。路堤的上部区域是不适宜的土，且轨道几何位置非常差。从与建成后土路基面高度大约一致的平面上开始作业，分两组将平面尺寸为 3.0 m×1.5 m 的矩形钢箱嵌入到 2.5 m 的深度。在钢箱的保护下进行 2.2 m 深度的换土，路堤顶的换土宽度达到 6 m(图 8.8)。

选择不均匀系数 $U\approx3$ 的抗冻砂作为换土材料。在整个高度内铺设并通过

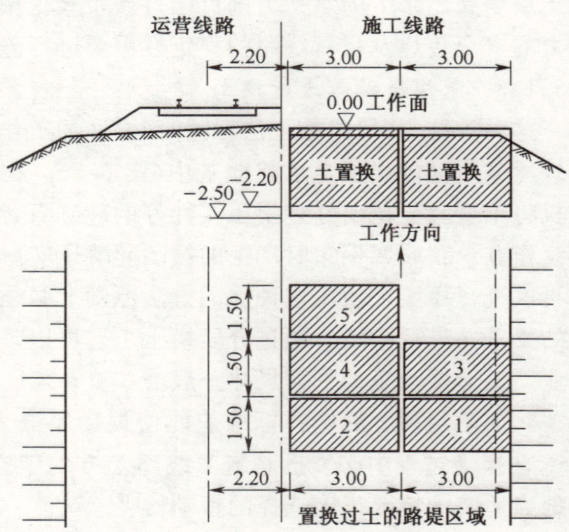

图 8.8　在施工线路中振动箱的布置[126]

钢箱内的活载振捣器来振捣砂料，然后通过收回钢箱时的振动来进一步压实砂料。在换土作业过程中始终通过目测来观察运营线路状况并通过测量加以控制，没有出现限制运营的情况。列车通行时停止振动作业，在换土作业结束后土路基的断面自动成型和压实，然后在其上方铺设 30 cm 厚的防冻层。

在土路基上面及路基面上均进行了承载力和密实度检测。承载力检测结果见表 8.4。结果表明，实测 E_{v2} 值明显高于要求值。其他的质量检验也证实了通过换土获得了均质路堤，承载力和稳定性也满足要求。

表 8.4　承载力检测结果[126]

检　测　面	变 形 模 量	静 力 评 价
土路基面（换土层表面）	要求的变形模量值 $E_{v2} \geqslant 40$ MN/m²	检测点个数：9 标准偏差： $s = 11.2$ MN/m² 振动系数：$v = 0.14$ 5%级配值： $x_{5\%} = 60.4$ MN/m²
	现有的变形模量平均值 $E_{v2} = 78.8$ MN/m²	
路基面（保护层表面）	要求的变形模量值 $E_{v2} \geqslant 80$ MN/m²	检测点个数：12 标准偏差： $s = 24.0$ MN/m² 振动系数：$v = 0.18$ 5%级配值： $x_{5\%} = 91.4$ MN/m²
	现有的变形模量平均值 $E_{v2} = 130.9$ MN/m²	

8.3.2　土的压实方法

土的压实主要起着压实地基的作用，可用于既有铁路路堤的压实、填筑高度不大的路堤的压实和再次压实。由于表层压实法的作用深度较浅，所以不建议使用该方法。用动载强压法虽然较为适用深部压实，但由于冲击带来的巨大压实能量及相应的动力作用影响，该方法在铁路工程中受到限制，但是特殊情况例外。因此，地基压实主要采用深部振捣法。深部振捣法分为振动压实法（RDV）和振动捣固法（RSV）。振动压实法主要用于压实非黏结的土，而振动捣固法则主要用于压实软弱的、黏结性的有机土（图 8.9）。

8.3.2.1　振动压实法

振动压实法是通过振动减少土中孔隙体积，提高土层的密实度。振动作业是通过直径 30～40 cm、长 2.5～4 m 的插入式圆柱形振动器进行的。插入式振动器悬挂于有相应长度托架的支承设备上，同时设备顶部装有电机驱动的偏心锤，通过偏心锤的转动，将振幅 3～12 mm、加速度 20～40g 的巨大摆动能量传递给颗粒骨架[44]。这样会在短暂时间里减小颗粒之间的摩擦阻力（“液化效应”），而且颗粒在重力作用下会重新排列，从而形成更为密实的土层。也可通过加压水的额外影响进一步加强这种作用。

插入式振动器的插入点一般以三角形分布形式布置，其间距为 1.5～3 m。这样，一个压实点的覆盖面积为 2～9 m²。布点的间距与所希望达到的土层密实度提高幅度、土的级配曲线及插入式振动器的技术参数有关。对插入式振动器插入点间距进行计算几乎是不可能的，因此必须通过经验来判断。图 8.10 为确定插入点间距的范例。据此，在给定相关土层密实度 I_D 的情况下，可以针对砂层近似地确定间距 a。在大型施工计划中，为了获得最

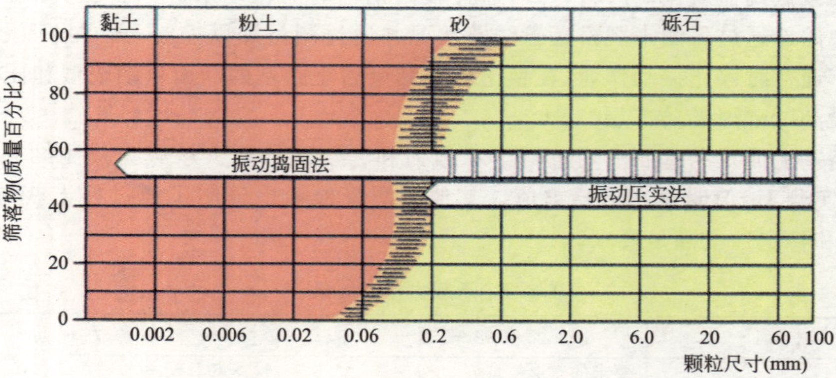

图 8.9　深部振捣法的使用范围[128]

佳压实参数(间距、频率、拔出速度等),建议进行压实作业的试验。

根据图 8.11,振动压实法可以分为四个作业步骤。首先将插入式振动器放置在被压土层的上面(步骤 1)。然后在加水及振动的条件下以 2～5 m/min 的平均速度将振动器插入到规定的深度(步骤 2)。当到达规定的压实深度时,停止喷水并开始振动。在持续振动的情况下插入式振动器逐步由下向上运动(步骤 3)。通过地表出现的凹坑可以看到压实作用,地表上的凹坑须用添加材料加以充填(步骤 4)。添加材料可以用与既有土相同的粒径或者是其他的粒径组别。压实区的直径可达到 2～4 m。由于表面附近区域的压实作用有些减弱,因此建议采取额外的表层压实措施。如果在加水的情况下使用振动压实法,那么压实深度最大可达到 30 m。对细粒含量最大为 15％的粗粒土,振动压实法是非常有效的。为进行质量控制,应记录和处理有关振动器的能量吸收以及各压实阶段压实深度的数据。压实作业结束后,应首选压入式触探法和锤击式针探法对所达到的土层密实度进行检验。

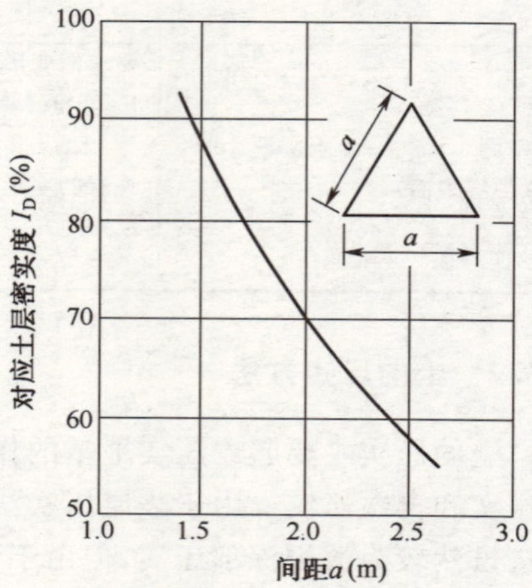

图 8.10　插入式振动器的插入点间距及可获得的对应土层密实度[123]

在新建线路工程中,如果要整体提高既有非黏性土地基的密实度并使其均匀时才采用振动压实法;在对既有复线上土工建筑物加固时,采用该法应注意由于振动的作用会引起运营线路的沉降,必要时应进行压实试验。

8.3.2.2　振动捣固法

对细粒含量高于 15％的黏性土,仅靠振动是不能有效地进行压实的,振动捣固法适用于这类土的压实。该方法采用插入式振动器,通过挤压首先在既有土中形成一个空洞,然后用碎石或者砾石填充空洞。采用上述方法在地基中形成的粗颗粒料桩,也称为振捣桩。振捣桩的作用如下:

(1)通过插入式振动器的插入挤压既有土,从而压实周围土层;

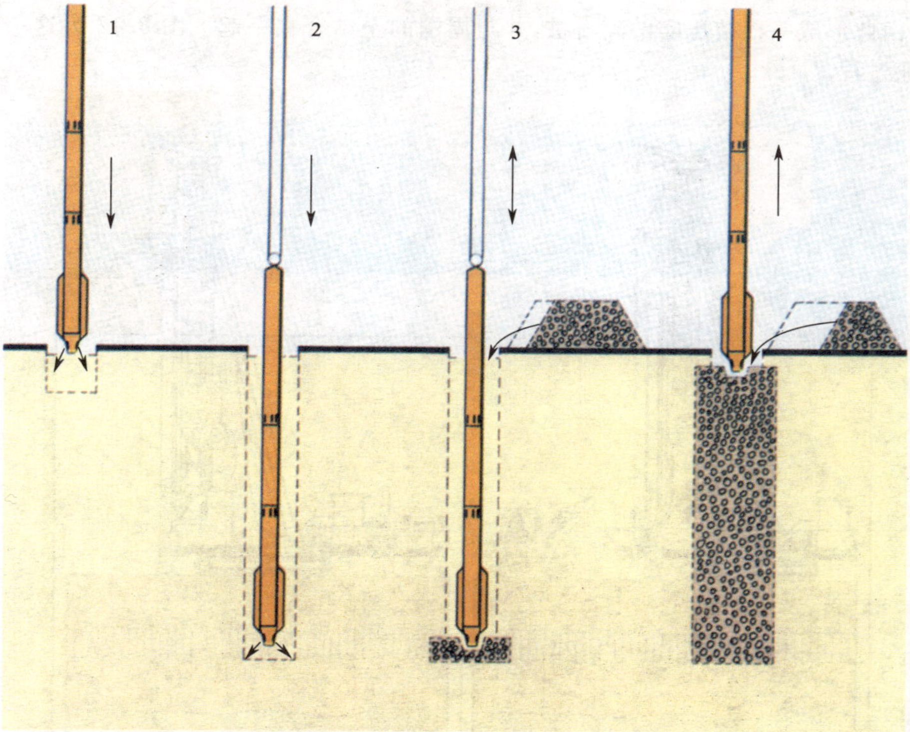

图 8.11　振动压实法的作业步骤[127]

(2)荷载集中在振捣桩的上方,从而减小振捣桩周围区域的荷载及沉降;

(3)通过提高密实度和抗剪强度来改良既有土;

(4)振捣桩还可作为垂直排水井使用,使固结速度加快。

在新建铁路和既有铁路地基加固工程中,振动捣固法是最常用的方法之一,其效果已得到了验证。振动捣固法还成功地运用于路堤加宽作业中,在承载力非常低的土层中,使用振捣桩施工的同时,可进行注浆处理。这样在施工线路范围内进行作业时,可以不必中断运营线路上的列车运营,这是它的优点。但是因为振捣桩是通过振动形成的,会使路基承受额外的动力荷载,因此必须随时目测运营线路的几何位置并通过测量技术加以控制。除此之外还必须进行全面质量控制。如果振捣桩的注浆不饱满,振捣桩没有嵌入到有承载力的地基中,振捣桩的直径和分布间距又没有很好地设计,那么振捣桩就会出现问题。

1. 振捣桩制做

目前主要采用闸式振动器来施工振捣桩,闸式振动器安装在履带式底盘上面。由于履带式底盘会对振动器施加额外的压力(激活),因此它也被称为激活式履带底盘。闸式振动器的上部端头有一个闸室,通过闸室添加材料进入到料仓中。添加材料可选用粒径为 2～80 mm 的碎石或砂砾石。采用可沿立杆提升、容积约为 1 m^3 的料斗向闸室和料仓中填料,在关闭闸室后,对添加材料施加约 2 bar 的气压并在振动作用下将振动器打入到土层中。除了振动器和套筒的自重外,履带式底盘还可以激活约 250 kN 的垂直力。在到达设计深度后,将振动器收回约几十厘米,以使添加材料从振动器的尖端部掉落出去。然后通过压缩空气和振动器的振动压实添加材料，从侧面挤压进入到周围土中。每一施工阶段都重复这一过程，由此形成一根被压实的碎石桩，并与周围的土结合在一起。图 8.12 为这一方法的施工作业过程。

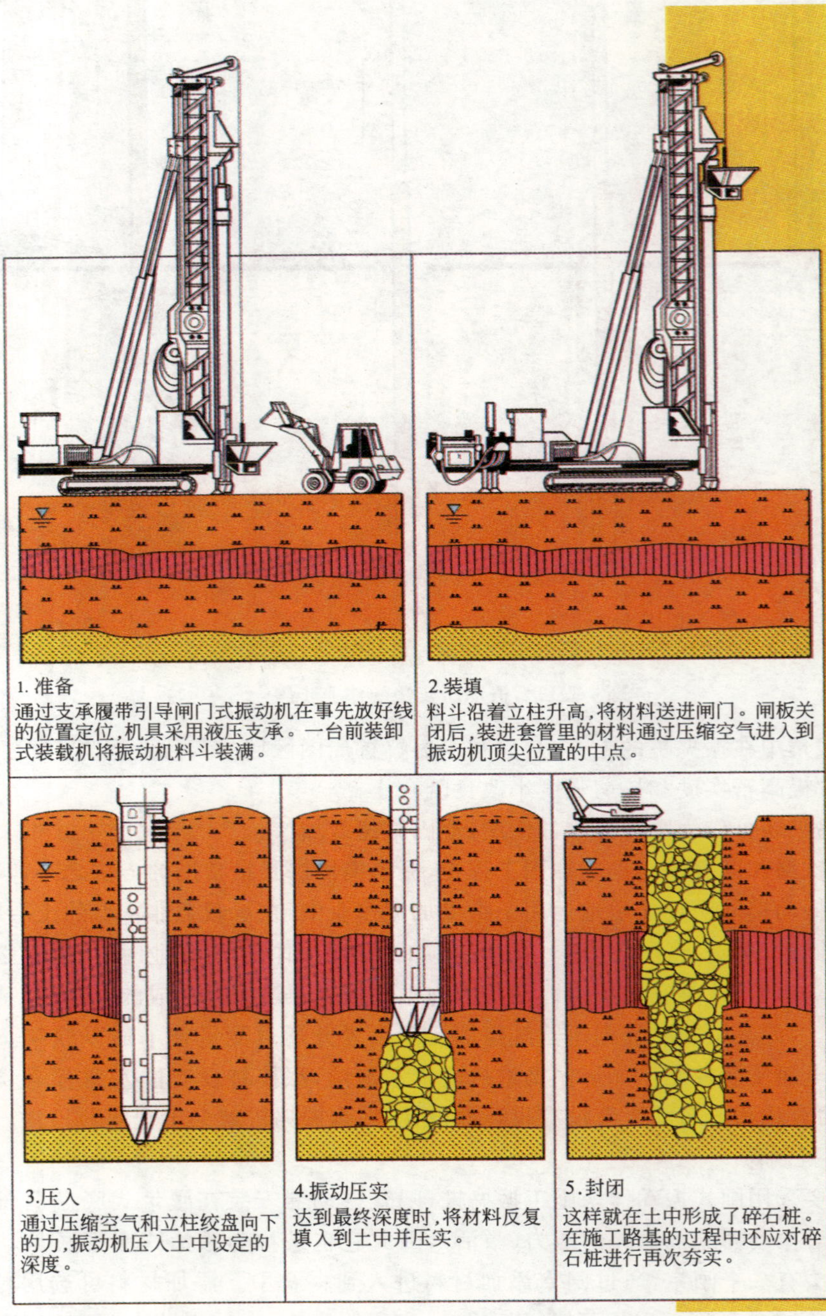

图 8.12　振动捣固法的作业步骤[128]

在承载力和侧面摩阻力都很低的土层中，对闸式振动器施工的振捣桩可在全长或部分长度范围内掺入水泥悬浮液而进行注浆（经注浆处理的振捣桩）。其结果会使振捣桩的刚度更大,变形更小。与此同时,在有承载力的土层区域中可以适当加宽(成型)振捣桩桩脚,如图 8.13 所示。

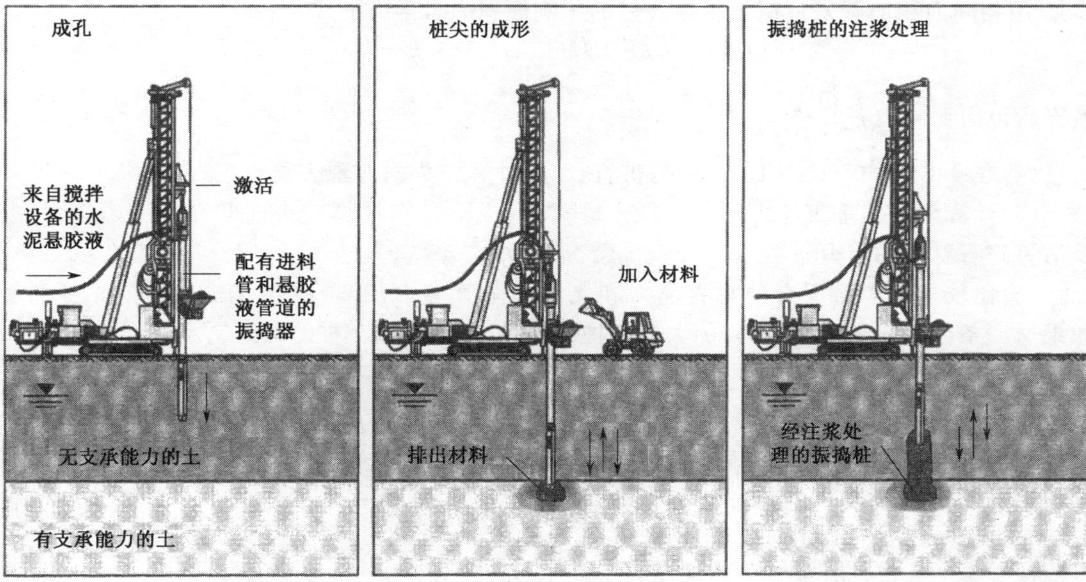

图 8.13　振捣桩的注浆处理[128]

2. 振捣桩设计

一般情况下,振捣桩的直径为 0.6～1.0 m,最大长度为 10 m。但也有成功施工长达 20 m的振捣桩。振捣桩可以按照三角形或正方形分布形式进行布置,间距为 1.0～2.5 m。

未注浆处理的振捣桩的承载力和变形主要取决于周围土的侧面摩阻力,用不排水抗剪强度 c_u 来表示。$c_u \geqslant 15$ kN/m^2 的土则刚好可以为振捣桩提供侧面摩阻力,而 $c_u > 50$ kN/m^2 的土本身就足够坚硬(抗剪切),因此不需要制做碎石桩。这样,既有土不排水抗剪强度在 15 kN/m$^2 \leqslant c_u \leqslant 50$ kN/m^2 的情况下,使用振捣桩在经济上和技术上是有意义的(图 8.14)。对于不排水抗剪强度 $c_u <$ 15 kN/m^2 的土,即软弱、黏性的或有机土,需要对振捣桩进行注浆处理。

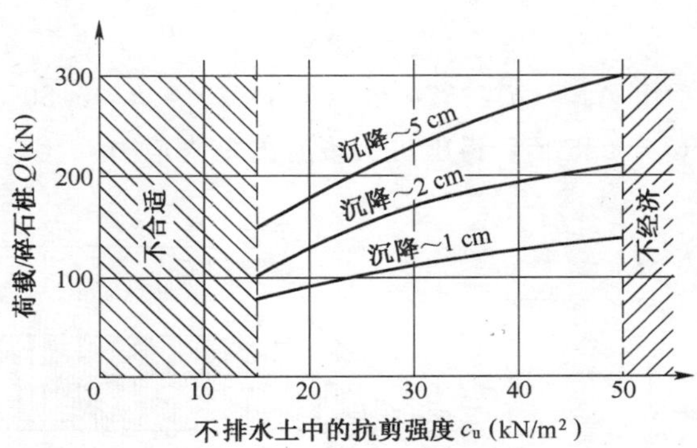

图 8.14　未注浆处理的振捣桩的使用范围[129]

当振捣桩直径 d_s 的情况选定时,振捣桩承载系统的设计主要是确定其间距 s_s。振捣桩的间距既要验算适用性,又要验算承载力。参考文献中给出了许多振捣桩的承载系统设计的简化方法,这些方法的依据是数值分析或者经验。下文将阐述参考文献[129]的计算公式。据此可以分为以下几个步骤:

(1)例如通过触探法获得既有土的不排水抗剪强度 c_u。

(2)获得每根桩的垂直荷载 Q_s 的近似值,它与土的不排水抗剪强度 c_u 和图 8.14 中所

允许的桩头沉降 s 有关。

(3)计算所必需的振捣桩的间距，它与外部荷载和垂直荷载 Q_s 有关，计算时可根据图 8.15 用相同面积的圆来近似表示振捣桩的影响面积 A_E，得出下式：

$$A_E \cdot p = Q_s \quad 和 \quad (s_s/2)^2 \cdot \pi = A_E$$

换算后得出 $s_s = 2\sqrt{\dfrac{Q_s}{\pi \cdot p}}$。

(4)在 0.6～1.0 m 之间选择振捣桩直径，并计算桩头面的现有垂直应力 $\sigma_{o,vorh}$。

(5)计算允许的垂直应力 $\sigma_{o,zul} = (\gamma \cdot h + 2 \cdot c_u)K_p$。在计算桩头面的允许应力($h=0$)及估算碎石材料的阻力系数 $K_p \approx 4.5$ 的情况下，$\sigma_{o,zul} \approx 9 \cdot c_u$。

(6)比较桩头上面现有的垂直应力和允许的垂直应力，必须满足 $\sigma_{o,vorh} \leqslant \sigma_{o,zul}$ 的条件。如果这一条件不能满足，则可以加大振捣桩的直径 d_s 或者减小桩的间距 s_s。

3. 计算实例

4 m 高的路堤位于 4 m 厚的、不排水抗剪强度 $c_u = 35\ kN/m^2$ 的软弱土层上，需要采用未经注浆处理的振捣桩来加强基础，需要计算振捣桩的间距。图 8.16 给出了几何尺寸和荷载，承载系统允许的沉降值规定为 4 cm，选择振捣桩直径 $d_s = 0.80$ m。对路堤的中部进行验算。

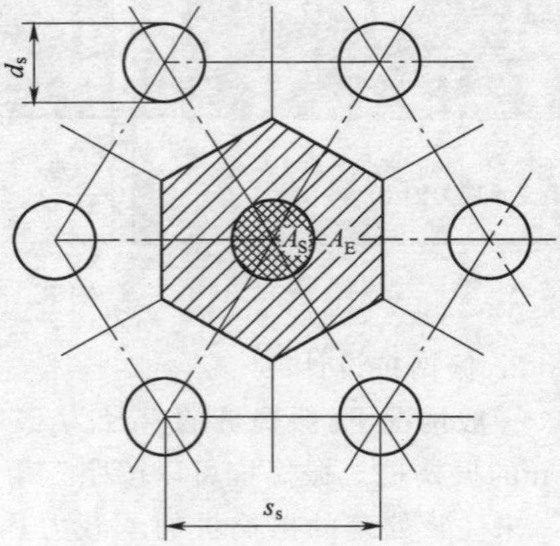

图 8.15 振捣桩的影响面积 A_E 和振捣桩面积 A_S 的定义

根据图 8.14，针对 4 cm 的允许沉降得出每根桩的荷载 Q_s 为 225 kN 左右。然后可以近似得出在路堤中心所需的振捣桩的间距 s_s：

$$s_s = 2 \times \sqrt{\frac{225}{\pi \cdot 76}} = 1.94\ m$$

由 $A_S = (d_s/2)^2 \cdot \pi = (0.80/2)^2 \cdot \pi = 0.50\ m^2$ 和 $Q_s = 225$ kN，得出桩头现有的垂直应力：

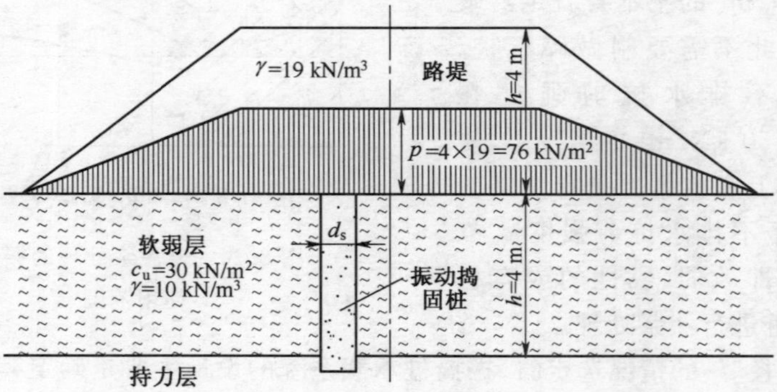

图 8.16 振捣桩的路堤基础、几何尺寸和荷载的计算

$$\sigma_{o,vorh} = 225/0.50 = 450\ kN/m^2$$

桩头的允许垂直应力：

$$\sigma_{o,zul} = 9 \cdot c_u = 9 \times 35 = 315\ kN/m^2$$

从上式可以得知，桩现有应力大于允许应力，这表明没有通过承载力验证，必须重新进行设计。由于所选择的直径(0.80 m)已经相对较大，因此应保留该值，而必须针对允许应力 $\sigma_{o,zul}=315\ kN/m^2$ 重新计算桩的间距 s_s：

由 $Q_s=A_s\cdot\sigma_{o,zul}=0.50\times315=157.5\ kN$，得出：$s_s=2\times\sqrt{\frac{157.5}{\pi\times76}}=1.62\ m$。

这样，桩的间距由 1.94 m 减小到 1.62 m。同时，根据图 8.14 沉降则由 4 cm 减小到约 1.5 cm。通过注浆处理以及由此所提高的荷载值 Q_s，可以加大原设计参数，原设计的间距值 s_s 偏低。

振捣桩注浆处理的计算举例，将在 8.4 节中结合加筋路基(路堤)的基础进行说明。

8.3.3 土的加固方法

8.3.3.1 配有“一体化土处理装置”的移动支挡挡板

使用该机具(简称“WARAN”)时，在移动支挡挡板的保护下，根据 6.4.2 节可采用水胶结材料来加固承载力不够的土层。这样，在复线铁路中可以同时确保运营线路的安全。WARAN 机组由移动支挡挡板部分和土处理装置部分构成，可以加固 4.5 m 宽、3 m 深的地基。WARAN 机组配有反铲挖掘机、伸缩式挖掘机，并配有相应的一套压实技术[131]。

移动支挡挡板保护挖土和填土区域，支承运营线路并确保施工线路上的作业安全。它由位于其上的支挡钢架处理土装置和带有特殊导向装置的刃板构成。移动支挡挡板按照滑动刃板的支挡结构原理进行工作，布置形式见图 8.17 和图 8.18。在通过计量设备添加胶结材料前，先使用土处理装置对挖出的土进行破碎处理，使其均匀化，然后添加胶结材料并搅匀，再将混合土送到支挡板围成的空间中，再通过伸缩式挖掘机以 30 cm 的厚度均匀地分层分布混合土，并通过夯实机进行压实。

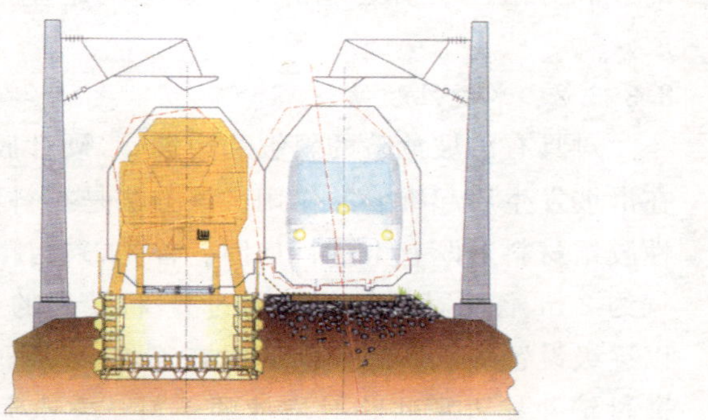

图 8.17 滑动的刃板支挡结构在施工轨道上的布置[131]

在移动支挡挡板的保护下，处理土的过程中还可采用机械添加矿物添加材料以达到改良级配的目的。借助于 WARAN 机组也可以进行简单的换土，该方法的优点在于，除了对土改良外还能够对土进行匀质处理。为此可以针对变化的土类型和特性，作出不同的操作要求。

参考文献[130]给出了 WARAN 方法的使用实例。根据土工技术的预先试验和实验室相应检验，采用了 HAT35 型承载层胶结料进行土的加固，以此进一步加强非常不均匀的地基。土的加固深度为轨顶面以下 2.3 m，在其上方铺设了一层 30 cm 厚、由颗粒混合料 1 构成的保护层。对压实度的要求为 $D_{pr}\geqslant0.97$，对土路基承载力的要求为 $E_{v2}\geqslant45\ MN/m^2$，对路基面承载力的要求为 $E_{v2}\geqslant50\ MN/m^2$。根据适用性试验，认为 8%的胶结材料含量偏大，所以在土加固实施过程中将胶结材料的含量减至 3%～6%。

图 8.18 WARAN 在复线铁路中的运用[131]

承载力的测量表明,土路基变形模量不一致,有时变形模量很大。这表明,在土加固质量的检验中,承载力测量始终是一个难题(第 6 章)。不过,通过在加固土层上铺筑 30 cm 厚的保护层,承载力的差别一般能够再次得到平衡。采用 WARAN 机组可以容易地铺设和分层压实所处理的土。加固的地基和保护层构成了具有承载性和耐久性的承载层。

8.3.3.2 水硬性胶结法

对具有滑坡危险的斜坡和边坡,水硬性胶结法(HZV)可以起到稳定边坡的作用,同时在滑坡发生后起维修的作用。该方法是在斜坡和边坡中修建支承体,支承体通过采用水硬性胶结材料对既有土进行加固。首先,采用爬坡性能好的挖掘机在斜坡或边坡中挖出一个宽约 2 m、深可达滑动面以下的槽,将挖出的土临时堆放在侧边。为了更好地与地基结合,以逐级设置支承体底部的形式施工,然后通过一根软管将胶结材料悬浮液输送到槽中,并通过铲斗掺入那些临时堆放的土料。在水泥稳定土—支承体之间可以根据需要铺设排水管。支承体应当逐段施工,可以根据要求从坡脚开始或者以筑岛的方式在滑坡区设置支承体[132]。由于槽的垂直墙在开挖和充填之间的时间里没有支承,因此要求既有土应有最小的黏结力。

一般来说,支承体的轴线间距为 6 m。在发生滑坡的情况下,滑动面的走向因挖槽而可能发生局部变化,因此支承体的地下位置应适应局部滑动面的位置。支承体的几何尺寸取决于土的特性及对稳定性的要求,对此要进行静力验算。

悬浮液在一特殊的混合设备中制成,并通过软管泵送到施工现场。胶结材料的剂量取决于土的类型,最大可为 20%(质量百分比)。根据土的特性,水灰比为 0.5~1.0。为了加快硬化过程,一般要添加水玻璃。参考文献[133]介绍了该方法的准备、实施和质量控制等方面的规定。

8.3.3.3 松土注浆拌和法

松土注浆拌和法(FMI 法)是由水硬性胶结法发展而来的。采用该方法首次能够加固最大深度为 9 m 的既有土层。为了对既有土进行顶进松土，特别开发了安装在履带式走行机具上的松土机，它装配有 9 m 长的松土臂，能对土进行匀质处理并将其与水泥悬浮液或其他水硬性胶结材料进行混合(图 8.19)。在松土过程中，水泥悬浮液从安装在松土臂上的喷嘴处流出。

图 8.19　使用过程中的松土拌和机[133]

采用 FMI 方法可以在 0.5～1.0 m 的施工宽度之间形成块状水泥稳定土体。松土臂可以相对于作业方向作横向移动，这样，在松土机的外缘也能施工支承体。如果需要对整个路基区域进行加固，那么可以通过相互平行和相互结合的松土条块来完成加固作业(图 8.20)。图 8.20 还介绍了松土条块的施工工序。出于安全的原因，松土条块不是以并排的形式，而是以交错的形式进行施工作业[133]。

由于在施工轨道和运营轨道之间不采用水平支护，只通过道砟夹板来支护运营线路，因此对最靠近运营线路的松土条块的稳定性验算尤为重要。在软弱土层中，出于安全考虑的原因，松土深度应缩小并采用速凝剂来制作松土条块(图 8.21)。

根据参考文献[133]，可对土料的适宜性进行如下评估：

(1)所有矿物性土料均是适宜的，包括细粒土，但 TA 类土除外。

(2)高黏性黏土 TA、颗粒粒径＞63 mm 的土以及含有有机成分且地下水位较高的土(有机土或者杂物的含量不能高于总体积的 30%)，在一定条件下是适宜的。如果在不黏结土层之间存在相对较薄的有机土层，那么通过松土及拌和过程可以分散有机土，使其在整个混和料中的含量低于 30%。

(3)在松土过程中，对既不能被充分破碎又不能与胶结材料较好地混合的土、岩石、坚硬的变质岩和较厚的有机土，均不适宜。

如果对既有土的适宜性不能确定，应进行松土作业试验。

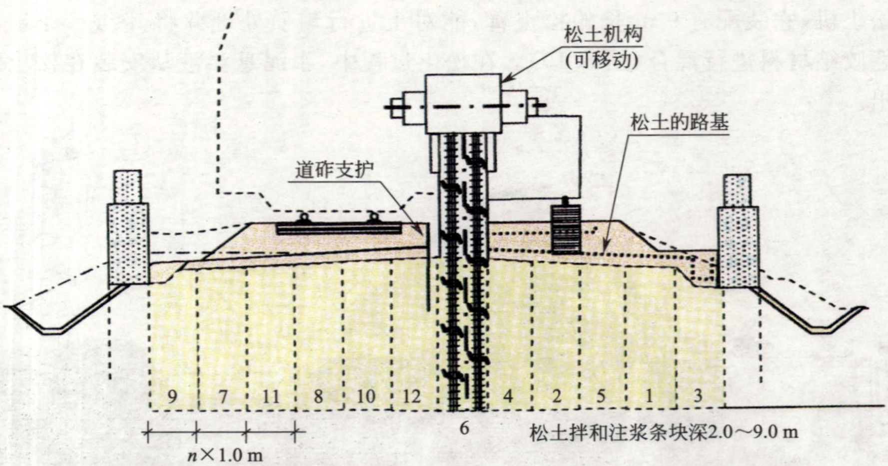

图 8.20　采用平行布置的松土条块加固整个路基区域[133]

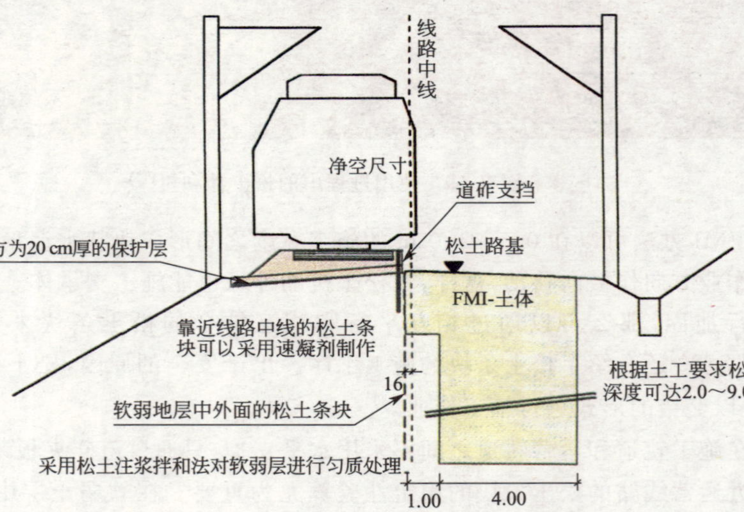

图 8.21　在施工线路上进行松土注浆拌和作业并对运营线路进行支护[133]

水泥悬浮液通过混合设备制备,采用长度可达 1 500 m 的软管泵将其输送到松土拌和机作业处。水灰比为 1.0 左右,胶结材料在混合料中的含量可达到 20%。这样的水泥稳定土具有 $k=10^{-8}\sim10^{-9}$ m/s 的透水系数和很高的力学强度(抗剪强度、单轴抗压强度)。如果胶结材料含量较高,FMI 松土条块的刚性可能过大,有可能产生弹性方面的问题。在这种情况下,建议在 FMI 松土条块上面铺设保护层作为缓冲层,以提高整个承载系统的弹性。

FMI 施工方法的优点总结如下:

—松土深度最大达 9 m；

—松土—拌和过程不受地下水位的限制；

—在松土过程中使土匀质化，提高了混合料的均匀性；

—通过与周围非黏性土的混合，可以对夹有较薄有机土层的地基进行加固；

—在施工线路和运营线路之间不采用线路水平支护。

为了保证质量，施工前必须在实验室进行适宜性检测。在检测适宜性时必须对所要求的胶结材料的含量、单轴抗压强度和胶结特性随时间的变化情况进行研究。在实验室适宜性检测结果中需要确定配合比，并说明土、胶结材料、水量、速凝剂的类型和成分。如果存在特别困难的条件或者质疑既有土的适宜性，则应在试验现场进行适宜性检验。在加固作业过程中，要连续控制松土深度、掘进速度和胶结剂的含量。松土拌和机的线路导向则通过激光控制设备进行监控。

参考文献[134]给出了一则使用实例。扩建柏林—法兰克福/(奥得河畔)既有铁路线时，在贝尔肯不鲁尔—伯利森区段遇到了一段长约 750 m、厚为 2.5 m 的泥炭层。如果路基中有泥炭层，那么路基的维护费用就会较高，同时道床必须设计得很厚。由于计划将运行速度由 120 km/h 提高到 160 km/h，对承载力和耐久性的要求也提高了，因此有必要采取加固措施。

借助于松土臂对泥炭层及泥炭层上下的非黏性土进行了顶进松土及拌和，使得有机土在土—胶结材料混合料中的比例≤30%。根据泥炭层厚度确定不同的松土深度，通过松土可将不同的土层混合为均匀的混合土，这一点已得到了验证。施工中对每股轨道施做了 5 个松土条块，每个条块宽度为 115 cm，搭接宽度约为 15 cm，这样每一松土块的有效宽度约为 100 cm。

在松土过程结束后，土—胶结材料的混合物处于液体状态，然后凝结，再从凝胶状过渡到固体状态(图 8.22)。对于内侧的松土条块，在不排水抗剪强度 $c_u \geq 10\ \mathrm{kN/m^2}$ 的情况下即能验证其在列车运行时的稳定性，因此为加快胶结过程，可以将水灰比值降低。除此之外还可以降低松土块的深度，只有很小一部分需要进入到地下水区域。在松土作业完成后为使土路基成型须加以压实。图 8.23 为完工后的土路基的表面，然后再覆盖 25 cm 厚颗粒混合料 1 作为保护层。

在松土作业过程中及松土作业完成后要实施全面质量保证方案。可通过叶片触探法监控随时间而变化的胶结特性。对于运营线路安全必需的不排水抗剪强度($c_u \geq 10\ \mathrm{kN/m^2}$)在大约 30 min 后即能验证。锤击式针探表明，24 h 后 FMI 块体条块即能达到坚硬黏性土的状态。

通过稳定性和有限元计算核实，该路段无论在施工期间还是在完工后都具有足够的承载力和耐久性。

8.3.4 土中排水方法

软弱的黏土和有机土(软弱层)在加载时会因含水量大且渗透系数低出现沉降量较大的现象，而且持续时间较长。如果加快固结(即挤出孔隙水)，就可以缩短沉降时间。因此进行土中排水就是加快沉降的一种方法。根据表 8.3 土中排水方法可以归纳为"通过垂直排水管提高土的渗透系数方法"和"通过临时填方静载预加方法"两种。

图 8.22　松土拌和机在贝尔肯布鲁克—伯利森施工项目上的应用[133]

图 8.23　采用 FMI 法压实后的路基表面[133]

在软弱土层中，单一的排水方法对固结过程中产生的沉降值影响很小。但如果通过采取排水方法并在软弱层上面水平铺设抗拉强度高的土工合成材料相结合，可以实现均匀沉降，并在一定程度上减小沉降差。

采取土中排水方法，只能加快初期沉降(固结沉降)。如果二次沉降占总沉降的很大一部分，且通车运营后仍持续很长一段时间，那么不建议采用土中排水方法。特别是在泥炭土以及其他有机土中更是如此。

在土中选择适宜的排水方法时，沉降过程的持续时间尤为重要。结合使用“垂直排水管法”和“临时填方法”，可以缩短沉降时间。

8.3.4.1 垂直排水设施

1. 作用方式和类型

垂直排水设施或者垂直排水管是一种用于软弱地层中的垂直排水构件，其渗透系数比软弱层的渗透系数高出很多。软弱层受土压的作用，土中的孔隙水以较短的路径从水平向及径向流入垂直排水管中并排走。特别是在泥炭土中，水平方向的渗透系数 k_H 一般大于垂直方向的渗透系数 k_v($k_H > k_v$)，因而排水管的排水效果非常显著。通过这种方式可加快超静孔隙水压的降低，缩短了固结过程和随时间而产生的沉降过程。

垂直排水管的布置及作用方式见图 8.24[51]。排水管可以布置成正方形或三角形，一般

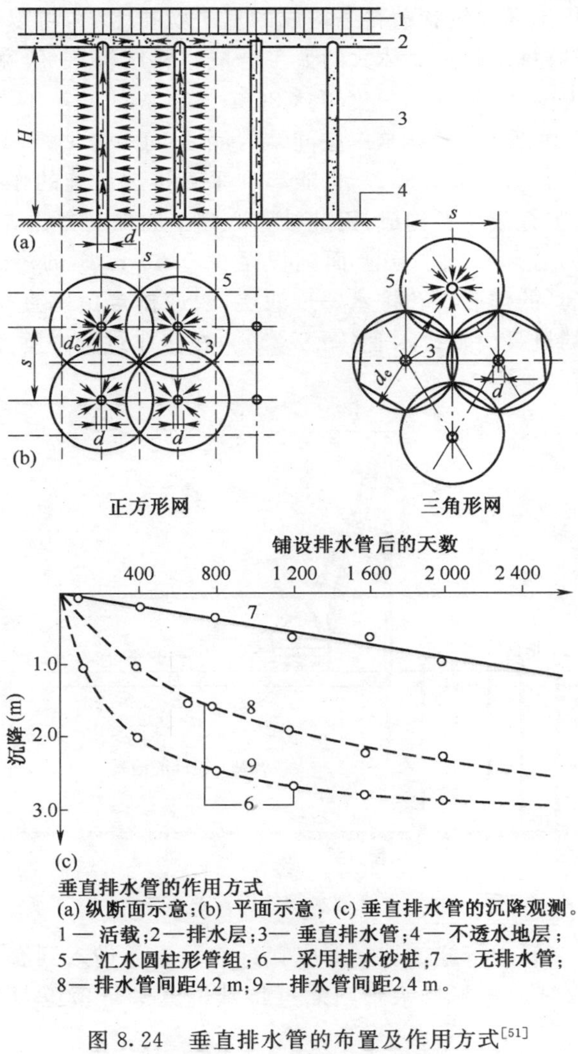

垂直排水管的作用方式

(a) 纵断面示意；(b) 平面示意；(c) 垂直排水管的沉降观测。

1 — 活载；2 —排水层；3— 垂直排水管；4 — 不透水地层；

5 — 汇水圆柱形管组；6 — 采用排水砂桩；7 — 无排水管；

8 — 排水管间距4.2 m；9 — 排水管间距2.4 m。

图 8.24 垂直排水管的布置及作用方式[51]

将其布置成三角形，其原因在于这种布置方式可使各个排水管具有近乎圆筒形的作用区域。图 8.24 非常清楚地显示了垂直排水管加快沉降的作用，最终沉降约为 2.8 m。举例来说，如果没有设置排水管，4 年之后才会出现 2 m 的沉降，而当排水管间距分别为 4.2 m 及 2.4 m 时，大约分别需要 3.7 年及 1 年的时间才能达到同样的沉降值。

垂直排水管的设置及其有效性主要取决于管材质量，在选择管材时必须注意，沉降值可能达到几米，因而排水管必须适应这种情况，在沉降期间不能有任何损坏。因此要求在由铺设产生的荷载及由沉降引起的变形条件下，排水管的排水性能至少应能保持 2 年的时间。排水管的有效横断面不允许减小，而且不允许捆扎和切断排水管。为此必须要有足够的力学强度以及对形状改变有很强的灵活性。另外，如果被排水土为软弱层时，垂直排水管必须具有足够的过滤稳定性。

根据所使用的材料可将排水管分为以下几种类型：

(1)排水砂桩。砂的粒径为 0.2～2.0 mm，排水砂桩直径为 300～500 mm，水平间距为 2.0～3.0m，长度可达 20 m。

(2)塑料排水管。指不同波纹状塑料条构成的扁平状排水管，可以有过滤膜，也可以没有过滤膜。另一种是带有排水膜的立体式的人工合成材料结构，一般宽度为 100 mm，厚度为3～5 mm，水平间距为 1～2.5 mm，长度可达 30m。

(3)纸板排水管。两块纸板结合构成一空间结构，水平间距为 1～2.5 m，长度可达 30 m。

土工合成材料包裹的土柱(8.3.5.1)，也能起到垂直排水设施的作用，它由透水的粗粒土及环状的抗拉加筋土工合成材料构成，因此被归入到土的加筋方法类别中。

在设置排水管之前，必须在软弱层上面铺设至少 0.50 m 厚的渗透系数较好的砂层。砂层作为排水管铺设机具的作业层和排水—过滤层，快速排走由垂直排水管流出的水。从作业层开始，采用特殊的机具设置排水管(图 8.25)。在作业过程中不允许污染和损坏过滤层。

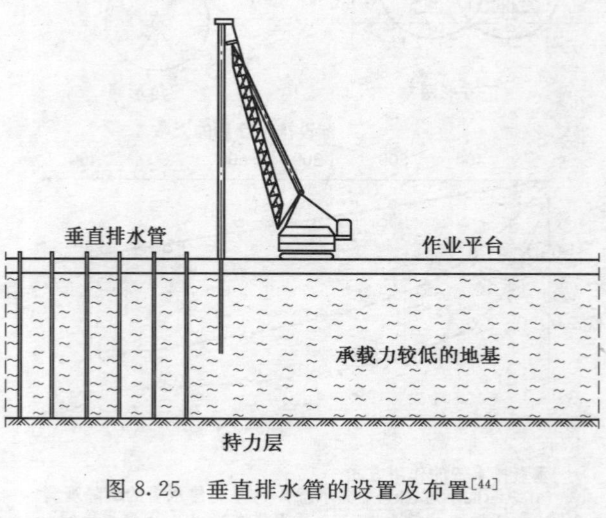

图 8.25　垂直排水管的设置及布置[44]

排水砂桩一般借助套管进行施工。套管应穿过软弱层并进入到有承载力的地基中，深度约 0.50 m。纸板排水管或塑料排水管则通过特殊机具进行顶压、打入或振动压入土中(图 8.26)。

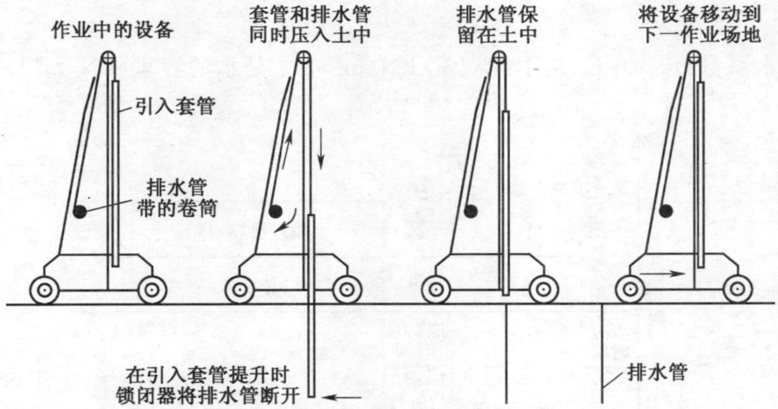

图 8.26　纸板排水管及塑料排水管的施工工艺[123]

在土中采用垂直排水管进行排水时，必须在施工阶段和施工结束后测量下列相关数据：

(1)沉降值及沉降时间曲线，同时包括边缘区域的水平变形；

(2)孔隙水超压值及变化过程曲线；

(3)抗剪强度值及随时间变化的情况(例如通过叶片式触探法)。

为测量这些参数可设置沉降观测仪、伸长仪、压力计和倾斜仪。图 8.27 为在软弱地层地段路堤上布置排水管和测量仪器的形式[64]。

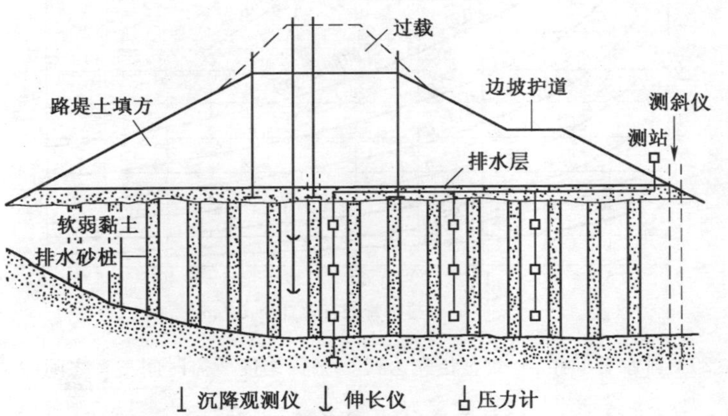

图 8.27　测量仪器在软弱地层地段路堤上的布置[64]

填方工艺必须能够排除临界的孔隙水压力和地面坍塌的情况。为此，对软弱层必须逐级加载并随时测量孔隙水压力。图 8.28 是填方工艺流程的概况，说明了从填方、放置时间至孔隙水压力消散各个阶段的持续时间以及填方层的高度等情况。

2. 排水管的设计

如果已知垂直排水管的类型及其有效直径 d_w，那么设计的目的在于如何选择排水管的水平间距 d_D，以满足合适的固结时间要求。图 8.29 是设计实例。图中 t 是达到 90% 的固结度所需的时间，c_v 是固结系数。表 8.5 给出了不同有机土的 c_v 标准值[135]。根据下式可近似计算固结系数：

$$c_v = (k \cdot E_s)/\gamma_w$$

式中，k 是透水系数(m/s)，E_s 是刚性模量(kN/m²)，γ_w 是水的容重(kN/m³)。

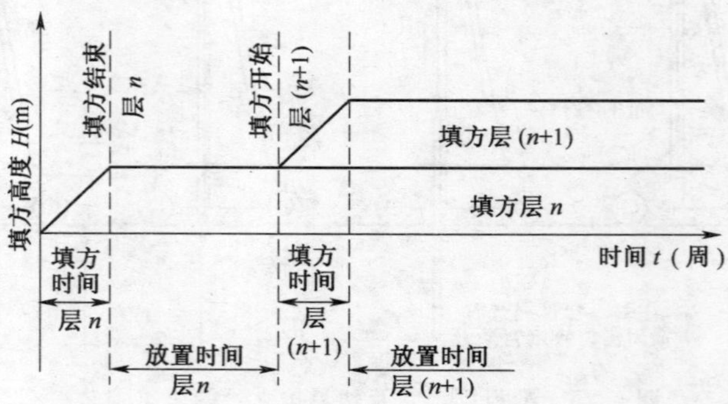

图 8.28 填方工艺示意

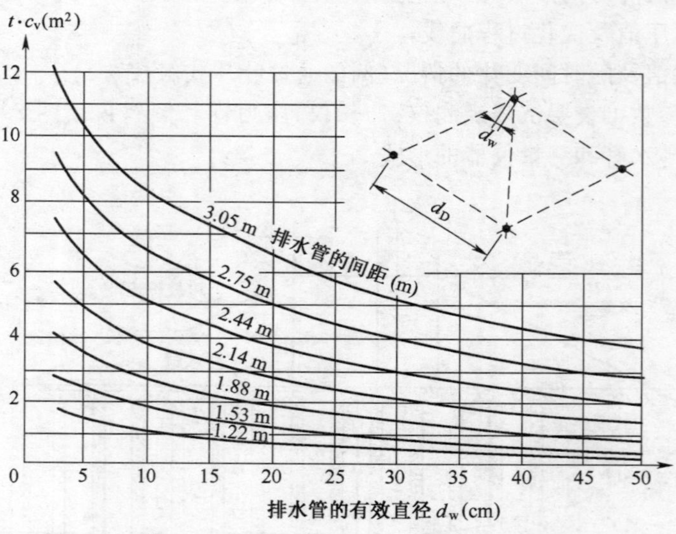

图 8.29 排水管间距、有效直径和达到90%固结度所需时间三者之间的关系[64]

表 8.5 固结系数 c_v[135]

土 类 型	固结系数 c_v(m²/s)
泥炭	$10^{-4} \sim 10^{-6}$
淤泥	$10^{-3} \sim 10^{-6}$
腐泥	$10^{-4} \sim 10^{-6}$
湖成白垩	$10^{-5} \sim 10^{-6}$
沼泽壤土	$10^{-5} \sim 10^{-6}$
强砂质的黏土	$10^{-4} \sim 10^{-5}$
强有机质的黏土	$10^{-5} \sim 10^{-6}$

8.3.4.2 堆载填方预压法

该方法是在路堤设计标高的上面临时填方，从而暂时提高路堤的自身荷载，加速路堤的固结过程。在几十年的铁路施工中，这种方法一直被成功地运用。特别是通过这种方法可以对路堤的初期沉降进行完全或局部的预先处理，这样，在路堤卸载之后，仅仅只存在少量的残余沉降。

堆载预压法可以和其他的加固方法结合使用，从技术方面和经济方面来看，都是非常有意义的，如在 8.3.5.2 节中安装垂直排水沟或在路堤和地基间设置水平加筋的土工合成材料。即便如此，仍必须对填筑工艺进行监控测量，以排除在任何时间里可能发生的地层塌陷，确保路堤的稳固。

例如在罗森海姆—慕尼黑铁路某路段，需要对既有路堤进行加宽以铺设另外两股轨道。在约 500 m 长的地基中遇到了厚达 10 m 的泥炭层和软弱层，软弱层的结构极不均匀，土力学性能变化很大，所以预计会产生较大的沉降差。地基加固选择了铺设垂直砂料排水管的方法。为此采用减少振动的打桩技术，用挤压的方法以套管的形式将有效直径 $d_w=40$ cm 的排水管穿过软弱层，置于持力层中[136]、[137]。将长度为 8～12 m 的砂料排水管布置成三角形。排水管间距的选择以排水管的径向通路最大为 1 m 为标准。排水管与持力层的连接可通过打桩阻力(桩热)来检测。使用的砂料应具有过滤稳定性并且具有很好的渗透性。

此方法在使用过程中注意事项如下：

(1)维持两股既有轨道上的列车正常运行，使其运行不会因此受到限制；

(2)垂直砂料排水管施工时尽量少用振动法，以避免出现较大的超静孔隙水压；

(3)通过孔隙水压力表及沉降观测仪进行填筑过程的测量监控和控制；

(4)放置时间最短为 6 个月。

在 10 m 厚的软弱层上路堤的最大高度达 6 m(图 8.30)。为加速沉降过程，对路堤进行了约 2 m 的预压填方。为了制做砂料排水管，铺设了厚度各为 0.5 m 的四层填筑工作层及过滤层。下面的两层采用改良的过滤材料，以保证水流快速地向外水平排泄。

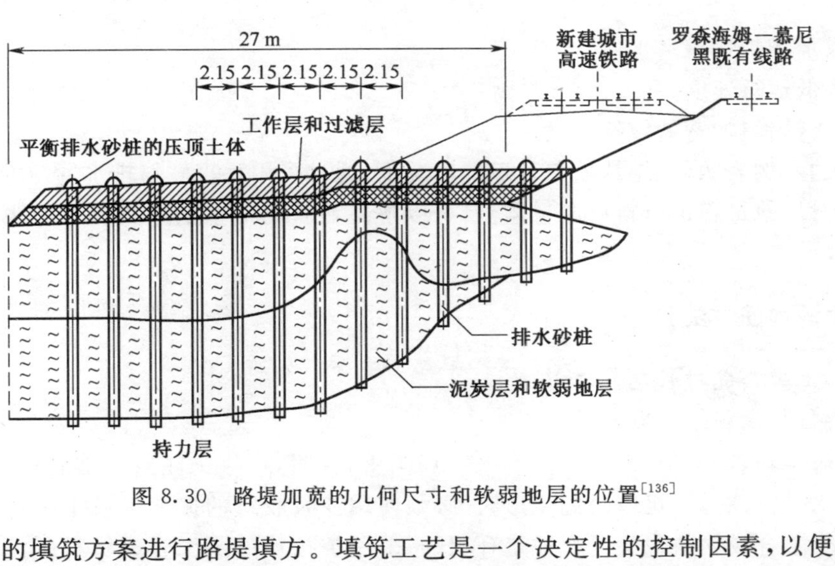

图 8.30 路堤加宽的几何尺寸和软弱地层的位置[136]

按规定的填筑方案进行路堤填方。填筑工艺是一个决定性的控制因素，以便在防止地层塌陷的情况下，达到尽可能快的沉降速度。填筑工艺直接取决于孔隙水压力的变化以及沉降的进程。图 8.31 表示了填筑工艺与孔隙水压力变化(各填筑层荷载的百分比)的关系。

沿着标准的滑动面，任何时刻孔隙水的超压都不得超过填筑层应力的60%，在施工时必须遵循这一要求。从图8.31可看出，在整个填筑期间都遵守了这个要求。填筑期间，按照参考文献[8]的观察方法，采用目测监控，以便出现塌陷时，采取相应对策使相关人员和设备撤离危险区域。

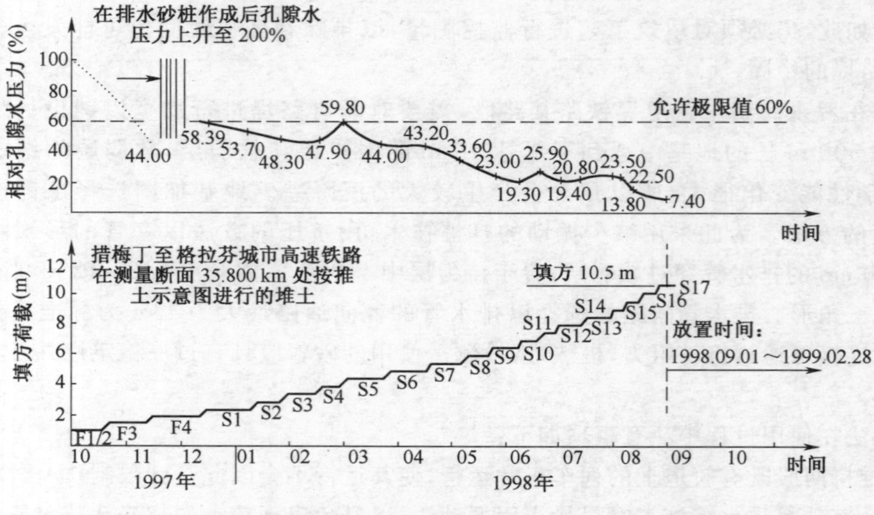

图8.31 取决于路堤填方速度的相对孔隙水压力变化情况[137]

对被定义为“浮动的路基”的既有路堤需要特别注意，在填筑新的路基时，在路基中会产生垂直变形和扭曲。所以，将运营线路的沉降允许极限值规定为施工状态和最终状态下的年沉降量(单位为mm/年，与列车运行速度和必要的线路维护工作，如校准和捣固作业有关)。如果测量的沉降差超过这个极限值，那么规定采取以下的技术和组织方面的措施：

(1)增加维护费用；

(2)降低运行速度；

(3)降低路堤加宽的填筑速度。

所举的示例表明，在维持铁路营运的情况下，通过采用垂直砂料排水管与堆载相结合的方法以及对填筑过程进行持续测量监测，可以解决在软弱地基上加宽既有铁路路堤出现的复杂问题。

8.3.5 土的加筋方法

8.3.5.1 土工合成材料包裹的土柱

土柱制做、承载性能以及设计

当软弱层地基的不排水剪切强度 $c_u<15\ kN/m^2$ 时，可用未注浆胶结的捣固桩，而当周围土体的水平支撑力不足以限制变形时，必须使用注浆胶结的振捣桩或土工合成材料包裹的土柱。土工合成材料包裹的土柱是环状的、采用抗拉伸的土工合成材料所包围的粗粒土柱，这种土工合成材料可以由织物或土工格栅组成，通过吸收环形拉力来限制土柱的水平变形。土桩的直径为0.5～1.5 m，可以呈方形或三角形布置。

土桩在一根穿过软弱层并到达持力层的钢管保护下进行施工。按照参考文献[138],施工方法可分为换土法、挖土法和挤压法等。采用挖土法时,使用一根开口空心钢管,通过振动将钢管向下延深,在用抓斗将钢管中的土排空后,悬挂并吊入一根预制的土工合成材料软管并填砂。接着通过振动抽走钢管,砂子则通过振动作用而被压实。作业钢管直径≤1 m的挤压法是目前最常用的方法。该方法是采用一根底端用活动底板封闭的钢管向下挤压,作业步骤如下:

(1)挤压土时,通过导向装置引导振动器将一根底端用活动底板封闭的钢管插入持力层中;

(2)将预先制成的土工合成材料衬套作为软管并吊入钢管中;

(3)通过一个漏斗将砂充填入钢管中;

(4)通过振动抽走钢管,在抽回过程中通过振动器的振动对充填的砂进行压实。

也可用一个闸式振动器制做土柱[139]。在未充填之前,首先将闸式振动器降至所需的深度,然后抽出振动器和预制的土工布料罩,在振动作用下闸式振动器再次小心地进入到先前所钻的孔里,接着,以常规方法制做振捣桩。在作业过程中应特别小心,以避免损伤土工合成材料。

土工合成材料包裹的土柱具有以下的优点:

(1)通过土工合成材料的包裹,土柱的水平变形受到限制,并提高了其承载力。这一填筑方法也可运用在极软弱地基上;

(2)砂桩渗透系数较好,可同时起到垂直排水管的作用,并且可以作为固结辅助手段极大地加快沉降过程;

(3)通过包裹土工合成材料,砂桩填砂可以很好地与软土隔离,这样可保持这两种土之间的过滤稳定性。

参考文献[140]已对桩和软弱层之间的承载性能以及相互作用作了叙述。在垂直荷载作用下,土工合成材料包裹的土柱会产生变形,其直径有所增大。这样,一方面在土工合成材料包裹的土柱中产生扭曲和环形拉伸力,另一方面周围软弱层则对土柱产生水平反作用力,土工合成材料包裹的支撑力 $\sigma_{h,geo}$ 以及软弱层的支撑力 $\sigma_{h,B,ges}$ 将吸收垂直应力 $\sigma_{v,s}$ 在土柱中产生的水平应力 $\sigma_{h,s}$,即 $\sigma_{h,s}=\sigma_{h,geo}+\sigma_{h,B,ges}$(图 8.32)。土工合成材料的支撑力起到环状拉伸力 F_R 的作用,并随着垂直荷载作用下直径的扩大而产生,这些均由所使用土工合成材料的弹性性能来决定。来自软弱层用于支撑土柱的水平应力 $\sigma_{h,B,ges}$ 取决于加载应力 $\sigma_{V,B}$,但由于土柱上土体的成拱作用会使加载应力 $\sigma_{V,B}$ 有所减少($\sigma_{V,B}<\sigma_o$)。成拱作用的出现是土柱和软弱层之间存在刚性差和变形差的结果,并导致土柱上的应力集中以及软弱层的卸载。由于软弱层的沉降因固结过程而在时间上有所延缓,而砂桩则会很快的出现沉降,因此,土柱和软弱层之间刚性以及变形性能的变化一直持续到固结过程结束,从而最终达到一个自我平衡状态,因此这种承载系统也可称作自我调节系统。土工合成材料包裹的水平支撑作用以及因成拱作用而产生的应力重分布,能够提高承载力并减小整个承载系统的沉降。

整个基础系统的计算(土柱之间间距、直径等)以及土工合成材料包裹的设计可根据图 8.32 的计算模型通过分析及数值方法来进行(见参考文献[141]所列的方法)。但是应注意,为了能够考虑土柱和周围软弱层(所选方法的边界条件应尽可能接近实际情况)之间的相互作用，相关经验是十分必要的。

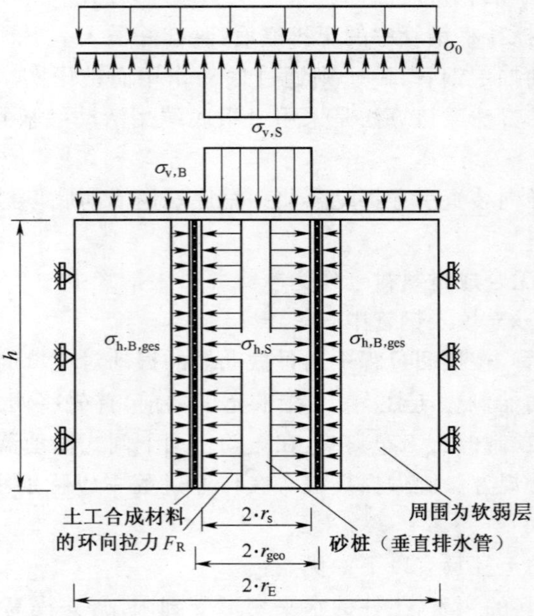

图 8.32　采用土工合成材料包裹的土柱的计算模量[140]

下面介绍一个高速公路工程中使用土工合成材料包裹土柱的实例。对于铁路施工来说，这个例子也算得上是一个典型示例。一条在 20 世纪 30 年代扩建的 4 车道高速公路横穿一低地，而该低地地区是最大厚度达 12.5 m 的泥炭和淤泥[142]。因运输量的急剧增加，高速公路需扩建 2 个车道，总共达到 6 个车道。当时，路基的修建采用的是爆破排淤法。地基探测结果证实，通过爆破排淤法未能完全排挤掉有机土，仍留有残余的有机土，部分有机土残余甚至深入到既有路堤的中部[143]。路堤材料是级配较密的细砂至中砂，压实度最多达到中等。对此要求，不管在施工期间还是新建车道通车后不得对现有高速公路的运输产生影响。

根据土工技术研究结果最终决定，在土工合成材料包裹的土桩上面进行路堤加宽作业。土桩的直径为 0.8 m，采用挤压方法插入，间距为 2.4 m，呈三角形布置。另外加填了一层 2 m 厚的土，以加速沉降并对以后运输荷载造成的沉降部分进行预先处理。

施工中以及施工后，采用测斜仪测量水平及垂直变形。最大沉降约为 44 cm，小于预期沉降。根据沉降的时程曲线可以确定，约一个月后初期沉降已经停止。但接下来的二次沉降时间要长于预期的时间。既有高速公路的路堤未产生有损运输的沉降。

8.3.5.2　*在承载能力较低的地基上进行路堤底部加筋*

铺设于路堤底部的高抗拉强度土工合成材料，通过其加筋作用可以改善地基承载能力较低（软弱层）的路堤稳定性（图 8.33）。这样，在保证足够稳定性的情况下，可以设定更大的荷载等级（填筑更高的填土层）来加速固结。底部加筋的作用总结如下：

(1)提高边坡稳定性、整体稳定性以及路堤的支撑稳定性；

(2)减少沉降差以及平衡整个沉降过程，但通过加筋并不能大幅度降低沉降量；

(3)改善路堤填料及软弱层之间的隔离及过滤作用,改善软弱层的排水效果。

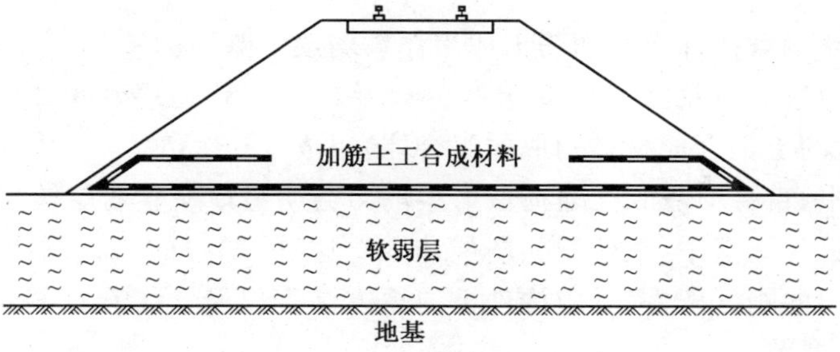

图 8.33　在承载力较低的地基上对路堤底部采取加筋处理

关于软弱地基上底部加筋的路堤结构设计以及加筋土工合成材料的选择和铺设的说明,可见参考文献[38]。软弱地基上底部加筋的路堤稳定性可按照《土工合成材料加筋建议—EBGEO》[90]进行验算,该参考文献中对一使用实例进行了完整计算。

针对路堤最初稳定性以及最终稳定性,需要对加筋土工合成材料所要求的抗拉强度进行计算。如果在不进行底部加筋的情况下也有足够的最终稳定性,或者仅仅在固结期间需要辅助的加筋阻力时,则可以将临时加筋材料的使用期限限定在固结期间。这样就不需要对土工合成材料的长期性能提出特殊要求。如果出于稳定性考虑,在后期阶段也需要辅助的加筋阻力时,则必须在土工建筑整个使用期限对底部的长期加筋进行设计和计算。此时对使用的土工合成材料的长期性能就提出了较高要求。

在承载能力较弱的地基上,底部加筋的路堤如果能够在以下几方面得到验证,稳定性就可得到满足[90]:

(1)抗滑性的验证;

(2)抗边坡塌陷及边坡地基塌陷的验证;

(3)加筋材料抗断裂性的验证;

(4)加筋材料抗拉性的验证。

在验证抗滑性时,路堤填料与土工合成材料的分界面及土工合成材料与地基的分界面是首先要考虑的滑动面,其中必须验证在假定的摩阻力下每一界面中具有足够的抗水平滑动的稳定性。边坡基础塌陷被称为破坏状态,包括路堤填料、底部加筋以及地基。由于塌陷状态下形成的滑动面将切割配筋层(图 8.34),因此在进行稳定性计算时,可以将拉伸力 $F_{B,d}$ 视作阻力加以考虑。

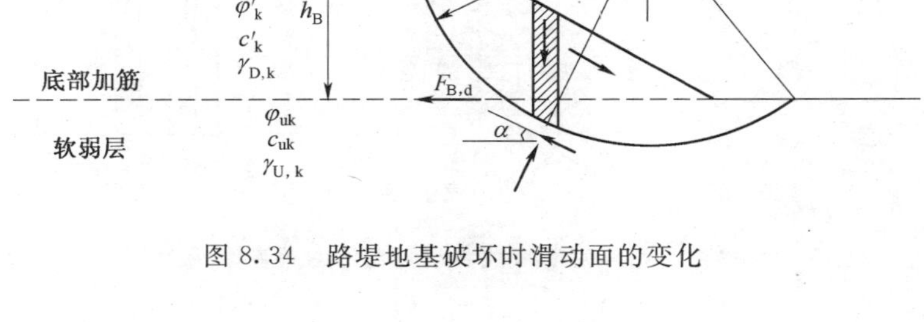

图 8.34　路堤地基破坏时滑动面的变化

8.3.6 点状或线状承载构件上的加筋土体

将点状或线状承载构件上的加筋土体用作软弱层上路堤的基础。这种基础系统由贯穿软弱层并嵌入持力层的点状或线状支撑构件以及铺设在软弱层和承载构件上的加筋土体（土料和水平铺设的土工合成材料构成的组合体）组成（图 8.35）。

在这种基础中，自身荷载和交通荷载产生的力会明显地从软弱层转移到承载构件中，承载构件又将力转移到地基中，从而使软弱层卸载。这种（期望的）荷载转移主要取决于软弱层和承载构件之间的刚度条件、承载构件上的填方高度以及土工合成材料在土体中的加筋位置等（见 8.3.6.2 节）。

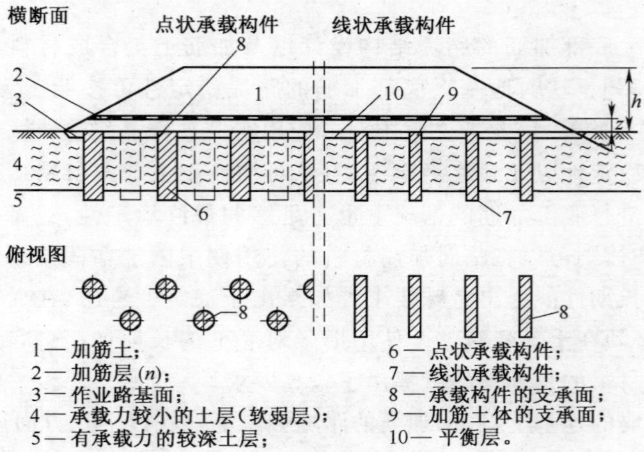

图 8.35 在点状或线状承载构件上的加筋土体的元件及概念

点状承载构件可以是符合德国工业标准 1054 的桩[8]、注浆胶结的振捣桩以及其他具有相同承载特性的承载构件。通常来说，它们的横截面为圆形或方形，可按常规的矩形或三角形进行布置。线形承载构件主要为水平排列的长方形或片形构件（图 8.36），如地下连续墙、钻孔桩墙或松土注浆拌和墙。

以下概念和参数对这种系统的设计和计算特别重要（图 8.35 和图 8.36）：

(1)承载构件的间距 s；

(2)承载构件的影响面积 A_E，即整个面积分配到承载构件上的面积；

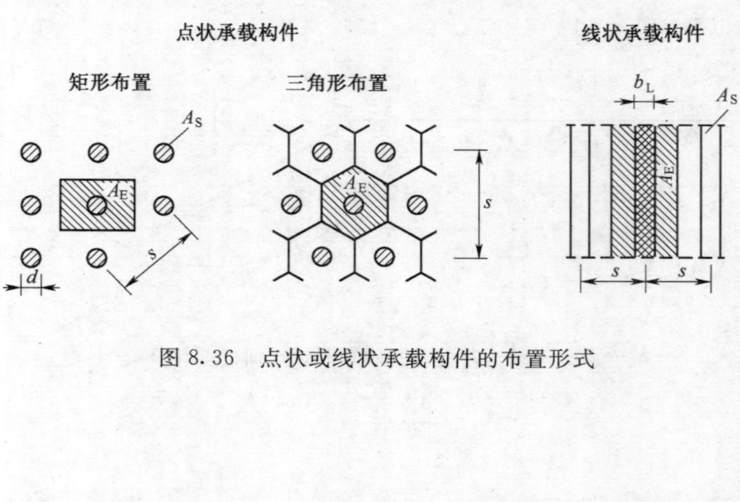

图 8.36 点状或线状承载构件的布置形式

(3)点状承载构件支撑面积 A_S 的直径 d；

(4)线状承载构件的宽度 b_L；

(5)加筋土体的高度 h，即加筋土体支承面到其上缘的垂直间距；

(6)加筋层面的高度位置 z，即从支承面到加筋层面的垂直间距。在双层加筋的情况下，加筋层面位于加筋层的中间。

土工合成材料的加筋作用以及整个基础系统的承载性能主要取决于软弱层与加筋后的垂直间距。因此，建议将铁路土工建筑分为深置加筋和浅置加筋两个系统。深置加筋是将加筋构件以较小的间距 z 铺设在加筋路基的支承面上，在这种系统中，承载构件仅仅布置在地基和作业路基面之间，形成一个平衡层(据图 8.35)。这种系统主要在新建铁路线路中使用，而对既有铁路线路路堤的加固则浅置加筋更为适用。加筋是指将土工合成加筋材料铺设在既有路堤中，并以点状或线状承载构件形式穿过软弱层至既有地基中(图 8.37)。

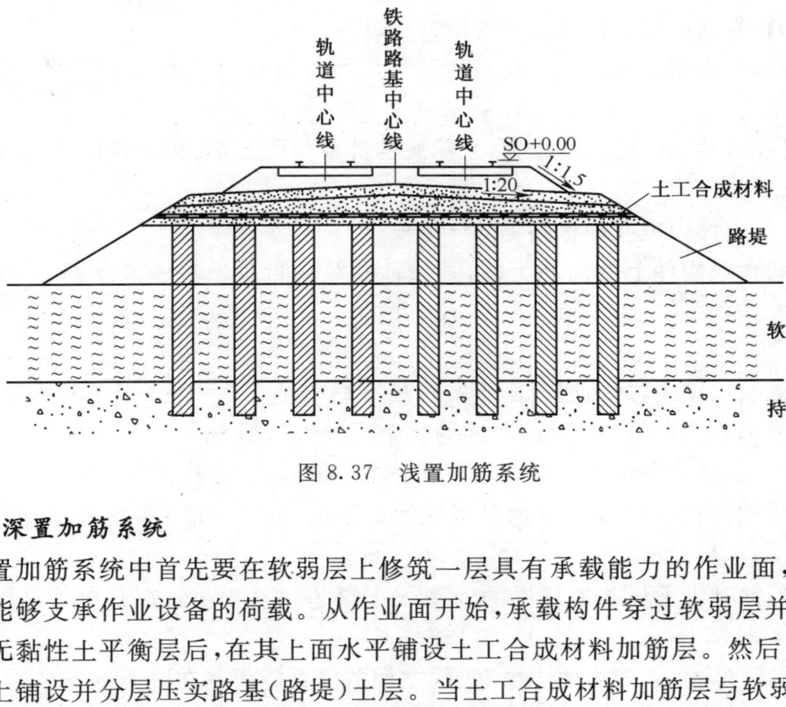

图 8.37　浅置加筋系统

8.3.6.1　深置加筋系统

在深置加筋系统中首先要在软弱层上修筑一层具有承载能力的作业面，以便在铺设承载构件时能够支承作业设备的荷载。从作业面开始，承载构件穿过软弱层并嵌入到持力层内。铺设无黏性土平衡层后，在其上面水平铺设土工合成材料加筋层。然后，在土工合成材料加筋层上铺设并分层压实路基(路堤)土层。当土工合成材料加筋层与软弱层的间距很小时，能产生相互作用的效果，这对深置加筋系统的承载性能非常重要。

由于在承载构件和软弱层之间存在着巨大的刚度差，因而在系统中会出现荷载重分布现象，这样，当软弱层卸载时，转移到系统中的自重荷载及交通荷载就集中到承载构件上。这种荷载重分布效应一是来自**成拱效应**(成拱效应是在承载构件上填方时产生的，并对承载构件之间的土起到卸载作用)，二是来自具有高抗拉强度的土工合成材料的**薄膜作用**。成拱作用的前提条件是承载构件上面有足够的填方高度，而荷载重分布则是薄膜作用的结果。土工合成材料如同薄膜一样伸展在承载构件间承载力较小的土面上，从而产生薄膜作用。土工合成材料中产生拉伸和拉力，导致软弱层卸载并将荷载转移到承载构件上。随着土工合成材料增大拉伸以及弛度变大，软弱层的垂直支撑作用也随之增大，这样，土工合成材料的拉伸力也受到限制。在基础系统中也因此出现一种自我调节效应，直至达到一个平衡状态。原则上，荷载从软弱层转移分布到承载构件上的效应会受下列因素影响而增强：

(1)承载构件轴向间距 s 减小；

(2)土体高度 h 增大；

(3)承载构件直径 d 与其间距 $s(d/s)$ 的比率增大；

(4)加筋层抗拉力增大；

(5)软弱层刚度减少；

(6)加筋路基土体抗剪切强度提高。

当承载构件和软弱层之间有足够大的刚性差时，才可能出现如上所述的深部加筋系统的承载性能。参考文献[144]列出了计算方法的基本条件，只有当路堤支承面中承载构件上的基床模量① $k_{s,T}$ 和软弱层基床模量 k_s 的比率至少为 $100(k_{s,T}/k_s>100)$ 时，该计算方法才能有效。

除了薄膜作用外，土工合成材料还应阻止承载构件侵入路堤，并吸收水平支撑力。就这方面来说，加筋材料具有以下三方面的功能：

(1)土体的成拱作用及土工合成材料的薄膜作用使自身荷载及行车荷载从承载能力较弱的土转向承载构件；

(2)特别是在承载构件的间距较大，且承载构件横截面较小、相对狭长时，阻止承载构件侵入土工建筑；

(3)吸收水平支撑力以及确保路堤的支撑安全。

点状或线状承载构件上的加筋土体，其设计和结构可参照参考文献[144]中的下述建议：

几何尺寸

—为了保证成拱作用，加筋层上面需要有足够高的填方。因此，当主要承受静载时，要求土体高度 $(h-z)$ 和承载构件间距 s 之间的比率至少为 $0.5[(h-z)/s\geqslant 0.5]$。在主要承受动载的情况下，如在铁路路堤上出现的动载，则建议采用较大的比率 $(h-z)/s$。

—点状承载构件直径 d 或线状承载构件的宽度 b_L 与其间距 s 间的比率至少应 $\geqslant 0.15$ $(d/s\geqslant 0.15$ 或 $b_L/s\geqslant 0.15)$。

—在单层加筋时支承面与加筋层的间距 z 不得超过 0.15 m，在双层加筋时不得超过 0.30 m。

—按照目前的经验，承载构件支撑面 A_S 之间的净距应限制在以下范围：

—$(s-d)\leqslant 3.0$ m 或者 $(s-b_L)\leqslant 3.0$ m(主要为静载时)；

—$(s-d)\leqslant 2.5$ m 或者 $(s-b_L)\leqslant 2.5$ m(主要不是静载时)。

加筋层

可将两个主要方向上最大抗拉力相同的双轴向土工合成材料或者具有不同最大抗拉力的单轴向土工合成材料铺设成单层或双层加筋层。可以根据使用目的的不同选择下列几种方案：

---

① 译者注：根据弹性支撑承重结构理论推导出来的参数。其前提条件为沉降和基底应力成正比。比例系数 k_s 为基床模量，而非土的特征值，它与地基的特性、建筑物荷载以及基础的几何尺寸相关。

—点状承载构件：

—土工合成材料采用双轴向单层或双层加筋；

—土工合成材料采用交叉铺设的单轴向双层加筋。

—线状承载构件：

—土工合成材料采用支承面横向铺设的单轴向的单层或双层加筋。

在采用双层加筋时，规定在两个加筋层之间应有一层厚 15～30 cm 的压实土层。只有在支承面上才允许双轴向加筋材料搭接，搭接宽度至少应与等效直径 d_{Ers} 及支承面宽度 b_L 一致，加筋材料的设计强度不应少于 30 kN/m。

加筋土体

对于支承面以上 $h/s \leqslant 0.7$ 的加筋土体范围，需铺设一层不黏结的土料，其有效摩擦角度或总的抗剪强度摩擦角不应小于 30°（$\varphi'_k \geqslant 30°$ 或 $\varphi'_{s,k} \geqslant 30°$）。在此范围之上时，还可以使用其他路堤填料。

承载构件

—可使用的点状承载构件包括：钻孔桩、微型桩、挤压桩、注浆捣固柱、按照喷射法和采用深层搅拌法制成的土柱以及其他类似的承载构件。当使用土工合成材料包裹的砂柱、未注浆的捣固柱或者稳定柱作为改良地基的点状承载构件时，由于它们的刚度较小，使用时应特别注意。

—可使用的线状承载构件包括：地下连续墙、地下连续墙构件、松土-混合注浆墙、用喷射法和深层土搅拌法制成的节段墙以及长方形或片状的具有相似承载性能的承载构件。

—对于大部分的承载构件都有专门的规范，可通过这些规范进行必要的内外承载力的验证。对于那些没有相关规范可供使用的承载构件，原则上可以按德国工业标准 1054[8] 进行验算。

—对于铁路加筋土体之下的点状承载构件，每股轨道至少需要设置 3 排。在加固单线线路或者双线线路路堤段时，可以增加其承载构件的设置排数。

—在对承载构件的承载力和适用性进行验证时，也应该确定行车荷载的动力作用或制动力及离心力的水平作用是否对承载构件的承载力有决定性的影响。

如果满足上述几何尺寸、结构、土工合成加筋材料以及承载构件的条件，就可以按照参考文献[144]所列的原理对深置加筋系统进行计算。

8.3.6.2 浅置加筋系统

浅置加筋路基主要用于加固既有线路土工建筑物。作业时，首先要挖去上部路堤作业面上的土，然后从作业面开始，将承载构件穿入路堤和软弱层，并嵌入其下方的持力层中。在设置平衡层之后，铺设高强度的土工合成材料，并在其上铺设剩余的路堤、保护层以及轨道。

浅置加筋层总是铺设在既有路堤里，与软弱层之间有较大的距离。此距离越大，则软弱层对土工合成材料加筋层的承载性能影响就越大，而且土工合成材料起到薄膜作用的前提条件就会受到限制或不复存在。应力以及土工合成加筋材料的作用主要由承载构件与路堤材料之间的刚度比率来决定，该比率通常情况下远远小于承载构件与软弱层之间的比率。因此，对浅置加筋系统的计算建议如下：

(1)如果承载构件基床模量 $k_{s,T}$ 和路堤材料基床模量 k_s 的比率 $k_{s,T}/k_s > 100$，那么可以采用深置加筋系统的计算方法。

(2)如果刚度比率较小($k_{s,T}/k_s<100$)，那么只能近似使用深置加筋系统的计算方法，以获得加筋材料的抗拉力。这样计算出来的抗拉力会偏大，一般远远超过安全值。

(3)随着刚度比率的大幅下降，作为该方法基础的假定条件与现实条件差距太大，因此，不再推荐使用此计算方法。

通过有限元程序进行的对比计算表明，浅置加筋系统不再有薄膜作用，并且土工合成材料承受的应力相对较低[145]。这样，它的主要作用就是吸收支承力，阻止点状承载部件对土体的穿透以及平衡轨道支承板。

在参考文献[146]中，给出了在点状承载构件上采用浅置加筋法对一既有铁路线路路堤进行加固的实例。停运的 Stendal-Uelzen 线路要重新开通运营，按设计速度 $V_e=160$ km/h 对此路段进行扩建。在“Harper Muehlenbach”路段存在的几何尺寸、土工技术以及生态学方面的问题对于既有土工建筑物的加固是较典型的，可归纳如下：

(1)约 10 m 宽的既有路基宽度不够，必须扩大至 11.3 m，以便与扩建线路的标准断面相符；

(2)最高达 6.5 m 的路堤由未经充分压实的、含黏土成分的砂组成，其下方是厚度达 1.9m、由腐殖黏土构成的软弱层；

(3)地下水位有时会上升至地表附近；

(4)路堤边坡的坡度为 30°～35°，相对较陡，边坡和整个路堤的稳定性无法得到验证；

(5)该段线路路堤地处“Elbufer-Drawehn 自然公园”风景区，出于保护生态的原因，排除了额外填土加宽路堤的方案。

最终确定的方案是，首先挖去路堤上部土层，挖土深度为线路建成后轨顶面以下 3 m。然后从这一作业面开始，以 1.75 m 的间隔制做有砾石底座的注浆振捣桩，并使桩穿过路堤和软弱层，直达下面的砂层，在振捣桩上面设置一平衡层，再在其上铺设双层的加筋土工格栅，在加筋层之上再填筑剩余路堤。因为要求的路基宽度为 11.3 m，因此要将路堤的上部边坡设为陡坡，并用土工合成材料对其进行加筋处理。在这一土方工程中首次将点状承载构件上的加筋土体同土工合成材料加筋的陡边坡结合在一起施工(图 8.38)。

为了在为期 3 年多的时间里检测稳定性及适用性，采用大地测量学的测量技术以及测斜仪和伸长仪进行了全面量测(图 8.38)。大地测量学的测点布置在边坡及路基范围内，用于获取垂直及水平变形。总的沉降值以及地基、软弱层和路堤各处的沉降值用安装在路堤轴线上的伸长仪通过振捣桩基脚、软弱层上下边缘及路基范围内的测量传感器(Messgeber)获取。垂直倾斜仪用于获取振捣桩的水平变形，水平倾斜仪用于获取保护层下面以及加筋范围内轨道附近的水平变形。量测结果总结如下：

(1)产生的沉降主要来自地基的沉降，仅有很小部分来自路堤土体的自身沉降。

(2)路堤自重和行车荷载主要通过振捣桩传递到地基中，软弱层被有效减荷。

(3)加筋土体中的水平倾斜仪仅显示出微弱变形。加筋层和软弱层间的间距明显过大，无法激活土工合成材料的作用。

(4)陡边坡没有出现过大的变形，即陡边坡和路堤地基的衔接较好，没有出现任何问题，则土工建筑物充分发挥了其功能作用。

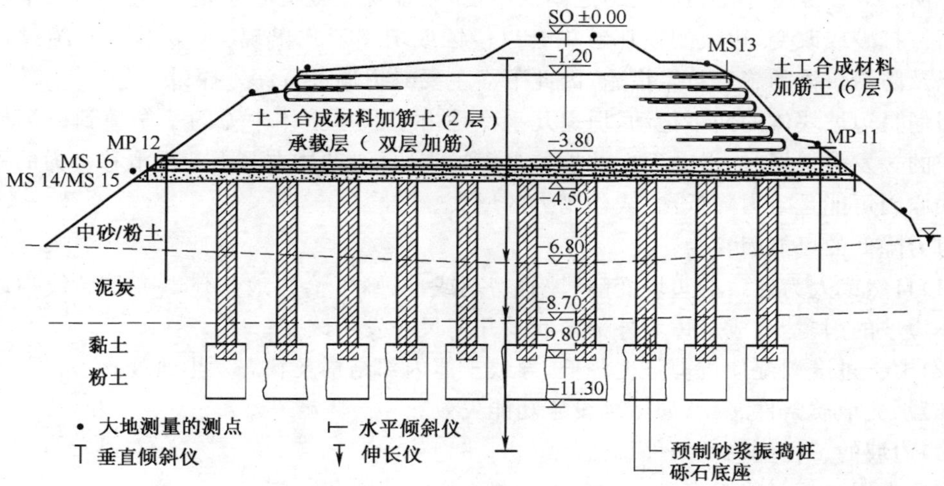

图 8.38 点状承载构件上的加筋路基同土工合成材料加筋边坡的结合[146]

8.4 路基加固

8.4.1 问　　题

在对既有线路进行维护和扩建时，不仅要常常加固地基，而且也要加固路基。这些既有线路的路基往往都较窄，压实差，且边坡又太陡，因此其稳定性存在问题，也存在边坡损坏的现象。要解决这些几何尺寸及土工技术方面的问题，必须采取专门的施工技术措施，这些措施不仅可提高边坡和整个路基的稳定性，而且也能加宽路基。施工时，现有的或待建的线路装备设施(电缆设备、接触网导线杆等)以及隔音墙和挡风墙是需要重视的接口条件。

为了解决几何尺寸问题，必须对路基面和路基土体进行加宽，以便为以下用途提供必需的空间：

(1)根据参考文献[4]制做标准横断面，满足路基面宽度的要求，以便能够容纳行车线路及危险区域之外的安全空间(见 2.3 节)；

(2)设置路肩人行道和排水设施；

(3)由于速度的提高而需进行的线路走向调整；

(4)可能铺设另一条轨道。

通过土工技术方案，可将施工期间及最终状态下的边坡和整个路基的稳定性提高至所要求的安全等级。此时必须注意，路基的几何尺寸会改变，荷载也会被提高，并且常常须在边坡中设置构件。特别是在坡脚或坡肩设置支挡结构时，支挡结构需要或多或少地嵌入到既有路基中，其嵌入深度取决于支挡构件的设计厚度。验算施工边坡的稳定性时出现的一些问题(图 8.45)会影响到方案的选择。施工期间，如设置墙状支挡结构时，其嵌入既有路基中的深度是最浅的，对稳定性的影响也是最小的。

8.4.2 边坡损坏

因为既有边坡状态较差，并且常常有毁坏现象，因此应对典型的边坡损坏情况及其原因加以说明。只要保持作用力和阻力之间的平衡，就能保证既有边坡的稳定性。如果这种力的平衡被打破或改变，边坡的损坏首先会以侵蚀或坍塌形式出现。4.6节中介绍过侵蚀的原因以及防治侵蚀的施工技术措施，因此下面主要对坍塌进行深入探讨。

坍塌是边坡块体的向下运动，坍塌几乎都是由于路基土体中力的平衡遭到破坏或改变而造成的。发生坍塌时，滑动面上的抗剪强度被克服，滑动体在其上产生滑移。力的平衡被破坏的原因可能是阻力降低和/或作用力的增大。

阻力降低的可能因素为：

(1)自然或人为导致的边坡变陡、坡脚切割或冲蚀，不恰当地修建电缆和导线沟以及其他破坏边坡的因素，造成了边坡外部形状及几何尺寸发生改变；

(2)由于过度潮湿使抗剪强度降低，导致土体内部结构及状态发生改变；

(3)水文地质条件恶化，如排水设施功能失效；

(4)边坡的工程生物学条件恶化。

作用力增大的可能因素为：

(1)轴重和运行速度提高，以及与之相关的较高动载和对较深处土的动力冲击；

(2)边坡的附加荷载，如重型施工机具作业时引起的附加荷载或道床残渣不合理的沉降；

(3)由于渗漏水和层间水的出现而产生的水流压力。

滑动面的类型可分为接近表层的(地表滑坍)、穿过路堤的(深层滑坍)和穿过路堤及地基(边坡地基塌陷)的3种形式。坍塌的表现形式、典型滑动面的形成及其产生的主要原因见表8.6。地表滑坍常常出现在冻融期间，地表附近过度潮湿可造成抗剪强度大大地降低。

表8.6　滑坍的表现形式、滑动面形成及原因

表现形式	滑动面形成	原　因
地表滑坍	(1)较浅的滑坍(大约为几厘米) (2)在 $w_n=w_L$ 时表层土常常出现坍塌 (3)滑坍处滑动面的形式取决于： 较大的滑坍面积→平的滑动面 较小的滑坍面积→碗状的滑动面	(1)土对水和霜冻敏感 (2)表层土铺设过厚 (3)表层土和原始边坡之间出现错动 (4)绿化时间太晚或不恰当 (5)压实不够 (6)边坡太陡 (7)水从边坡渗出
深层滑坍	(1)沿着既有的滑动面(断层、土层分界处)滑坍 (2)在深达数米的圆形滑动面上的滑坍	(1)边坡几何尺寸发生改变(边坡切槽，坡脚下部被切割，边坡放陡) (2)水文地质情况恶化 (3)土参数改变 (4)边坡荷载提高 (5)水从边坡渗出
边坡地基塌陷	(1)滑动面很深，近似于圆形，连同地基一同滑动 (2)软弱土层受到挤压	(1)地基中有软弱层 (2)加载过快产生孔隙水压力 (3)荷载提高

一般情况下，目测观察到的一些边坡迹象可以预示边坡遭到损坏，这些迹象包括：

(1)在路肩人行道/边坡肩区域产生裂缝及边缘滑坍；

(2)在坡脚范围内出现隆起及膨胀；

(3)树木倾斜生长；

(4)立柱以及其他构件倾斜；

(5)构件后面出现断裂；

(6)水从边坡渗出及边坡在短时间内被浸湿；

(7)边坡和边坡肩受到冲刷和浸蚀；

(8)路肩人行道区域、坡脚或路基侧沟出现积水；

(9)维护费用增大以及轨道下沉或抬升。

8.4.3 路基加固的施工技术措施

根据具体情况及任务目标，可采取以下必要的施工技术措施：

(1)通过以下措施维护线路及线路断面：

—移走堆积物；

—清除有害植被；

—清洁及整修道床；

—修整路肩人行道及加设盖板；

—修整及清理路基侧沟；

—路基侧沟改建成排水管或设置地下排水沟。

(2)设置路肩人行道作为结构措施以保证路基宽度。

(3)通过降低或增大线路坡度及抬高或降低路基高度并结合无困难区段上部结构的措施来加宽路基。

(4)通过土方工程技术措施进行路堤或路堑扩宽。

(5)通过土方工程技术措施并结合支挡结构或边坡放陡来加宽路堤或扩宽路堑。

根据8.3节中介绍的地基加固方法并与上述所列出的施工技术措施相结合，有助于路基土体的加固和边坡稳定性的提高。

在选择加固路基土体的施工技术措施时，还应考虑到运营、建筑法规以及经济方面的问题。运营会对施工工艺、施工时间以及施工方法的选择起到决定性作用。从建筑法规角度看，必要的征地、规划的制定以及环境法规定的义务可能是重要的接口条件。从经济角度来看应重视施工费用，但也要重视在计划的使用期限内路基的维护费用。

8.4.3.1 *路堤加宽措施*

路堤的加宽以及既有边坡稳定性的提高主要通过以下施工技术措施实现(图8.39)：

(1)填土；

(2)设置坡脚支挡结构；

(3)设置边坡肩支挡结构；

(4)边坡放陡。

采用土方工程措施，如设置坡脚护道和具有摩擦力的基底，在边坡范围采取特殊的地基加固方法等可以提高既有边坡的稳定性。这些方法可参阅专业参考文献[44]和[51]。

填土

如果坡脚处有多余的空间，那么通常可通过填土加宽路基(图8.40)。作业程序如下：

(1)清除植被；

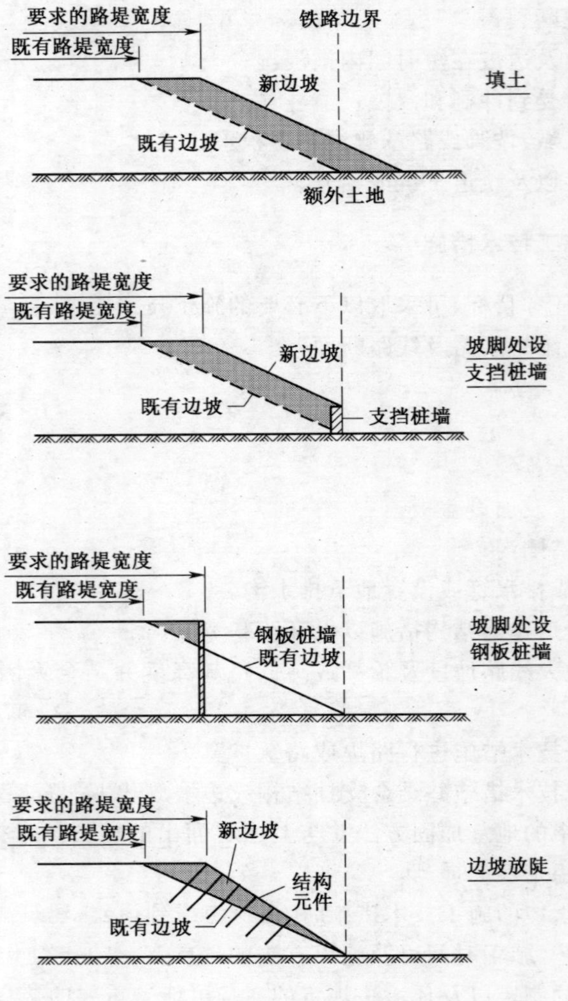

图 8.39　路堤加宽的解决方案

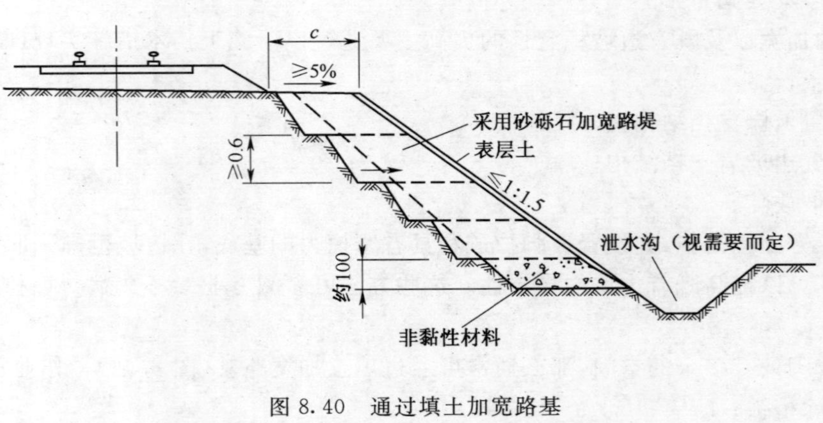

图 8.40　通过填土加宽路基

(2)移走表土并修建阶梯形边坡；

(3)修建填土基础层，如有必要可铺设一层阻断毛细水的无黏性土层；软弱层按 8.2 节地基的辅助加固方法处理；

(4)分层铺设并压实无黏性的填土；

(5)回填表土；

(6)绿化边坡并栽种植物；

(7)覆盖路肩人行道。

通过填土加宽路基时，按照标准坡度(1∶1.5 至 1∶2)对边坡进行施工。

支挡结构

当坡脚处没有多余的空间或者征地的批准程序耗时过长时，就可设置支挡结构。如果较高的边坡上植物生长得较好，为了继续保持这种状况或尽可能减少对植被的破坏时，也应使用支挡结构。

支挡结构是在支撑地面起伏土体及边坡时承受土压力、岩石压力以及水压的结构，支挡结构可以是刚性的或柔性的。刚性支挡结构由抗推移及抗弯曲的(有或无反向锚固)结构组成，在变形较小的情况下承受作用力。刚性支挡结构可以是重力式挡土墙或 L 形挡土墙、钢板桩墙、钻孔桩墙或加固土体。柔性支挡结构是在一定限度内可变形的土-构件结构，这种结构通过加筋构件(钢、土工合成加筋材料、土钉、钢筋笼和钢筋混凝土预制构件)与土体之间的黏结力形成复合土体。柔性支挡结构可以是加筋土结构、加筋土挡墙、石笼或者土锚杆。

一般来说，支挡结构设置在坡脚或边坡肩处(图 8.39)，也可以支撑整个边坡高度。

对于坡脚的支挡结构，应优先使用重力式挡土墙、钢板桩墙、土工合成材料加筋土制成的支挡结构、加筋土挡墙以及石笼。在选择的时候，尤其要注意不同结构厚度的支挡结构会对既有路基带来一定影响，从而导致临界施工状态的出现。在以重力式挡土墙(图 8.41)和钢板桩墙进行路堤加宽时，其施工工序原则上和填土工序一样，所不同的是必须设置各种结构，并须对土体进行排水，在设置深层钢板桩墙时需注意使地基排水通畅。需要时，也可通过使用开槽的钢板桩或交叉使用短板桩和长板桩来达到排水的目的。

使用柔性支挡结构应考虑到参考文献[1]所规定的铁路特定条件，以避免使用过程中出

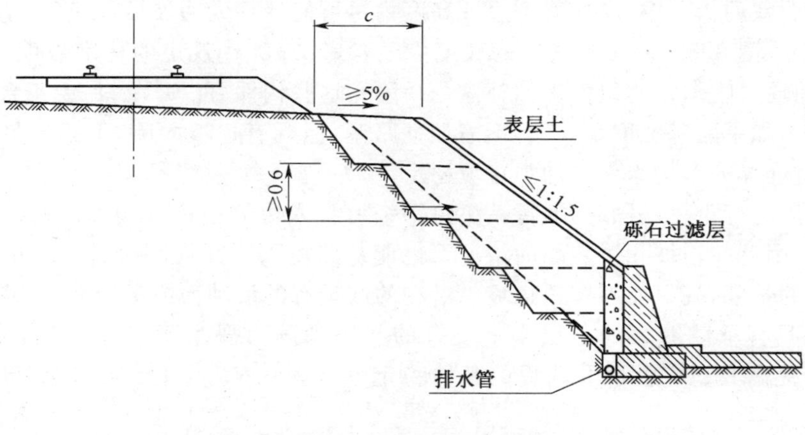

图 8.41　在坡脚处采用重力式挡土墙进行路堤加宽

现风险及确保使用效果。图 8.42 表示了坡脚坡度为 60°、由土工合成材料加筋土构成的支挡结构的布置图。边坡以标准坡度与起绿化作用的支挡结构相连接,直至路基边缘。作为缓冲墙的支挡结构,由填土、加筋土工格栅、防冲蚀及绿化垫以及表层楔块构件组成,其功能如下:

(1)无黏性且具有渗透性能的填土能够传递压力并通过摩擦平衡加筋材料的拉伸力;

(2)土工格栅作为加筋部件吸收土压力产生的拉伸力(内部稳定)并提高整个边坡的稳定性(外部稳定);

(3)表土防冲蚀及绿化垫可阻止土因冲蚀而产生的剥离(防冲蚀部分),同时固定草种并为草种创造良好的生长条件,以形成一个持续的绿化层(绿化部分)。

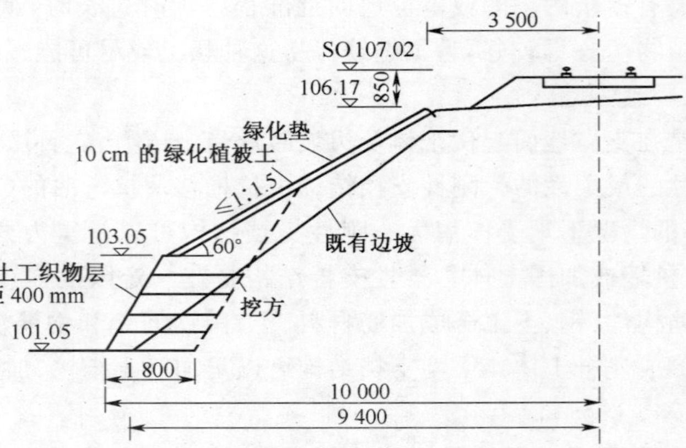

图 8.42　通过坡脚处由土工合成材料加筋土制成的支挡结构进行路堤加宽

参考文献[1]和《土工合成材料加筋建议—EBGEO》[90]适用于土工合成材料加筋土制成的支挡结构的设计和计算。

对植被完整并且生长良好的高边坡,也可以通过在边坡处设置支挡结构或通过 8.4.4 节中介绍的路肩结构加宽路堤。在此,特别推荐使用钢板桩墙和土工合成材料加筋土作为支挡结构(图 8.39)。

边坡放陡

在边坡放陡的作业中,应在整个边坡高度内尽可能地加大边坡坡度,直至达到路堤加宽所要求的尺寸(图 8.39)。由于这样的坡度大于参考文献[1]规定的标准坡度,因此稳定性会减弱,必须通过附加结构组件来弥补这一缺陷。这些构件可以是土钉、土工合成加筋材料或边坡砌块。如果路基宽度足够大,不需加宽路基,但既有边坡太陡,不具有足够的稳定性时,也可通过同样的结构组件来加强边坡稳定性。

在对土层进行土钉锚固时,通过钻机将钢锚钉打入边坡中进行锚固。钻机固定在挖掘机的臂架上,因此在边坡相对陡峭的情况下也能从路堤顶或路堤脚进行土钉的钻进。土钉应具有足够的长度,确保能够穿透边坡中潜在的或现有的滑动面或滑坍面,并确保能够嵌入到稳定的并具有承载能力的土层中。土钉的间距视静力要求而定。土钉起到边坡加筋的作用并能提高其稳定性以及路堤的整体稳定性。图 8.43 为土钉在路堤上的几种布置形式[147]。

土层锚固计算的目的是计算出受到滑动面制约的滑动土体的相关数据。土钉穿过滑动土体并将其与地基连接在一起。土钉有两种作用,第一种作用是吸收土钉受载时产生的拉伸力,第二种作用是传递滑动面范围内的剪切力(销钉作用)。根据参考文献[147],建立在这两个作用基础上的计算原理不能用于既有铁路边坡锚固的计算。只有在出现微小的位移时,才可对土钉的剪切阻力进行估算。但因既有路基的变形早已减弱,并且锚固的目的就是维持这个状态,激活土钉的剪切阻力是不可能的。因此,在验算铁路既有路基锚固边坡的稳定性时,只能确定销钉对拉伸力所承受的荷载以及验算土钉的抗拉拔力。

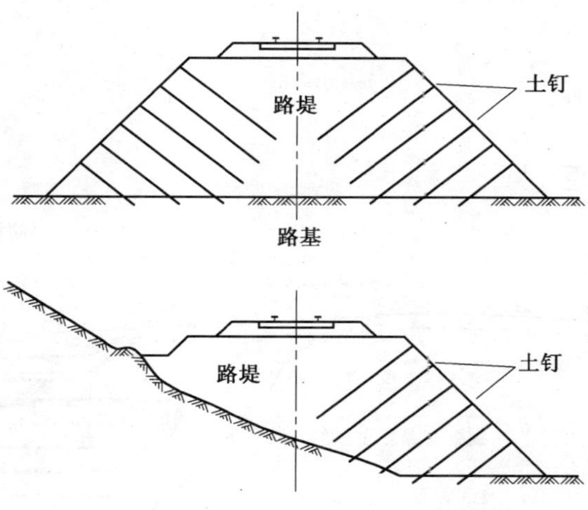

图 8.43 锚固边坡时采用的土钉布置形式[147]

参考文献[147]给出了德国中部在开姆尼茨—帕德博恩(Paderborn-Chemnitz)连接线的某一路段上对最高达 20 m 的高路堤边坡进行成功锚固的实例。该路堤建于 1880 年,按照条分法,其陡峭边坡的稳定系数 η 仅为 1.05～1.20。路堤土体主要由砂石组成,风化的砂石以及粉砂几乎未经压实处理。尽管如此,这些路堤保留至今几乎未受损伤。为了避免征地并保留边坡上的植被,决定采用边坡锚固方法。为了减小钻入陡峭边坡中的锚钉工作量,使用了自进式锚杆(土钉)。锚杆(土钉)的长度为 6～12 m,水平倾斜度为 25°,符合静力学要求,排列形式为2 m×2 m 至 2.5 m×2.5 m。图 8.44 所示为路堤锚固的横断面。

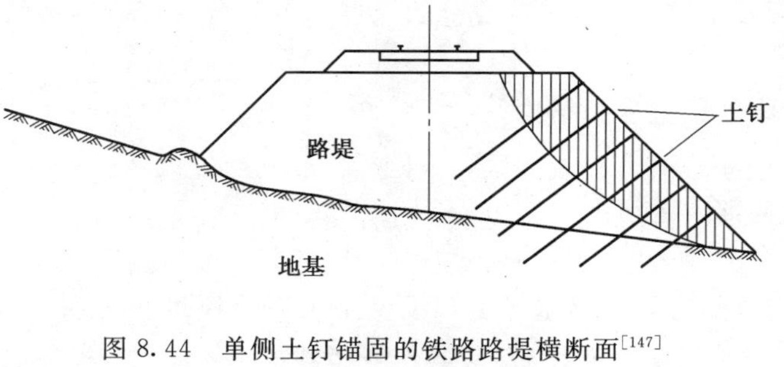

图 8.44 单侧土钉锚固的铁路路堤横断面[147]

土层锚固主要用于提高既有边坡的稳定性,对于陡峭边坡则建议使用土工合成材料,同时要配以必要的填土措施。图 8.45 所示为柏林—泰戈尔—海因尼斯多尔夫路段上的使用实例,此处的加筋层位于铁路(快速铁路)行车荷载的压力扩散范围内。采用土工合成材料加筋土结构取代不稳定的挡土墙,这一结构与自然浑然一体,并可以进行绿化。在基础的 2 层加筋层上,针对倾斜度为 52°的陡峭边坡设置了 8 层土工格栅加筋层。将以中砂—粗砂(SE)为成分的既有土作为填土再次填入,通过土与土工格栅的结合确保了缓冲墙内部的稳定。这样,土工格栅的拉力可弥补稳定性的不足,通过嵌入长达 4.50 m 的加筋材料的摩擦力将拉力传递到填土中。通过下列方法可对表土进行充分的绿化:

(1)在侧面铺设楔形混合土用于绿化;

(2)在椰壳纤维垫上喷洒专门的草种、肥料以及吸水剂;

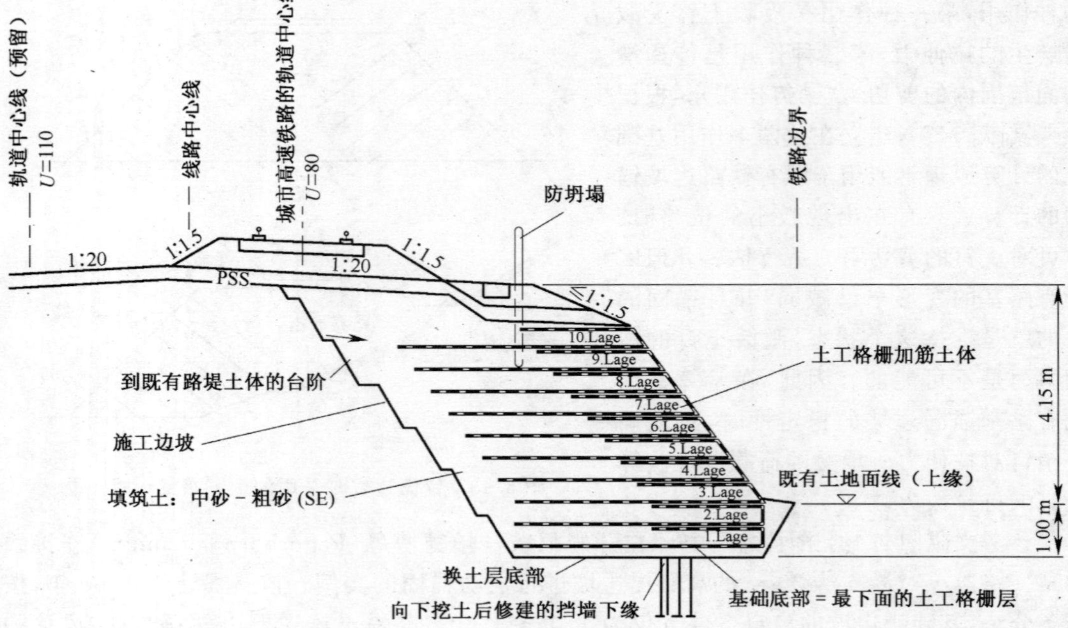

图 8.45　采用土工合成材料加筋土并结合填土施工的陡边坡[148]

(3)对每一加筋层进行少量的回填，以便留住陡坡上的雨水[148]。

8.4.3.2　路堑扩宽措施

利用以下工程技术措施可对既有路堑进行扩宽并可提高既有边坡的稳定性(图 8.46)。

(1)边坡挖方；

(2)在边坡坡脚处设置支挡结构；

(3)边坡放陡；

(4)在路基侧沟铺设管道。

边坡挖方

可通过边坡挖方的方式为路基扩宽和设置排水系统提供必要的空间，在采用该法时要求在边坡肩处有一定的空地(图 8.47)。其作业步骤如下：

(1)清除边坡上的植物，挖去表土；

(2)土层挖方；

(3)按照设计坡度平整边坡表面，必要时需进行压实；

(4)回填表土并对边坡表面进行绿化；

(5)设置排水设施；

(6)覆盖路肩人行道。

支挡结构

如果进行边坡挖方工程，但在边坡肩没有足够的空间时，为了避免相当耗时的征地批准程序，可以对既有边坡脚进行半挖半填，并随后在边坡脚处修建支挡结构来扩宽路堑。在选择支挡结构时必须注意，采用的结构必须嵌入到既有边坡中，并应达到一定的深度，这样便

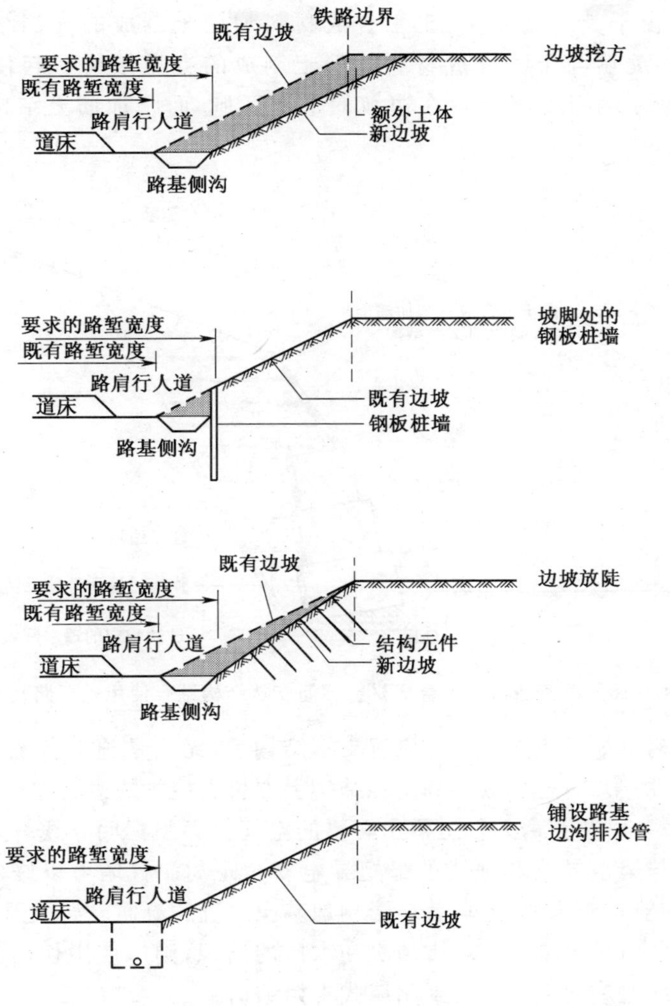

图 8.46　路堑加宽方案

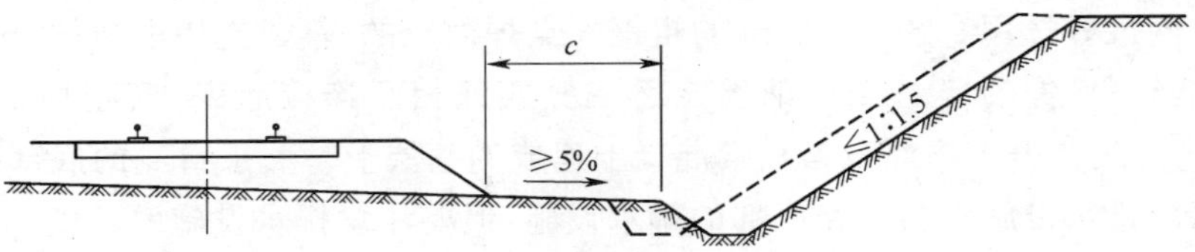

图 8.47　通过边坡挖方加宽路堑

出现临界的施工状态。所以首先应该估计对坡脚进行半挖半填之后整个边坡在施工时是否具有足够的稳定性。如果出于稳定性原因，即使在短期内也不允许对边坡脚进行半挖半填时，则推荐使用墙式支挡结构（钢板桩墙、钻孔桩墙），因为设置这种支挡结构后即能确保边坡在施工时以及完工时的稳定性。反之，如果能够确保半挖半填的路堑边坡脚区域在施工期间能够暂时稳固，就可以在不用额外支挡的情况下对该区段进行开挖，随后通过支挡结构使其稳定性最终得到保证。施工时可采用重力式混凝土挡土墙、干砌片石墙和石笼挡土墙等结构方式。由于其结构较宽，土工合成材料加筋土制成的支挡结构的适用范围较小。尽管如此，石笼墙与土工合成材料加筋土制成的支挡结构一起使用具有一定的优点，其中将宽度较小的石笼墙布置在边坡的下部区域，而将加筋土结构布置在上部区域(图 8.48)。

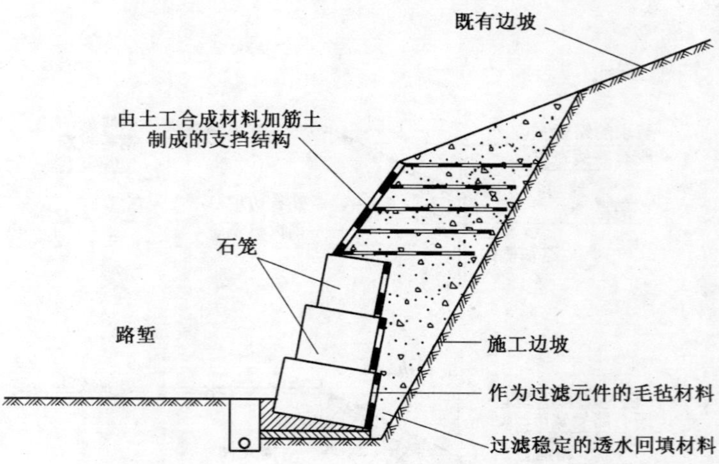

图 8.48　石笼墙与土工合成材料加筋支挡结构结合使用进行路堑加宽

墙式支挡结构有如下优点：第一，设置支挡结构后，无论是施工状态还是最终运营状态都能确保其稳定性；第二，避免嵌入到支挡结构上方长满植物的边坡中；第三，能确保为路基扩宽、设置排水设备以及路肩人行道留出必要的空间。必须标明导线杆基础处的充填以及设置钢板桩墙时与架空导线和地线的最短导电安全距离。桩墙可以修建成具有渗透性能的，但钢板桩墙一般是防水的，这样就会影响地基中水流的流通。如果因此改变了地下水和层间水的径流条件而导致临界的堵水情况和水压的出现，则应使用切槽的板桩或交叉布置的长短板桩。一般通过向上的顶梁封闭墙式支挡结构。

由于石笼墙结构的厚度有限，常被用作路堑坡脚区域的支挡结构。石笼是由钢丝网编成的长方形笼子，用石块、粗碎石或细碎石尽可能地填满石笼所有的空隙，并通过隔片加以固定。钢丝网最好选用直径 3.5 mm 的粗钢丝点焊而成的，钢丝选用电镀的、全镀锌钢丝或不锈合金钢丝[1]。像砌墙一样将钢丝笼逐一叠放并相互连接起来，其正面最大倾斜度为 80°。钢丝笼应放在由矿物混合料和素混凝土建成的基层上。关于石笼的底部排水，应尽可能利用线路的排水设施作为石笼底部的排水设施，但要注意排水设施的坡度、基础深度及基层等情况都要与石笼相匹配。在地基渗透系数较低的情况下需要在石笼后面设置特殊的底层排水系统，这是由于既有土或回填料与石笼中充满空隙的石料之间不存在过滤稳定性。如果估计有水流，那么必须设置一层相应的过滤层，过滤层应符合第 3 章和第 7 章的要求，首选毛毡材料作为过滤层(图 8.49)。

堆有石笼墙的边坡其稳定性可参照重力式挡土墙进行验算。石笼墙内部的稳定性只能通过比较、观察和大规模的试验来验证。有关石笼墙设计和施工方面的更多信息，可查阅《关于由混凝土构件、石块层和石笼墙构成的支挡结构的说明》[149]。

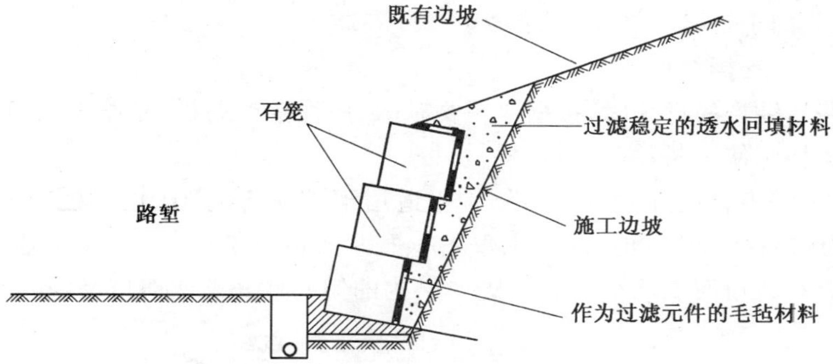

图 8.49　石笼墙作为坡脚支挡结构

边坡放陡

图 8.46 表明，可在边坡脚区域或整个边坡之上，按边坡的几何条件（所要求的路堑宽度、边坡的现有坡度、所选择的陡边坡、边坡高度）进行边坡放陡作业。为了保存现有的边坡及植被，尽量只对坡脚区域进行局部的放陡。在一般情况下，通过草皮固定格板、边坡砌石或类似的构造就能保证放陡边坡的稳定性。但如果通过以上措施仍不能验证其稳定性时，必须采用其他结构构件，如销钉、锚钉、锚固或加筋材料等，以将放陡边坡的稳定性提高到所要求的水平（见 4.3.1 节）。

路基侧沟铺设管道

若将路基侧沟改建成管道，就能够在危险区域之外提供必要的安装场地，而无须扩宽路堑和改变现有的路堑边坡。通过在既有路基侧沟铺设管道，并将它用作地下排水沟，就可以将路肩人行道和排水设施的功能相互结合起来（图 7.7），同时清除砾石过滤层直至路基面高度，共同构成可行走的路肩人行道。上述这种方法和在第 7 章中介绍的方法在场地受限时，就不能按照所要求的标准横断面来铺设路基。路肩人行道和排水设施的结合被看作是一种既有线路维修措施的替代方法。

8.4.4　路肩人行道结构

路肩人行道是针对路堤的结构性支挡措施，是沿路基边缘根据地形修建的长久支撑，并且可在不改变路堤几何尺寸的情况下加宽路基。就这点来讲，它同路堤边坡肩的支挡结构有相同之处。路肩人行道只允许用于既有有砟轨道线路的加固，除此之外，还必须满足下列条件[1]：

(1)既有路堤必须有足够的稳定性；

(2)路堤边坡的坡度不能超过 1∶1.5；

(3)必须符合对所选结构形式的特别要求。

对路肩结构需要进行设计。一般来说，应验证路肩结构对现有路堤边坡稳定性的影响。如果路肩结构是按照参考文献[1]中的条件进行施工，并且通过适当的措施（如反向锚固）使边坡不承受额外荷载时，那么也可不对边坡稳定性进行验证。施工高度从 60 cm 起，路肩结构必须具有防坍塌性。按照参考文献[1]，路肩结构可使用以下形式：

(1)带桁架的灌浆桩；

(2)带桁架的废旧钢轨桩梁；

(3)可绿化的土工格栅加筋支挡结构；

(4)增高现有支挡结构。

在选择路肩结构的形式时，根据参考文献[1]应注意线路类型、路堤几何尺寸、填土类型及密实度以及特殊使用条件。

图 8.50 中带腹杆的灌浆桩路肩结构仅适用于护壁高≤1 m 的情况。桩的侧面间距最大为 2 m。当壁高>0.6 m 时，须至少每隔一根垂直灌浆桩通过斜向灌浆桩进行反向锚固，此时锚固桩应在轨顶面以下至少 1 m 处。结构的钢构件必须能够抗腐蚀。

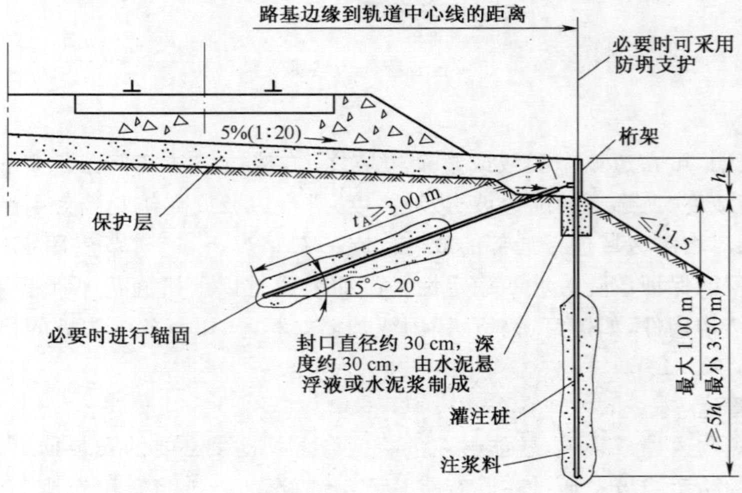

图 8.50　采用灌浆桩加宽路肩人行道

图 8.51 所示为带腹杆的旧钢轨桩梁构成的路肩结构，这种结构只能用于次要铁路线和护壁高限达 1 m 的情况，旧钢梁侧面间距不得超过 2 m。

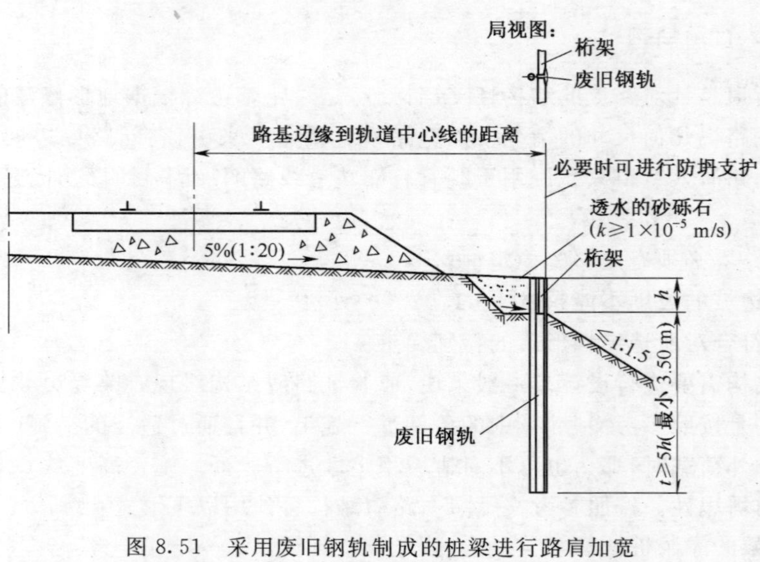

图 8.51　采用废旧钢轨制成的桩梁进行路肩加宽

在垂直灌浆桩及旧钢轨桩梁的结构形式中，构件的嵌入深度必须至少是支挡高度 h 的5倍，且不少于 3.5 m。在这种结构形式中桁架由预应力混凝土加废旧轨枕或钢筋混凝土板制成，同时必须确保桁架后面的水不会被阻塞。

图 8.52 所示为仅适用于护壁高达 1 m 的可绿化的土工格栅加筋支挡结构。所选择的结构几何尺寸、所使用的土工格栅、填料以及质量等应满足参考文献[1]的要求。根据参考文献[1]，在使用此结构形式时，可能会出现一些问题，所以，土工格栅应设置在铁路行车荷载的扩散角之外，且土工格栅在路堤中的最小埋深应不小于 2 m。

当构件的结构可以进行必要的改变以及能够保证较高支挡结构的稳定性时，可以增高现有支挡结构并将其作为路肩结构使用。由于此处涉及的一般是不透水的结构，因此应通过设置排水设施来避免可能发生的堵水而产生附加荷载。

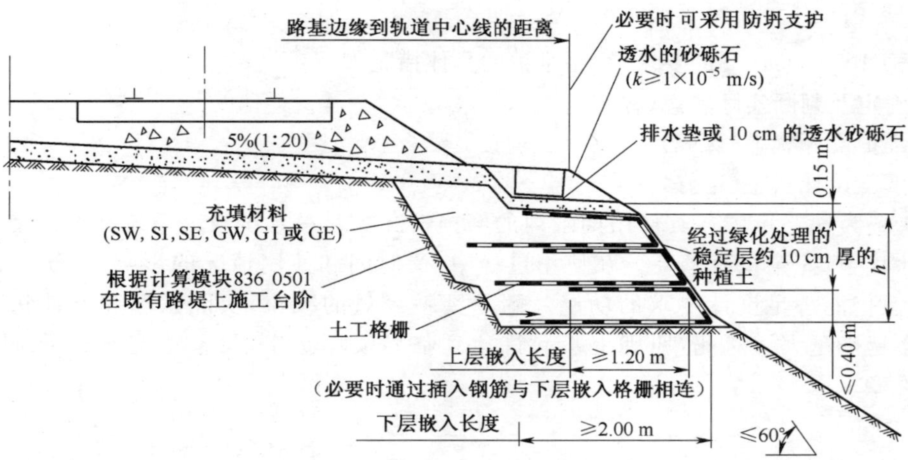

图 8.52　采用可绿化的土工格栅加筋支挡结构进行路肩加宽

9 维　护

9.1 概　述

维护路基的目的是为线路使用者提供长期满足行车安全、舒适度、行车速度和承载力要求的行车轨道。维护作业是在考虑到技术性和经济性的基础上，依照设计要求进行的。在修筑路基时应满足这些设计要求，同时在行车道和构件的相关技术标准中也对这些设计要求作出了规定。

根据 DIN 31051[150] 的要求，线路维护的具体措施如下：

(1)确定及判断实际状态(检查)；

(2)维护设计状态(保养)；

(3)恢复设计状态(维修)。

图 9.1 为铁路设施在其使用期限内的磨损情况。每一系统或分系统在投入使用时都处于设计状态，完全没有磨耗。在使用过程中，受时间和使用情况的影响，系统的性能有所下降，但仍能满足设计要求的功能。随着磨耗余量的减小，实际状态和设计状态之间的差距会越来越大。对此，原则上不允许达到临界损坏状态，设备系统或分系统也不允许出现故障。

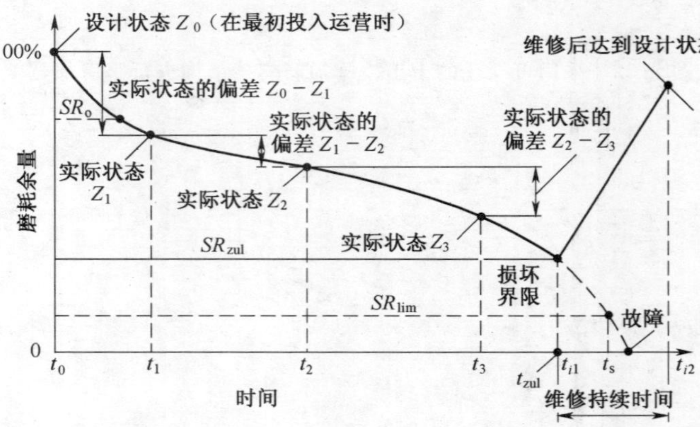

图 9.1　受时间决定的设备磨损

设备的实际状态及与此相关的磨损情况以及剩余的磨损余量可以通过检查获得。及时发现设备缺陷并随时维护可以将维修费用保持在较低的水平。保养、维修范围及最佳作业时间点的确定取决于每条线路的质量和行车密度，同时也要考虑实际施工技术、运营和资金方面的条件。

在铁路路基系统中，必须特别重视上部结构和下部结构分系统之间的紧密关系。轨道和道岔的几何位置及使用主要受以下因素影响：

(1)运营荷载；

(2)行车速度和轴重；

(3)几何尺寸和结构；

(4)下部结构及地基条件。

因此，在维修上部结构时，也要考虑作为承载系统一部分的下部结构，因为下部结构的变形和不稳定会导致轨道位置出现偏差，从而需要大笔维护费用。根据上部结构的一些迹象，可以采取必要的措施保养和维修下部结构。

维修土工建筑物时，必须保证运营和行车的安全与稳定。当出现破坏情况或安全设备故障时，必须排除对人员和固定设备的危害，因此土工建筑物的修建和维修应能达到以下目的：

(1)在规定的行车荷载(设计速度、轮对荷载、占用区间)和所要求的舒适度条件下，行车线路的使用应不受限制(可使用性)；

(2)必须立即排除在土工建筑物及/或地基可能出现的塌陷情况，确保安全性(承载性)；

(3)由土工建筑物引起的变形不能对铁路运营和第三方造成危害(适用性)。

为了维持运营和行车安全与稳定，在参考文献[1]中规定了对土工建筑物进行维护时所应采取的方式。据此规定，只需对因土工建筑物的损坏或塌陷而可能危及铁路运营的情况加以防护。不过，原则上应把维护作业看作是一个综合过程，同时还必须确保下部结构和地基的适用性以及排水设施功能的正常发挥。

9.2 下部结构的维护

按照参考文献[151]，通过步行巡视、行车巡视、轨检车测量等方式检查上部结构时，也可得出关于下部结构状态的信息。路基面横坡受到破坏或路基侧沟与出水口的承载过大，都可能使承载力受到严重破坏并使轨道位置发生偏差，从而导致轨道无法正常使用。用轨道测量车检查，可从取得的前后高度、扭曲、相对高差等测量参数中作出预先估计，这是粗略探测方法[65]。前后高差可能是由于地基出现变形造成的，例如桥梁前的过渡段等。在下部结构中如果出现前后高差或道床受到污染，那么表明承载力受到破坏。通过徒步目测线路区段内的上部结构和下部结构，可以进一步验证上部结构的检查结果。

对上部结构和下部结构承载系统的实际状态进行总体评估时，还应考虑以下一些基本标准：

(1)维护费用；

(2)轨道位置；

(3)道床状况；

(4)下部结构的特性和状况；

(5)排水设施的情况。

表 9.1 和表 9.2 中列出的观点可用来定性评价这些基本标准。表 9.1 列出了植物生长地点及生长形式，借此可以初步评价生长地的土力学、土化学及水文地质情况。表 9.2 列出了评估适用性的条件。这样就将状态良好的、有承载能力的、均匀的线路区段与已经出现或将要出现病害的、承载状态不好的线路区段区别开来。

表 9.1 植物生长地点特征表

地基情况	植物(植被形式)	现场情况的表明
水文地质条件	梯牧草属	可能有淤积水
	芦苇属	在地下约 2 m 处有流动水或渗透水(地下流动水)
	木贼属	有极小的渗透水流动;透水层位于不透水层上面
	驴蹄草	生长在地下水位很高的湿草地;时常在有机土和混合土之上
	菲分草	生长在地下水位有 1 m 左右的土中;也生长在覆盖有机土层的酸性土和碱性土中
土类型	橡树	生长在深达 2~5 m 的粉土地基中
	松树	生长在砂性土中
	(黑色)铠木属	生长在潮湿的有机土中
	接骨木属	生长在未受扰动的腐殖质土中
	款冬	含粉土组成成分
土力学特性	石蚕属,欧石南属	生长在硅酸盐土中
	荨麻科植物	土中可能含二氧化氮
	茨文肯(Zwenken),钙质苔藓,三叶草	含有不同浓度的石灰(从石灰层到石灰痕迹)
	盐碱土生植物	含有钙质土
其他特征	杨树,山毛柳	森林火灾地方,腐殖质烧毁,裸露粉土
	剑草(Säbel)植被,倾斜位置	平衡受到影响(滑坡、下沉、倒塌)
	杂生植被	由于风蚀和腐蚀的原因在地表范围内矿物质贫瘠,地下水活动异常

表 9.2 适用性评价

	目测可辨的限制适用性的现象
上部结构	- 轨道位置不稳定 - 维护费用增大 - 轨道沉降或隆起 - 钢轨踏面平整 - 道砟充填不够及道岔移动 - 道砟污染、道砟污泥沉积 - 道床厚度增加 - 有道砟囊 - 碎石边坡倒圆或扁平
下部结构	- 路基面横坡遭到破坏 - 形成显著的混合区 - 路肩人行道变形 - 路肩人行道杂草丛生 - 在路肩人行道/水沟出现堵水
排水设施	- 路基侧沟承载过大,杂草丛生 - 排水管沟及竖井承载过大 - 在路基侧沟/边坡脚出现受阻水 - 缺少泄水口 - 地面上出现有压水及受阻水

对出现问题的区段必须进行深入的评估，以确定这些问题是否由以下原因造成：

(1)上部结构中出现沉降(如道砟破碎、道砟移动)；

(2)下部结构中出现沉降(如下部结构中土的再压实、地基中土的固结)；

(3)土路基中出现承载力受到破坏的情况(道床受到污染，出现混合区、道砟囊，含水量升高造成土的稠度变化，土路基变形)；

(4)土的类型处于危险状态(遇水敏感性及冻害敏感性)；

(5)水文地质条件不良。

对于适用性较差的特别危险的路段，应按照第 3 章所述进行地基勘探，以确定必要的施工技术措施。

结合上部结构的维修措施，也应对下部结构维护措施的必要性及实施时间作出决定。这些措施涵盖了从简单的清洁工作到下部结构及地基的加固作业，主要包括：

(1)清洁道床，整修路基横坡；

(2)清洁并遮盖路肩人行道；

(3)清洁路基侧沟并使其成型；

(4)清洁或建造地下排水沟；

(5)维护土路基旁的植被；

(6)铺设保护层；

(7)加固下部结构及地基。

9.3 土工建筑物的维护

在德国铁路规范 836.0900 模块[1]中对土工建筑物的维护进行了规定。这一规范模块主要涉及路基体、挡土墙、涵洞以及那些维持土工建筑物功能所必需的设施。地表层防护设施、防坍设施、排水设施以及一定条件下的声屏障构筑物均属于土工建筑物。

必须定期检查土工建筑物，必要时根据其特殊结构还要特别检查其运营安全性、行车安全性及稳定性。根据检查结果，确定和评估实际状态并对建筑物等级进行评估和分级，以此获得土工建筑物的有关情况。实际状态的确定和评估可通过徒步巡查进行。根据参考文献[1]，在检查中应将获得的信息记录在统计表中并输入到 EDV 系统(工程系统控制)中。

在评估结果中应按照规定的标准将土工建筑物分为 3 级。当土工建筑物的安全设备失效或者有问题，会对人员和设备造成危害时，应将这些土工建筑物列入 2 级或 3 级中。在此，要特别考虑因可能出现的自然灾害所带来的危险。土工建筑物要依据如下标准进行等级划分。

建筑物等级 1

(1)不属于建筑物等级 2 或 3 的所有土工建筑物；

(2)属于第三方所有并由第三方负责维护的土工建筑物。

建筑物等级 2

(1)根据参考文献[1]划分的岩石边坡及岩石斜坡；

(2)技术上不能保证稳定的边坡高度≥3.00 m、坡度<1∶1 的松散岩石边坡及斜坡；

(3)不能同土工建筑物一起进行检查的声屏障构筑物。

建筑物等级 3

(1)根据参考文献[1]划分的岩石边坡及岩石斜坡；

(2)技术上不能保证稳定的、边坡高度≥3.00 m、坡度≥1∶1 的松散岩石边坡及斜坡；

(3)技术上能够保证稳定的松散岩石边坡；

(4)受地基潜在危害影响的土工建筑物；

(5)线路设施范围内的地下空洞；

(6)堤岸边坡；

(7)带有保护边坡及斜坡的排水设施(如梯级排水设施、渗流支挡墙、边坡排水管)的土工建筑物；

(8)因失效而严重影响铁路运营、运营设施及第三方设施安全的土工建筑物。

参考文献[1]给出了对支挡结构和涵洞相关划分标准。

9.3.1 检　查

通过定期及多级检查，对土工建筑物进行以下几种类型的检查：

(1)监控检查；

(2)检测；

(3)常规鉴定；

(4)特别鉴定。

参考文献[1]规定了这些检查类型应遵守的检查期限、相关负责部门以及人员和应进行的验证。

监控检查仅限于确定在区间线路行车或步行范围内的反常现象。发生特殊事件时(如施工措施、强降雨或者出现事故等)，监控检查也是必要的。

检测的目的在于通过检查确定和评估土工建筑物的实际状态，最好是在冰冻期结束及植物生长期之前进行检测。如果从所收集的信息中确定出现了损坏、缺损及变化情况时，则必须编制鉴定备忘录[1]。

常规鉴定委托专业人员承担。对所涉及的建筑物应进行目测、试验和必要的测量，并将结果记录在鉴定备忘录中[1]。

特殊鉴定是在特殊的情况下进行的，如在出现异常事件时，依据早先进行的检查进行相关检测。特殊鉴定可超过常规鉴定的范围，比如通过详细测量、土力学与岩石力学试验、岩土工程制图等方式进行。

鉴定备忘录中应包括检查的结果并给出以下说明：

(1)建筑物描述；

(2)检查资料；

(3)列出所确定的缺陷和损坏情况；

(4)判断缺陷和损坏情况，及对稳定性、运营及行车安全的影响；

(5)将损坏情况列入到相应的损坏等级中；

(6)为维护建筑物正常功能而应采取的措施建议；

(7)评估建筑物整体状态；

(8)下一次检查的期限；

(9)消除缺陷和损坏的结果验证。

鉴定备忘录是消除缺陷和损坏情况的基础。如果某一建筑物或建筑构件因为某些缺陷不能正常使用或者不能按照合同规定正常使用，从而丧失或降低了使用价值或者适用性时，那么按照参考文献[150]它就存在着缺陷。缺陷在维修结束后还可能存在，一般情况下缺陷会导致再次修补或者适用性降低。损坏是在所确定的磨耗余量极限值下降后建筑物或建筑构件的所处状态，而磨耗余量是以使用时不允许影响其功能为条件的。

在分析检查结果的过程中，需对土工建筑物的整体状态进行评价。按照参考文献[1]，根据对建筑构件缺陷和损坏的评价将土工建筑物的整体状态分为A、B、C、D四个等级。举例来说，在整体状态A中建筑物的构件没有缺陷或损坏，或者有一个或多个轻微损伤等级的缺陷或损坏。在整体状态D中建筑物的构件有一个或多个严重损伤等级的缺陷或损坏。如果不能马上消除缺陷或损坏，就必须立即采取措施，如设置缓行路段、封锁线路等。

9.3.2 土工建筑物的保养与维修

检查结果所确定的建筑物状态关系到土工建筑物的维护/维修。根据鉴定备忘录的相关说明，确定整治建筑物缺陷和损坏所应采取的方法、工期及费用，并将相关信息进行整理记录在措施实施备忘录中。

为保证建筑物设计状态而进行的保养措施包括：

(1)清理边坡，特别是清理岩石边坡和安全区；

(2)修整维护植被(包括在植被区行车视线不受影响，以及防止植被被风、雪破坏)；

(3)清洁排水设施(清理路基侧沟、泄水沟、阶梯式排水设施、冲洗排水管)。

维修及恢复土工建筑物设计状态的技术措施见第7、8章。

词汇索引(德汉对照)

A

Abdichtungselement	防水构件 (作为铁路土工建筑物的防水构件一般可以使用矿物质防水材料、土工合成材料防水板(KDB)和土工合成的黏土防水板(GTD))
Abdichtungsmaßnahmen	防水措施
Abfanggräben	截水沟
Abfluss	径流
Abflussbeiwert	径流系数
Abnutzungsvorrat	磨耗余量,磨损余量
Abstandsverhältnis	间距条件
Absturzsicherung	防坍塌安全性
Abtreppung	台阶;做成台阶;台阶挖土法
Adsorptionswasser	吸附水
Anfangsscherfestigkeit	初始抗剪强度
Anfangsstandsicherheit	初始稳定性
Anschüttung	填土
Arbeitssicherheit	工作安全
Aufschlüsse	勘探;查勘
Aushubverfahren	挖土法
Auslaugungen	渗漏;淋滤
Ausnutzungsgrad	利用率,利用系数

B

Bahngräben	路基侧沟
Bahngrabenböschung	路基侧沟边坡
Bahngrabenquerschnitt	路基侧沟横断面
Bahngrabenverrohrung	路基侧沟铺设管道
Bahnmulden	铁路排水槽
Bahnübergänge	铁路道口,铁路平交道口
Bauwerksklassen	建筑物等级
Befundblätter	鉴定备忘录
Begrünung,oberbodenlose	无土地表绿化

Begrünungsmatte	绿化垫
Bemessung, hydraulische	水力学计算
Bemessungsbeispiele	计算举例
Bemessungsdiagramm	设计计算图表
Bemessungsfestigkeit	设计强度
Bemessungsgrundwert	设计基本值
Bemessungsluftkältesumme	设计的大气冷量总和
Bemessungswasserstand	设计水位
Bemessungswerte	设计值
Beobachtungsmethode	观测方法
Berechnungsmodul	计算模量
Berechnungsregen	计算雨量
Berechnungswassermenge	计算水量
Bermen	护道;阶地;平台;堤岸
Betontröge	混凝土槽
Bettungsdicke	道床厚度
Bettungszahl	道床系数
Beurteilungsgrößen	判定值
Beurteilungsmaßstäbe	判定尺寸
Bewehrung, hochliegende	浅置加筋
Bewehrung, tiefliegende	深置加筋
Bewehrungslagen	加筋层
Böden, gemischtkörnige	混合粗粒土
Böden, grobkörnige	粗粒土
Böden, quellfähige	膨胀土
Boden, organischer	有机土
Boden, organogener	有机质土
Bodenaustausch	换填土
Bodenbewehrungsverfahren	土加筋方法
Bodenentwässerung	土中排水
Bodenentwässerungsverfahren	土中排水方法
Bodensäulen	土柱
Bodensäulen, geokunststoffummantelte	土工合成材料包裹的土柱
Bodenverbesserung	土改良
Bodenverdichtungsverfahren	土压实方法
Bodenverfestigung	土加固
Bodenverfestigungsverfahren	土加固方法
Bodenvernagelung	土钉锚固
Böschung, geokunststoffbewehrte	土工合成材料加筋边坡

Böschungsaufsteilungen	边坡放陡
Böschungsbewegungen	边坡移动
Böschungsbruchsicherheit	边坡破坏安全
Böschungsentwässerung	边坡排水
Böschungsgrundbruch	边坡基础破坏,边坡基础塌陷
Böschungsschäden	边坡损坏
Buschlagen	灌木丛
C	
CBR-Tragfähigkeit	CBR 承载能力
CBR-Versuch	CBR 试验
charakteristischen Werte	特性值
D	
Dammböschungen	路堤边坡
Dammschüttmaterialien	路堤填料
Dammverbreiterungen	路堤加宽
Densitometerverfahren	凹坑体积测定法
Dichte	密度,浓度
Dichteanforderungen	密度要求
Dichtenachweis	密度验证
Dränagearten	排水管类型
Druckfestigkeit,einaxiale	单轴抗压强度
Druck-Setzungs-Linie	压力-沉降曲线
Druckversuch,einaxialer	单轴压力试验
Duktilität	延展性,韧性,塑性,黏滞性
Durchlässigkeit	渗透性,渗透能力
Durchlässigkeitsbeiwert	渗透系数
E	
Ebenheit	平整,平坦,光滑
Eigensetzungen	自身沉降
Eigenüberwachung	自控检测
Eigenverformungsmodul	自身变形模量
Eignungsnachweis	适宜性验证
Eignungsprüfung	适宜性检测
Einbau,gleisgebundener	有轨式铺设方法
Einbau,gleisloser	无轨式铺设方法
Einbaugeometrie	铺设的几何尺寸
Einbauwassergehalt	铺设时的含水量
Einfachfilter	简单过滤层
Einschnittserweiterungen	路堑拓宽

Einwirkungen	作用,影响
Einwirkungen, dynamische	动力作用,动力影响
Einzugsgebiet	集水区,汇水面积,流域
Eisenbahnanschnitte	铁路半挖半填(断面,剖面)
Eisenbahndämme	铁路路堤
Eisenbahneinschnitte	铁路路堑
Eislinsen	冰凌
Elastizitätsunterschiede	弹性差别
Endscherfestigkeit	最终抗剪强度
Endstandsicherheit	最终稳定性
Entwässerbarkeit	可排水性
Entwässerung	排水
Entwässerung im Vorlauf	提前排水,事先排水
Entwässerung, naturnahe	自然的排水
Entwässerungsanlagen	排水设施
Entwässerungsfähigkeit	排水能力
Erde, geokunststoffbewehrte	土工合成材料加筋的土
Erdbauwerke	土工建筑物(概念和土工建筑物的划分引用自德国铁路股份公司规范 Ril 836《土工建筑物的设计、施工与维护》[1]。在此处它作为路基、支挡建筑物和涵管通道等的概括性的名称或者在路基上以及那些用于保证土工建筑物发挥正常功能所必需的设施的定义,这些设施是排水设施、保护层、路肩人行道、生物防护措施等。在一些国际上推荐的参考文献中,尤其在国际铁路联盟的 UIC-Kodex 719E“铁路线路土工建筑物和承载层”[2]中部分地采用了其他的概念和定义。)
Erfassungsblätter	统计表
Erosion	冲蚀,腐蚀
Erosionsschutz	冲蚀防护,腐蚀防护
Erosionssicherheit	防冲蚀保护
Ersatzverfahren	代用方法
Erstbelastungskurve	一次荷载曲线
Ertüchtigungsverfahren	加固方法
F	
Fahrbahnquerschnitte	行车道横断面
Fallgewichtsgerät, leichtes	轻型落锤仪

Feinkornanteil 细粒含量
Fels 岩石
Felsböschungen 岩石边坡
Felssicherungsmaßnahmen 岩石保护措施
Felsuntergrund 岩石地基
Fertigrasen 现植草皮
Festgesteine 坚固岩石
Filter 过滤;过滤层
Filteraufbau 过滤层结构
Filterbemessung 过滤层设计
Filterelement 过滤构件
Filtergeschwindigkeit 过滤速度
Filterkonstruktion 过滤层设计
Filterkriterien 过滤层标准
Filtermaterial 过滤层材料
Filterregeln 过滤规律
Filterschicht 过滤层
Filterstabilität 过滤层稳定性
Filterstufen 过滤层分级
Filterwirksamkeit 过滤作用
Flechtwerke 编织篱笆
Fließgeschwindigkeit 流速
Fließgrenze 液限;屈服极限
Flügelsondierungen 十字板触探
Frä-Misch-Injektions-Verfahren 松土注浆拌合法
Fräs-Misch-Maschine 松土拌和机
Fremdüberwachung 第三方检测
Frost 冻结,冻胀,冻害
Frosteinwirkungsgebiete 冻害影响区域
Frostempfindlichkeit 冻害敏感性
Frostempfindlichkeitsklassen 冻害敏感性分类
Frostkriterium 冻害标准
Frostschäden 冻害病害
Frostschutzmaßnahmen 冻害防护措施
Frostschutzschicht 防冻保护层
Frostsicherheit 耐冻防护,冻害防护
Frostsicherung, hinreichende 足够的冻害防护
Frostsicherung, vollständige 完全的冻害防护
Frostwirkungen 冻害影响

Frühjahrstragfähigkeit, minimale 春季最小承载力

G

Gabionenwände 石笼墙

Gebrauchstauglichkeit 适用性

Gefahrenbereiche 危险区

Geogitter 土工格栅

Geokunststoffbewehrung 土工合成材料加筋

Geokunststoffe 土工合成材料

GEORADAR-Verfahren 土工(探测)雷达方法

Geotechnische Kategorien 土工分类

Geotextilien 土工织物,土工布

Geotextilrobustheitsklassen 土工合成材料强度等级

Gesamtrestsetzungen 总残余沉降

Gesamtsetzungen 总沉降

Gesteine, veränderlich feste 变质岩

Gewölbewirkung 成拱作用,拱的作用

Gleisabstand 线间距

Gleislage 轨道位置

Gleislängsverbau 轨道纵向隔断

Gleismesstriebzug 线路测量动车

Glühverlust 烧灼损失

Grabenfilter 边沟过滤层

Grenzwassergehalt 临界水含量

Grenzzustand 临界状态

Grenzzustandsbedingung 临界状态条件

Grundwasser 地下水

Grundwasserverhältnisse 地下水情况

Gruppensymbol 分类符号,分组符号

Gütesicherung 质量保证

H

Haftwasser 附着水,结合水

Handprüfverfahren 手工试(检)验方法

Hochofenschlacke 高炉渣

Höchstzugkraft 最大抗拉力

Höchstzugkraftdehnung 最大抗拉力延伸

Höhenkorrektur der Schienenbefestigung 钢轨扣件

hydrologische Fälle 水文类型

hydrologischer Istzustand 水文实际情况

hydrologischer Zielzustand 水文目标情况

Hydro-Zementations-Verfahren 水硬性胶结法

I

Initialsetzungen 初始沉降

Inspektion 检查

Inspektionsarten 检查方式

Instandhaltung 维护

Instandsetzung 维修

K

Kabelgräben 电缆沟

Kabeltrassen 电缆线路

Kabeltröge 电缆槽

Kapillarbrechende Schicht 毛细水隔断层

Kapillarität 毛细作用

Kapillarwasser 毛细水

Karsterscheinungen 岩溶现象

Kasten-Bodenaustausch-Verfahren 箱式换土法

Klassifikation 分类,分级,分粒,筛分

Klassifikationsversuche 筛分试验

Klassifizierung 分类,分等,分级

Kohäsion 黏聚力,凝聚力

Kolmation 淤塞

Kolmationskriterium 淤塞标准

Kolmationssicherheit 淤塞防护

Konsistenzbalken 液性指数条状图

Konsistenzzahl 液性指数

Konsolidationssetzungen 固结性沉降

Konsolidierungsbeiwert 固结系数

Konsolidierungszeit 固结时间

Kontakterosion 接触冲蚀

Kontakterosion, mechanische 机械接触冲蚀

Kontrollprüfungen 控制检测

Kontrollschächte 检查竖井

Kornfilter 颗粒过滤层

Korngemische 颗粒混合料

Kornumlagerung 颗粒搬动,颗粒位移

Körnungslinie 颗粒曲线

Kornverfeinerung 颗粒粉化

Kornverteilung 颗粒级配

Kornzertrümmerungen 颗粒破碎试验

Krümmungszahl	曲率系数
Kunststoffdichtungsbahnen	人工合成材料防水板(KDB)
Kunststoffdränagen	塑料排水管
Kunststoffrohre	塑料管
L	
Lagerungsdichte	密实度
Lamellenverfahren	条分法
Landschaftsrasen	景观带
Längsgefälle	纵向坡度
Längshöhe	纵向高度
Lastumlagerung	荷载重新分布
Lastumlagerungseffekt	荷载重分布效应
Lebendbewehrte Erde	生物加筋土
Lebendverbau	灌木丛
Lichtraumprofile	车辆外部尺寸
Luftkältesumme	冷量总和
Luftporenanteil	空气孔隙比例
M	
Mangel	缺少,不足
Mehrzweckrohr	多用途管
Membranwirkung	薄膜作用
Mineralstoffe	矿物材料
Mineralstoffgruppen	矿物材料分组
Mittenentwässerung	中间排水
Moorsprengverfahren	爆破排淤法
N	
Nennweite	额定宽度
nichtbindige Böden	非黏性土
O	
Oberbaumesswagen	轨道检测车,上部结构测量车
Oberbodenandeckung	地表覆盖层
Oberflächenrutschung	地表滑坍
Oberflächenverdichtung	表面压实
Oberflächenwasser	地表水
Öffnungsweite	孔宽
P	
Pappdränagen	纸板排水管
Perforation	穿孔,打眼
Pfeilhöhe	拱矢,矢高,挠度,上弯度

Pflanzen, standortanzeigende	当地生长的植物
Planum	路基
Planumsbreite	路基宽度
Planumsschutzschicht	路基保护层
Planumsverbreiterung	路基拓宽
Plastizität	塑性
Plastizitätsdiagramm	塑性图表
Plastizitätsgrenze	塑性极限
Plastizitätszahl	塑性指数
Plattendruckgerät	荷载板
Plattendruckversuch, dynamischer	动力直板荷载试验,动力荷载板试验
Plattendruckversuche, statische	静力直板荷载试验,静力荷载板试验
Porenanteil	空隙部分
Porenwasserdruck	孔隙水压
Porenwasserüberdruck	孔隙超静水压
Porenwasserunterdruck	孔隙低静水压
Porosität	孔隙率
Primärsetzungen	一次沉降
Probeverdichtung	压实试验
Proctordichte	葡氏密度,最佳密实度
Proctorkurve	葡氏曲线,干密度和含水量关系曲线图
Proctorversuch	最佳密实度试验
Proctorwassergehalt	葡氏含水量
Prüfumfang	检验范围
Q	
Qualitätssicherung	质量保证
Querhöhe	横向高度
Querneigung	横坡
Querschnittsgestaltung	断面布置
Querungen	通过,穿过
R	
Radiometrische Verfahren	无线电探测
Radkraft	轮荷载,车轮作用于钢轨的力
Radsatzkraft	轮对荷载
Rammträger	桩梁
Randweg	路肩(边)人行道
Randwegabdeckung	路肩人行道路面填料
Randwegkonstruktionen	路肩人行道路结构
Regelanforderung	标准要求,常规要求

Regelbegutachtungen	常规鉴定
Regelbreite	标准宽度,常规宽度
Regeldicken	标准厚度,常规厚度
Regellösungen	标准的解决方案
Regelneigung	标准坡度
Regelquerschnitte	标准横断面
Regendauer	降雨时间
Regenhäufigkeit	降雨率,降雨频率
Regenrückhalteräume	降雨沉淀池
Regenspende	降雨强度
Regenwasserbewirtschaftung	雨水调节
Regenwassermenge	降雨量
Reibungsbeiwert	摩擦系数
Reibungswinkel	摩擦角
Resonanzgefahr	共振的危险性
Robustheit	强度,坚固性
Rohrfilter	管状过滤层
Rohrleitung	管线
Rohrperforation	透水管
Rohrzüge	管排,多排管线通道
Rutschungen	滑坡,滑移
Rütteldruckverdichtung	振动压实
Rütteldruckverfahren	振动压实法
Rüttelkästen	振动箱
Rüttelstopfsäule	振捣桩
Rüttelstopfsäule, vermörtelte	注浆振捣桩
Rüttelstopfverdichtung	振捣压实
S	
Saatmatten	草种垫
Sammelleitungen	主管道,总管道,集水管道
Sammelleitungsrohre	集水管
Sanddränagen	排水砂桩
Sättigungsgrad	饱和度
Sättigungslinie	饱和曲线
Säulendurchmesser	(振捣)桩直径
Schächte	竖井,盲井;井状构造
Scherdiagramm	剪切图
Scherfestigkeit	抗剪强度,剪切强度
Scherparameter	剪切参数,抗剪强度参数

Scherversuche	剪切试验
Schichtdicke	层厚
Schichtwasser	层间水
Schlepkraft	牵引力,拖曳力,推动力
Schleusenrüttler	闸式振动器
Schotterbeanspruchung	碎石道砟应力
Schüttregime	填筑方案
Schütttechnologie	填筑工艺
Schutzschichten	保护层
Schutzschichtmaterialien	保护层材料
Schutzzonen	保护区
Schwergewichtstützmauern	重力式挡土墙
Schwerkraftentwässerung	重力排水
Schwinggeschwindigkeit	振动速度
Schwingungen	振动
Seitenschildgerät	侧面护板式机械
Sekundärsetzungen	二次沉降
Sekundärsetzungsanteil	二次沉降量
Setzungen	沉降
Setzungen aus der Verkehrsbelastung	交通荷载引起的沉降
Setzungen, zeitlicher Verlauf der	沉降时间曲线
Setzungsbeobachtungen	沉降观测
Setzungsberechnung	沉降计算
Setzungsprognose	沉降预报
Setzungsunterschiede	沉降差
Sicherheitsraum	安全空间
Sickerleitungen	渗水管道
Sickerrohre	渗水管
Sickerrohrleitung	渗水管道
Sickerschichten	渗水层
Sickerstränge	渗水管路
Sickerstützscheibe	渗流支挡墙
Sickerwasser	渗水
Sohlbewehrung	底部加筋
Sondierungen	触探
Spannungseinflusswert	应力影响值
Spitzenabflussbeiwerte	峰值径流系数
Spreizkräfte	支撑力
Spreizsicherheit	支撑安全

Stabilität, dynamische	动力稳定性
Stahlspundwände	钢板桩墙
Standardsysteme	标准体系
Standsicherheit	稳定性
Standsicherheit von Festgesteinsböschungen	岩石边坡的稳定性
Stauwasser	受阻水
Steifemodul	无侧向变形压缩模量
Steifigkeitsunterschiede	刚度差
Steifigkeitsverhältnis	刚度比
Steighöhe, kapillare	毛细上升高度
Stempeldurchdrückkraft	贯穿压力
Streckenkategorien	线路等级
Streckenlängsneigung	线路纵向坡度
Streckenquerschnitte	线路横断面
Stufenfilter	多级过滤层
Stützbauwerke	支挡构筑物
Stützbauwerke, flexible	柔性支挡构筑物
Stützbauwerke, massive	圬工支挡构筑物
Stützkonstruktion	支挡结构
Suffosion	流失
Suffosion, innere	内部流失
Suffosionssicherheit	流失保护
T	
Tagebaukippen	露天采矿渣场
Teilsicherheitsbeiwerte	部分安全系数
Teilsicherheitskonzept	部分安全概念
Teilsickerrohr	部分渗漏管
Tiefenentwässerung	地下排水
Tiefenlage	地下位置
Tiefenrutschung	深层滑坍
Tiefenrüttler	插入式振动器
Tondichtungsbahnen, geosynthetische	土工合成的黏土防水板
Tragfähigkeit	承载力
Tragfähigkeit, Grenzzustand der	承载力极限状态
Tragfahigkeitsmessungen	承载力测量
Tragfähigkeitsnachweis	承载力验证
Tragfähigkeitsschäden	承载力破坏
Tragglieder	承载构件
Tragverhalten	承载性能

Trennelement	分隔元件
Trockendichte	干密度
Trockenrohdichte	干密度
U	
Übergabeschächte	交接竖井,过渡竖井
Übergänge	过渡
Übergangsschicht	过渡层
Überhöhung	超高
Überlappungen	搭接
Überschüttung	填土层
Überwachungen	监控
Uferschutz	河岸防护
Uferschutz, biologischer	生物河岸防护
Uferschutz, kombinierter	综合河岸防护
Ungleichförmigkeit	不均匀性
Ungleichförmigkeitszahl	不均匀系数
Unterbauuntersuchungsmaschine	地基钻孔探测车
Untergrundertüchtigung	地基加固
Untergrundplanum	基础地基,原地基面(贴近路堤的,依照给定的高度和坡度平整而成的既有土或岩石的表面)
Unterschottermatten	道砟垫
V	
Verankerungspfähle	锚固桩
Verbundstoffe	复合材料
Verdichtung	压实
Verdichtungsanforderungen	压实要求
Verdichtungsgrad	压实度
Verdichtungskontrolle	压实检查
Verdichtungskontrolle, flächendeckende dynamische	动力压实检查
Verdrängungsverfahren	挤压法
Verdunstung	稀释
Verdunstungsbecken	稀释槽
Verformung, elastische	弹性变形
Verformungsmoduln	变形模量
Verformungsverhalten	变形特性
Verfügbarkeit	可用性,适用性
Vermörtelung	浇注砂浆,注浆处理
Verpresspfähle	挤压桩
Verrohrung	套管,管路

Versickeranlagen	渗漏设施
Versickerbecken	渗漏池
Versickermulden	渗漏槽
Versickerrigole	泄水沟
Versickerung	渗漏
Versickerungsfähigkeit	渗漏能力
Vertikaldränagen	垂直排水设施
Vertikaldräns	垂直排水管
Vertikalspannung	垂直应力
Verwindung	扭转,扭曲,变形
Verwindungskurven	缓和曲线
Vollosickerrohr	全渗管
Vorflut	放水,疏导,导流
Vorflutanlagen	疏导/导流设施
Vorfluter	泄水通道
Vorflutgräben	泄水沟
Vorflutleitungen	泄水管道
Vorschubgerät	前推式机具
W	
Wasserabfluss	排水渠,溢水道,出水口
Wasserableitvermögen	排水能力
Wasserdurchlässigkeit	渗透系数
Wassererosion	水冲蚀,水侵蚀
Wassergehalt,optimaler	最佳含水量
Wasserhaushaltsgesetz	水法
Wasserkreislauf	水循环
Wasserschutzgebiete	水源保护区
Wasserschutzzonen	水源保护区
Wasserstau	隔水,阻水
Widerstände	阻力
Winterarbeiten	冬季工作
Z	
Zeitbeiwert	时间系数
Zeitsetzungskurven	时间沉降曲线
Zertrümmerungsversuch	破坏试验
Zustandsformen	状态形式
Zweitbelastungskurve	二次加载试验
Zylinderdruckversuch	无侧向压力试验
Zylinderentnahme	圆筒取样器取样

参 考 文 献

[1] „Erdbauwerke planen, bauen und instand setzen", Richtlinie 836 der Deutsche Bahn AG, Ausgabe 1999

[2] „Erdbauwerke und Tragschichten für Eisenbahnstrecken", UIC-Kodex 719 E des Internationalen Eisenbahnverbandes

[3] „Zusätzliche Technische Vertragsbedingungen und Richtlinien für Erdarbeiten im Straßenbau" (ZTVE-StB), Bundesministerium für Verkehr, Abteilung Straßenbau

[4] Richtlinie 8000. 0130 „Netzinfrastruktur Technik entwerfen - Streckenquerschnitte auf Erdkörpern" der Deutsche Bahn AG

[5] „Oberbauberechnung", Deutsche Bundesbahn, BZA, Ausgabe 1992

[6] Richtlinie 413. 0202 „Betriebliche Infrastruktur bemessen - Streckenstandards" der Deutsche Bahn AG

[7] Technische Spezifikation für die Interoperalität des Teilsystems „Infrastruktur", Amtsblatt der EG, 12. 09. 2002

[8] DIN 1054:2003-01 „Baugrund; Sicherheitsnachweise im Erd- und Grundbau"

[9] DIN 1055 „Lastannahmen für Bauten"

[10] DIN 4085 „Berechnung des Erddrucks, Berechnungsgrundlagen"

[11] Richtlinie 804 „Vorschrift für Eisenbahnbrücken und sonstige Ingenieurbauwerke" der Deutsche Bahn AG

[12] DIN 1072 „Straßen- und Wegbrücken; Lastannahmen"

[13] Eisenmann, J.: Stützpunktelastizität bei einer Festen Fahrbahn ZEV-DET, Glasers Annalen 123 (1999)11/12

[14] BISAR-PC, User Manual, Deutsche Shell AG

[15] Müller - Boruttau, F. und Breitsamter, N.: Elastische Elemente verringern die Fahrwegbeanspruchung. ETR-Eisenbahntechnische Rundschau(49)9/2000

[16] Lieberenz, K., Müller - Boruttau, F. und Weisemann, U.: Sicherung der dynamischen Stabilität von Unterbau/Untergrund. EI - Der Eisenbahningenieur(54)2/2003

[17] Fachinformationen Schienenverkehr und Demoversionen iSi und iScho: www. imb-dynamik. de

[18] DIN 4020 „Geotechnische Untersuchungen für bautechnische Zwecke"

[19] DIN 4094 „Erkundung durch Sondierungen"

[20] Körber, H.: Die Planumsverbesserung. EI - Der Eisenbahningenieur 5/1985

[21] Hellmann, R., Göbel, C. Petzold, H. und Staccone, G.: Anwendung des GEORADAR. Inspektionsverfahren für das Tragsystem von Eisenbahnstrecken. EI - Der Eisenbahningenieur(45)9/1994

[22] Niessen, J.: GeoRail. Unterwegs auf sicherem Grund. EI - Der Eisenbahningenieur (51)6/2000

[23] DIN 18196 „Erd- und Grundbau; Bodenklassifikation für bautechnische Zwecke"

[24] DIN 4022 „Benennen und Beschreiben von Boden und Fels"

[25] DIN 18123 „Korngrößenverteilung"

[26] DIN 18137 „Scherfestigkeit"

[27] Bahn - Norm BN 918061, Technische Lieferbedingungen „Gleisschotter", Deutsche Bahn AG, Ausgabe Januar 2001

[28] DIN 18136 „Einaxialer Druckversuch"

[29] DIN 18134 „Plattendruckversuch"

[30] Dynamischer Plattendruckversuch mit Hilfe des Leichten Fallgewichtsgerätes. Technische Prüfvorschrift für Boden und Fels im Straßenbau, TPBF - StB, Teil B 8. 3. Forschungsgesellschaft für Straßen- und Verkehrswesen Köln

[31] Richtlinie für die Anwendung des Leichten Fallgewichtsgerätes im Eisenbahnbau, Deutsche Bahn AG

[32] Bahn - Norm BN 918062, Technische Lieferbedingungen „Korngemische für Trag- und Schutzschichten zur Herstellung von Eisenbahnfahrwegen", Deutsche Bahn AG, Ausgabe März 2000

[33] Göbel, C. , Lieberenz, K. und Nietzsch, H. : Untersuchungen zum Verhalten von Tragsystemen mit Geokunststoffen an der Ausbaustrecke Leipzig - Dresden. Sonderheft 1995 der „geotechnik"

[34] Vorschrift für Erdbauwerke(VE), DS 836, EzVE6, Deutsche Bundesbahn, 1985

[35] Beyer, W. : Zur Bestimmung der Wasserdurchlässigkeit von Kiesen und Sanden aus der Kornverteilungslinie. Wasserwirtschaft - Wassertechnik 14(1964) H, 6

[36] Göbel, C. und Richter, F, : Eisenbahnunterbau. transpress VEB Verlag für Verkehrswesen Berlin, 1988

[37] DIN 18127 „Proctorversuch"

[38] Merkblatt für die Anwendung von Geokunststoffen im Erdbau des Straßenbaus. Forschungsgesellschaft für Straßen- und Verkehrswesen, Köln, Arbeitsgruppe Erd- und Grundbau

[39] Technische Lieferbedingungen für Geokunststoffe für den Erdbau des Straßenbaus(TL Geok E-StB 02). Forschungsgesellschaft für Straßen- und Verkehrswesen, Köln, Arbeitsgruppe Erd- und Grundbau

[40] Dürrwang, R. , Schulz, G. und Neidhart, T. : Erdbauwerke für Hochleistungsstrecken. Neues Konzept. EI - Der Eisenbahnigenieur(49)8/1999

[41] Empfehungen für den Bau und die Sicherung von Böschungen. Deutsche Gesellschaft für Geotechnik

[42] Olschowy, G. : Naturschutz und Umweltschutz in der Bundesrepublik Deutschland. Parey Verlag, Hamburg und Berlin, 1978

[43] „Technische Lieferbedingungen für geotxtile Filter (TLG)" der Bundesanstalt für Wasserbau (BAW). Regelwerk des Bundesministeriums für Verkehr, Bau- und Wohnungswesen

[44] Floss, R. : ZTVE - Zusätzliche Technische Vertragsbedingungen und Richtlinien für Erdarbeiten im Straßenbau. Kommentar mit Kompendium Erd- und Felsbau. Kirschbaum Verlag Bonn, 1997

[45] Reuter, F. ; Klengel, K. J. und Pasek, J. : Ingenieurgeologie. Deutscher Verlag für Grundstoffindustrie, Leipzig, 1978

[46] Richtlinie 882 „Landschaftspflegerische Maßnahmen planen und überwachen; Ausführung von Begrünungen" der Deutsche Bahn AG

[47] Leitlinien zur Instandhaltung. Das Grün an der Bahn. Deutsche Bahn AG, 1994

[48] Regel-Saatgut-Mischungen Rasen(RSM 99). Forschungsgesellschaft Landschaftsentwicklung Landschaftsbau e. V. Bonn.

[49] Bloemer, S. : Erosionsschutz und Begrünung von Böschungen im Verkehrswegebau: Optimierung durch Rohbodenbegrünung statt Oberbodenandeckung. Straßenverkehrstechnik, 2/2003

[50] Gewirke für Technische Textilien, Information 3/2002, Sächsisches Textilforschungsinstitut e, V. (stfi) Chemnitz

[51] Striegler, W. : Dammbau in Theorie und Praxis. Verlag für Bauwesen, Berlin, 1998

[52] Schuppener, B. : Geotechnische Bemessung von Böschungssicherungen mit Pflanzen. Tagungsbeiträge der 4. Österreichischen Geotechniktagung, Wien, 2003

[53] Bahn - Norm BN 918071-01 „Technische Lieferbedingungen Unterschottermatten zur Minderung der

Schotterbeanspruchung" der Deutsche Bahn AG

[54] Kempfert, H. -G., Jaup, A. und Stadel, M.: Geotechnische Konstruktionen am Übergang Brücke - Erdbauwerk. Vorträge der Baugrundtagung 1998 in Hannover

[55] Technische Mitteilung der Deutsche Bahn AG zu konstruktiven Parametern für die Ausbildung des Überganges Erdplanum/Brücke und den Einsatz von Unterschottermatten(USM)auf der ABS Hamburg-Berlin

[56] Dürrwang, R. und Schulz, G.: In der Linie bauen-Überbrückung von Schnittstellen beim Bau der Festen Fahrbahn. Tagungsband der VDEI -Tagung, Berlin, 2000

[57] Göbel, C., Lieberenz, K. und Richter, F.: Der Eisenbahnunterbau. DB - Fachbuch Band 8/20. Eisenbahn-Fachverlag Heidelberg/Mainz, 1996

[58] DIN 4084 „Baugrund; Böschungs- und Geländebruchberechnungen"

[59] Neidhart, T.: Untergrundverformungen und Feste Fahrbahn. EI - Der Eisenbahningenieur(47) 4/1996

[60] DIN 4107 „Setzungsbeobachtungen an entstehenden und fertigen Bauwerken"

[61] Dörr, P. Und Christgau, E. -M.: Setzungsbedingte Verformungen des Fahrwegs an Hochgeschwindigkeitsstrecken nach Einbau der Festen Fahrbahn. EI - Der Eisenbahningenieur(52) 2/2001

[62] DIN 4019 „Setzungsberechnungen"

[63] Bobe, R. Und Hubacek, H.: Bodenmechanik. Bauverlag GmbH, Wiesbaden und Berlin, 1984

[64] Schmidt, H. H.: Grundlagen der Geotechnik. B. G. Teubner. Stuttgart, 1996

[65] Richtlinie 821 „Oberbau inspizieren", Modul 821. 2001, Deutsche Bahn AG

[66] „Intelligentes Inspektionssystem"(IIS), Deutsche Bahn AG

[67] Darr, E. Und Fiebig, W.: Feste Fahrbahn - Konstruktion, Bauarten, Systemvergleich Feste Fahrbahn - Schotteroberbau. Tetzlaff Verlag, Hamburg, 1999

[68] Türke, H.: Statik im Erdbau. Verlag Ernst und Sohn, Berlin, 1999

[69] Strunck, K. Und Müller, F.: Flexible Straßenbefestigungen. Probleme der Bemessung, Teil Ⅱ: Bemessungsgrundlagen und Bemessungsverfahren. Verlag für Bauwesen, Berlin, 1964

[70] Richter, F.: Beitrag zur Bemessung und zum Aufbau von Kiesschutzschiten im Eisenbahnbau. Dissertation., Hochschule für Verkehrswesen, Dresden, 1972

[71] Körber, H, und Martinek, K.: Die Planumsverbesserung - technische Grundlagen, Planung und Ausführung. Elsners Taschenbuch, 1985

[72] Bericht über die Erarbeitung von Änderungsvorschlägen zur Weiterentwicklung der „Vorschrift für Erdbauwerke(DS 836), Teil Planums- und Frostschutzschichten", Hochschule für Technik und Wirtschaft Dresden(FH), 1995, unveröffentlicht

[73] Schilder, H. und Piereder, F.: Planumsverbesserung mit der Aushubmaschine AHM 800-R. ETR - Eisenbahntechnische Rundschau 49(2000) Heft 9

[74] Hillig, J., Fischer, R., Göbel, C., Lieberenz, K. und Großmann, S.: Anforderungen an den gleisgebundenen Einbau von Schutzschichten im Eisenbahnunterbau. Eisenbahn-Ingenieurkalender 2004, Tetzlaff-Verlag Hamburg, 2003

[75] Rump, R., Ehling, B. und Rehfeld, E.: Wirkungen von Verkehrserschütterungen auf Erdbauwerke und ungebundene Schutzschichten im Oberbau. ETR - Eisenbahntechnische Rundschau(45)7/8/1996

[76] Hu, Y., Gartung, E., Prühs, H. und Müllner, B.: Sicherung von Erdbauwerken - Neues Bemessungsverfahren zur Sicherung der dynamischen Langzeitstabilität von Erdbauwerken. EI - Der Eisenbahn-

ingenieur(54)10/2003

[77] Murray, H. : Geokunststoffe für den Uferschutz an Straße und Eisenbahn. Berichte der BAUTEX 2004 in Chemnitz, Sächsisches Textilforschungsinstitut e. V. Chemnitz

[78] „Korngemische für Trag- und Schutzschichten nach BN 918062", Änderung der Anforderungen an das KG 1. Geschäftliche Mitteilungen Nr. 42 vom 19. 10. 2001, Festlegung Nr. 492 der DB AG

[79] Technische Lieferbedingungen „Mineralstoff für Planumsschutzschichten", TL 918062 DB AG, Ausgabe Januar 1994

[80] Technische Lieferbedingungen „Korngemische für Tragschichten", TL 918062 DB AG, Ausgabe Februar 1997

[81] Göbel, C. , Lieberenz, K. Und Kießling, J. : Korngemische für Tragschichten - Erläuterungen zu den Technischen Lieferbedingungen - DB AG TL 918062, Ausgabe Februar 1997. EI - Der Eisenbahningenieur 48(1997) H. 9

[82] Zusätzliche Technische Lieferbedingungen und Richtlinien für Tragschichten im Straßenbau(ZTVT-StB), 1994

[83] DIN EN ISO 9000 - Qualitätsmanagementsysteme - Grundlagen und Begriffe

[84] Mitteilungen der Länderarbeitsgemeinschaft Abfall(LAGA) Nr. 20. Anforderungen an die stoffliche Verwertung von mineralischen Reststoffen/Abfällen-Technische Regeln, 06. 11. 1997

[85] Arth, P. , Fischer, R. , Göbel, C. , Dittmann, W. und Großmann, S. : Langzeituntersuchungen an Brechkorn- und Recycling-Gemischen als Tragschichtmaterial im Eisenbahnunterbau. EI - Der Eisenbahningenieur 52 (2001) H. 6

[86] DIN 18200 „Überwachung (Güteüberwachung) von Baustoffen, Bauteilen und Bauarten; Allgemeine Grundsätze"

[87] Prüfungsbedingungen für Geokunststoffe in Zulassungsverfahren des Eisenbahn-Bundesamtes, Ausgabe 01/2003

[88] Technische Mitteilung der Deutsche Bahn AG, TM 139/2003/005

[89] Müller-Rochholz: Geokunststoffe im Erd- und Straßenbau, 1. Auflage Werner-Verlag, 2005

[90] „Empfehlungen für Bewehrungen aus Geokunststoffen (EBGEO)", Deutsche Gesellschaft für Geotechnik, Verlag Wilhelm Ernst und Sohn, Berlin, 1997

[91] Göbel, C. , Lieberenz, K. und Großmann, S. : Anwendung von Geokunststoffen zur Verringerung der Schutzschichtdicken im Eisenbahnunterbau. geotechnik, Sonderheft 2001

[92] Merkblatt für Bodenverfestigungen und Bodenverbesserungen mit Bindemitteln. Forschungsgesellschaft für Straßen-und Verkehrswesen(FGSV), FGSV Nr. 551

[93] Merkblatt für Bodenverbesserung und Bodenverfestigung mit Kalk. Forschungsgesellschaft für Straßen- und Verkehrswesen(FGSV), Arbeitsgruppe „Erd-und Grundbau"

[94] Merkblatt für die Bodenverfestigung mit Zement. Forschungsgesellschaft für Straßen- und Verkehrswesen(FGSV), Arbeitsgruppe „Erd-und Grundbau"

[95] Das Wasserhaushaltsgestetz(WHG). W. Bertelsmann Verlag, Bielefeld, 1999

[96] Richtlinien für bautechnische Maßnahmen an Straßen in Wassergewinnungsgebieten(RiSt-Wag), Forschungsgesellschaft für Straßen- und Verkehrswesen e. V. (FGSV), Nr, 514

[97] Abwassertechnische Vereinigung e. V: (ATV), Arbeitsblatt A 142: Abwasserkanäle und -leitungen in Wassergewinnungsgebieten. Rheinischer Landwirtschaftsverlag, Bonn, 1992

[98] Abwassertechnische Vereinigung e. V, (ATV), Merkblatt M 146: Ausführungsbeispiele zum ATV-

Arbeitsblatt A 142, J. F. Carthaus, Bonn, 1995

[99] „Empfehlungen für die Anwendung von geosynthetischen Tondichtungsbahnen (Bentonitmatten)-EAG-GTD" der Deutschen Gesellschaft für Geotechnik

[100] Göbel, C., Lieberenz, K., Horstmann, J. und Großmann, S.: Investigation on the use of geosynthetic clay liners (GCL) as sealing element in railway substructures. Proceedings of the International Symposium in Nuremberg 2002. A. A. Balkema Publishers

[101] TL 918039 Technische Lieferbedingungen „Geokunststoffe", Deutsche Bahn AG, Ausgabe April 1997

[102] Harings, J. und Voss, A.: Gleisgebundene Untergrundsanierung mit Planumsverbesserungsmaschine. EI - Der Eisenbahningenieur 6/2000

[103] Abschlußbericht zum Forschungsthema „Untersuchungen zur Zeit- und Wassergehaltsabhängigkeit von dynamischen Verformungsmoduln". Hochschule für Technik und Wirtschaft Dresden, 2002, unveröffentlicht

[104] Empfehlungen des Arbeitskreises „Baugrunddynamik", Deutsche Gesellschaft für Geotechnik, Berlin, 2002

[105] Abwassertechnische Vereinigung e. V. (ATV), Arbeitsblatt A 138: Planung, Bau und Betrieb von Anlagen zur Versickerung von Niederschlagswasser

[106] DIN 4262 „Sicker- und Mehrzweckrohre aus PVC-U und PE-HD für Verkehrswege- und Tiefbau"

[107] DIN 1230 „Steinzeug für Kanalisation"

[108] DIN 4124 „Baugruben und Gräben, Böschungen, Arbeitsraumbreiten, Verbau"

[109] Busch, K.-F., Luckner, L.: Geohydraulik. Deutscher Verlag für Grundstoffindustrie, Leipzig, 1980

[110] DIN 4034 „Schächte aus Beton- und Stahlbetonfertigteilen"

[111] DIN EN 124 „Aufsätze und Abdeckungen für Verkehrsflächen"

[112] DIN EN 295 „Steinzeugrohre und Formstücke sowie Rohrverbindungen für Abwasserleitungen und -kanäle"

[113] DIN 4032 „Betonrohre und Formstücke"

[114] DIN 19534 „Rohre und Formstücke aus PVC hart"

[115] DIN 4033 „Entwässerungskanäle und -leitungen; Richtlinie für die Ausführung"

[116] DIN 18306 „VOB Verdingungsordnung für Bauleistungen; Teil C: Allgemeine Technische Vertragsbedingungen für Bauleistungen (ATV); Entwässerungskanalarbeiten"

[117] Abwassertechnische Vereinigung (ATV), Arbeitsblatt A 117: Bemessung von Regenrückhaltebecken

[118] RAS-EW: „Richtlinien für die Anlage von Straßen, Teil Entwässerung"

[119] DIN 19580 „Entwässerungsrinnen für Niederschlagswasser zum Einbau in Verkehrsflächen"

[120] Höntsch, J.: Untersuchungen zur Bahngleisentwässerung. Diplomarbeit, Technische Universität Dresden, 2003

[121] Starkniederschlagshöhen für Deutschland - KOSTRA. Deutscher Wetterdienst, Eigenverlag, 1997

[122] ATV-DVWK-A 110 „Richtlinien für die hydraulische Berechnung von Abwasserkanälen"

[123] Schnell, W. und Vahland, R.: Verfahrenstechnik der Baugrundverbesserungen. B. G. Teubner Stuttgart, 1997

[124] Firmenunterlagen der Fa. J. Möbius, Bau-Aktiengesellschaft, Hamburg

[125] Möbius, W.: Neue Bauverfahren zur Ertüchtigung des Untergrundes. EI - Eisenbahningenieur (47)

3/1996

[126] Richter, F. : Sanierung von Eisenbahndämmen. Baumaschinentechnik, Heft 5, Oktober 1992

[127] Firmenunterlagen der Fa. Bauer, Schrobenhausen

[128] Firmenunterlagen der Fa. Keller, Offenbach

[129] Grundbautaschenbuch, Teil 2 „Baugrundverbesserung", 4. Auflage. Ernst und Sohn, Berlin, 1991

[130] Lieberenz, K. Und Schmidt, U. : Wandernder Verbau mit integrierter Bodenaufbereitung. Tagungsbericht „Bahnbau", VDEI, Berlin, 2000

[131] Firmenunterlagen der Fa. Leonhard Weiss, Göppingen

[132] Feuerbach, J. : Bodenverbesserung mit dem Hydro-Zementations- und dem Fräs-Misch-Injektionsverfahren. Beton-Informationen 36(1996), Heft 4

[133] Firmenunterlagen der Fa. Sidla und Schönberger, Schöllnach

[134] Weisemann, U. und Böhm, S. : Verbesserung organischer Weichschichten bei bestehenden Eisenbahnstrecken am Beispiel des Bauvorhabens ABS Berlin - Frankfurt/O. , Abschnitt Berkenbrück - Briesen. Tagungsband „Bahnbau", VDEI, Berlin, 2000

[135] Merkblatt über Straßenbau auf wenig tragfähigem Untergrund. Forschungsgesellschaft für Straßen- und Verkehrswesen, Arbeitsgruppe „Erd- und Grundbau", Köln, Ausgabe 1988

[136] Rohmann, J. : Überbauen von Moor- und Weichschichten durch Sanddrängründung. Tagungsband „Bahnbau", VDEI, Berlin, 1998

[137] Rahn, H. : Bau von Verkehrsdämmen auf organischem Baugrund großer Mächtigkeit. Tagungsbericht „40 Jahre Geotechnik", Hochschule für Technik und Wirtschaft Dresden(FH), 2003

[138] Kempfert, H. -G. und Wallis, P. : Geokunststoffummantelte Sandsäulen - ein neues Gründungsverfahren im Verkehrswegebau. Sonderheft „geotechnik" 1997

[139] Sidak, N. und Strauch, G. : Herstellung geotextilummantelter Kiestragsäulen mit Keller-Tiefenrüttler. Tagungsberichte der 4. Österreichischen Geotechniktagung, Wien, 2003

[140] Raithel, M. , Kempfert, H. -G. , Möbius, W. und Wallis, P. : Gründungsmaßnahmen zur Tragfähigkeitserhöhung und Setzungsreduzierung beim Projekt Mühlenberger Loch. geotechnik 25 (2002) Nr. 1

[141] Raithel, M. und Kempfert, H. -G. : Bemessung von geokunststoffummantelten Sandsäulen. Die Bautechnik(76), 1999, H. 12

[142] Göbel, C. : Verbreiterung einer Autobahn mit geokunststoffummantelten Sandsä ulen. Bauen mit Textilien(3), 2000. H. 2

[143] Haidig, G. : Verbreiterung eines Autobahndammes auf wenig tragfähigem Baugrund beim 6-steifigen Ausbau der Bundesautobahn A 115 - Bauvorbereitung. Vorträge der Baugrundtagung 1998 in Stuttgart. Deutsche Gesellschaft für Geotechnik, 1998

[144] Kempfert, H. -G. , Göbel, C. , Alexiew, D. und Heitz, C. : German recommendations for reinforced embankments on pile-similar-elements. Proceedings EUROGEO 3, München, 2004

[145] Tröger, S. : Untersuchungen zur Wirkungsweise geokunststoffbewehrter Dämme über Fertigmörtelstopfsäulen. Diplomarbeit, Hochschule für Technik und Wirtschaft Dresden(FH), 2002

[146] Lieberenz, K. , Alexiew, D. Und Pohlmann, H. : Bau eines Bahndammes mit geokunststoffbewehrter Basis und Böschung. EI - Eisenbahningenieur(52)4/2001

[147] Müller, H. , Vogel, W. und Wichter, L. : Erhöhung der Standsicherheit von Bahndämmen durch Bewehrung mit Bodennägeln. Tagungsbericht der 4. Österreichischen Geotechniktagung, Wien, 2003

[148] *Lieberenz, K. , Müller, S. , Horstmann, J. und Vogel, W.* : Geokunststoffbewehrte Erde - Bau der Steilböschung in Hennigsdorf im Druckbereich von Eisenbahnverkehrslasten. EI - Der Eisenbahningenieur(49)4/1999

[149] Merkblatt über Stützkonstruktionen aus Betonelementen, Blockschichtungen und Gabionen. Forschungsgesellschaft für Straßen-und Verkehrswesen Köln, Arbeitsgruppe Erd- und Grundbau

[150] DIN 31051 „Instandhaltung; Begriffe und Maßnahmen"

[151] Ril 820. 3010: Grundlagen des Oberbaues; Instandhalten des Oberbaues; Allgemeine Grundsätze der Deutsche Bahn AG